राजकमल

विद्यार्थी हिन्दी शब्दकोश

अन्य महत्त्वपूर्ण कोश

पॉकेट हिन्दी शब्दकोश
पॉकेट अंग्रेजी-हिन्दी कोश
पॉकेट हिन्दी-अंग्रेजी कोश
संक्षिप्त हिन्दी शब्दकोश
संक्षिप्त अंग्रेजी-हिन्दी कोश
संक्षिप्त हिन्दी-अंग्रेजी कोश
विद्यार्थी हिन्दी शब्दकोश
राजकमल विद्यार्थी हिन्दी-अंग्रेजी शब्दकोश
राजकमल विद्यार्थी अंग्रेजी-हिन्दी शब्दकोश
राजकमल अंग्रेजी-हिन्दी वाक्यांश एवं मुहावरा कोश
राजकमल हिन्दी-अंग्रेजी वर्णमाला कोश
राजकमल अंग्रेजी-हिंदी पटबंध कोश
पहला हिन्दी-अंग्रेजी शब्दकोश
हिन्दी-अंग्रेजी वर्णमाला कोश
सचित्र बाल हिन्दी शब्दकोश
सचित्र हिन्दी-अंग्रेजी बालकोश
सचित्र हिन्दी बाल कोश
हिन्दी बाल कोश
राधाकृष्ण हिन्दी-अंग्रेजी व्यावहारिक कोश
राधाकृष्ण अंग्रेजी-हिन्दी व्यावहारिक कोश
लोकभारती राजभाषा शब्द कोश (हिन्दी-अंग्रेजी)
लोकभारती राजभाषा शब्द कोश (अंग्रेजी-हिन्दी)
हिन्दी अंग्रेजी पर्यायवाची एवं विपर्याय कोश
लोकभारती हिन्दी मुहावरे और लोकोक्ति कोश
लोकभारती उर्दू-हिंदी कोश (उर्दू लिपि सहित)
लोकभारती प्रामाणिक हिन्दी कोश (संक्षिप्त संस्करण)
लोकभारती उर्दू-हिन्दी-अंग्रेजी त्रिभाषी कोश
लोकभारती वृहद प्रामाणिक हिन्दी कोश
लोकभारती प्रामाणिक हिन्दी बाल-कोश
हिन्दी प्रयोग कोश
उर्दू-हिन्दी कोश
तुकान्तक कोश
मानविकी पारिभाषिक कोश (दर्शन)
मानविकी पारिभाषिक कोश (मनोविज्ञान)
पालि-हिंदी कोश
अरविन्द सहज समांतर कोश
शब्देश्वरी
फ़ारसी हिन्दी शब्दकोश (दो भाग)
लोकभारती हिन्दी क्रिया कोश
संस्कृत वाङ्मय कोश (चार खंड)
अर्थशास्त्र परिभाषा कोश
प्रबंध परिभाषा कोश
ग्रीक नाट्यकला कोश
ग्रीक पुराणकथा कोश
समाज-विज्ञान विश्वकोश (6 खंड)
भारतीय वन्य प्राणियों के संरक्षित क्षेत्रों का विश्व कोश
रामसाहित्य कोश (2 खंडों में)
आधुनिक हिंदी प्रयोग कोश
कम्प्यूटर व सूचना प्रौद्योगिकी शब्दकोश
मनोविज्ञान का पारिभाषिक शब्दकोश
छत्तीसगढ़ : बोली, व्याकरण और कोश
रीतिकालीन साहित्य कोश

राजकमल

विद्यार्थी हिन्दी शब्दकोश

संपादन

वीरेन्द्रनाथ मण्डल

राजकमल प्रकाशन

ISBN : 978-81-267-0927-4

मूल्य : ₹695

पहला संस्करण : 2004
नौवाँ संस्करण : 2023

प्रकाशक : राजकमल प्रकाशन प्रा.लि.
1-बी, नेताजी सुभाष मार्ग, दरियागंज
नई दिल्ली-110 002

शाखाएँ : अशोक राजपथ, साइंस कॉलेज के सामने, पटना-800 006
पहली मंजिल, दरबारी बिल्डिंग, महात्मा गांधी मार्ग, प्रयागराज-211 001
वेबसाइट : www.rajkamalprakashan.com
ई-मेल : info@rajkamalprakashan.com

मुद्रक : बी.के. ऑफसेट
नवीन शाहदरा, दिल्ली-110 032

RAJKAMAL STUDENT HINDI DICTIONARY
Edited by Virendranath Mandal

प्रकाशकीय

राजकमल द्वारा प्रकाशित शब्दकोशों की शृंखला में हिंदी शब्दों से सजा यह शब्दकोश प्रस्तुत है। कक्षा दस तक की पाठ्यपुस्तकों में आए शब्दों के अलावा इस शब्दकोश में ऐसे शब्दों को भी लिया गया है जिनको विद्यार्थी प्रतिदिन सुनते हैं लेकिन उनका अर्थ ठीक से नहीं समझ पाते। इस क्रम में प्रचलित उर्दू, अंग्रेज़ी एवं सामान्य बोलचाल के शब्द भी लिए गए हैं।

इस शब्दकोश में मानक वर्तनी का प्रयोग किया गया है। काले मोटे अक्षर पुरानी वर्तनी के अनुसार दिए गए हैं किंतु अन्य सर्वत्र स्वयं अध्यापक, नवाक्षर और अहिंदी भाषी व्यक्ति मानक वर्तनी का प्रयोग प्रत्यक्षतः देख पाएंगे। इसी प्रकार काले मोटे छपे अक्षरों में क़, ख़, ग़, ज़ और फ़ का प्रयोग दिखाई देगा जबकि अन्य सर्वत्र सिर्फ़ ज़ और फ़ में ही नुक़्ता दिखाई देगा। इसी कड़ी में आगे इन मोटे अक्षरों में हलंत वर्ण पुरानी पद्धति से लिखे गए हैं जबकि अन्य कहीं हलंत वर्णों का प्रयोग नहीं है।

ऐसा इसलिए है कि नुक़्ते के प्रयोग के कारण बच्चे उर्दू के शब्दों को सही रूप में लिखा देख उसके उच्चारण में परिवर्तन को देख पाएंगे और हिंदी के अंतर्गत उन्हीं शब्दों में नुक़्ते के प्रयोग की आवश्यकता को समझ पाएंगे। ताकि बच्चों को पुरानी पद्धति से शब्द ढूँढ़ने में आसानी रहे एवं मानक वर्तनी उनके लिए हौआ न बने। इस प्रकार वे पुरानी वर्तनी (हलंत प्रयोग) के प्रयोग को देख नई वर्तनी सीखेंगे। पंचमाक्षर नियम, प्रकारांतर से ए का प्रयोग, आदि सभी का पालन किया गया है।

प्रत्येक पुं., स्त्री., वि., अ. क्रि., स. क्रि., आदि के लिए I II III आदि नंबरों का प्रयोग है तो प्रत्येक के अंतर्गत आने वाले शब्दों के लिए 1, 2, 3 अंकों का प्रयोग किया गया है।

क्रिया शब्दों को, जहाँ आवश्यक लगा, अन्य अनेक उदाहरणों के माध्यम से प्रस्तुत किया गया है जिससे बच्चों को क्रिया शब्दों का प्रयोग आसानी से समझ में आए। महाद्वीप, महासागर, महीने आदि कितने होते हैं? इन शब्दों के साथ

कुछ विशेष जानकारी भी दी गई है। व्यर्थ में ही शब्दों के विलोम, स्त्रीलिंग, पुंल्लिंग, भाववाचक संज्ञा, विशेषण बनाना आदि देने से बचा गया है क्योंकि हमारा उद्देश्य शब्दों की सरलता से प्रस्तुति है, न कि व्याकरणिक जाल में बच्चों को उलझाना।

कोश के अंत में एक विशिष्ट परिशिष्ट के अंतर्गत मुहावरे, हिंदी गिनती, पशु-पक्षियों की बोलियों के अतिरिक्त 'रामायण', 'महाभारत' और 'बुद्धचरित्र' के मुख्य पात्रों के बारे में भी जानकारी दी गई है जिससे यह कोश रोचक बन गया है। हमारा यह प्रयास कैसा है, लिखें, आपकी प्रतिक्रिया हमारा मार्गदर्शन करेगी।

हमें आशा है कि हमारे अन्य कोशों की तरह यह कोश भी विद्यार्थियों और पाठकों को पसंद आएगा।

भूमिका

यह शब्दकोश विद्यार्थियों के लिए इस ढंग से तैयार किया गया है कि वे इसके उपयोग से अच्छी हिंदी लिखना सीख सकें। यदि शुरू से उनको शब्द, अर्थ, वर्तनी आदि का समुचित ज्ञान कराया जाएगा तो आगे चलकर वे कभी अशुद्ध हिंदी नहीं लिखेंगे।

हिंदी में बच्चों के लिए अच्छे शब्दकोशों का अभाव है। विभिन्न कक्षाओं के लिए अलग-अलग शब्दकोश नहीं हैं। अनेक कोशों में भूलों की भरमार है। इन बातों को ध्यान में रखकर यह कोश तैयार किया गया है। इस छोटे कोश में इतनी सामग्री दी गई है कि कक्षा दस तक के विद्यार्थी इसे बराबर उपयोग में ला सकते हैं। प्रारंभिक विद्यालयों के शिक्षक, नवसाक्षर प्रौढ़ और हिंदी के अहिंदीभाषी शिक्षार्थी भी इस कोश से विशेष लाभान्वित होंगे।

शब्दों का चयन–प्रारंभिक और माध्यमिक कक्षाओं की पाठ्यपुस्तकों में आए शब्दों के अलावा उन शब्दों को भी इस कोश में लिया गया है जिनको विद्यार्थी प्रतिदिन सुनते हैं, लेकिन उनका अर्थ ठीक से नहीं समझते।

वर्णों का क्रम–इस कोश में भी शब्दों का क्रम 'अं' से शुरू किया गया है।

अर्थ–कुछ शब्दों का अर्थ व्याख्या करके समझाया गया है, जैसे आकाश पृथ्वी के ऊपर का वह शून्य स्थान है जो नीला दिखाई पड़ता है। कुछ शब्दों का अर्थ परिभाषा के रूप में है, जैसे अंकगणित संख्याओं के जोड़, घटाव, गुणा, भाग आदि करने की विद्या है, जो गणित की एक शाखा है। दूसरी तरफ़ गणित का अर्थ दिया गया है–गणना की विद्या। लेकिन गणित शब्द के प्रयोग के उदाहरण में बताया गया है : गणित के तीन अंग हैं–अंकगणित, बीजगणित और रेखागणित। इस तरह विद्यार्थियों को गणित के बारे में पूरी जानकारी मिल जाती है। इस प्रकार तलवार शब्द के अर्थ में व्याख्या करके बताया गया है कि तलवार क्या है तो कृपाण शब्द के अर्थ में उसके तलवार सहित कई पर्याय दिए गए हैं–असि, खंजर, खड्ग, करवाल।

उदाहरण–कुछ शब्दों के उदाहरण भी दिए गए हैं–आविष्कार शब्द के प्रयोग का उदाहरण है : आरविल राइट और विलबर राइट नाम के दो भाइयों ने 1903 ई. में हवाई जहाज का आविष्कार किया था। उँगली के साथ के उदाहरण में पाँचों उँगलियों

के नाम गिनाए गए हैं : अंगुष्ठ (अँगूठा), तर्जनी, मध्यमा (बिचली), अनामिका (अनामा) और कनिष्ठिका (कानी उँगली या छिगुनी)। ऐसे उदाहरणों से निस्संदेह विद्‌यार्थियों का ज्ञानवद्‌र्धन होगा।

ये उदाहरण यथासंभव छोटे और स्पष्टता के लिए तिरछे अक्षरों में हैं।

शब्दों का अर्थ दे देना काफ़ी नहीं है। कुछ शब्दों के बारे में विशेष जानकारी देना आवश्यक है। इसीलिए ईद शब्द के विवेचन में है : ईद दो हैं–ईदुल अज़्हा (ईदे कुर्बां या बक़रीद) और ईदुल फ़ित्र (ईदे रमज़ाँ)। ईदुल अज़्हा हज की ख़ुशी में मनाई जाती है और इसमें कुरबानी होती है। ईदुल फ़ित्र रोज़े पूरे होने की ख़ुशी में मनाई जाती है तो इसमें सिवैयाँ पकती हैं। सामान्य रूप से ईदुल फ़ित्र को ईद कहते हैं।

इस तरह 'और' शब्द के विवेचन में बताया गया है कि एक ही शब्द अव्यय भी हो सकता है और उसका विशेषण के रूप में भी प्रयोग हो सकता है।

क्रिया शब्द करना, वि. गरम, स.क्रि. गरमी, अ.क्रि. चलना आदि के अनेक अर्थों को अनेक उदाहरणों द्‌वारा स्पष्ट किया गया है।

–वीरेन्द्रनाथ मण्डल

वर्तनी

इस कोश में सर्वत्र मानक वर्तनी का प्रयोग किया गया है। काले मोटे छपे शब्दों को पुरानी वर्तनी में ही प्रस्तुत किया गया है। इसका कारण अकारादिक्रम है। **नवीन वर्तनी** के अनुसार शब्दों के क्रम में परिवर्तन करने का भय था। किंतु उनके अतिरिक्त अन्य सर्वत्र य यी के स्थान पर प्रकारांतर से—गई, गए, आए, चाहिए, नए, नई आदि का प्रयोग किया गया है।

पंचमाक्षर नियम का प्रयोग करते हुए पंचम वर्ण को बिंदु रूप में सुरक्षित रखा गया है।

नुक्ते का प्रयोग मोटे काले छपे शब्दों में क़ ख़ ग़ ज़ और फ़ में है लेकिन अन्य सर्वत्र केवल फ़ और ज़ में ही नुक्ते का प्रयोग देखा जा सकता है।

हलंत का प्रयोग न करें, ऐसी सावधानी ली गई है, क्योंकि हलंत शब्दों को हिंदी बिना हलंत के ही स्वीकार कर चुकी है। पूरे कोश में एक शब्द के लिए एक ही वर्तनी का प्रयोग दृष्टव्य हो, ऐसा प्रयास किया गया है।

परिशिष्ट में

- हिन्दी गिनती
- तिथियों, महीनों और दिनों के नाम
- मुहावरे, लोकोक्तियाँ
- *रामायण, महाभारत* और *बुद्धचरित्र* में वर्णित पात्रों व स्थानों की जानकारी
- हमारा देश
- प्रमुख पर्वतमालाएँ
- प्रमुख नद-नदियाँ
- पशु-पक्षियों की बोली
- हिंदुओं के प्रमुख देवी-देवता
- तथा माप-तौल

अनुक्रम

संकेत सूची

पुं.	पुंल्लिंग
स्त्री.	स्त्रीलिंग
सर्व.	सर्वनाम
वि.	विशेषण
अ.क्रि.	अकर्मक क्रिया
स.क्रि.	सकर्मक क्रिया
क्रि.	क्रिया
क्रि.वि.	क्रिया विशेषण
अ.	अव्यय
अं.	अंग्रेज़ी

विद्यार्थी हिंदी शब्दकोश

अ

अ • देवनागरी वर्णमाला का पहला वर्ण (स्वर)।

अंक • पुं. 1. संख्यासूचक चिह्न–*1, 2, 3 आदि*। 2. परीक्षा में योग्यता की माप। 3. पत्र- पत्रिकाओं की निश्चित समय पर प्रकाशित होनेवाली प्रति। 4. नाटक का एक भाग। 5. गोद।

अंकगणित • पुं. संख्याओं के जोड़, घटा, गुणा, भाग आदि करने की विदूया।

अंकित • वि. लिखा या छपा हुआ।

अंकुर • पु. पौधे का प्रारंभिक स्वरूप; कल्ला।

अंकुरण • पुं. अंकुर का निकलना।

अंकुश • पुं. 1. लोहे का बड़ा काँटा जिसे महावत हाथी के सिर पर कोंचकर उसे चलाता है। 2. नियंत्रण।

अंग • पुं. 1. शरीर, कोमल अंग। 2. शरीर के विभिन्न भाग, अवयव। 3. हिस्सा।

अँगड़ाई • स्त्री. जम्हाई के साथ अंग को तानना।

अंग-प्रत्यंग • पुं. शरीर का हर अंग।

अंगरखा • पुं. एक प्रकार की लंबी मरदाना पोशाक।

अंगरक्षक • पुं. किसी बड़े आदमी की रक्षा के लिए नियुक्त सैनिक। अं. बॉडीगार्ड।

अँगरेज़ • पुं. इंग्लैंड का मूल निवासी।

अँगरेज़ियत • स्त्री. अँगरेज़ीपन। अँगरेज़ी चाल-ढाल।

अँगरेज़ी • I. स्त्री. अँगरेज़ों की भाषा। II. वि. अँगरेज़ों का, विलायती।

अंगारा • पु. दहकता हुआ कोयला आदि।

अँगिया • स्त्री. चोली।

अंगीकार • पुं. स्वीकार, मंजूर, ग्रहण।

अँगीठी • स्त्री. छोटा चूल्हा।

अंगुल • पुं. 1. अंगुलि, उँगली। 2. उँगली की चौड़ाई के बराबर नाप।

अँगूठा • पुं. हाथ या पैर की सबसे मोटी उँगली।

अँगूठी • स्त्री. उँगली में पहनने का गहना।

अंगूर • पुं. एक गुच्छेदार छोटा फल, दाख।

अँगोछा • पुं. देह पोंछने का कपड़ा, गमछा।

अंचल • पुं. 1. क्षेत्र, देश या प्रांत का एक भाग। 2. नदी का किनारा। 3. पल्लू, आँचल।

अंजन • पुं. काजल, सुरमा।

अंजर-पंजर • पुं. 1. ठठरी, हड्डी-पसली। 2. ढाँचा।

अंजलि • स्त्री. दोनों हथेलियों को मिलाने से बननेवाला गड्ढा, अँजुरी।

अंजाम • पुं. नतीजा।

अंजीर • पुं. गूलर की जाति का एक मीठा फल।

अँटना • अ.क्रि. समाना, पूरा आना।

अंटशंट • पुं. अंडबंड, व्यर्थ का।

अंटी • स्त्री. 1. कमर पर धोती की गाँठ, टेंट। 2. लच्छी। 3. कुश्ती का एक दाँव-पेंच।

अंडज • पुं. अंडे से उत्पन्न होनेवाला जीव–*पक्षी, साँप, मछली आदि अंडज हैं।*

अंडबंड • वि. ऊटपटाँग।

अंडा • पुं. वह गोल वस्तु जिसमें से पक्षी, मछली, साँप आदि का बच्चा निकलता है।

अंडाकार • वि. अंडे की शक्ल का लंबाई लिए हुए गोल।

अंत • पुं. 1. खात्मा, समाप्ति। 2. सीमा, छोर। 3. नतीजा। 4. प्रलय।

अंतःकरण • पुं. 1. मन, हृदय, चित्त। 2. अंतरात्मा।

अंततः • क्रि.वि. अंत में, आखिरकार, अंततोगत्वा।

अंतःपुर • पुं. महल का भीतरी भाग जहाँ रानी आदि स्त्रियाँ रहती हैं, रनिवास, हरम।

अँतड़ी • स्त्री. पेट के अंदर की लंबी नली, आँत।

अंतरंग • वि. घनिष्ठ।

अंतर • पुं. 1. हृदय। 2. दूरी। 3. फ़र्क़।

अंतरतम • वि. 1. आत्मीय, निकटतम। 2. मन की गहराई।

अंतरात्मा • स्त्री. अंतःकरण, मन, प्राण।

अंतराल • पु. बीच का समय।

अंतरिम • वि. बीच की अवधि, मध्यवर्ती।

अंतरिक्ष • पुं. पृथ्वी और अन्य ग्रहों के बीच का स्थान।

अंतरिक्षयात्री • पुं. अंतरिक्ष में जानेवाला।

अंतरिक्षयान • पुं. अंतरिक्ष में चलनेवाला

यान (वाहन)।

अंतरीप • पुं. वह सँकरा भू-भाग जो समुद्र में दूर तक गया हो।

अंतर्गत • वि. शामिल।

अंतर्देशीय • वि. देश में चलनेवाला।

अंतर्धान • पुं. गायब, ओझल।

अंतर्यामी • पुं. दिल की बात जाननेवाला, ईश्वर।

अंतर्राष्ट्रीय • वि.पु. राष्ट्रों के आपसी संबंध, सभी राष्ट्रों का।

अंतस्तल • पुं. दिल, हृदय, मन।

अंतिम • वि. आख़िरी।

अंत्याक्षरी • स्त्री. पद्‌य-पाठ की वह प्रतियोगिता जिसमें एक के पढ़े हुए पद्‌य के अंतिम अक्षर से शुरू होनेवाला पद्‌य दूसरा पढ़ता है।

अंत्येष्टि • स्त्री. अंतिम संस्कार, मृतककर्म।

अंदर • अ. भीतर।

अंदरूनी • वि. अंदर का, भीतरी।

अंदाज़ • पुं. ढंग, *कहने का अंदाज़।*

अंदाज़ा • पुं. 1. अटकल, अनुमान। 2. नापतौल।

अंदेशा • पुं. संदेह, खतरा, आशंका।

अंध • वि. 1. नेत्रहीन–*अंध बालक।* 2. विचारहीन–*अंधविश्वास।*

अंधकार • पुं. अँधेरा।

अंधड़ • पुं. तेज आँधी।

अंधा • वि. बिना आँख का।

अंधाधुंध • अ. 1. बेहिसाब। 2. बिना सोचे-विचारे।

अंधेर • पुं. अन्याय, अनीति।

अँधेरा • पुं. अंधकार।

अंबर • पुं. 1. आकाश। 2. वस्त्र।

अंबा • स्त्री. 1. माँ, जननी। 2. पार्वती।

अंबार • स्त्री. ढेर, राशि।

अंबिया • स्त्री. छोटा कच्चा आम। टिकोरा।

अंबु • पु. जल, पानी।

अंबुज • वि. 1. कमल। 2. ब्रह्मा।

अंबुद • पुं. बादल।

अंबुधि • पुं. समुद्र।

अंबेडकर • महान हरिजन नेता। डॉ. भीमराव रामजी अंबेडकर 1947 से 1951 तक भारत के कानून मंत्री रहे। भारतीय संविधान का प्रारूप मुख्य रूप से इन्होंने बनाया। जन्म 1893–मृत्यु 1956।

अंश • पुं. 1. हिस्सा, भाग, संपत्ति का अंश। 2. कोण नापने की इकाई।

अंशदान • पुं. मदद, योगदान।

अंशु • पुं. सूर्य, अंशुमान, अंशुमाली।

अकड़ • स्त्री. घमंड, ऐंठ, दर्प।

अकड़ना • अ.क्रि. 1. ढिठाई करना। 2. सूखकर कड़ा होना।

अकस्मात • अ. अचानक, एकाएक।

अकर्मण्य • वि. निकम्मा, अयोग्य।

अकसर • पुं. प्रायः, अधिकतर।

अकादमी • स्त्री. ज्ञान-विज्ञान की उच्च संस्था।

अकारण • अ. बेमतलब, बेवजह।

अकाल • पुं. 1. फ़सल न होने से भुखमरी की स्थिति, दुर्भिक्ष। 2. बेवक़्त। 3. अभाव, अशुभ समय।

अकिंचन • वि. दरिद्र, निर्धन।

अकुलाना • अ.क्रि. आकुल होना, घबराना।

अकुशल • वि. काम में कच्चा।

अकूत • वि. जिसकी कूत या अंदाज़ा न हो सके—*अकूत धन*। अपरिमित— *अकूल बल*।

अकेला • वि. एकाकी।

अकेले • अ. बिना साथी के।

अकेले-अकेले • अ. किसी को साथ लिए बिना।

अक्खड़ • वि. उजड्ड, अशिष्ट।

अक्ल • स्त्री. बुद्धि, समझ।

अक्लमंद • वि. बुद्धिमान।

अक्ष • पुं. 1. धुरी। 2. आत्मा।

अक्षत • पुं. बिना टूटा, समूचा, अखंडित। पूजा के काम आनेवाला अखंडित चावल।

अक्षम • वि. असमर्थ, अशक्त, क्षमता रहित।

अक्षय • वि. जिसका क्षय या विनाश नहीं होता, अविनाशी।

अक्षर • पुं. वर्ण—अ, आ, क, ख, आदि अक्षर हैं।

अक्षांश • पुं. भूमध्यरेखा से उत्तर या दक्षिण से किसी स्थान की कोणीय दूरी।

अक्षि • स्त्री. आँख।

अक्षुण्ण • वि. जो खंडित न हो, बराबर बना रहे।

अक्षौहिणी • स्त्री. चतुरंगिणी सेना।

अक्स • पुं. छाया, परछाई।

अक्सर • अ. प्रायः।

अखंड • वि. 1. संपूर्ण, बिना खंडित हुए, अटूट।

अखबार • पुं. समाचार-पत्र।

अखरना • अ.क्रि. खलना, बुरा लगना।

अखरोट • पुं. एक मेवा, गरीदार फल।

अखाड़ा • पुं. कुश्ती लड़ने या कसरत करने का स्थान, व्यायामशाला।

अखिल • वि. संपूर्ण, अखिल विश्व।

अख़्तियार • पुं. अधिकार।

अगड़म-बगड़म • पुं. काठ-कबाड़ का ढेर, बेकार की चीजें।

अगणित • वि. अनगिनत, असंख्य।

अगम • वि. न जानने योग्य, दुर्गम।

अगर • अ. यदि।

अगरबत्ती • स्त्री. सुगंध के लिए जलाने की पतली बत्ती।

अगल-बगल • अ. आस-पास, इधर-उधर।

अगला • वि. 1. आगे का—*अगला मकान*। 2. आनेवाला—*अगला महीना*।

अगवानी • स्त्री. आगे बढ़कर स्वागत करना।

अगाध • वि. अथाह, अपार—*अगाध सागर*। *अगाध ज्ञान*।

अगुआ • पुं. आगे चलनेवाला—*जुलूस का अगुआ।* नेता, मुखिया, सरदार।

अगोचर • वि. जो आँख, कान, नाक आदि इंद्रियों द्वारा जाना न जा सके, अप्रकट—*ईश्वर अगोचर है।*

अग्नि • स्त्री. आग।

अग्निपरीक्षा • स्त्री. कठिन परीक्षा।

अग्निकांड • पुं. आग लगने की घटना।

अग्र • I. वि. 1. अगला, पहला। 2. पुं. शिखर। II. अ. आगे।

अग्रज • पुं. बड़ा भाई।

अग्रजा • स्त्री. बड़ी बहन।

अग्रसर • वि. आगे चलनेवाला, अगुआ—*भारत शांति के पथ पर अग्रसर है।*

अग्रहायण • पुं. अगहन का महीना।

अग्रिम • वि. 1. जो समय के पहले हो। 2. पेशगी—*मैंने पुस्तक का मूल्य अग्रिम दिया है।*

अघाना • अ.क्रि. पेट भरकर खाना, तृप्त होना।

अचंभा • पुं. अचरज, आश्चर्य, विस्मय।

अचरज • पुं. लंबा कलीदार अँगरखा।

अचरज • पुं. आश्चर्य।

अचल • I. वि. स्थिर, चिरस्थायी। II. पुं. पर्वत।

अचला • स्त्री. पृथ्वी।

अचानक • अ. एकाएक।

अचार • पुं. फल या तरकारी से बना एक चटपटा खाद्य।

अचूक • वि. न चूकनेवाला, पक्का।

अचेत • वि. 1. चेतनाशून्य, बेहोश। 2. असावधान।

अच्छा • I. वि. 1. बढ़िया—*अच्छा आदमी।* 2. स्वस्थ—*मोहन अब अच्छा है।* II. अ. 1. ख़ूब—*उसे अच्छा सबक़ सिखाया।* 2. स्वीकृतिसूचक 'हाँ'—*अच्छा, चलो।* 3. आश्वासन सूचक 'खैर'—*अच्छा बैठो।* 4. आश्चर्य-सूचक 'अरे'—*अच्छा आप हैं!*

अच्छाई • स्त्री. गुण, खूबी, भलापन।

अछूत • पुं. जो छुआ न जा सके।

अछूता • वि. 1. जिसको हाथ न लगाया हो—*बरतन अछूता रखा है।* 2. कोरा, नया।

अजगर • पुं. एक बहुत लंबा, मोटा और सुस्त साँप।

अजनबी • वि. अपरिचित।

अजब • वि. अनोखा, विचित्र।

अजवायन • स्त्री. एक बीज जो मसाले और दवा के काम आता है।

अजा • स्त्री. 1. बकरी। 2. प्रकृति। 3. शक्ति।

अजान • वि. न जाना हुआ, अज्ञात।

अज़ान • स्त्री. नमाज़ के लिए सूचना—*मुअज़्ज़िन अज़ान दे रहा है।*

अजायबघर • पुं. वह स्थान जहाँ दुर्लभ वस्तुएँ लोगों के देखने के लिए रखी रहती हैं, संग्रहालय। अं.

म्यूज़ियम।

अज़ीज़ • वि. 1. रिश्तेदार। 2. प्यारा।

अजीब • वि. अद्‌भुत।

अजीर्ण • पुं. अपच, बदहज़मी।

अजूबा • वि. अनोखा, विचित्र।

अजेय • वि. जिसे कोई जीत न सके।

अज्ञात • वि. न जाना हुआ।

अज्ञानता • स्त्री. मूर्खता।

अज्ञानी • वि. मूर्ख, नासमझ।

अटकना • अ.क्रि. 1. रुकना—*काम अटका।* 2. फँसना—*गले में पानी अटका।*

अटकल • स्त्री. अनुमान।

अटकाना • स.क्रि. 1. रोकना, उलझाना। 2. फँसाना।

अटपटा • वि. बेढंगा।

अटल • वि. स्थिर, अपनी बात पर अटल, अचल, पक्का।

अटूट • वि. दृढ़।

अठन्नी • स्त्री. आठ आने, आधा रुपया, 50 पैसे का सिक्का।

अड़ंगा • पुं. जान-बूझकर पैदा की गई बाधा, रुकावट, टाँग अड़ाना।

अड़चन • स्त्री. रुकावट, बाधा।

अड़ना • अ.क्रि. 1. रुकना। 2. हठ करना। 3. ज़िद करना।

अडिग • वि. न डिगनेवाला, अटल।

अड़ियल • वि. जिद्‌दी, हठी।

अड़ोस-पड़ोस • पुं. आस-पास। पास-पड़ोस।

अड़ोसी-पड़ोसी • पुं. पड़ोस के लोग।

अड्डा • पुं. 1. किसी चीज़ की खास जगह। 2. ठिकाना—ठहरने या बैठने की जगह, स्कूटर-बस-हवाईजहाज आदि के रुकने और चलने का स्थान—हवाईअड्डा, बस अड्डा।

अतः • अ. इसलिए, इस कारण।

अतएव • अ. अतः, इसलिए।

अति • वि. बहुत।

अतिक्रमण • पुं. सीमा से आगे बढ़ना, मर्यादा का उल्लंघन।

अतिथि • पुं. मेहमान, पाहुना।

अतिरिक्त • I. वि. 1. जरूरत से ज़्यादा—*वह अतिरिक्त सुन्दर है।* 2. भिन्न। 3. अद्वितीय। II. अ. 1. फालतू—*अतिरिक्त सामान हटाइए।* 2. अलावा—*मीठे में हलवे के अतिरिक्त और क्या है।* 3. सिवाय—*इसके अतिरिक्त और चारा ही क्या है?*

अतिशय • वि. बहुत ज़्यादा।

अतिश्योक्ति • स्त्री. किसी बात को बढ़ा-चढ़ाकर कहना।

अतीत • वि. बीता हुआ, भूतकाल।

अतुलनीय • वि. जिसकी तुलना न हो सके।

अत्यंत • वि. अत्यधिक।

अत्याचार • पुं. जुल्म, अन्याय।

अथक • वि. जो न थके।

अथवा • अ. या।

अथाह • वि. जिसकी थाह न मिले।

अदद • पुं. गिनती, संख्या—*चार अदद चीज़ें।*

अदना • वि. छोटा, तुच्छ—*अदना आदमी।*

अदब • पुं. आदर, विनय, सम्मान।

अदरक • पुं. एक पौधा जिसकी गाँठ औषधि एवं भोजन के काम आती है।

अदला-बदली • स्त्री. एक वस्तु देकर दूसरी लेना, परिवर्तन, हेर-फेर।

अदा • I. वि. चुकता—*कर्ज़ अदा कर दीजिए।* II. स्त्री. हाव-भाव, नखरा।

अदालत • स्त्री. कचहरी, न्यायालय।

अदृश्य • वि. जो दिखाई न दे।

अदृष्ट • पुं. भाग्य।

अद्भुत • वि. विचित्र, अनोखा।

अद्वितीय • वि. जैसा कोई दूसरा न हो, बेजोड़।

अधःपतन • पुं. नीचे गिरना, अवनति।

अधकचरा • वि. अपूर्ण, अधूरा।

अधखिला • वि. आधा खिला हुआ।

अधमरा • वि. प्रायः मरा हुआ।

अधर • पुं. 1. होंठ, ओठ। 2. शरीर का निचला भाग। 3. धरती और आकाश के बीच का स्थान।

अधिक • वि. 1. ज़्यादा, बहुत। 2. फालतू, अतिरिक्त।

अधिकतर • वि. ज़्यादातर।

अधिकांश • पुं. बड़ा हिस्सा।

अधिकाधिक • वि. ज़्यादा से ज़्यादा।

अधिकार • पुं. 1. हक, प्रभुत्व। 2. क़ब्ज़ा।

अधिकारी • पुं. 1. अफ़सर, शासक। 2. हक़दार—*संपत्ति का अधिकारी।* 3. विशेष योग्यता रखनेवाला—*हिंदी का अधिकारी विद्वान।*

अधिवक्ता • पुं. वकील। अं. एडवोकेट।

अधिवेशन • पुं. बड़ा जलसा, सम्मेलन।

अधीन • वि. 1. पराधीन—*भारत कभी अँगरेज़ों के अधीन था।* 2. मातहत—*इस अधिकारी के अधीन अनेक कर्मचारी हैं।*

अधीर • वि. 1. उतावला, धैर्यरहित। 2. बेचैन। 3. चंचल।

अधूरा • वि. अपूर्ण, आधा।

अध्यक्ष • पुं. 1. सभापति। 2. संस्था, संगठन या विभाग का प्रधान।

अध्ययन • पुं. 1. पढ़ाई—*पुस्तक का अध्ययन।* 2. छानबीन—*घटना का अध्ययन।*

अध्याय • पुं. पुस्तक के पाठ, भाग।

अनंत • वि. जिसका अंत न हो, असीम।

अनंतर • अ. बाद में, पीछे।

अनगिनत • वि. जिसकी गिनती न हो सके, बेहिसाब, अगणित।

अनजान • वि. 1. नासमझ—*अनजान लड़का।* 2. अनभिज्ञ—*मैं उस बात से अनजान हूँ।* 3. अपरिचित—*अनजान आदमी।*

अनन्नास • पुं. एक खटमीठा फल।

अनपढ़ • वि. निरक्षर, बिना पढ़ा-लिखा।

अनबन • स्त्री. झगड़ा, बिगाड़।

अनभिज्ञ • वि. 1. जिसे जानकारी न हो, अनजान। 2. मूर्ख, अपरिचित।

अनमना • वि. जिसका मन न लगे, खिन्न, मन अस्वस्थ होना।

अनमोल • वि. कीमती, जिसका मोल न हो सके, अमूल्य।

अनर्थ • पुं. हानि, नुकसान।

अनल • पुं. आग, अग्नि, पावक, हुताशन।

अनवरत • अ. लगातार, निरंतर।

अनशन • पुं. माँग की पूर्ति के लिए उपवास।

अनसुना • वि. न सुना हुआ, सुनकर भी न सुनना।

अनाज • पुं. अन्न। गेहूँ, चावल आदि।

अनाड़ी • वि. काम में कच्चा।

अनाथ • I. पुं. बिना माँ-बाप का बच्चा। II. वि. असहाय, जिसका कोई सहारा न हो।

अनाथालय • पुं. अनाथाश्रम, यतीमखाना, वह स्थान जहाँ अनाथ बच्चों का पालन-पोषण होता है।

अनादि • वि. जिसका आरंभ न हुआ हो—*अनादि ईश्वर।*

अनायास • अ. बिना प्रयास के, आसानी से, स्वतः।

अनार • पुं. 1. कड़े छिलके और छोटे दानोंवाला एक मीठा फल। 2. एक आतशबाजी।

अनावश्यक • वि. जो ज़रूरी न हो, व्यर्थ, फालतू।

अनाहार • पुं. उपवास, भोजन न करना।

अनिच्छा • स्त्री. इच्छा न होना, अरुचि।

अनियमित • वि. जो समय से न हो, बेकायदा, नियमरहित।

अनिल • पुं. वायु, पवन, हवा, समीर।

अनिवार्य • वि. आवश्यक, अटल, जो टाली न जा सके।

अनिश्चित • वि. जिसका निश्चय न हो, संदिग्ध।

अनिष्ट • पुं. अहित, अमंगल, अनर्थ।

अनुकंपा • स्त्री. कृपा, दया।

अनुकरण • पुं. 1. देखादेखी किया गया काम, अनुसरण। 2. नक़ल।

अनुकूल • वि. 1. अपने पक्ष में रहने वाला, माफ़िक। 2. सहायक।

अनुक्रमणिका • स्त्री. विषय-सूची, अनुक्रम। क्रमबद्धता।

अनुग्रह • पुं. कृपा, दया।

अनुचर • पुं. 1. नौकर। 2. पीछे चलनेवाला। 3. आज्ञाकारी।

अनुचित • वि. जो उचित न हो, गलत।

अनुच्छेद • पुं. लेख आदि का वह अंश जिसकी पहली पंक्ति ज़रा दाएँ हटकर शुरू होती है। अं. पैराग्राफ।

अनुज • पुं. छोटा भाई।

अनुजा • स्त्री. छोटी बहिन।

अनुत्तीर्ण • वि. जो परीक्षा में सफल न हुआ हो।

अनुपम • वि. बहुत सुंदर, बेजोड़।

अनुपयुक्त • वि. जिसका उपयोग न हुआ हो, अयोग्य, बेकार।

अनुपस्थित • वि. गैरहाज़िर।

अनुपात • पुं. तुलनात्मक स्थिति।

अनुभव • पुं. किसी कार्य को करने से प्राप्त प्रत्यक्ष ज्ञान, काम की जानकारी, तजुर्बा।

अनुभवी • वि. अनुभव रखनेवाला, तजुर्बेकार।

अनुभूति • स्त्री. अनुभव करने की क्षमता, बोध, संवेदना।

अनुमति • स्त्री. स्वीकृति, इजाज़त।

अनुमान • पुं. अंदाज़ा, अटकल।

अनुयायी • वि. समर्थक, अनुगामी, अनुसरण करने वाला।

अनुराग • पुं. प्रेम, भक्ति।

अनुरूप • वि. समान, सदृश, अनुकूल।

अनुरोध • पुं. आग्रह।

अनुवाद • पुं. एक भाषा से दूसरी भाषा में लिखना या बोलना, भाषांतरण।

अनुशासन • पुं. नियंत्रण, आचरण संबंधी नियम, नियमबद्ध आचरण, अनुशासन में बँधा हुआ।

अनुष्ठान • पुं. धार्मिक आयोजन, जैसे—नियमपूर्वक पूजा का अनुष्ठान।

अनुसार • अ. मुताबिक, अनुरूप।

अनूठा • वि. 1. अद्‌भुत, अनोखा, विलक्षण। 2. सुंदर।

अनेक • वि. एक से अधिक, बहुत, कई।

अनोखा • वि. विलक्षण, अनूठा, अद्‌भुत।

अन्न • पुं. चावल, गेहूँ आदि अनाज। रोटी-पूरी-भात आदि पका हुआ भोजन।

अन्य • वि. कोई और, दूसरा।

अन्यथा • I. वि. उलटा—*आप मेरी बातों को अन्यथा न लें।* II. अ. नहीं तो—*मन लगाकर काम करो, अन्यथा मुझे दूसरा आदमी बुलाना पड़ेगा।*

अन्याय • पुं. 1. जो न्याय के विरुद्ध हो, नाइंसाफी। 2. ज़ुल्म, अत्याचार।

अपकार • पुं. 1. अहित। 2. बुराई। 3. अपमान।

अपच • पुं. बदहजमी, अनपच।

अपदस्थ • वि. पद से हटाया हुआ, पदच्युत।

अपना • सर्व. निजी, स्वयं, आत्म संबंधी।

अपनाना • स.क्रि. 1. स्वीकार करना। 2. अपना बनाना।

अपनापन • पुं. आत्मीयता, अपनापा।

अपमान • पुं. बेइज़्ज़ती, तिरस्कार, निरादर।

अपयश • पुं. बदनामी, अपकीर्ति।

अपराध • पुं. 1. जुर्म। 2. भूल, दोष,

गलती। 3. पाप।

अपराधी • पुं. अपराध करनेवाला, दोषी।

अपराह्न • पुं. दोपहर के बाद तीसरा पहर।

अपरिचित • वि. जो जाना-बूझा न हो, अज्ञात, अजनबी, अनजान।

अपरिमित • वि. बेहद, बेहिसाब।

अपरिहार्य • वि. 1. जिसका त्याग न हो सके। 2. अनिवार्य। 3. आवश्यक।

अपवित्र • वि. 1. जो पवित्र न हो, अशुद्ध। 2. मलिन।

अपव्यय • पुं. अनुचित व्यय, फ़िज़ूलख़र्च।

अपशकुन • पुं. अशुभ लक्षण, असगुन।

अपशब्द • पुं. दुर्वचन, गाली, अशुभ शब्द।

अपहरण • पुं. 1. छीन लेना। 2. उठा ले जाना।

अपार • वि. 1. जिसका पार न हो–*अपार समुद्र।* 2. बहुत अधिक–*अपार धन।*

अपाहिज • पुं. अपंग, लूला-लँगड़ा। 2. अकर्मण्य।

अपील • स्त्री. 1. निवेदन–*जनता से अपील।* 2. पुनर्विचार की प्रार्थना, साग्रह प्रार्थना।

अपूर्व • वि. अद्‌भुत, अनूठा, जैसा पहले न हुआ हो।

अपेक्षा • I. अ. तुलना में। II. स्त्री. चाह, इच्छा, आशा।

अप्रचलित • वि. जो चलन में न हो।

अप्रतिम • वि. बेजोड़, अद्‌वितीय।

अप्रसन्न • वि. नाराज़, असंतुष्ट, उदास।

अप्रिय • वि. जो अच्छा न लगे।

अप्सरा • स्त्री. स्वर्गलोक की सुंदर परी।

अफरना • अ.क्रि. 1. तृप्त होना, जी भरकर खाना। 2. अघाना, फूलना।

अफ़वाह • स्त्री. उड़ती खबर, गप्प।

अफ़सर • पुं. अधिकारी, सरदार।

अफ़सोस • पुं. पछतावा, दुख, खेद।

अब • अ. 1. इस समय–*अब मैं पढ़ूँगा।* 2. आगे से–*अब मैं रोज़ पढ़ूँगा।*

अबीर • पुं. लाल रंग, गुलाल, होली पर एक-दूसरे को लगाने का एक लाल सूखा रंग।

अबोध • वि. नादान, नासमझ, अज्ञान।

अब्बा • पुं. पिता, अब्बाजान।

अभद्र • वि. अशिष्ट, असभ्य।

अभागा • वि. बदनसीब, भाग्यहीन, जिसका भाग्य अनुकूल न हो।

अभाव • पुं. 1. कमी होना। 2. न होना, अस्तित्व में न होना।

अभिज्ञ • वि. जानकार, कुशल।

अभिनंदन • पुं. 1. सम्मान। 2. स्वागत, बधाई। 3. अभिवादन।

अभिनय • पुं. नाटक में दूसरे के रंग-रूप और बात-व्यवहार की नकल। हाव-भाव एवं अंग संचालन द्वारा कलात्मक प्रदर्शन।

अभिन्न • वि. जो भिन्न न हो, अटूट।

अभिनेता • पुं. अभिनय करनेवाला।

अभिप्राय • पुं. 1. आशय, मतलब। 2. अर्थ। 3. इरादा, नीयत।

अभिभावक • वि. देखरेख करनेवाला, संरक्षक।

अभिमान • पुं. घमंड, अहंकार।

अभियंता • पुं. यंत्र आदि के निर्माण का जानकार। अं. इंजीनियर।

अभियुक्त • वि. अपराधी, दोषी, जिस पर अभियोग चलाया गया हो, मुलज़िम।

अभियोग • पुं. अपराध का आरोप, दोषारोपण, मुकदमा।

अभिलाषा • स्त्री. चाह, इच्छा, कामना।

अभिशाप • पुं. किसी का बुरा मनाना, शाप।

अभी • अ. इसी वक़्त, अब ही।

अभ्यास • पुं. 1. किसी काम को बार-बार करना। 2. आदत।

अमचूर • पुं. सुखाए हुए कच्चे आम का चूर्ण।

अमर • वि. नष्ट न होने वाला, अविनाशी, न मरनेवाला।

अमरूद • पुं. एक गोल मीठा फल।

अमल • I. पुं. आचरण, क्रिया—*मेरी बात पर अमल करो।* II. वि. मलरहित, निष्पाप।

अमान्य • वि. अस्वीकार, न मानने योग्य।

अमावट • स्त्री. पके आम के सुखाए हुए रस की परत, अमरस, आम पापड़।

अमावस्या • स्त्री. वह तिथि जिसमें चाँद नहीं निकलता, अमावस. कृष्णपक्ष की अंतिम तिथि।

अमिट • वि. न मिटनेवाला, स्थायी।

अमीर • वि. धनी।

अमुक • वि. जिस व्यक्ति या वस्तु का नाम न लिया जा रहा हो, फलाँ—*अमुक आदमी। अमुक चीज़।*

अमूल्य • वि. अनमोल, जिसका कोई मोल न हो।

अमृत • पुं. 1. वह कल्पित पदार्थ जिसे पीने से जीव अमर होता है। 2. अति मधुर—*यह आम तो अमृत है।*

अम्माँ • स्त्री. माँ।

अम्ल • पुं. तेज़ाब। अं. एसिड।

अयाल • पुं. घोड़े या सिंह की गरदन के बाल।

अयोग्य • वि. जो योग्य न हो, अक्षम।

अरण्य • पुं. जंगल, वन।

अरब • पुं. 1. सौ करोड़ की संख्या। 2. पश्चिम एशिया का एक देश।

अरबी • स्त्री. एक छोटा कंद, घुइयाँ।

अरहर • अरहर का पौधा जिससे एक प्रकार की पीली दाल मिलती है।

अरि • पुं. दुश्मन, बैरी, शत्रु।

अरी • अ. स्त्रियों के लिए संबोधन—*अरी बिटिया!*

अरुचि • स्त्री. रुचि का अभाव, अच्छा

न लगना, अनिच्छा।

अरुण • वि. 1. लाल रंग। 2. सूर्य, सूर्योदय व सूर्यास्त के समय का रंग।

अरे • अ. 1. पुरुषों के लिए संबोधन—*अरे बेटा!* 2. आश्चर्यसूचक शब्द—*अरे! तुम हो?*

अर्गला • स्त्री. 1. रस्सी, जंजीर। 2. सिटकनी।

अर्जित • वि. कमाया हुआ, उपार्जित, इकट्ठा किया हुआ।

अर्ज़ी • स्त्री. प्रार्थनापत्र—*छुट्टी की अर्ज़ी।*

अर्थ • पुं. 1. मतलब—*तुम्हारी बात का क्या अर्थ है?* 2. प्रयोजन—*तुम किस अर्थ यहाँ आए हो?* 3. धन—*यह दुनिया अर्थ की है।*

अर्थात • अ. यानी, मतलब।

अर्थी • स्त्री. शव ले जानेवाला बाँस का सीढ़ी जैसा ढाँचा।

अर्द्ध • वि. आधा।

अर्द्धवृत्त • पुं. वृत्त की परिधि का आधा भाग।

अर्पण • पुं. दान। भेंट, सौंपना—*देशभक्त देश के लिए सर्वस्व अर्पण करता है।*

अलंकार • पुं. 1. आभूषण, ज़ेवर। 2. शब्दों को सजाने का साधन।

अलख • वि. जो देखा न जा सके, अगोचर। ईश्वर।

अलग • वि. पृथक—*अलग मकान।* 2. दूर—*भीड़ से अलग।* 3. निराला—*अलग ही ढंग।* 4. सुरक्षित—*रुपया अलग रखना।*

अलग-अलग • अ. हरेक को अलग से।

अलगनी • स्त्री. कपड़े टाँगने की रस्सी या बाँस।

अलगाव • पुं. अलग होने का भाव, दूरी।

अलबत्ता • अ. 1. बेशक। 2. परंतु।

अलबम • पुं. फोटो आदि रखने की किताब जैसी चीज़।

अलमारी • स्त्री. लकड़ी या लोहे का कई खानोंवाला खड़ा संदूक़।

अलसी • स्त्री. एक बीज जिससे तेल निकाला जाता है, तीसी।

अलाव • पुं. तापने के लिए जलाई गई आग।

अलावा • अ. सिवाय, अतिरिक्त।

अलि • पुं. भौंरा, भ्रमर, भृंग, मधुप।

अल्प • वि. कम, थोड़ा, छोटा।

अल्लाह • पुं. ईश्वर, खुदा।

अल्हड़ • वि. भोला, मनमौजी।

अवकाश • पुं. 1. छुट्टी—*भैया अवकाश पर हैं।* 2. फ़ुरसत—*अब अवकाश मिला।*

अवगत • वि. मालूम, ज्ञात, विदित।

अवगुण • पुं. दोष, खराबी।

अवतार • पुं. 1. देवता का मनुष्य आदि के रूप में जन्म—*राम विष्णु के अवतार हैं।* 2. मूर्त

रूप—*दया के अवतार।*

अवधि • स्त्री. समय।

अवनति • स्त्री. गिरावट, पतन, ह्रास।

अवमानना • स्त्री. अनादर, तिरस्कार।

अवयव • पुं. शरीर का अंग, हिस्सा।

अवलंबन • पुं. 1. सहारा, अपनाना। 2. छड़ी।

अवलोकन • पुं. ध्यान से देखना।

अवश • वि. बेबस, लाचार, दूसरों के अधीन।

अवशिष्ट • वि. बचा हुआ, शेष।

अवशेष • वि. जो बचा रहे, शेष भाग।

अवश्य • I. अ. ज़रूर। II. वि. अनिवार्य।

अवसर • पुं. मौका।

अवसान • पुं. 1. अंत, समाप्ति। 2. विराम।

अवस्था • स्त्री. 1. हालत—*देश की अवस्था।* 2. उम्र—*पाँच वर्ष की अवस्था।* 3. आकृति।

अवहेलना • स्त्री. 1. अवज्ञा, अनादर। 2. तिरस्कार। 3. उपेक्षा।

अवांछनीय • वि. न चाहने योग्य, अवांछित।

अविकल • वि. ज्यों-का-त्यों—*इस लेख को अविकल उतार लो।* 2. जो बेचैन न हो।

अविदित • वि. जो विदित न हो, अज्ञात।

अविरल • वि. लगातार। 2. घना।

अविराम • वि. निरंतर, लगातार।

अविलंब • अ. तुरंत, फौरन।

अविवाहित • वि. जिसका विवाह न हुआ हो, कुँआरा।

अविश्वसनीय • वि. जो विश्वास के योग्य न हो।

अविश्वास • पुं. विश्वास का न होना, शंका।

अवैध • वि. ग़ैर-कानूनी, नियम विरुद्ध।

अव्यक्त • I. वि. जो प्रकट न हो, अदृश्य। II. पुं. सूक्ष्म शरीर।

अव्यय • पुं. 1. व्याकरण के अनुसार वे शब्द जिनके रूप में लिंग, वचन के अनुसार परिवर्तन नहीं होता। *अब, जब, तब, तुरंत आदि अव्यय हैं।* अविकारी। 2. परब्रह्म।

अव्यवस्था • स्त्री. व्यवस्था का अभाव, बदइंतज़ामी।

अव्वल • वि. पहला, प्रथम।

अशरफ़ी • स्त्री. सोने का सिक्का, मुहर।

अशांति • स्त्री. बेचैनी, खलबली।

अशिक्षित • वि. अनपढ़, गँवार।

अशिष्टता • स्त्री. ढिठाई, उजड्डपन, असभ्यता।

अशुद्ध • वि. 1. गलत। 2. अपवित्र। 3. साफ़ न किया हुआ।

अशुभ • वि. 1. अमंगल। 2. अनिष्ट करनेवाला। 3. भाग्यहीन।

अशोक • पुं. 1. एक पेड़ जिसकी लहरदार पत्तियाँ बंदनवार बाँधने के काम में आती हैं। 2. मौर्य वंश

के एक यशस्वी सम्राट जिन्होंने देश-विदेश में बौद्ध धर्म का प्रचार किया था। 3. जिसे शोक न हो, शोकरहित।

अश्रु • पुं. आँसू, नेत्रजल, नयनवारि।

अश्व • पुं. घोड़ा।

असंख्य • वि. अनगिनत, अगणित, बेशुमार।

असंगत • वि. अनुचित, बेमेल।

असंतुष्ट • वि. अप्रसन्न।

असंभव • वि. न होनेवाला, नामुमकिन।

असत् • वि. 1. मिथ्या, असत्य। 2. बुरा, अनुचित।

असत्य • वि. झूठ, मिथ्या। गलत।

असफल • वि. विफल, नाकामयाब।

असबाब • पुं. सामान—*माल-असबाब।*

असमंजस • पुं. दुविधा, करें या न करें की स्थिति।

असमर्थ • वि. अशक्त, दुर्बल।

असम्मत • वि. राज़ी न होनेवाला, असहमत।

असम्मान • पुं. अनादर, निरादर।

असर • पुं. प्रभाव।

असलियत • स्त्री. सच्चाई, वास्तविकता।

असली • वि. बिना मिलावट का, शुद्ध, सच्चा।

असहनीय • वि. न सहने योग्य, असह्य।

असहाय • वि. 1. जिसका कोई सहायक न हो, बेसहारा। 2. निरुपाय।

असाधारण • वि. जो साधारण न हो, गैरमामूली।

असाध्य • वि. 1. जो साधने योग्य न हो। 2. दुष्कर, बहुत ही कठिन।

असामी • पुं. मतलब का आदमी, अमीर मनुष्य।

असावधान • वि. जो सजग न हो, बेखबर।

असीम • वि. जिसकी सीमा न हो, बेहद, बेहिसाब, अपार।

असुर • पुं. 1. दैत्य, दानव, राक्षस। 2. असभ्य व्यक्ति।

असुविधा • स्त्री. कठिनाई।

असेंबली • स्त्री. विधान सभा।

अस्त • पुं. 1. डूबना—*सूर्य अस्त हुआ।* 2. नष्ट होना, समाप्त होना, अंत होना—*साम्राज्य अस्त हुआ।*

अस्तबल • पुं. घोड़े रखने की जगह, तबेला, अश्वशाला।

अस्तर • पुं. एक कपड़े के नीचे लगा हुआ दूसरा कपड़ा—*कोट का अस्तर।*

अस्तित्व • पुं. 1. मौजूदगी, विद्यमानता। 2. हस्ती, सत्ता।

अस्त्र • पुं. 1. फेंककर चलाया जानेवाला हथियार—बाण, हथगोला आदि। 2. चीरफाड़ का औजार।

अस्त्र-शस्त्र • पुं. सभी प्रकार के हथियार।

अस्थायी • वि. 1. थोड़े दिनों का। 2. अस्थिर।

अस्थि • स्त्री. हड्डी—अस्थि पंजर।

अस्पताल • पुं. वह स्थान जहाँ रोगियों की चिकित्सा होती है, चिकित्सालय, दवाखाना।

अस्पष्ट • वि. 1. जो साफ़ न दिखाई पड़े। 2. जो साफ़ समझ में न आए।

अस्पृश्य • वि. न छूने लायक, अछूत।

अस्वस्थ • वि. बीमार, रोगी।

अस्वाभाविक • वि. कृत्रिम, बनावटी।

अस्वीकार • पुं. न मानना, इनकार।

अहंकार • पुं. गर्व, घमंड।

अहा • अ. हर्ष तथा विस्मयसूचक शब्द—*अहा! कितना बड़ा गुलाब है।*

अहाता • पुं. चारों ओर से घिरा हुआ स्थान।

अहिंसा • स्त्री. किसी प्राणी को न मारना और पीड़ा न देना।

अहित • पुं. 1. बुराई। 2. हानि। 3. अपकार।

अहीर • पुं. गाय-भैंस रखने और दूध बेचनेवाला, ग्वाला।

अहेरी • पुं. शिकारी, आखेटक।

आ

आ • देवनागरी वर्णमाला का दूसरा वर्ण (स्वर)।

आँकड़ा • पुं. 1. किसी विषय की जानकारी देनेवाली अंक-तालिका। 2. हुक।

आँख • स्त्री. 1. प्राणियों का वह अंग जिससे वे देखते हैं, नेत्र, चक्षु, नयन। 2. निगाह, दृष्टि।

आँखमिचौनी • स्त्री. बच्चों का एक खेल।

आँगन • पुं. घर के भीतर की खुली जगह, सहन।

आँच • स्त्री. आग की गरमी, लपट।

आँचल • पुं. 1. साड़ी आदि का छोर, पल्ला। 2. क्षेत्र।

आँत • स्त्री. पेट की लंबी नली, अंतड़ी।

आंदोलन • पुं. माँग की पूर्ति के लिए सामूहिक प्रयत्न।

आँधी • स्त्री. 1. धूलभरी तेज़ हवा, अंधड़। 2. हलचल।

आँवला • पुं. एक गोल कसैला फल जिससे मुरब्बा व अचार बनता है।

आंशिक • वि. थोड़ा, अल्प।

आँसू • पुं. अत्यधिक सुख या दुख के कारण आँखों से निकलनेवाला पानी, अश्रु, नेत्रजल।

आँसू गैस • स्त्री. एक तरह की गैस जिससे आँखों से आँसू बहते हैं।

आइंदा • अ. भविष्य में, आगे।

आईना • पुं. चेहरा देखने का शीशा, दर्पण।

आकर्षक • वि. मन को खींचनेवाला, मनोहर, मोहक।

आकर्षण • पुं. खिंचाव।

आकस्मिक • वि. अचानक होनेवाला।

आकांक्षा • स्त्री. इच्छा, चाह, अपेक्षा।

आकार • पुं. 1. शक्ल, रूप। 2. बनावट, लंबाई-चौड़ाई।

आकाश • पुं. पृथ्वी के ऊपर का वह शून्य स्थान जो नीला दिखाई पड़ता है, आसमान।

आकाशगंगा • स्त्री. आकाश में उत्तर से दक्षिण तक फैला हुआ छोटे-छोटे तारों का समूह।

आकाशवाणी • स्त्री. 1. ऑल इंडिया रेडियो। 2. देववाणी।

आकृति • स्त्री. रूप।

आकृष्ट • ध्यान खींचना।

आक्रमण • पुं. हमला, चढ़ाई।

आक्रोश • पुं. 1. गुस्सा, रोष। 2. दुर्भावना।

आक्षेप • पुं. लांछन, दोषारोपण।

ऑक्सीजन • पुं. जीवन के लिए ज़रूरी एक गैस, प्राणवायु।

आखिर • पुं. अंत—*महीने का आखिर है।* अ. अंत में—*मोहन ने आखिर मेरी बात मान ली।*

आखिरकार • अ. अंततः।

आखिरी • वि. अंतिम—*किताब का आखिरी पन्ना।*

आग • स्त्री. किसी वस्तु के जलने से उत्पन्न वह शक्ति जो रोशनी, गरमी, लपट और धुआँ देती है, अग्नि।

आगमन • पुं. आना, पहुँचना।

आगा • पुं. 1. आगे का हिस्सा। 2. भविष्य में आनेवाला समय।

आगा-पीछा • पुं. 1. आगे-पीछे होनेवाली बात। 2. शुभ-अशुभ, अच्छा-बुरा। 3. टालमटोल—*आगा-पीछा मत करो।*

आगामी • वि. अगला, आने वाला।

आगाह • वि. 1. जानकार—*मैं तुम्हारे इरादे से आगाह हूँ।* 2. सावधान—*मैंने तुम्हें खतरे से आगाह कर दिया।*

आगे • अ. 1. सामने। 2. भविष्य में।

आग्नेयास्त्र • पुं. बंदूक, पिस्तौल आदि अस्त्र जो चलने से आग उत्पन्न करें।

आग्रह • पुं. 1. बार-बार बल देकर कहना—*उन्होंने आने के लिए बहुत आग्रह किया।* 2. हठ, जिद—*उनके आग्रह के आगे मुझे चुप रहना पड़ा।*

आघात • पुं. 1. प्रहार—*लुटेरे ने शंशाक पर लाठी से आघात किया।* 2. धक्का, ठोकर—*पुत्र के कठोर वचनों का आघात माँ सह न सकी।* 3. मानसिक कष्ट।

आचरण • पुं. चाल-चलन, चरित्र, व्यवहार।

आचार • पुं. 1. शील, अच्छा स्वभाव—*अच्छे आचार-विचार मनुष्य को उन्नति के रास्ते पर ले जाते हैं।* 2. सदाचार—*वह लड़का आचार-वान है।* 3. रिवाज—*हमारे परिवार के आचार-विचार बिल्कुल अलग हैं।*

आचार्य • पुं. 1. विशिष्ट विद्वान, वेदशास्त्रों का ज्ञाता। 2. गुरु। 3. महाविद्यालय का प्रधान अध्यापक। अं. प्रिंसिपल।

आज • अ. चालू दिन।

आजकल • अ. इन दिनों।

आज़माना • स.क्रि. जाँचना, परखना।

आज़ाद • वि. स्वतंत्र, स्वाधीन, मुक्त।

आज़ादी • वि. स्वतंत्रता।

आजिज़ • वि. 1. ऊबा हुआ, परेशान। 2. लाचार।

आजीवन • अ. ज़िंदगी-भर।

आज्ञा • स्त्री. 1. आदेश—*बड़ों की आज्ञा मानो।* 2. अनुमति—*मुझे घर जाने की आज्ञा मिल गई।*

आज्ञाकारी • वि. बड़ों का कहना माननेवाला।

आटा • पुं. पिसा हुआ अनाज।

आड़ • स्त्री. जिसके पीछे छिपा जा सके, ओट।

आड़ा • वि. भूतल के समानांतर, खड़ा, सीधा या तिरछा।

आड़ू • पुं. एक खट्टा-मीठा फल।

आतंक • पुं. 1. डर, भय, दहशत। 2. दबदबा।

आतशबाज़ी • स्त्री. बारूद भरा खिलौना—*अनार, पटाखे आदि आतशबाज़ी हैं।*

आतशी शीशा • पुं. वह शीशा जिसे सूर्य के सामने करने से उसके नीचे रखी रुई आदि चीज़ जल उठती है।

आतुर • वि. उतावला, बेचैन।

आत्मकथा • स्त्री. अपनी जीवन-कहानी।

आत्मनिर्भर • वि. जिसे अपना भरोसा हो, स्वावलंबी।

आत्मज • पुं. बेटा, सुत, तनय, पूत, लड़का।

आत्मरक्षा • स्त्री. अपनी रक्षा, बचाव।

आत्मसमर्पण • पुं. अपने को सौंप देना, हथियार डाल देना।

आत्महत्या • स्त्री. अपनी हत्या, खुदकुशी।

आत्मा • स्त्री. 1. प्राणी की चेतन सत्ता—*आत्मा अमर है।* 2. हृदय—*मेरी आत्मा सुखी है।*

आत्मीय • I. पुं. रिश्तेदार—*वह मेरा आत्मीय है।* II. वि. अपना—इस मित्र से मेरा आत्मीय संबंध है।

आदत • स्त्री. 1. स्वभाव—*मोहन की आदत अच्छी है।* 2. अभ्यास—*पढ़ने की आदत डालो।*

3. लत–*चाय पीने की आदत छोड़ो।*

आदमकद • वि. मनुष्य की ऊँचाई के बराबर।

आदमखोर • वि. आदमी को खा जानेवाला।

आदमी • पुं. मनुष्य, व्यक्ति।

आदर • पुं. सम्मान, इज़्ज़त, सत्कार।

आदरणीय • वि. 1. आदर के योग्य। 2. शिष्ट संबोधन–*आदरणीय महोदय!*

आदर्श • पुं. 1. महान उद्देश्य। 2. नमूना–*आदर्श पुरुष।*

आदाब • पुं. नमस्कार।

आदि • I. पुं. आरंभ। 2. परमात्मा। II. वि. प्रथम–*आदिकवि वाल्मीकि।*

आदिवासी • पुं. मूल निवासी–*कोल, भील, आदि भारत के आदिवासी हैं।*

आदी • वि. जिसे आदत पड़ी हो, अभ्यस्त।

आदेश • पुं. आज्ञा, हुक्म, हिदायत।

आधा • वि. दो समान भागों में से एक।

आधार • पुं. 1. जिस पर कोई चीज़ टिकी हो, सहारा। 2. संबंध।

आधारशिला • स्त्री. नींव का पत्थर जिस पर दीवार उठाई जाती है।

आधुनिक • वि. हाल का, नए जमाने का, आजकल का।

आनंद • पुं. 1. मज़ा, सुख। 2. उल्लास, खुशी, हर्ष।

आनंद-मंगल • पुं. राज़ी-खुशी।

आनंदित • वि. खुश, प्रसन्न।

आन • स्त्री. 1. शान। 2. मर्यादा। 3. गौरव की भावना।

आनबान • स्त्री. सजधज, शान-शौकत।

आनन • पुं. मुख, चेहरा, मुखड़ा।

आननफानन • अ. झटपट।

आना • I. क्रि. पास आना, पहुँचना। 2. जानना–*मुझे गणित आता है।* 3. फलना-फूलना–*पेड़ पौधों में फल आए।* II. पु. रुपए का सोलहवाँ भाग–*एक आना, दो आना आदि (अब प्रचलन में नहीं)।*

आनाकानी • स्त्री. टालमटोल।

आप • सर्व. स्वयं, खुद, स्वतः, 'तुम' का आदरार्थक रूप।

आपत्ति • स्त्री. 1. संकट। 2. एतराज़।

आपदा • स्त्री. संकट, मुसीबत।

आपबीती • स्त्री. अपने ऊपर बीती हुई बात, अपनी कहानी, अपना अनुभव।

ऑपरेटर • पुं. यंत्र, मशीन आदि चलानेवाला।

ऑपरेशन • पुं. चीरफाड़।

आपस • पुं. एक दूसरे के बीच, परस्पर।

आपसी • वि. आपस का, पारस्परिक।

आपा • I. पुं. होश-हवास। II. स्त्री. बड़ी बहन।

आफ़त • स्त्री. मुसीबत, संकट।

ऑफ़िस • पुं. कार्यालय, दफ़्तर।

आब • I. पु. जल, पानी, शराब, शरबत, अर्क। II. स्त्री. चमक, कांति।

आबोहवा • स्त्री. जलवायु, हवापानी।

आबाद • वि. 1. बसा हुआ—*यह मुहल्ला नया आबाद हुआ है।* 2. खुशहाल—*बेटा, आबाद रहो।*

आबादी • स्त्री. 1. जनसंख्या। 2. बस्ती।

आभा • स्त्री. कांति, रंगत, चमक।

आभार • पुं. उपकार, एहसान, कृतज्ञता।

आभारी • पुं. उपकार माननेवाला, एहसानमंद, कृतज्ञ।

आभास • पुं. 1. संकेत, इशारा—*इस बात का मुझे उससे आभास मिला था।* 2. झूठा ज्ञान—*इस रस्सी से साँप का आभास हुआ।*

आभूषण • पुं. गहना, ज़ेवर, अलंकार।

आमंत्रित • वि. बुलाया हुआ, निमंत्रित।

आम • I. पुं. अपने स्वाद के लिए प्रसिद्ध भारत का प्रधान फल। II. वि. सामान्य—*आम आदमी।*

आमदनी • स्त्री. आय, लाभ, प्राप्ति।

आमना-सामना • पुं. 1. मुकाबला—*दो पहलवानों का आमना-सामना।* 2. मुलाक़ात, भेंट—*महीनों बाद मोहन से मेरा आमना-सामना हुआ।*

आमने-सामने • अ. 1. एक दूसरे के सामने। 2. मुकाबले से।

आमरण • अ. मृत्यु तक।

आमादा • वि. उतारू, तत्पर, तैयार।

आमाशय • पुं. पेट के भीतर का वह थैलीनुमा भाग जिसमें खाया हुआ पदार्थ पचता है।

आय • स्त्री. आमदनी।

आयत • I. पुं. वह चतुर्भुज जिसके चारों कोण समकोण हों। II. स्त्री. कुरान का वाक्य।

आया • स्त्री. बच्चे की देखभात करनेवाली दाई, धाय।

आयात • पुं. विदेश से माल मँगाना।

आयु • स्त्री. 1. वय, अवस्था। 2. जीवन की अवधि जन्म से मृत्यु तक।

आयुर्वेद • पुं. भारतीय चिकित्साशास्त्र, वैद्यक।

आयोजन • पुं. तैयारी, प्रबंध।

आरंभ • पुं. 1. श्री गणेश करना, शुरू करना। 2. शुरुआत, पहली अवस्था, शुरू की अवस्था।

आरक्षण • पुं. सुरक्षित करना। अं. रिज़र्वेशन।

आरती • स्त्री. 1. देवमूर्ति के सामने कपूर या घी का दीपक घुमाना। 2. आरती के समय गाया जानेवाला भजन।

आरसी • स्त्री. अगूँठे का शीशा, आईना, दर्पण।

आर-पार • अ. 1. एक तरफ़ से दूसरी तरफ़ तक। 2. एक किनारे से

दूसरे किनारे तक।

आरा • पुं. भारी लकड़ी चीरने की लोहे की दाँतीदार लंबी पट्टी जिसे दो आदमी चलाते हैं।

आरा-मशीन • स्त्री. लकड़ी चीरने की मशीन।

आराम • पुं. 1. चैन—*रोगी को आराम मिला।* 2. विश्राम—*ज़रा आराम कर लूँ।*

आरामकुरसी • स्त्री. लेटने लायक लंबी कुरसी।

आरामतलब • वि. आलसी।

आरी • स्त्री. लकड़ी चीरने की लोहे की दाँतीदार छोटी पट्टी जिसे एक आदमी चलाता है।

ऑर्डर • पुं. आदेश।

आर्थिक • वि. रुपये-पैसे का, अर्थ संबंधी।

आर्य • I. पुं. भारत की एक प्राचीन सभ्य जाति। II. वि. 1. पूज्य। 2. उत्तम, श्रेष्ठ, कुलीन। 3. धर्म नियम के प्रति आस्थावान। 4. पति, आचार्य के लिए सम्माननीय शब्द।

आर्यसमाज • पुं. स्वामी दयानंद सरस्वती द्वारा स्थापित धार्मिक समाज।

आलस • पुं. काम न करने की इच्छा, सुस्ती।

आलसी • वि. सुस्त, निकम्मा।

आला • I. पुं. दीवार में चीजें रखने के लिए बनाया गया गड्ढा। अं. स्टेथिस्कोप। II. वि. ऊँचे दरजे का, श्रेष्ठ, उत्तम, बढ़िया।

आलिंगन • पुं. गले लगाना, अँकवार।

आलीशान • वि. शानदार, भव्य।

आलू • पुं. एक कंद, सब्ज़ी।

आलोक • पुं. प्रकाश, उजाला।

आवभगत • स्त्री. स्वागत-सत्कार।

आवर्धक लेंस • पुं. वह शीशा जिससे छोटी चीज़ बड़ी दिखाई पड़ती है। अं. मैग्निफाइंग ग्लास।

आवश्यक • वि. ज़रूरी।

आवश्यकता • स्त्री. ज़रूरत।

आवाँ • पुं. मिट्टी के बरतन पकाने का भट्ठा।

आवागमन • पुं. 1. आना-जाना। 2. जन्म-मरण।

आवाज़ • स्त्री. 1. ध्वनि, शब्द। 2. पुकार।

आवारा • वि. बेकार घूमनेवाला, निकम्मा।

आवास • पुं. निवासस्थान, ठहरने की जगह।

आविर्भाव • पुं. 1. प्रकट होना, उत्पत्ति। 2. अवतार।

आविष्कार • पुं. कोई नयी चीज़ बनाना—*आरविल राइट और विलबर राइट नाम के दो भाइयों ने 1903 ई. में हवाई जहाज़ का आविष्कार किया था।*

आविष्कारक • वि. आविष्कार करनेवाला।

आवेदनपत्र • पुं. प्रार्थनापत्र, अर्ज़ी।

आशंका • स्त्री. 1. भय। 2. संदेह, शक।

आशय • पुं. मतलब, प्रयोजन।

आशा • स्त्री. उम्मीद।

आशीर्वाद • पुं. मंगल-कामना, शुभवचन, असीस।

आश्चर्य • पुं. 1. अचरज, हैरानी। 2. अद्‌भुत रस का स्थायीभाव।

आश्रम • पुं. ऋषि-मुनियों के रहने का स्थान, तपोवन।

आश्रय • पुं. आसरा, सहारा।

आश्वासन • पुं. भरोसा।

आसन • पुं. 1. बैठने की छोटी चौकोर चटाई। 2. बैठने का स्थान। अं. सीट। 3. योग के अनुसार शारीरिक मुद्रा, पद्‌मासन।

आस-पास • अ. अगल-बगल, इर्द-गिर्द।

आसमान • पुं. आकाश, गगन, नभ।

आसमानी • वि. आसमान के रंग का हलका नीला।

आसरा • पुं. सहारा, भरोसा।

आसान • वि. सरल, सुगम।

आसानी • स्त्री. सरलता।

आस्तीन • स्त्री. कुरते आदि की बाँह, बाँही।

आस्था • स्त्री. निष्ठा, विश्वास।

आह • I. अ. पीड़ा, शोक आदि का सूचक शब्द–हाय। आह! II. स्त्री. कराह, ठंडी साँस।

आहट • स्त्री. चलने आदि की हलकी आवाज।

आहत • वि. घायल, ज़ख्मी।

आहार • पुं. भोजन।

आहिस्ता • अ. धीरे।

आहुति • स्त्री. 1. हवन सामग्री अग्नि में डालना। 2. कुरबानी।

आह्वान • पुं. बुलावा, पुकार, यज्ञ में देवता आदि को बुलाना।

इ

इ • देवनागरी वर्णमाला का तीसरा वर्ण (स्वर)।

इंगलिश • स्त्री. अँगरेज़ी भाषा।

इंच • पुं. लगभग ढाई सेंटीमीटर की लंबाई।

इंजन • पुं. बिजली, तेल या भाप से चलनेवाली बड़ी मशीन।

इंजीनियर • पुं. इंजन, भवन, पुल आदि बनानेवाला; अभियंता।

इंतक़ाल • पुं. मृत्यु।

इंतज़ाम • पुं. प्रबंध।

इंतज़ार • पुं. प्रतीक्षा।

इंद्रधनुष • पुं. वर्षा ऋतु में बादलों से गिरती फुहार पर सूर्य की किरणें

पड़ने से आकाश में उत्तर से दक्षिण तक दिखाई पड़नेवाला संतरंगा अद्र्धवृत्त। *इंद्रधनुष में सात रंग होते हैं—बैंगनी, नीला, आसमानी, हरा, पीला, नारंगी और लाल।*

इंद्रिय • स्त्री. शरीर का वह अंग जिससे हमें बोध होता है या हम कोई काम करते हैं। *आँख, कान, नाक, हाथ, पाँव आदि हमारी इंद्रियाँ हैं।*

इंसान • पुं. आदमी, मनुष्य, मानव।

इंसाफ़ • पुं. न्याय।

इकट्ठा • वि. एक जगह, एक साथ, एकत्र।

इकलौता • वि. माँ-बाप की अकेली संतान।

इकाई • स्त्री. 1. संख्या में प्रथम अंक या उसका स्थान जो दायीं ओर से पहला है। 2. सदस्य या अंग—*व्यक्ति परिवार की इकाई है।* 3. नाप-तौल का मानक मान—*मीटर लंबाई नापने की इकाई है।*

इक्का • I. पुं. 1. एक घोड़े की गाड़ी। 2. ताश का एक बूटीवाला पत्ता। II. वि. अकेला।

इक्का-दुक्का • वि. अकेला-दुकेला।

इच्छा • स्त्री. चाह, कामना।

इच्छुक • वि. चाहनेवाला।

इजाज़त • स्त्री. अनुमति।

इज़्ज़त • स्त्री. आदर, मान, प्रतिष्ठा।

इठलाना • अ.क्रि. इतराना।

इडली • स्त्री. दक्षिण भारत का एक भोज्य पदार्थ जो चावल से बनाया जाता है।

इतमीनान • पुं. 1. भरोसा—*मुझे सोहन पर इतमीनान है।* 2. तसल्ली—*पैसा मिल जाने से मुझे इतमीनान हुआ।*

इतराना • अ.क्रि. 1. इठलाना। 2. ऐंठ दिखाना।

इतिहास • पुं. बीती हुई घटनाओं का क्रमबद्ध विवरण।

इत्यादि • अ. वगैरह, आदि।

इत्र • पुं. फूलों आदि की सुगंध का सार।

इधर • अ. 1. इस ओर, यहाँ। 2. इन दिनों, आजकल।

इनक़लाब • पुं. क्रांति, परिवर्तन।

इनकार • पुं. अस्वीकार।

इनसान • पुं. मनुष्य।

इनाम • पुं. पुरस्कार, पारितोषिक, बख्शीश।

इने-गिने • वि. थोड़े।

इबादत • स्त्री. उपासना, पूजा।

इमरती • स्त्री. जलेबी की शक्ल की एक मिठाई।

इमली • स्त्री. एक खट्टी फली।

इमामबाड़ा • पुं. शिया मुसलमानों का धार्मिक स्थान।

इमारत • स्त्री. बड़ा पक्का मकान।

इम्तहान • पुं. परीक्षा।

इरादा • पुं. 1. इच्छा—*मेरा पढ़ने का इरादा है।* 2. नीयत—*वह चोरी करने के इरादे से आया था।*

इर्द-गिर्द • अ. आस-पास।

इलज़ाम • पुं. दोषारोपण।

इलाक़ा • पुं. क्षेत्र।

इलाज • पुं. चिकित्सा—*इस बीमारी का इलाज है।* 2. निवारक, उपाय—*शरारत का क्या इलाज है?*

इलायची • स्त्री. एक छोटा सुगंधित सूखा दानेदार फल।

इशारा • पुं. संकेत।

इश्तहार • पुं. विज्ञापन, सूचना।

इष्ट • I. वि. 1. वांछित—इष्ट *कर्म।* 2. पूजित—इष्ट *देवता।* 3. हितैषी—इष्ट मित्र। II. पुं. उद्देश्य, लक्ष्य—राष्ट्र सेवा मेरा इष्ट है।

इसलाम • पुं. हज़रत मुहम्मद द्वारा प्रवर्तित धर्म जिसका मूल ग्रंथ क़ुरान है।

इस्तिरी • स्त्री. कपड़े की शिकन दूर करने का एक उपकरण, लोहा।

इस्तीफ़ा • पुं. पद छोड़ने की सूचना, त्यागपत्र।

इस्तेमाल • पुं. प्रयोग, व्यवहार, उपयोग।

इस्पात • पुं. बढ़िया कड़ा लोहा, फ़ौलाद।

ई

ई • देवनागरी लिपि का चौथा वर्ण (स्वर)।

ईंट • स्त्री. मिट्टी का पकाया हुआ आयताकार टुकड़ा जो दीवार बनाने के काम आता है, ईंटा।

ईंधन • पुं. जलावन—*कोयला, गैस, तेल, लकड़ी आदि ईंधन हैं।*

ईख • स्त्री. गन्ना, ऊख, इक्षु।

ईजाद • स्त्री. कोई नयी चीज़ बनाना, आविष्कार। *सन् 1884 में स्टारले ने साइकिल की ईजाद की थी।*

ईद • स्त्री. मुसलमानों का त्यौहार ईदुल फ़ित्र। *[ईद दो हैं—ईदुल अज़हा (ईदे कुर्बां या बक़रीद) और ईदुल फ़ित्र (ईदे रमज़ाँ)। ईदुल अज़हा हज की खुशी में मनाई जाती है। इसमें कुर्बानी होती है। ईदुल फ़ित्र रोज़े पूरे होने की खुशी में मनाई जाती है। इसमें सिवैयाँ पकती हैं। सामान्य रूप से ईदुल फ़ित्र को 'ईद' कहते हैं।]*

ईदगाह • स्त्री. ईद की नमाज़ पढ़ने का स्थान।

ईमान • पुं. 1. धर्म पर विश्वास, धर्म। 2. नीयत।

ईमानदार • वि. 1. धर्म में पक्का। 2. लेन-देन में सच्चा।

ईर्ष्या • स्त्री. जलन।

ईश्वर • पुं. भगवान, ईश।

ईसवी सन • पुं. ईसा के जन्मकाल से चला हुआ सन।

ईसा • पुं. ईसाई धर्म के प्रवर्तक, ईसामसीह।

ईसाई • पुं. ईसा के धर्म को माननेवाला।

उ

उ • देवनागरी लिपि का पाँचवाँ वर्ण (स्वर)।

उँगली • स्त्री. हाथ और पैर के पंजों से जुड़े हुए पाँच छोटे-छोटे अंग। *[उँगलियों के नाम हैं—अंगुष्ठ (अँगूठा), तर्जनी, मध्यमा (बिचली), अनामिका (अनामा) और कनिष्ठिका (कानी उँगली या छिगुनी)]*

उँह • अ. अस्वीकार, घृणा, पीड़ा आदि का सूचक शब्द—*उँह! तंग न करो।*

उकड़ूँ • पुं. घुटने मोड़कर पंजों के बल बैठने का एक ढंग।

उकताना • अ.क्रि. ऊबना।

उकसाना • सं. क्रि. भड़काना।

उखड़ना • अ.क्रि. 1. गड़ी, जड़ी या जमी हुई चीज़ का अपनी जगह से हटना, टूटना। 2. मन का न लगना।

उखाड़ना • सं. क्रि. गड़ी, जमी हुई चीज़ को अपनी जगह से सायास हटाना।

उगना • I. अ.क्रि. 1. निकलना—*चाँद उगा।* II. उपजाना—पौधा उगा, III. सं. क्रि. उगाना।

उगलना • सं. क्रि. 1. थूक देना—*पान उगला।* 2. उलटी करना—*खाई हुई चीज़ उगल दी।* 3. छिपानेवाली बात बता देना—*चोर ने चोरी की बात उगल दी।*

उगाहना • स.क्रि. लोगों से धन आदि लेना—*चंदा, कर या बकाया पैसा उगाहा।*

उघड़ना • अ.क्रि. 1. खुलना, उघड़ा। 2. भंडा फूटना।

उग्र • वि. भयानक, क्रूर, तेज़, प्रचंड।

उचकना • अ.क्रि. पैर के पंजों के बल

खड़ा होना।

उचक्का • पुं. दूसरे की चीज़ छीनकर-उठाकर भागनेवाला।

उचटना • अ.क्रि. मन न लगना।

उचित • वि. ठीक, मुनासिब।

उच्च • वि. 1. ऊँचा। 2. श्रेष्ठ।

उच्चारण • पुं. वर्णों या शब्दों को बोलने का ढंग।

उदलकूद • स्त्री. कूद-फाँद।

उछलना • अ.क्रि. ऊपर की ओर कूदना।

उछालना • स.क्रि. 1. ऊपर की ओर फेंकना। 2. उजागर करना।

उजड़ना • अ.क्रि. 1. लोगों से खाली होना—*गाँव उजड़ा गया।* 2. बरबाद होना—*पिता के मरने से घर उजड़ गया।*

उजड्ड • वि. अशिष्ट।

उजला • वि. 1. साफ़, स्वच्छ। 2. प्रकाश।

उजाड़ • I. वि. उजड़ा हुआ। II. पुं. वीरान।

उजाला • पुं. प्रकाश।

उज्ज्वल • वि. 1. चमकीला। 2. सुंदर। 3. साफ, स्वच्छ, निर्मल।

उठना • अ.क्रि. 1. ऊपर जाना—*चूल्हे का धुआँ उठ रहा है।* 2. जागना—*मैं बहुत सबेरे उठा।* 3. एकाएक शुरू होना—*दर्द उठा। आँधी उठी।*

उठाना • स.क्रि. 1. ऊपर करना—*हाथ उठाया।* 2. सोते हुए को जगाना—*सो रहे मोहन को उठाया।*

उड़ना • अ.क्रि. 1. हवा में तैरना—*चिड़िया उड़ी।* 2. हवा के सहारे चलना—*धुआँ उड़ा।*

उड़ाना • स.क्रि. 1. किसी चीज़ को हवा में तैराना—*पक्षियों को उड़ाया।* 2. फैलाना—*अफ़वाह उड़ाई।* 3. चुराना—*किसी ने मेरी किताब उड़ाई।*

उड़ेलना • स.क्रि. ढालना।

उतरन • स्त्री. उतारे हुए पुराने कपड़े।

उतरना • अ.क्रि. 1. ऊपर से नीचे आना—*सीढ़ी से, घोड़े पर से या गाड़ी से उतरा।* 2. दूर होना—*गुस्सा, नशा या बुखार उतरा।*

उतराई • स्त्री. 1. ढाल—*सड़क की उतराई।* 2. नदी के पार उतारने का पारिश्रमिक।

उतार-चढ़ाव • पुं. 1. ऊँचाई-निचाई। 2. तेज़ी-मंदी।

उतारना • स.क्रि. 1. नीचे लाना। 2. पहनी हुई चीज़ को अलग करना। 3. दूर करना। 4. नकल करना।

उतारू • वि. गलत काम करने को तैयार—*लड़ने पर उतारू।*

उतावला • वि. जल्दी मचानेवाला, अधीर। स्त्री. उतावली।

उत्कीर्ण • वि. खुदा हुआ।

उत्कृष्ट • वि. सबसे अच्छा, श्रेष्ठ।

उत्तम • वि. सबसे अच्छा, बेहतरीन,

प्रधान।

उत्तर • पुं. 1. उत्तर दिशा। 2. जवाब।

उत्तीर्ण • वि. परीक्षा में सफल।

उत्तेजित • वि. क्रोधित।

उत्पत्ति • स्त्री. 1. जन्म। 2. आरंभ।

उत्पात • पुं. उपद्रव, ऊधम।

उत्पादन • पुं. 1. पैदावार। 2. निर्माण। 3. जनन।

उत्पीड़न • पुं. ज़ुल्म, अत्याचार। दबाना।

उत्सव • पुं. समारोह, त्यौहार, मंगलकार्य।

उत्साह • पुं. 1. उमंग। 2. दृढ़ता। 3. बल, शक्ति।

उत्सुक • वि. अत्यंत इच्छुक, बेचैन।

उथल-पुथल • स्त्री. उलट-पलट, हलचल।

उथला • वि. कम गहरा, छिछला।

उदय • पुं. 1. प्रकट। 2. उद्‍भव।

उदर • पुं. पेट।

उदार • वि. 1. दानी, दयालु। 2. जो कट्टर न हो।

उदास • वि. 1. खिन्न, दुखी। 2. उदासीन, विरक्त।

उदाहरण • पुं. मिसाल।

उद्‍घाटन • पुं. 1. समारोह, संस्था आदि का कार्यारंभ। 2. प्रकट करना।

उद्देश्य • पुं. 1. लक्ष्य—*परोपकार मेरा उद्‍देश्य है।* 2. प्रयोजन— *आप किस उद्‍देश्य से आए हैं?*

उद्धार • उन्नति—*हरिजनों का उद्‍धार।* 2. छुटकारा—*संकट से उद्‍धार।*

उद्‍धृत • वि. पुस्तक आदि से लिया हुआ।

उद्यत • वि. तैयार, तत्पर, प्रस्तुत।

उद्यम • पुं. 1. प्रयास, श्रम, मेहनत। 2. व्यवसाय।

उद्यान • पुं. 1. बगीचा, बाग।

उद्योग • पुं. 1. चेष्टा, प्रयत्न—*उद्योग से काम पूर्ण होते हैं।* 2. कल-कारख़ाना। अ. इंडस्ट्री।

उधड़ना • अ.क्रि. सिलाई, बुनाई आदि का खुलना।

उधर • अ. 1. उस ओर—*मोहन उधर गया है।* 2. वहाँ—*सोहन उधर बैठा है।* 3. उस पक्ष में—*संजय हमारे साथ नहीं, उधर है।*

उधार • पुं. कर्ज़।

उधेड़ना • स.क्रि. सिलाई, बुनाई खोलना।

उधेड़बुन • स्त्री. सोच-विचार, उलझन।

उन्नति • स्त्री. तरक्की।

उन्मूलन • पुं. जड़ से उखाड़ना, मिटाना।

उपकार • पुं. भलाई, दूसरों की सहायता।

उपग्रह • पुं. 1. छोटा ग्रह जो बड़े ग्रह की परिक्रमा करता है—चंद्रमा पृथ्वी का उपग्रह है। 2. मानव-निर्मित उपग्रह—*पृथ्वी की परिक्रमा करनेवाला पहला कृत्रिम उपग्रह स्पुतनिक है।*

उपचार • पुं. इलाज।

उपज • स्त्री. पैदावार—*गेहूँ की उपज।*

2. मन में पैदा होने वाला भाव—*तुम्हारे मन में क्या उपज रहा है, बताओ तो सही!*

उपजाऊ • वि. अधिक उपज देनेवाला, उर्वर।

उपदेश • पुं. नेक सलाह, सीख।

उपद्रव • पुं. उत्पात, फ़साद, ऊधम, दंगा।

उपनाम • पुं. 1. पुकारने का नाम, उर्फ़—*मोहन का उपनाम 'पप्पू' है।* 2. कवि आदि का छोटा नाम, तखल्लुस—*महाकवि सूर्यकांत त्रिपाठी का उपनाम 'निराला' है।*

उपन्यास • पुं. कल्पित लंबी कहानी।

उपन्यासकार • पुं. उपन्यास लिखनेवाला।

उपयुक्त • वि. उचित, ठीक, अनुकूल।

उपयोग • पुं. 1. इस्तेमाल, व्यवहार में लेना। 2. लाभ।

उपरांत • अ. पश्चात, बाद में, तत्पश्चात।

उप-राष्ट्रपति • पुं. राष्ट्र का द्वितीय अधिकारी जो आवश्यकता पड़ने पर राष्ट्रपति के कार्यों को करता है।

उपर्युक्त • वि. ऊपर या पहले कहा हुआ।

उपलक्ष्य • पुं. कारण।

उपलब्ध • वि. प्राप्त होना।

उपलब्धि • स्त्री. प्राप्ति।

उपवास • पुं. 1. निराहार व्रत—*एकादशी का उपवास।* 2. भूखा रहना—*निर्धन विवश होकर प्रायः उपवास करता है।*

उपसंहार • पुं. समाप्ति, लेख या निबंध के अंत में दिया जानेवाला विचारपूर्ण सार।

उपस्थित • वि. हाज़िर।

उपहार • पुं. भेंट।

उपहास • पुं. मज़ाक, खिल्ली उड़ाना।

उपाय • पुं. 1. तरीका—*परीक्षा में प्रथम आने का उपाय पढ़ना है।* 2. समाधान—*इस समस्या का क्या उपाय है?*

उपार्जन • पुं. कमाना, धन कमाना, पैदा करना।

उपासना • स्त्री. आराधना, भक्ति।

उपेक्षा • स्त्री. अवहेलना, तिरस्कार, उदासीनता।

उफ़ • अ. दुख, पछतावा आदि का सूचक शब्द—*उफ़! यह दुख सहा नहीं जाता। उफ़! बड़ा दर्द है। उफ़! मैंने बड़ी ग़लती की।*

उफ़नना • अ.क्रि. 1. उबलकर ऊपर उठना—*दूध उफ़ना।* 2. बढ़कर फैलना—*बाढ़ आने से नदी उफ़नी।*

उबकाई • स्त्री. ओकाई, मचली, मितली।

उबरना • अ.क्रि. छुटकारा पाना।

उबलना • अ.क्रि. खौलना।

उबारना • स.क्रि. छुटकारा दिलाना।

उबासी • स्त्री. जम्हाई।

उभरना • अ.क्रि. 1. ऊपर आना—*चोट*

का निशान उभरा। 2. प्रकट होना—*असंतोष उभरा।*

उभारना • स.क्रि. 1. ऊपर उठाना—*कटोरे के पिचके हुए पेंदे को उभारा।* 2. सामने लाना—*चोरी के मामले को उभारा।*

उमंग • स्त्री. खुशी, उल्लास।

उमड़ना • अ.क्रि. बढ़कर फैलना—*बादल उमड़ा। भीड़ उमड़कर सड़कों पर फैल गई।*

उमेठना • स.क्रि. ऐंठना, मरोड़ना।

उम्दा • वि. बढ़िया।

उम्मीद • स्त्री. आशा, भरोसा।

उम्मीदवार • पुं. 1. प्रार्थी—*नौकरी का उम्मीदवार।* 2. प्रत्याशी—*चुनाव में उम्मीदवार।*

उम्र • स्त्री. 1. अवस्था—मेरी उम्र दस साल है। 2. जीवनकाल—वह उम्रभर भटकता रहा।

उर्दू • स्त्री. उर्दू भाषा।

उर्वर • वि. उपजाऊ।

उर्वरक • पुं. रासायनिक खाद। अं. फर्टिलाइज़र।

उलझन • स्त्री. 1. परेशानी—*मैं उलझन में हूँ।* 2. चिंता—*मन में उलझन है।*

उलझना • अ.क्रि. 1. फँसना—*काँटों में कपड़ा उलझा। तागा उलझा।* 2. कार्य में व्यस्त होना—*काम में उलझा।* 3. झगड़ना— अभय अब मयंक से उलझा।

उलझाना • स.क्रि. 1. गुत्थियाँ डाल देना—*किसने धागों को उलझाया?* 2. व्यस्त रखना—*मैंने मोहन को काम में उलझाया।*

उलटना • I. अ.क्रि. नीचे का ऊपर होना, पलटना—*बस उल्टी।* II. स.क्रि. नीचे का ऊपर करना, पलटना—*किताब का पन्ना उलटा।*

उलट-पलट • स्त्री. गड़बड़ी।

उलट-फेर • पुं. परिवर्तन।

उलटा • वि. 1. जिसका ऊपरी भाग नीचे की तरफ़ हो, औंधा—*उलटा गिलास।* 2. विपरीत—*उलटा काम।*

उलटी • स्त्री. कै—*ज्यादा खाने से मुझे उलटी हुई।*

उलटे • अ. जैसा होना चाहिए उसके विपरीत।

उलाहना • पुं. शिकायत।

उलीचना • स.क्रि. पानी को बाहर फेंकना।

उल्लंघन • पुं. 1. लाँघना—*सीमा का उल्लंघन।* 2. न मानना—*आज्ञा का उल्लंघन।*

उल्लास • पुं. हर्ष, खुशी, उमंग।

उल्लू • I. पुं. एक पक्षी जिसे दिन में दिखाई नहीं पड़ता। II. वि. मूर्ख, बुद्धू, बेवकूफ़।

उल्लेखनीय • वि. उल्लेख करने के योग्य।

उषा • स्त्री. सूर्योदय का समय, भोर।

उष्ण • वि. गरम।

उसाँस • स्त्री. दुख या शोकसूचक लंबी साँस।

उसी • सर्व. 'उस' और 'ही' का संयुक्त रूप—*उसी का, उसी को, उसी ने आदि।*

उस्तरा • पुं. दाढ़ी बनाने या बाल मूँड़ने का औज़ार।

उस्ताद • I. पुं. शिक्षक—*यूसुफ़ साहब मेरे उस्ताद हैं।* II. वि. प्रवीण, निपुण—*वह लुहारी में उस्ताद है।*

ऊ

ऊ • देवनागरी वर्णमाला का छठा वर्ण (स्वर)।

ऊँघना • अ.क्रि. झपकी लेना।

ऊँचा • वि 1. अधिक उठा हुआ—*ऊँची इमारत।* 2. उन्नत—*ऊँचा खानदान।* 3. तेज़—*ऊँची आवाज़।*

ऊँचा-नीचा • वि. ऊबड़-खाबड़।

ऊँट • पुं. एक कूबड़वाला जानवर जिसकी गरदन और टाँगे लंबी होती हैं, रेगिस्तानी पशु।

ऊँहूँ • अ. अस्वीकृति-सूचक शब्द—*ऊँहूँ मैं नहीं खाऊँगा।*

ऊख • पुं. गन्ना।

ऊखल • पुं. ओखली।

ऊटपटाँग • वि. बेतुका, बेढंगा।

ऊदबिलाव • पुं. जल और स्थल दोनों में रहनेवाला एक जंतु।

ऊधम • पुं. हुल्लड़, शोरगुल।

ऊन • पुं. भेड़ आदि के बाल जिससे गरम कपड़ा बनता है।

ऊपर • अ. 1. ऊँचाई पर—*ऊपर चढ़ो।* 2. आकाश की ओर—*ऊपर देखो।*

ऊपरी • वि. 1. ऊपर का—*ऊपरी मंज़िल।* 2. दिखावट—*ऊपरी दोस्ती।* 3. फ़ालतू—*ऊपरी खर्च।*

ऊबड़-खाबड़ • वि. ऊँचा-नीचा।

ऊबना • अ.क्रि. उकताना।

ऊमस • स्त्री. हवा न चलने से मालूम होनेवाली गरमी।

ऊर्जा • स्त्री. बल, शक्ति।

ऊलजलूल • वि. अंडबंड, बेकार का, निरर्थक।

ऊसर • पुं. खेती के अयोग्य ज़मीन, बंजर।

ऋ

ऋ • देवनागरी वर्णमाला का सातवाँ वर्ण (स्वर)।

ऋग्वेद • पुं. चारों वेदों में से पहला। *(अन्य तीन हैं—यजुर्वेद, सामवेद और अथर्ववेद।)*

ऋचा • स्त्री. वेदमंत्र।

ऋजु • वि. सीधा—*शरीर को ऋजु रखो।*

ऋण • पुं. 1. कर्ज़—*सौ रुपये का ऋण।* 2. उपकार—मैं आपका ऋण नहीं भूलूँगा।

ऋणी • वि. 1. कर्जदार—*मैं किसी का ऋणी नहीं हूँ।* 2. उपकृत—*मैं* आपका ऋणी रहूँगा।

ऋतु • स्त्री. चैत्र से फाल्गुन तक वर्ष के छह विभागों में से एक जो दो महीने का होता है। *(छह ऋतुएँ हैं—वसंत, ग्रीष्म, वर्षा, शरत, हेमंत और शिशिर।)*

ऋद्धि-सिद्धि • स्त्री. समृद्धि और सफलता।

ऋषभ • पुं. 1. एक जैन तीर्थंकर। 2. बैल।

ऋषि • पुं. तपस्वी, मुनि।

ए

ए • देवनागरी वर्णमाला का आठवाँ वर्ण (स्वर)।

एंबुलेंस कार • स्त्री. घायलों और बीमारों को अस्पताल पहुँचाने की गाड़ी।

एक • I. वि. गिनती में सबसे छोटी और पहली संख्या। II. पुं. एक का अंक।

एकटक • अ. बिना पलकें गिराए देखना।

एकड़ • पुं. भूमि की एक नाप।

एकता • स्त्री. एका, मेल, ऐक्य।

एकतारा • पुं. एक तार का बाजा, इकतारा।

एकत्र • अ. इकट्ठा।

एकदम • अ. 1. तुरंत—*बुलावा आते ही मैं एकदम घर पहुँचा।* 2. बिलकुल—*कलम एकदम खराब है।*

एकबारगी • अ. 1. एक बार में—*एकबारगी सारा पैसा दे दिया।* 2. अचानक—*संजय एकबारगी आ पहुँचा।*

एकमात्र • वि. केवल एक।

एकहरा • वि. 1. एक परत का—*एकहरा कपड़ा।* 2. दुबला-पतला—*एकहरा बदन।*

एकांत • पुं. वह स्थान जहाँ शोरगुल न हो।

एकाएक • अ. अचानक, सहसा।

एकाग्र • वि. जिसका ध्यान एक ओर हो, तल्लीन, स्थिरचित्त।

एक्स-रे • पुं. एक प्रकार की किरण जिसकी सहायता से शरीर के अंदर का फोटो लिया जाता है।

एजेंट • पुं. किसी प्रतिष्ठान का प्रतिनिधि।

एड़ी • स्त्री. पैर के पंजे का पिछला भाग।

एतबार • पुं. विश्वास, भरोसा।

एलान • पुं. घोषणा।

एवं • अ. और, तथा।

एवज़ • पुं. के स्थान पर, के बदले।

एशिया • पुं. सबसे बड़ा महाद्वीप। *एशिया में भारत, चीन आदि देश हैं।*

एसिड • पुं. तेज़ाब। *अं. एसिड।*

एहतियात • स्त्री. सावधानी।

एहसान • पुं. उपकार, कृतज्ञता।

एहसानमंद • वि. उपकार माननेवाला।

एहसास • पुं. अनुभव।

ऐ

ऐ • देवनागरी लिपि का नौवाँ वर्ण (स्वर)।

ऐं • अ. ठीक से न सुनी हुई बात को फिर से कहलाने के लिए प्रयोग में अनेवाला शब्द—*ऐं! तुमने क्या कहा?*

ऐंठ • स्त्री. अकड़, ऐंठन, घमंड।

ऐंठन • स्त्री. 1. मरोड़—*रस्सी की ऐंठन।* 2. पीड़ा—*पेट में ऐंठन है।*

ऐंठना • I. अ.क्रि. 1. कड़ा होकर अकड़ना—*पापड़ ऐंठ गया है।* 2. घमंड दिखाना—*बात-बात पर मत ऐंठो।* II. सं. कि. 1. मरोड़ना—*भैया ने मेरी बाँह ऐंठी।* 2. धोखा देकर या डराकर कुछ लेना—*गुंडे ने मुझसे पैसा ऐंठा।*

ऐटम • पुं. सबसे छोटा कण जो तोड़ा न जा सके, परमाणु।

ऐतिहासिक • वि. इतिहास में वर्णित।

ऐन वक्त • पुं. सही समय।

ऐनक • स्त्री. चश्मा।

ऐब • पुं. दोष, अवगुण।

ऐरा-गैरा • वि. ऐसा-वैसा, मामूली, तुच्छ।

ऐश्वर्य • पुं. धन-वैभव, दौलत।

ऐसा • वि. इस तरह का।

ऐसे • अ. इस ढंग से—*ऐसे लिखो।*

ओ

ओ • देवनागरी लिपि का दसवाँ वर्ण (स्वर)।

ओंठ • पुं. होंठ।

ओ • अ. संबोधनसूचक शब्द—*ओ भाई!*

ओक • पुं. दोनों हथेलियों को सटाकर बनाया गया गड्ढा।

ओखली • स्त्री. अनाज कूटने का पात्र, ऊखल।

ओछा • वि. छिछोरा, अशिष्ट।

ओज • पुं. कांति, तेज, बल, उजाला।

ओझल • वि. गायब, छिपा हुआ।

ओझा • पुं. झाड़-फूँक करनेवाला।

ओट • स्त्री. आड़।

ओढ़ना • स.क्रि. कपड़े आदि से बदन को ढकना।

ओढ़नी • स्त्री. स्त्रियों के ओढ़ने का छोटा दुपट्टा।

ओइम् • पुं. परमेश्वर का वाचक शब्द, ॐ, ओंकार।

ओर • स्त्री. 1. तरफ़—*घर की ओर देखो*। 2. पक्ष में—*मोहन हमारी ओर है*।

ओर-छोर • पुं. आदि-अंत।

ओला • पुं. बादल से गिरनेवाला बर्फ़ का टुकड़ा।

ओस • स्त्री. हवा की भाप जो ठंडी रात में जलकण के रूप में बदल जाती है।

ओसारा • पुं. बरामदा, दालान।

ओह • अ. दुख या आश्चर्यसूचक शब्द—*ओह! बड़ा दर्द है। ओह! इतना बड़ा गुलाब।*

ओहदा • पुं. पद।

ओहो • अ. आश्चर्य या हर्षसूचक शब्द—*ओहो! कितना सुंदर मकान है।*

औ

औ • देवनागरी लिपि का ग्यारहवाँ वर्ण (स्वर)।

औंधा • वि. 1. उलटा—*लोटा औंधा रखा हुआ है*। 2. पेट के बल—*माणिक औंधा लेटा हुआ है*।

औक़ात • पुं. हैसियत।

औज़ार • पुं. काम करने में सहायक

उपकरण।

औटाना • स.क्रि. आँच देकर उबालकर गाढ़ा करना।

औद्योगिक • वि. उद्योग, यानी कल-कारखाने से संबंधित।

और • I. अ. दो शब्दों या वाक्यों को जोड़नेवाला शब्द। तथा, व, एवं–*वह आया और मैं गया।* II. वि. 1. दूसरा–*मोहन की बात और है।* 2. अधिक–*मुझे और रोटियाँ दीजिए।*

औरत • स्त्री. 1. स्त्री–*एक औरत आई है।* 2. पत्नी–*रामू की औरत का नाम श्यामा है।*

औलाद • स्त्री. बेटा या बेटी, संतान।

औषध • स्त्री. दवा, औषधि।

औषधालय • पुं. दवाखाना।

औसत • I. वि. सामान्य–*औसत आदमी।* II. पुं. बीच की संख्या या राशि–इन संख्याओं का औसत निकालिए।

क

कंकड़ • पुं. ईंट-पत्थर का बहुत छोटा टुकड़ा।

कंकड़-पत्थर • पुं. 1. कूड़ा-करकट। 2. बेकार की चीजें।

कंकरीट • स्त्री. कंकड़, सीमेंट, बालू आदि के मेल से बना हुआ मसाला।

कंकाल • पुं. हड्डियों का ढाँचा, ठठरी।

कंगन • पुं. कलाई में पहनने का एक गहना, कड़ा, कंकण।

कंगारू • पुं. ऑस्ट्रेलिया का एक जानवर। मादा कंगारू अपने बच्चे को पेट की थैली में रखती है।

कंगाल • वि. अति निर्धन।

कंगूरा • पुं. 1. चोटी, शिखर–*मंदिर का कंगूरा*। 2. किले की दीवार में बना ऊँचा स्थान।

कंघा • पुं. बाल सँवारने का दाँतेदार उपकरण।

कंचन • I. पुं. सोना, कांचन, स्वर्ण, सुवर्ण, हेम। II. वि. निर्मल।

कंजूस • वि. पैसा रहते हुए भी जो ज़रूरी खर्च न करे, कृपण, सूम।

कँटिया • स्त्री. 1. छोटी कील। 2. मछली पकड़ने का हुक।

कँटीला • वि. काँटेदार।

कंठ • पुं. गला। आवाज़।

कंठस्थ • वि. जो ज़बानी याद हो।

कंठा • पुं. 1. बड़े मनकों की माला, सोने का कंठा। 2. पक्षी के गले की रंगीन रेखा—*तोते के गले का कंठा।*

कंडक्टर • पुं. बस आदि का परिचालक।

कंडा • पुं. सूखे गोबर का जलावन, उपला।

कंद • पुं. खाने योग्य जड़—*अदरक, आलू आदि कंद हैं।*

कंदुक • पुं. गेंद।

कंधा • पुं. गरदन और बाहुमूल के बीच का भाग।

कँपकँपी • स्त्री. थरथराहट।

कई • वि. कुछ, कतिपय।

ककहरा • पुं. क से ह तक की वर्णमाला।

कक्ष • पुं. कमरा—*शयनकक्ष।*

कक्षा • स्त्री. 1. विद्यार्थियों की श्रेणी। दरजा—*चौथी कक्षा*। 2. ग्रहों के घूमने का मार्ग—*पृथ्वी की कक्षा।*

कगार • पुं. 1. ऊँचा ढलवाँ किनारा—*नदी का कगार।* 2. सीमा—*फ़सल न होने से लोग भुखमरी के कगार पर हैं।*

कचहरी • पुं. स्त्री. अदालत।

कचौड़ी • स्त्री. उरद आदि की पीठी भरकर बनाई गई पूड़ी।

कच्चा • वि. 1. जो पका न हो—*कच्चा आम।* 2. जो आँच में पकाया न गया हो—*कच्चा घड़ा।* 3. खाने की चीज़ जो पकी न हो—*चावल अभी कच्चा है।* 4. जो टिकाऊ न हो—*कच्चा रंग।*

कछार • पुं. नदी के किनारे की नीची भूमि।

कछुआ • पुं. कच्छप, बहुत सख्त पीठवाला एक जलजंतु।

कटहल • पुं. एक काँटेदार छिलकेवाला बड़ा फल जिसकी सब्ज़ी व अचार बनाया जाता है।

कटहा • वि. काटने वाला—कुत्ता।

कटाक्ष • पुं. 1. व्यंग्य। 2. तिरछी निगाह।

कटार • स्त्री. एक दुधारी छोटी तलवार, खंजर।

कटाव • पुं. काटा जाना—*ज़मीन का कटाव रोको।*

कटु • वि. 1. कड़वा। 2. बुरा लगनेवाला।

कटौती • स्त्री. रकम आदि में कमी।

कट्टर • वि. 1. अनुदार विचार का—*विचार का पक्का होना ठीक है, कट्टर होना नहीं। 2. हठधर्मी।*

कठघरा • पुं. 1. न्यायालय में काठ का वह जंगलेदार घेरा जिसमें खड़े होकर वादी, प्रतिवादी आदि अपना बयान देते हैं। 2. जंगली पशु रखने का काठ का बड़ा पिंजड़ा।

कठपुतली • स्त्री. 1. काठ की वह पुतली जिसे सुत आदि के सहारे नचाते हैं—*कठपुतली का नाच।* 2. दूसरे के इशारे पर चलने

वाला—*मैं किसी के हाथों की कठपुतली नहीं हूँ।*

कठफोड़वा • पुं. एक पक्षी जो अपनी लंबी चोंच से पेड़ की छाल छेदकर कीड़ों को खाता है।

कठिन • वि. जटिल, मुश्किल।

कठिनाई • स्त्री. मुश्किल।

कठोर • वि. 1. कड़ा—*कठोर नियम।* 2. बेरहम—*कठोर हृदय।*

कठौता • पुं. 1. काठ का बना एक छिछला बरतन।

कड़क • स्त्री. तेज़ आवाज़।

कड़वा • 1. कटु, तिक्त। 2. अप्रिय।

कड़ा • वि. 1. जो नरम न हो। 2. कठोर—*कड़ी क़ैद।* 3. कड़ी धूप।

कड़ाई • स्त्री. सख़्ती।

कड़ाह • पुं. लोहे का एक गोल छिछला बड़ा बरतन।

कड़ी • स्त्री. 1. जंजीर। 2. लड़ी। 3. गीत या बात की कड़ी। 4. घटना का क्रम।

कढ़ी • स्त्री. दही और बेसन से बना एक व्यंजन।

कण • पुं. बारीक टुकड़ा, कन।

कतरना • स.कि. कैंची से काटना।

कतरा • पुं. 1. बूँद—*पानी का कतरा।* 2. खंड—*कतरा-कतरा।*

कतराना • अ.क्रि. किसी की नज़र बचाकर निकल जाना।

कतली • स्त्री. बर्फी।

क़तार • स्त्री. पंक्ति।

कत्था • पुं. खैर की लकड़ी का सत—*पान में कत्था लगाया जाता है।*

क़त्ल • पुं. जान से मार डालना, हत्या।

कथन • पुं. कहना—*मोहन का कथन सही नहीं है।*

कथरी • स्त्री. पुराने कपड़ों से बना ओढ़ना-बिछौना।

कथा • स्त्री. 1. कहानी—*रामायण की कथा।* 2. रामायण आदि का वाचन • *मेरे घर कथा होगी।*

कदंब • पुं. 1. एक गोल पीला फूल तथा उसका पेड़, कदम।

क़द • पुं. शरीर की ऊँचाई। लंबाई।

कदम • पुं. 1. पाँव—*चेला गुरु के कदमों पर गिरा।* 2. डग—चार कदम चलो।

कदाचित • अ. कभी, शायद।

कदापि • अ. कभी भी, हरगिज।

कद्दू • एक सब्ज़ी—सीताफल।

क़द्र • स्त्री. आदर।

कन • पुं बारीक टुकड़ा, कण।

कनक • पु. 1. सोना, स्वर्ण। 2. धतूरा। 3. गेहूँ।

कनखी • स्त्री. तिरछी निगाह।

कनटोप • पुं. कानों को ढकनेवाली एक टोपी।

कनस्तर • पुं. टीन का चौकोर बरतन, टीन।

क़नात • स्त्री. मोटे कपड़े की दीवार—

खाने की जगह को कनात से घेरो।

कनिष्ठ • वि. सबसे छोटा।

कनेर • पुं. एक फूल का पौधा जिसमें पीले, लाल और सफ़ेद फूल लगते हैं।

कन्नी • स्त्री. 1. पतंग के दोनों ओर के किनारे। 2. राजमिस्त्री का एक औज़ार।

कन्या • स्त्री. अविवाहित लड़की।

कपट • पुं. छल, धोखा।

कपटी • वि. धोखा देनेवाला, छलनेवाला।

कपड़छन • पुं. कपड़े से छानना।

कपाट • पुं. किवाड़, दरवाजा।

कपास • स्त्री. एक पौधा जिसके डोंड़े (फल) से रुई निकलती है।

कपाल • पुं. 1. खोपड़ी, खप्पर। 2. मस्तक।

कपाली • पुं. शिव।

कपि • पुं. बंदर, मर्कट।

कपूर • पुं. एक सफ़ेद रंग का ऐसा ज्वलनशील पदार्थ जो पूजा आदि में प्रयोग किया जाता है।

कपोत • पुं. कबूतर।

कप्तान • पुं. 1. टीम का नायक—*कप्तान।* 2. जहाज़, सेना या पुलिस का एक अधिकारी।

कफ़ • पुं. बलगम, झाग।

कफ़न • पुं. शव लपेटने का कपड़ा।

कब • अ. 1. किस समय (प्रश्नसूचक)—*कब जाओगे?* 2. कभी नहीं—*श्याम मेरी बात कब मानता है?*

कबाड़ • पुं. टूटा-फूटा रद्दी सामान।

कबाब • पुं. बारीक कुटे हुए मांस की पकी हुई टिकिया।

कबीर • हिंदी के प्रसिद्ध संत कवि।

क़बीला • पुं. 1. वंश, खानदान। 2. दल। 3. जंगली जाति।

क़बूलना • क्रि. स्वीकार करना।

कब्ज़ • स्त्री. पेट साफ़ न होना।

क़ब्ज़ा • पुं. 1. अधिकार—*खेत पर कब्जा किया।* 2. लोहे आदि का एक पुरज़ा—*खिड़की के पल्ले का कब्ज़ा।*

कभी-कभार • अ. कभी-कभी।

कमंडल • पुं. 1. साधु-संन्यासियों का तुंबी या दरियाई नारियल का बना जलपात्र। 2. पूजा का जलपात्र—*पीतल का कमंडल।*

कम • वि. थोड़ा। अल्प।

कमज़ोर • वि. दुर्बल, अशक्त।

कमबख़्त • वि. अभागा, हतभाग्य।

कमरबंद • पुं. 1. पेटी 2. इज़ारबंद, नाड़ा। 3. कमर में बाँधने का दुपट्टा।

कमरा • पुं. कोठरी।

कमल • पुं. पानी में खिलनेवाला एक फूल, पंकज।

कमलनयन • वि. कमल की पंखुड़ी जैसी कोमल आँखोंवाला।

कमला • स्त्री. 1. धनसंपत्ति। 2. लक्ष्मी।

कमलापति • पुं. विष्णु।

कमलिनी • स्त्री. छोटा कमल।

कमाई • स्त्री. 1. अर्जित धन। 2. काम-धंधा।

कमाऊ • वि. पैसा कमानेवाला।

कमान • स्त्री. 1. धनुष–*तीर-कमान।* 2. क्षेत्रीय सैनिक इकाई–*पूर्वी कमान।*

कमाना • सं. क्रि. धनोपार्जन करना।

कमानी • स्त्री. 1. लचीली तीली–*चश्मे की कमानी।* 2. तार आदि का बना लचीला पुरजा। अं. स्प्रिंग।

कमाल • I. पुं. 1. चमत्कार–*यह तो कमाल हो गया।* 2. निपुणता–*उसकी कलाकारी कमाल की है।* 3. पराकाष्ठा–*कमाल है।* II. वि. सर्वोत्तम।

कमी • स्त्री. कम होने का भाव, अल्पता।

कमीना • वि. ओछा, नीच।

कमीशन • पुं. 1. किसी चीज़ को बिकवाने का मेहनताना, दलाली। 2. जाँच आदि के लिए बनी समिति, आयोग।

कर • पुं. 1. हाथ, करतल। 2. राजस्व। 3. किरण। अं. टैक्स।

करघा • पुं. कपड़ा बुनने का यंत्र।

करतब • पुं. अचरज में डालनेवाला काम।

करतूत • स्त्री. निंदनीय कार्य।

करधनी • स्त्री. कमर में पहनने का एक गहना।

करना • क्रि. 1. निबटाना–*काम किया।* 2. भाड़े पर लेना–*रिक्शा किया।* 3. खोलना–*दुकान करना।*

करनी • स्त्री. काम–*अच्छी करनी करो।*

करामात • स्त्री. अचरजभरी बात, चमत्कार।

करारा • वि. 1. ज़ोरदार–*करारा जवाब।* 2. खूब सिका हुआ–*करारा बिस्कुट।*

कराल • वि. भयानक, डर पैदा करने वाला।

कराहना • अ.क्रि. मुँह से दर्दभरी आवाज़ निकालना।

क़रीब • अ. 1. निकट–*मेरा घर करीब है।* 2. लगभग–*करीब दस रुपये।*

क़रीब-क़रीब • अ. लगभग।

करेला • पुं. एक कड़वा फल, सब्ज़ी।

करोड़ • वि. सौ लाख–*दस करोड़ रुपये।*

करोड़पति • पुं. बहुत बड़ा अमीर।

करौंदा • पुं. एक लाल-सफ़ेद छोटा खट्टा फल।

कर्कश • वि. अप्रिय, कठोर।

कर्कशा • स्त्री. झगड़ालू स्त्री।

क़र्ज़ • पुं. ऋण, उधार।

क़र्ज़दार • पुं. कर्ज़ लेनेवाला, ऋणी।

कर्मचारी • पुं. वेतन लेकर काम करनेवाला।

कर्मठ • वि. मुस्तैदी से काम करनेवाला,

कर्मनिष्ठ।

कलंक • पुं. 1. दाग, धब्बा। 2. बदनामी।

कल • अ. 1. बीता हुआ दिन। 2. आनेवाला दिन। 3. मशीन।

कलकल • पुं. जल बहने का शब्द।

कलगी • स्त्री. 1. टोपी या पगड़ी का तुर्रा या फुँदना। 2. पक्षी के सिर की चोटी।

कलत्र • स्त्री. पत्नी।

कलफ़ • पुं. धुले कपड़े में लगाई जानेवाली माँड़ी।

क़लम • स्त्री. 1. लेखनी। 2. पेड़-पौधे की टहनी जो रोपी जाए। 3. पुरुष की कनपटी पर के बाल।

क़लमी • वि. जो कलम लगाने से पैदा हुआ हो—*क़लमी आम।*

कलरव • पुं. कोमल मधुर शब्द।

कलश • पुं. 1. कलसा, घड़ा। 2. मंदिर आदि का शिखर। 3. शिखर।

कलह • पुं. झगड़ा, लड़ाई।

कला • स्त्री. 1. किसी सुंदर कार्य को करने का कौशल। 2. शिल्प। 3. हुनर।

कलाकंद • पुं. खोये की एक मिठाई।

कलि • स्त्री. 1. कलयुग। 2. कलह।

कली • स्त्री. 1. बिना खिला हुआ फूल। 2. चूना।

कलेजा • पुं. 1. दिल, हृदय। 2. साहस, हिम्मत। 3. प्रिय व्यक्ति।

कलेवा • पुं. सबेरे का नाश्ता, जलपान।

कल्पना • स्त्री. 1. अनोखी सोच। 2. अनुमान। 3. सोची हुई बात—*पुस्तकालय खोलकर राम बाबू ने अपनी कल्पना को सत्य बनाया।*

कल्याण • पुं. 1. मंगल, शुभ, भलाई। 2. सुख-सौभाग्य।

कवच • पुं. 1. हथियार के वार से बचने के लिए लोहे के जाल आदि का बना हुआ पहनावा, बख्तर। 2. ताबीज़। 3. छाल।

कवलित • वि. निगला हुआ—*काल कवलित।*

क़वायद • पुं. अं. ड्रिल। परेड।

कवर • पुं. जिल्द।

कवि • पुं. कविता करनेवाला, शायर।

कविता • स्त्री. रस और छंदवाली रचना, पद्य।

कशीदा • पुं. सुई-धागे से कपड़े पर बनाया हुआ बेल-बूटा।

कष्ट • पुं. 1. पीड़ा—*मन या शरीर का कष्ट।* 2. परेशानी—*मैं कष्ट में हूँ।*

कसना • सं. क्रि. 1. खींचकर बाँधना। 2. पेच-पुरज़े को जमाना। 3. पहनना, बाँधना—*वर्दी कसी।* 4. कसौटी पर घिसकर परखना—*सोना कसा।*

क़सबा • पुं. शहर से छोटी बस्ती।

क़सम • स्त्री. शपथ, सौगंध।

क़सर • स्त्री. कमी।

कसरत • स्त्री. व्यायाम।

कसाई • पुं. मांस-विक्रेता।

कसाला • पुं. मेहनत, कठिन काम।

कसैला • वि. जिसके स्वाद में कसैलापन हो।

कसौटी • स्त्री. 1. एक काला पत्थर जिस पर सोना घिसकर परखा जाता है। 2. जाँच का आधार–*विपत्ति ही मित्रता की कसौटी है।*

कस्तूरी • स्त्री. एक विशेष हिरन की नाभि से निकलनेवाली सुगंधित वस्तु।

कहना • I. स.क्रि. बताना। II. पुं. कथन–*बड़ों का कहना मानो।*

कहलवाना • स.क्रि. दूसरे के ज़रिये किसी से कुछ कहना।

कहवा • पुं. चाय जैसा एक पेय।

कहानी • स्त्री. 1. किस्सा। 2. कथा। 3. मनगढ़ंत बात।

कहार • पुं. पालकी आदि ढोनेवाला, पानी भरनेवाला।

कहावत • स्त्री. 1. अनुभव की बात जिसे लोग हुबहू सुनते-सुनाते हैं। 2. लोकोक्ति।

कहासुनी • स्त्री. तकरार, वाद-विवाद।

कहीं • अ. 1. किसी जगह–*मैं कहीं नहीं जाऊँगा।* 2. कभी नहीं–*मैं कहीं ऐसा कर सकता हूँ?* 3. अगर–*कहीं मोहन आया तो मैं जाऊँगा।*

काँइया • वि. चालाक, धूर्त।

काँख • स्त्री. बगल।

काँगड़ी • स्त्री. अँगीठी।

काँच • पुं. शीशा।

कांचन • I. पुं. सोना, कंचन। II. वि. सुनहरा।

काँजी-हाउस • पुं. वह बाड़ा जहाँ खुले घूमनेवाले जानवरों को बंद किया जाता है।

काँटा • पुं. 1. पेड़-पौधों की टहनियों से निकली हुई सूई जैसी चीज़। 2. लंबी नुकीली चीज़–*घड़ी का काँटा।* 3. तराजू–*सुनार का काँटा।* 4. बारीक हड्डी–मछली का काँटा। 5. हुक का गुच्छा–*कुएँ में काँटा डालकर बाल्टी निकालो।* 6. काँटा–चम्मच।

कांड • पुं. 1. किसी ग्रंथ का विभाग–*रामायण में सात कांड हैं।* 2. कोई असामान्य घटना–*अग्निकांड।*

कांति • स्त्री. चमक, आभा।

काँव-काँव • पुं. 1. कौए का शब्द। 2. व्यर्थ का शोर।

काँवर • स्त्री. बाँस की बड़ी तराजू, बहँगी।

काँसा • पुं. ताँबे और जस्ते के मेल से बनी मिश्र धातु।

काई • स्त्री. 1. पानी से पत्थर आदि पर जमनेवाली परत जैसी वनस्पति। 2. तालाब आदि के बँधे पानी पर फैलनेवाली बारीक वनस्पति। 3. धातु का मैल–*पीतल*

के गिलास पर काई जमी है।

काग • पुं. कौआ।

काग़ज़ • पुं. 1. कागद। 2. अखबार।

क़ागज़ी • वि. 1. लिखित—*कागजी कार्रवाई।* 2. पतले छिलकेवाला—*कागज़ी नीबू।*

काटना • स.क्रि. 1. छुरी, कैंची आदि से किसी चीज़ के टुकड़े करना। 2. डसना। 3. झेलना—*जाड़ा काटा, मुसीबत काटी।* 4. पूरा करना—*रास्ता या वक्त काटा।*

काठ • पुं. लकड़ी।

काढ़ना • स.क्रि. कपड़े पर बेल-बूटा बनाना।

काढ़ा • पुं. जड़ी-बूटी का औटाया हुआ पानी।

काना • वि. 1. जिसकी एक आँख बेकार हो। 2. कीड़ा खाया हुआ—*कानी भिंडी।*

कानाफूसी • स्त्री. गुपचुप बात।

कॉपी • स्त्री. 1. अभ्यास-पुस्तिका। 2. नकल। 3. प्रति।

काफ़िला • पुं. कारवाँ।

काफ़ी • I. वि. 1. जितना आवश्यक हो उतना, पर्याप्त। 2. बहुत—*काफ़ी काम है।* II. *स्त्री.* कहवा।

क़ाबिल • वि. योग्य।

क़ाबू • पुं. वश।

काम • पुं. 1. कार्य—*मैं काम कर रहा हूँ।* 2. धंधा—*दर्ज़ी का काम।* 3. नौकरी—*मैं दफ़्तर में काम करता हूँ।* 4. कर्तव्य—*पढ़ना-लिखना हमारा काम है।* 5. कारीगरी—*ज़री का काम।*

कामचलाऊ • पुं. जिससे किसी तरह काम चल जाये।

कामचोर • वि. काम से जी चुरानेवाला, आलसी।

कामयाब • वि. सफल।

क़ायदा • पुं. 1. नियम। 2. ढंग, तरीका।

क़ायम • वि. दृढ़।

कायर • वि. डरपोक, बुज़दिल।

काया • स्त्री. शरीर, देह।

कायापलट • पुं. भारी परिवर्तन।

कारण • पुं. वजह।

कारतूस • पुं. बंदूक एवं पिस्तौल में भरकर चलाने वाली गोली।

कारागार • पुं. जेलखाना।

कारा • स्त्री. 1. जेल, कारागृह। 2. बंधन।

कारावास • पुं. जेल, कैद।

कारिंदा • पु. कर्मचारी।

कारीगर • पुं. हाथ से चीज़ बनानेवाला, शिल्पी, दस्तकार।

कारोबार • पुं. व्यापार।

कार्यकर्ता • पुं. किसी संस्था आदि की ओर से काम करनेवाला।

कार्यक्रम • पुं. कार्यों का विवरण। अं. प्रोग्राम।

कार्यालय • पुं. काम करने का स्थान, दफ़्तर। अं. ऑफ़िस।

काल • पुं. 1. समय। 2. मृत्यु।

कालकूट • पुं. हलाहल, विष।

काला • वि. 1. रंग। 2. बुरा—*काला धन।*

कालाकलूटा • वि. बहुत काला।

कालिख • स्त्री. 1. धुएँ से जमी काली परत, स्याही। 2. कलंक।

कालिमा • स्त्री. कालापन, अँधेरा।

क़ालीन • पुं. ऊन आदि का बना भारी बिछावन।

काश्तकार • पुं. किसान।

काष्ठ • पुं. काठ, लकड़ी।

किंतु • अ. लेकिन, परंतु।

किचकिच • स्त्री. कहासुनी, झगड़ा।

किधर • अ. किस ओर।

किनारा • पु. 1. तट—*नदी या समुद्र का किनारा।* 2. छोर—*मैदान या सड़क का किनारा।* 3. हाशिया—*कॉपी का किनारा।* 4. पास में, बगल में—*मेरे किनारे आ जाओ।* 5. अलग होना—*उसने मुझसे किनारा कर लिया।*

क़िफ़ायत • स्त्री. 1. कमखर्ची। 2. बचत। 3. कम—*किफ़ायती दाम।*

किरकिरा • वि. जिसमें रेत आदि के कण हों—*किरकिरा बेसन।*

किरकिरी • स्त्री. 1. रेत आदि का बारीक कण—*आँख में किरकिरी पड़ी है।* 2. हेठी, बदनामी—*श्याम की चालाकी पकड़ी गई तो उसकी बड़ी किरकिरी हुई।*

किरण • स्त्री. प्रकाश की रेखा, रश्मि।

किराना • पुं. मिर्च-मसाला आदि।

किराया • पुं. भाड़ा।

किरीट • पुं. मुकुट।

किलकारी • स्त्री. ख़ुशी की आवाज़।

क़िला • पुं. दुर्ग, गढ़।

क़िलाबंदी • स्त्री. सुरक्षा के लिए किसी स्थान की घेराबंदी।

किवाड़ • पुं. दरवाज़े का पल्ला, कपाट।

किशमिश • स्त्री. सुखाया हुआ अंगूर।

किशोर • पुं. ग्यारह से पंद्रह वर्ष का बालक।

किश्ती • स्त्री. नाव, नौका, कश्ती।

किसलय • पुं. कोमल पत्ता, कोंपल, नया पत्ता।

किसान • पुं. कृषक, खेतिहर।

क़िस्त • स्त्री. ऋण का वह निश्चित हिस्सा जो नियत समय पर चुकाया जाता है।

क़िस्म • स्त्री. प्रकार।

क़िस्मत • स्त्री. भाग्य, तकदीर।

क़िस्सा • पुं. 1. कहानी, कथा, आख्यान। 2. घटना।

कीकर • पुं. बबूल।

कीचड़ • पुं. 1. गंदी गीली मिट्टी। 2. आँख का सफ़ेद मैल।

कीट • पुं. कीड़ा।

कीटाणु • पुं. आँखों से न दिखाई देनेवाला बारीक कीड़ा।

क़ीमत • स्त्री. 1. दाम—*कलम की*

क़ीमत। 2. गुण—*आदमी की क़ीमत।*

क़ीमती • वि. अधिक दाम का, मूल्यवान।

कीर्तन • पुं. गाते-बजाते हुए भगवान का भजन।

कीर्ति • स्त्री. यश, ख्याति, नेकनामी।

कुँअर/कुँवर • पुं. राजकुमार, बेटा।

कुँआरा • वि. जिसकी शादी न हुई हो, क्वारा।

कुमकुम • पुं. रोली।

कुँजड़ा • पुं. सब्ज़ी बेचनेवाला।

कुंजर • पुं. हाथी।

कुंजी • स्त्री. 1. चाबी, ताली। 2. पाठ्य पुस्तक के पढ़ने में सहायक किताब।

कुंड • पुं. 1. छोटा-सा तालाब। 2. हवनकुंड।

कुंडल • पुं. कान का बाला।

कुंडा • पुं. दरवाजे का कुंडा।

कुंतल • पुं. 1. सौ किलोग्राम का वजन। अं. क्विंटल। 2. सिर के बाल, केश।

कुंद • वि. मोथरा, धारहीन।

कुंदन • वि. निर्मल, शुद्ध।

कुंभ • पुं. घड़ा, कलश।

कुआँ • पुं. पानी निकालने के लिए धरती में खोदा गया गहरा गड्ढा, कूप।

कुकुर • पुं. कुत्ता।

कुकुरमुत्ता • पुं. सफ़ेद छतरी जैसी एक खुमी।

कुचलना • स.क्रि. मसलना, रौंदना।

कुछ • I. वि. थोड़ा—*कुछ आटा।* II. सर्व. कोई चीज़—*कुछ देते-दिलाते तो हो नहीं!* 2. कोई बड़ी बात—*कुछ कर दिखाओ तो जानें!* 3. कोई अनुचित बात—*मोहन कुछ कर बैठा तो?*

कुटाई • स्त्री. 1. कूटने का काम। 2. कूटने की मजदूरी। 3. पिटाई।

कुटिल • वि. 1. टेढ़ा—*कुटिल गति।* 2. कपटी, चालबाज़—*कुटिल व्यक्ति।*

कुटीर उद्योग • पुं. छोटा उद्योग।

कुटुंब • पुं. खानदान, कुनबा।

कुटुंबी • पुं. कुटुंब का व्यक्ति।

कुट्टी • स्त्री. 1. बारीक काटा हुआ चारा। 2. बच्चों का दोस्ती तोड़ना—*कुट्टी कर दी।*

कुढ़न • स्त्री. खीझ, जलन।

कुढ़ना • अ.क्रि. मन ही मन खिन्न होना।

कुतरना • स.क्रि. दाँतों से थोड़ा-थोड़ा काटना।

कुतूहल • पुं. 1. जिज्ञासा, उत्सुकता, उत्कट अभिलाषा। 2. आश्चर्य।

कुत्ता • पुं. एक मांसभक्षी पशु। कुकुर।

कुत्सित • वि. नीच, अधम, निंदित।

कुदरत • स्त्री. ईश्वर की शक्ति, प्रकृति।

कुदाल • स्त्री. मिट्टी खोदने का एक औजार।

कुनकुना • वि. थोड़ा गरम।

कुनबा • पुं. कुटुंब, परिवार।

कुबड़ा • वि. जिसकी पीठ टेढ़ी या उभरी हुई हो, टेढ़ा।

कुमार • पुं. पुत्र, बेटा, राजकुमार।

कुमुद • पु. सफ़ेद कमल।

कुम्हड़ा • पुं. एक बड़ा फल जिसकी तरकारी बनती है।

कुम्हलाना • अ.कि. सूखने लगना, मुरझाना।

कुम्हार • पुं. मिट्टी के बरतन बनानेवाला, कुंभकार।

क़ुरबानी • स्त्री. 1. पशु की बलि। 2. बलिदान।

कुरूप • वि. बदसूरत।

कुरेदना • स.क्रि. 1. खुरचना। 2. खोदना।

कुर्की • वि. न्यायालय के आदेशानुसार संपत्ति जब्त करना।

कुल • I. वि. सब, सारा। II. पुं. वंश, घराना।

कुलबुलाना • अ.क्रि. छोटे जीवों का एक साथ हिलना-डुलना।

कुलवंत • वि. कुलीन, अच्छे घराने का।

कुलांच • स्त्री. छलाँग, चौकड़ी।

कुली • पुं. बोझ ढोनेवाला मज़दूर।

कुल्हड़ • पुं. मिट्टी का छोटा जलपात्र।

कुल्हाड़ी • स्त्री. लकड़ी चीरने-फाड़ने का औज़ार।

कुशल • वि. चतुर, निपुण, होशियार।

कुशल-मंगल • पुं. राज़ी-ख़ुशी।

कुशाग्र • वि. तेज बुद्धि वाला।

कुश्ती • स्त्री. एक दूसरे को पछाड़ने के लिए गुँथकर लड़ना, मल्लयुद्ध।

कुसुम • पुं. फूल, पुष्प, सुमन।

क़ुसूर • पुं. अपराध, भूल-चूक।

कुहरा • पुं. हवा में दिखाई पड़नेवाली पानी की भाप, कोहरा।

कुहराम • पुं. 1. रोने-पीटने का शोर, कोहराम। 2. भगदड़।

कुहुकना • अ.क्रि. कोयल का बोलना।

कूँची • स्त्री. कुटी हुई मूँज आदि का गुच्छा। अं. ब्रश।

कूँच • पुं. एक स्थान से दूसरे स्थान जाना।

कूजन • पुं. पक्षियों का कलरव।

कूट • वि. छली, धोखेबाज।

कूटना • स.क्रि. 1. मूसल-मूँगरी से किसी चीज़ को पीटना। 2. मारना-पीटना।

कूड़ा • पुं. 1. धूल-राख। 2. खर-पत्ता आदि रद्दी चीज़, कतवार। 3. कूड़ा-करकट।

कूढ़ • वि. मूर्ख, बेवकूफ़।

कूदना • अ.क्रि. 1. उछलना। 2. ऊँचाई से नीचे आना। 3. दखल देना—*बीच में कूदना*।

कूप • पुं. कुआँ।

कूबड़ • पुं. पीठ का टेढ़ापन।

कूल • पुं. तट, किनारा।

कृतघ्न • वि. नेकी न माननेवाला।

कृतज्ञ • वि. नेकी माननेवाला।

कृत्रिम • वि. नकली, बनावटी।

कृपण • वि. कंजूस।

कृपा • स्त्री. दया, अनुग्रह।

कृपाण • पुं. तलवार, असि, खंजर, खड्ग, करवाल।

कृषक • पुं. किसान, खेतिहर, काश्तकार।

कृषि • स्त्री. खेती, खेती-बाड़ी, काश्त।

कृष्ण • I. वि. काला। II. पुं. यदुवंशी वसुदेव और देवकी के पुत्र जो विष्णु के अवतार माने जाते हैं।

केंचुआ • पुं. 1. मोटे धागे की शक्ल का एक बरसाती कीड़ा। 2. आँतों में पैदा होनेवाला धागे जैसा सफ़ेद कीड़ा।

केंचुली • स्त्री. साँप की झिल्लीदार चमड़ी जो हर साल खोल की शक्ल में गिर जाती है, केंचुल।

केंद्र • पुं. 1. वृत्त का मध्यबिंदु। 2. किसी काम का मुख्य स्थान।

केंद्रित • वि. एक जगह एकत्रित।

केकड़ा • पुं. आठ टाँगों और दो पंजोंवाला एक गोलाकार छोटा जलजंतु।

केवट • पुं. मल्लाह।

केवड़ा • पुं. एक सुंगधित सफ़ेद फूल।

केवल • अ. सिर्फ़।

केश • पुं. सिर के बाल, कुंतल, कच, अलक।

केस • पुं. 1. डिब्बा, बक्सा। 2. मुकदमा। 3. वारदात।

केसर • पुं. 1. फूल के बीच का रेशा। 2. एक विशेष फूल का सुगंधयुक्त पीला रेशा, जाफ़रान। 3. कुछ जंतुओं की गरदन पर के बाल, अयाल।

केसरिया • वि. केसर के से पीले रंग का।

कैंची • स्त्री. कपड़ा आदि काटने का दो फलोंवाला यंत्र।

क़ै • स्त्री. उलटी, वमन।

क़ैद • स्त्री. 1. जेल की सज़ा, कारावास। 2. बंधन।

क़ैदख़ाना • पु. जेलखाना, कारागार।

कैलास • पुं. हिमालय का एक प्रसिद्ध शिखर।

कैसा • वि. किस प्रकार का।

कैसे • अ. 1. किरा प्रकार—*घर कैसे पहुँचे?* 2. क्यों—*बोलो, कैसे आए?*

कोंपल • स्त्री. नयी कोमल पत्ती, अंकुर, किसलय।

कोई • सर्व. अज्ञात वस्तु या व्यक्ति।

कोचना • स.क्रि. चुभाना, गोदना, कोंचना, गड़ाना।

कोटि • I. स्त्री. श्रेणी, दर्जा। II. वि. करोड़।

कोठरी • स्त्री. छोटा कमरा।

कोठी • पुं. 1. इमारत, पक्का मकान। 2. वह मकान जिसमें बड़ा कारोबार होता हो। 3. थोक बिक्री की

दुकान।

कोड़ा • पुं. चाबुक।

कोढ़ • पुं. त्वचा और रक्त का एक रोग, कुष्ठ।

कोण • पुं. 1. दो रेखाओं के मिलने का स्थान। 2. दो दिशाओं के बीच की दिशा। 3. कोना।

कोतवाल • पुं. नगर का प्रमुख पुलिस अधिकारी।

कोदों • पुं. एक मोटा अन्न।

कोप • पुं. क्रोध, रोष।

कोफ़्त • स्त्री. दुख, रंज, मनस्ताप।

कोमल • वि. 1. नरम। 2. दया से भरा हुआ। 3. नाज़ुक। 4. मधुर।

कोर-क़सर • स्त्री. दोष-त्रुटि।

कोरा • वि. जो काम में न लाया गया हो, नया।

कोल • पुं. एक जंगली जाति या उस जाति का व्यक्ति।

कोलाहल • पुं. शोरगुल, गुलगपाड़ा, हल्ला।

कोल्हू • पं. तिलहन या गन्ना पेरने का यंत्र।

कोश • पुं. शब्दों और उनके अर्थों का संग्रह।

कोशिश • स्त्री. प्रयत्न, प्रयास, यत्न, उद्यम।

कोष • पुं. संचित धन, खजाना।

कोष्ठ • पुं. 1. विशेष प्रकार के चिह्नों का जोड़ा जिसके अंदर अंक आदि जाते हैं। अं. ब्रैक्रिट। ( ) { } [ ]। 2. घर का भीतरी भाग।

कोस • पुं. दो मील के बराबर।

कोसना • स.क्रि. बुरा-भला कहना।

कौंधना • अ.क्रि. बिजली का चमकना।

कौआ • पुं. 1. एक काला पक्षी, काक। 2. धूर्त मनुष्य।

कौड़ी • स्त्री. 1. एक समुद्री कीड़ा तथा उसका अस्थिकोश।

कौतूहल • पुं. देखने, सुनने या जानने की इच्छा।

क़ौम • स्त्री. 1. जाति। 2. वंश, नस्ल।

कौर • पुं. निवाला, गस्सा।

कौशल • पुं. निपुणता, चतुराई।

क्यारी • स्त्री. खेत या बगीचे में बनाई गई पतली मेंड़ों के बीच की भूमि जिसमें पौधे लगाए जाते हैं।

क्यों • अ. किसलिए।

क्योंकि • अ. इसलिए कि।

क्रंदन • पुं. रोना, विलाप करना।

क्रम • पुं. एक के बाद एक को रखने का नियम, सिलसिला।

क्रमशः • अ. क्रम से, धीरे-धीरे।

क्रय • पुं. खरीद।

क्रांति • स्त्री. भारी उलट-फेर।

क्रिया • स्त्री. 1. काम। 2. व्याकरण में शब्द का वह भेद जिसमें किसी कार्य का करना या होना पाया जाए।

क्रिसमस • पुं. ईसाइयों का सबसे बड़ा त्योहार, बड़ा दिन। *जीज़स क्राइस्ट (ईसा मसीह) के जन्म के उपलक्ष्य*

में 25 दिसंबर को क्रिसमस मनाया जाता है।

क्रीड़ा • स्त्री. खेलकूद।

क्रीत • वि. खरीदा हुआ।

क्रुद्ध • वि. गुस्सैल, क्रोधित।

क्रूर • वि. निर्मम, कठोर, निर्दयी।

क्रेता • पुं. खरीदार।

क्रोध • पुं. गुस्सा।

क्लेश • पुं. कष्ट।

क्षण • पुं. बहुत थोड़ा समय, पल।

क्षति • स्त्री. नुकसान।

क्षमता • स्त्री. 1. सामर्थ्य, योग्यता। 2. बल, शक्ति।

क्षमा • स्त्री. माफ़ी।

क्षीण • वि. 1. दुबला-पतला। 2. कम।

क्षुद्र • वि. 1. छोटा। 2. ओछा।

क्षेत्र • पुं. 1. इलाका। 2. दायरा।

क्षेम • पुं. सुख, कुशल-मंगल।

क्षोभ • पुं. नाराज़गी।

ख

खँगालना • स.क्रि. दुबारा धोना।

खंजन • पुं. एक चिड़िया।

खंजर • पुं. कटार, तलवार, शमशीर।

खंड • पुं. टुकड़ा, भाग।

खँडहर • पुं. गिरे हुए मकान का अवशेष।

खंदक • स्त्री. गहरा गड्ढा।

खंभा • पुं. पत्थर, काठ आदि का लंबा खड़ा आधार, सहारा।

खखारना • अ.क्रि. 1. गला साफ़ करने के लिए खाँसना। 2. संकेत करने के लिए खाँसना।

खचाखच • अ. पूरा भरा हुआ।

खच्चर • पुं. घोड़े से मिलता-जुलता एक पशु।

खजांची • पुं. खजाने का अधिकारी। अं. कैशियर।

खज़ाना • पुं. 1. धन-दौलत। 2. कोषागार।

खटकना • अ.क्रि. 1. खट-खट शब्द होना। 2. बुरा लगना।

खटना • अ.क्रि. कड़ी मेहनत करना।

खटपट • स्त्री. अनबन।

खटमल • पुं. खून चूसनेवाला एक कीड़ा।

खटास • स्त्री. खट्टापन।

खटिया • स्त्री. छोटी चारपाई।

खटोला • पुं. छोटी खाट।

खड़ंजा • पुं. ईंटों की सड़क।

खड़ाऊँ • स्त्री. लकड़ी की विशेष चप्पलें।

खड़िया • स्त्री. एक तरह की सफ़ेद

मिट्टी। अं. चॉक।

खड्ड • पुं. गहरा गड्ढा।

ख़त • पुं. चिट्ठी।

खतरा • पुं. 1. भय। 2. आशंका।

ख़त्म • वि. 1. समाप्त। 2. नष्ट।

खदान • स्त्री. खान।

खदेड़ना • स.क्रि. पीछा करते हुए भगाना।

खद्दर • पुं. हाथ का कता-बुना कपड़ा, खादी।

खनक • स्त्री. चूड़ियों, सिक्कों आदि के बजने की आवाज़।

खनन • पुं. खोदने का काम।

खपची • स्त्री. बाँस की तीली, खपच्ची।

खपत • स्त्री. 1. खर्च। 2. बिक्री। 3. माँग।

खपरैल • स्त्री. 1. मिट्टी के मजबूत टुकड़ों से बनी छत।

खपाना • स.क्रि. 1. काम में लगा लेना। 2. बेचना।

ख़फ़ा • वि. नाराज़।

ख़बर • स्त्री. समाचार।

ख़बरदार • वि. सावधान।

ख़याल • पुं. 1. विचार—*अच्छे ख़याल का आदमी।* 2. चिंता—*काम का ख़याल करो।* 3. स्मरण—*मुझे ख़याल नहीं था कि आप आएँगे।*

खरल • पुं. दवा आदि कूटने या घोंटने का पात्र।

खरहा • पुं. खरगोश।

खरा • वि. विशुद्ध, सच्चा।

ख़रीदार • पुं. खरीदनेवाला, ग्राहक।

खरीफ़ • स्त्री. एक फ़सल।

खरोंच • स्त्री. खुरचने, छिलने का निशान।

ख़र्च • पुं. किसी चीज़ का किसी काम में लगना, व्यय।

खर्राटा • पुं. सोने में नाक से निकलनेवाली आवाज़।

खलना • अ.क्रि. बुरा लगना।

ख़लबली • स्त्री. हलचल।

खलिहान • पुं. फ़सल काटकर रखने का स्थान।

ख़स • स्त्री. गाडर नामक घास की सुगंधित जड़।

खसरा • पुं. बदन पर दाने निकलने का एक रोग।

खसोटना • स.क्रि. 1. नोचना। 2. छीन लेना।

खस्ता • वि. 1. मोयनदार। 2. भुरभुरा—*खस्ता कचौड़ी।* 3. दुर्दशाग्रस्त—*खस्ता हाल।*

खाँड़ • स्त्री. 1. गीला गुड़, राब। 2. कच्ची चीनी।

खाई • स्त्री. 1. लंबा गहरा गड्ढा।

खाऊ • वि. 1. बहुत खानेवाला। 2. घूस लेनेवाला।

ख़ाक • स्त्री. 1. धूल। 2. राख।

ख़ाका • पु. नक़्शा। 2. मसौदा।

खाज • स्त्री. खुजली का रोग।

ख़ातमा • पुं. अंत।

खाता • पुं. 1. हिसाब लिखने की

बही। 2. लेन-देन का हिसाब। अं. एकाउंट।

ख़ातिरदारी • स्त्री. आवभगत।

खाद • स्त्री. ज़मीन का उपजाऊपन बढ़ानेवाली चीज़।

खादी • स्त्री. हाथ का काता-बुना कपड़ा, खद्दर।

खाद्य • पुं. भोजन।

खान • स्त्री. 1. वह स्थान जहाँ से खनिज पदार्थ निकाला जाए। 2. भंडार।

ख़ानदान • पुं. कुल, वंश।

खानपान • पुं. खानापीना।

खाना • I. स.क्रि. 1. ठोस आहार चबाकर निगलना। 2. सहना—*ठोकर खाई।* 3. आनंद लेना—*धूप खाई*। II. भोजन।

ख़ाना • पुं. 1. घर, स्थान—*डाकख़ाना।* 2. घिरी, बँटी जगह—*आलमारी का ख़ाना*। 3. रेखाओं आदि से बनी जगह—*चारखाना कपड़ा।*

ख़ानाबदोश • वि. जिसका ठौर-ठिकाना न हो, घुमक्कड़।

ख़ामोश • वि. चुप, मौन।

खारा • वि. नमक के स्वाद का।

खाल • स्त्री. चमड़ा, त्वचा।

ख़ाला • स्त्री. माँ की बहिन, मौसी।

ख़ालिस • वि. बिना मिलावट का, विशुद्‍ध।

ख़ाली • वि. शून्य।

ख़ास • विशेष।

खिंचना • अ.क्रि. 1. खींचा जाना। 2. आकृष्ट होना। 3. अप्रसन्न—*श्याम मुझसे खिंचा हुआ है।* 4. चित्रित होना—*तस्वीर खींची गई।*

खिचड़ी • स्त्री. मिलाकर पकाया हुआ दाल-चावल।

खिझाना • स.क्रि. चिढ़ाना।

खिड़की • स्त्री. दीवार में बनी खुली जगह, झरोखा, वातायन।

ख़िदमत • स्त्री. सेवा।

खिन्न • वि. उदास, दुखी।

खिलखिलाना • अ.क्रि. खुलकर हँसना।

खिलना • अ.क्रि. 1. कली का फूल बनना। 2. भला लगना। 3. प्रसन्न होना।

खिलाड़ी • पुं. खेल में कुशल।

खिलाना • स.क्रि. भोजन कराना।

खिलाफ़ • वि. विरुद्‍ध।

खिल्ली • स्त्री. हँसी, मज़ाक उड़ाना।

खिसकना • अ.क्रि. 1. सरकना, हटना। 2. चुपके से चल देना।

खिसियाना • अ.क्रि. बेवकूफ़ बनकर खीझना, लज्जित होना।

खींचतान • स्त्री. 1. खींचाखींची। 2. एक दूसरे को नीचा दिखाने की कोशिश।

खीरा • पुं. ककड़ी की जाति का एक फल।

खील • स्त्री. धान का लावा।

खुद • अ. स्वयं।

खुदरा • पुं. 1. रेजगारी। 2. थोड़ी मात्रा, फुटकर।
खुदा • पुं. ईश्वर।
खुदाई • स्त्री. खोदने की क्रिया।
खुर • पुं. पशुओं के पैर।
खुरचन • स्त्री. खुरचकर निकाली हुई चीज़।
खुरदरा • वि. जिसकी सतह चिकनी न हो।
खुरपी • स्त्री. घास छीलने का एक औज़ार।
खुराक • स्त्री. 1. आहार। 2. दवा की मात्रा।
खुराफ़ात • स्त्री. शरारत।
खुला • वि. 1. जो बंद या बँधा न हो। 2. लंबा-चौड़ा।
खुश • वि. प्रसन्न।
खुशकिस्मत • वि. अच्छी किस्मत का।
खुशख़बरी • स्त्री. खुश करनेवाली खबर।
खुशनसीब • वि. खुशकिस्मत, भाग्यवान।
खुशहाल • वि. सुखी, संपन्न।
खुशामद • स्त्री. चापलूसी।
खुश्क • वि. सूखा, रूखा।
खुसरफुसुर • स्त्री. कानाफूसी।
ख़ूँखार • वि. खून पीनेवाला, हिंसक।
ख़ून • पुं. 1. रक्त। 2. हत्या।
ख़ूनख़राबा • पुं. मारकाट।
ख़ूब • I. वि. अच्छा, बहुत बढ़िया। II. अ. अच्छी तरह से।
ख़ूबसूरत • वि. सुंदर।
खूसट • वि. बेवकूफ़, मूर्ख।
खेत • पुं. 1. जोती-बोई जानेवाली ज़मीन का टुकड़ा। 2. खड़ी फ़सल। 3. लड़ाई का मैदान।
खेतिहर • पुं. किसान।
खेद • पुं. अफ़सोस।
खेमा • पुं. तंबू, डेरा।
खेलवाड़ • पुं. 1. मन-बहलाव। 2. बच्चों जैसा काम।
ख़ैर • I. स्त्री. भलाई। II. अ. अच्छा—खैर, मैं चलूँगा।
ख़ैरात • पुं. दान।
ख़ैरियत • स्त्री. कुशल-क्षेम, राज़ी-खुशी।
खोंसना • स.क्रि. एक चीज़ का कुछ हिस्सा दूसरी चीज़ में घुसाना।
खोखला • वि. भीतर से खाली, पोला।
खो-खो • पुं. कबड्डी जैसा एक खेल।
खोज • स्त्री. तलाश, अन्वेषण।
खोजना • स.क्रि. तलाश करना, ढूँढ़ना।
खोट • स्त्री. 1. सस्ती धातु की मिलावट। 2. कपट।
खोना • स.क्रि. I. 1. गँवाना। 2. भूल जाना। 3. नष्ट हो जाना। 4. अवसर खोना। II. अ.क्रि. दिल कहीं और भटकना।
खोपड़ी • स्त्री. सिर की हड्डी, कपाल।
खोया • पुं. गाढ़ा किया हुआ दूध।
खोल • पुं. गिलाफ़।
खोलना • स.क्रि. 1. किसी चीज़ को बंद न रहने देना—*ताला खोला*। 2. बँधी, जुड़ी, चीजों को अलग

करना–*गाँठ खोली।* 3. कल-पुरज़े अलग करना–*मशीन खोली।* 4. काम शुरू करना–*दुकान खोली।*

खोह • स्त्री. गुफ़ा, कंदरा।

ख़ौफ़ • पुं. भय, आतंक।

खौलना • अ.क्रि. उबलना।

ख्याति • स्त्री. प्रसिद्धि, यश, शोहरत।

ख़्वाब • पुं. सपना।

ख़्वाहिश • स्त्री. इच्छा, अभिलाषा।

ग

गंगा • स्त्री. पवित्र नदी, भागीरथी।

गंज • पुं. 1. सिर के बाल झड़ने का रोग, गंजापन। 2. मंडी। 3. मुहल्ला।

गँड़ासा • पुं. 1. चारा काटने का एक औज़ार। 2. लोहे का धारदार हथियार।

गँडेरी • स्त्री. छीले हुए गन्ने का छोटा टुकड़ा।

गंदा • वि. 1. मैला। 2. बुरा।

गंध • स्त्री. महक।

गंधक • स्त्री. एक पीला जलनेवाला खनिज पदार्थ।

गंभीर • वि. 1. गहन। 2. शांत। 3. ऊँची और भारी आवाज़। 4. चिंताजनक।

गँवाना • स.क्रि. 1. खोना। 2. नष्ट करना।

गँवार • वि. अनाड़ी।

गऊ • स्त्री. 1. गाय। 2. सीधा।

गगन • पुं. आकाश, नभ, आसमान, अंबर, व्योम।

गगरी • स्त्री. छोटा घड़ा।

गज • पुं. हाथी, हस्ती, करी, कुंजर, मातंग।

गज • पुं. छत्तीस इंच लंबाई की एक नाप, एक मीटर से कुछ कम।

ग़ज़ब • पुं. 1. आश्चर्य। 2. अंधेर–*इस मँहगाई ने ग़ज़ब कर दिया है।*

गजानन • पुं. गणेश।

गटकना • स.क्रि. 1. निगलना। 2. हड़पना–*उसने मेरा पैसा गटका।*

गट्ठर • पुं. बड़ी गठरी। गट्ठा।

गठिया • स्त्री. जोड़ों में पीड़ा होने का एक रोग।

गड़ना • अ.क्रि. 1. चुभना–*काँटा गड़ा।* 2. खड़ा किया जाना–*झंडा गड़ा।*

गड़बड़ • I. वि. अंडबंड–*गड़बड़ काम।* II. *स्त्री. 1. गोलमाल।* 2. खराबी–*तबीयत गड़बड़ है।* 3. उपद्रव–*शहर में गड़बड़ है।*

गड़रिया • पुं. भेड़ पालनेवाला।

गड़ारी • स्त्री. घिरनी, चरखी।

गड्डी • स्त्री. कागज के एक समान टुकड़ों का समूह।

गढ़ • पुं. 1. किला। 2. अड्डा।

गढ़ना • स.क्रि. 1. बनाना—*गहना गढ़ा*। 2. बात बनाना—*बात गढ़ी*।

गण • पुं. समूह।

गणतंत्र • पुं. वह राज्य जिसका शासन जनता द्‌वारा चुने गए लोग करते हैं।

गणतंत्र दिवस • पुं. गणतंत्र की स्थापना का दिन। *भारत का गणतंत्र दिवस 26 जनवरी है।*

गणना • स्त्री. गिनती।

गणित • पुं. गणना की विद्‌या। *गणित के तीन अंग हैं—अंकगणित, बीजगणित और रेखागणित।*

गत • वि. 1. पिछला—*गत वर्ष*। 2. बुरी हालत—*होली पर भाभी की बड़ी गत हुई।*

गति • स्त्री. 1. चाल। 2. हालत।

गतांक • पुं. पिछला अंक।

ग़दर • पुं. विद्रोह।

गदा • स्त्री. 1. हनुमान की गदा। 2. मुद्‌गर।

गद्‌गद्‌ • वि. आनंदित, बहुत प्रसन्न।

गद्‌दा • पुं. रूई आदि भरा हुआ भारी बिछावन।

गद्‌दार • वि. देशद्रोही।

गद्‌दी • स्त्री. 1. कुरसी की गद्‌दी। 2. व्यापारी के बैठने का स्थान। 3. राजा की गद्‌दी।

गद्य • पुं. बोलचाल की भाषा, रचना—*कहानी, उपन्यास*।

गधा • पुं. 1. घोड़े से आकार में छोटा बोझ ढानेवाला एक चौपाया। 2. मूर्ख।

गप • स्त्री. 1. मनबहलाव की बात। 2. अफ़वाह।

गपशप • स्त्री. मनबहलाव की बातचीत।

ग़म • पुं. दुख, शोक।

गमक • स्त्री. महक, सुगंध।

गमन • पुं. जाना, प्रस्थान।

गया-गुज़रा • वि. खराब, घटिया।

गरज • स्त्री. 1. ऊँची गंभीर आवाज़। 2. ज़रूरत।

गरदन • स्त्री. 1. गला। 2. बरतन के मुँह के पास का हिस्सा।

गरम • वि. 1. गरमी वाला—*गरम दूध*। 2. तेज़—*गरम मिज़ाज*। 3. गरमी—गरम कपड़ा। 4. जोश या लज्ज़त पैदा करनेवाला—*गरम ख़बर, गरम मसाला*।

गरमागरम • वि. 1. बिलकुल गरम। 2. जोशीला।

गरमागरमी • स्त्री. कहासुनी, वाद-विवाद।

गरमाना • 1. स.क्रि. गरम करना—*दूध गरमाया*। 2. अ.क्रि. क्रुद्‌ध होना।

गरमी • स.क्रि. 1. गरमाहट—*धूप की गरमी*। 2. गरमी का समय—*गरमी की छुट्‌टी*। 3. क्रोध—गरमी न

दिखाओ। 4. घमंड—*पैसे की गरमी।*

ग़रारा • पुं. 1. कुल्ली—*गरम पानी का ग़रारा।* 2. औरतों का एक घेरदार पहनावा।

गरी • स्त्री. 1. नारियल के अंदर का गोला। 2. गिरी।

ग़रीब • वि. निर्धन।

ग़रीबी • स्त्री. निर्धनता, दरिद्रता।

गर्जन • पुं. मेघ का गर्जन।

गर्द • स्त्री. धूल।

गर्व • पुं. घमंड।

ग़लत • वि. अनुचित।

ग़लती • स्त्री. भूल।

गलना • अ.क्रि. 1. पिघलना—*मोम गला।* 2. बहुत पकना—*गला हुआ आम।* 3. बहुत पुराना होना—*कमीज़ गल गई है।*

गला • पुं. 1. गरदन—*गला फूला है।* 2. कंठ—*प्यास से गला सूख रहा है।* 3. गले की आवाज—*सुरीला गला।* 4. पहनावे में गले के पास का भाग—*कुरते का गला।*

गलाना • स.क्रि. पिघलाना।

गली • स्त्री. सँकरा रास्ता। कूचा।

गलीचा • पुं. ऊन या सूत का बुना हुआ मोटा बिछावन, छोटा कालीन, गालीचा।

ग़ल्ला • पुं. अनाज।

गवाह • पुं. 1. किसी घटना को देखनेवाला, बयान देनेवाला।

गवाही • स्त्री. गवाह का बयान।

गवैया • पुं. गायक।

गश्त • स्त्री. पहरेदारी के लिए घूमना।

गहना • पुं. ज़ेवर।

गहरा • वि. 1. जिसकी थाह बहुत नीचे हो। 2. गंभीर।

गाँठ • स्त्री. 1. गिरह—*रस्सी की गाँठ।* 2. जेब/टेंट—*गाँठ में पैसा नहीं है।* 3. जोड़—*पैर की या ईख की गाँठ।* 4. गाँठदार जड़—*अदरक या हलदी की गाँठ।*

गाँठगोभी • स्त्री. एक तरह की गोभी।

गाँठना • स.क्रि. 1. जूता सीना। 2. अपनी ओर मिलाना।

गाँधी • 'महात्मा गांधी' के नाम से प्रसिद्ध मोहनदास कमरचंद गांधी। भारत को स्वतंत्र करने के लिए इन्होंने अहिंसक आंदोलन चलाया। जन्म 2 अक्तूबर 1869, मृत्यु 30 जनवरी 1948।

गाँव • पुं. देहात की छोटी बस्ती, ग्राम।

गाजर • पुं. मूली जैसा एक मीठा मूल।

गाड़ना • स.क्रि. 1. मिट्टी में दबाना। 2. धँसाना। 3. छिपाना।

गाढ़ा • वि. 1 जो अधिक तरल न हो। 2. गहरा—*गाढ़ी दोस्ती।*

गात • पुं. देह, शरीर।

गाथा • स्त्री. कथा, वृत्तांत।

गान • पुं. गाना, गीत।

गायक • पुं. गानेवाला, गवैया।

ग़ायब • वि. गुम, लापता।

गारा • पुं. ईंट जोड़ने का मसाला, मसाले का घोल।

गाली • स्त्री. गंदा शब्द, दुर्वचन।

गालीगलौच • स्त्री. एक दूसरे को गाली देना।

गाहक • पुं. 1. खरीदार, ग्राहक। 2. प्रशंसक—*गुण का ग्राहक।*

गिड़गिड़ाना • अ.क्रि. दीनभाव से प्रार्थना करना।

गिद्ध • पुं. मुरदे का माँस खानेवाला एक पक्षी।

गिनती • स्त्री. 1. गिनने की क्रिया, गणना। 2. संख्या। 3. एक से सौ तक के अंक।

गिरगिट • पुं. रंग बदलने वाली छिपकली।

गिरजा • पुं. ईसाइयों का उपासनागृह—*गिरजाघर।*

गिरना • अ.क्रि. 1. ऊपर से नीचे आना—*पेड़ से फल गिरा।* 2. खड़े व्यक्ति का ज़मीन पर आ जाना—*फिसलकर मोहन गिरा।* 3. ढहना—*मकान गिरा।* 4. कम होना—*दाम गिरा।* 5. नदी का समुद्र आदि में मिलना।

गिरफ़्तार • वि. पकड़ा गया।

गिरवी • वि. रहन रखा हुआ।

गिरि • पुं. पहाड़, पर्वत।

गिरीश • पुं. पर्वतों का राजा।

गिरोह • पं. बुरे लोगों का दल।

गिलहरी • स्त्री. रोयेंदार मोटी पूँछवाला पेड़ पर रहनेवाला चूहे जैसा एक जंतु।

गिलाफ़ • पुं. कपड़े की खोली।

गीदड़ • पुं. सियार, शृगाल।

गुंडा • पुं. दुष्ट, बदमाश।

गुंबद • पुं. उलटे घड़े के आकार की छत, गुंबज।

गुच्छा • पुं. 1. टहनी में पास-पास लगे फलों या फूलों का समूह। 2. बँधी हुई छोटी चीज़ों का समूह।

गुज़र-बसर • पुं. जीवन-निर्वाह।

गुज़रना • अ.क्रि. 1. निकलकर जाना। 2. समय बीतना। 3. मृत्यु होना।

गुझिया • स्त्री. खोये की एक मिठाई।

गुटरगूँ • स्त्री. कबूतर की बोली।

गुठली • स्त्री. फल का बड़ा बीज।

गुड़ • पुं. ईख, खजूर या ताड़ के पकाकर जमाए हुए रस की बट्टी या भेली।

गुण • पुं. 1. निजी विशेषता। 2. फ़ायदा। 3. हुनर।

गुणवान • वि. जिसमें गुण हो, गुणी।

गुत्थमगुत्था • पुं हाथापाई में एक दूसरे से गुथ जाना।

गुत्थी • स्त्री. 1. धागे के उलझने से पड़ी गाँठ—*सुतली की गुत्थी।* 2. भेद—*चोरी की गुत्थी।*

गुदगुदा • वि. नरम, मुलायम।

गुदड़ी • स्त्री. बहुत फटी हुई चादर।

गुनगुनाना • अ.क्रि. बहुत धीरे गाना।

गुनाह • पुं. दोष, अपराध।

गुपचुप • अ. छिपाकर।

गुप्त • वि. छिपा हुआ।

गुप्तचर • पुं. गुप्त रूप से भेद लेनेवाला, जासूस।

गुफा • पुं. वह गड्ढा जो ज़मीन या पहाड़ के अंदर कुछ दूर गया हो, कंदरा।

गुबार • पुं. 1. धूल-धक्कड़। 2. दुख।

गुम • वि. 1. गायब। 2. छिपा हुआ, गुप्त।

गुमनाम • वि. 1. जो प्रसिद्ध न हो। 2. बिना नाम का।

गुमसुम • वि. चुप और उदास।

गुमटी • स्त्री. 1. अस्थायी दुकान। 2. छोटी कोठरी।

गुर • पुं. युक्ति।

गुरु • I. पुं. 1. शिक्षक। 2. मंत्र की दीक्षा देनेवाला। II. भारी।

गुरू • वि. बड़ा।

गुल • पुं. 1. गुलाब का फूल, गुलदस्ता, गुलदान। 2. बत्ती का जला हुआ सिरा—*गुल को झाड़ो।* 3. गायब होना।

गुलगुला • I. पुं. 1. एक मीठा पकवान। II. वि. नरम।

गुलदस्ता • पुं. फूलों का गुच्छा।

गुलाब • पुं. एक कँटीले पौधे का सुंदर सुगंधित फूल।

गुलाबजल • पुं. गुलाब का अर्क।

गुलाबजामुन • पुं. खोये से बनी जामुनी रंग की एक मिठाई।

गुलाबी • वि. 1. गुलाब के रंग का बहुत हलका लाल। 2. गुलाब की खुशबूवाला।

गुलाम • I. पुं. खरीदा हुआ नौकर, दास। II. वि. दूसरे के अधीन

गुलामी • स्त्री. दासता।

गुलाल • पुं. एक तरह की लाल बुकनी, अबीर।

गुलूबंद • पुं. सरदी से बचने के लिए गले में लपेटी जानेवाली ऊनी पट्टी। अं. मफ़लर।

गुलेल • स्त्री. दो दाँतों की कमान का चिड़ियों को भगाने, मारने का एक उपकरण।

गुल्लक • पुं. गोलक।

गुल्ली • स्त्री. काठ का लंबोतरा टुकड़ा, जिसे गुल्ली-डंडे के खेल में डंडे से मारा जाता है।

गुस्लख़ाना • पुं. नहाने का कमरा।

गुस्सा • पुं. क्रोध।

गुहा • स्त्री. गुफा, खोह।

गुहार • स्त्री. रक्षा के लिए पुकार।

गूँगा • वि. 1. जो बोल न सके। 2. खामोश।

गूँज • स्त्री. 1. ध्वनि की प्रतिध्वनि। 2. गुंजन।

गूँजना • अ.क्रि. 1. आवाज़ का देर तक सुनाई देना। 2. मधुर धीमी आवाज़ होना।

गूँधना • स.क्रि. 1. सानना—*आटा गूँधा।* 2. पिरोना—*माला गूँधी।*

3. लड़ी बनाना—*बालों की चोटी गूँधी*।

गूढ़ • वि. 1. छिपा हुआ, गुप्त। 2. जटिल। 3. गंभीर अर्थवाला।

गूथना • स.क्रि. पिरोना।

गूदा • पुं. फल के अंदर का नरम भाग।

गूलर • पुं. छोटा गोल फल।

गृह • पुं. घर, मकान, भवन।

गृहस्थ • पुं. घरबारवाला।

गृहस्थी • स्त्री. 1. घरबार। 2. विवाहित जीवन।

गृह • स्त्री. घरबार।

गृहिणी • स्त्री. घर की स्वामिनी।

गेंदा • स्त्री. एक पीला फूल।

गेरुआ • वि. गेरू के रंग का, जोगिया।

गेहुँआ • वि. गेहूँ के रंग का।

गेहूँ • पुं. एक अनाज जिसके आटे से रोटी बनती है।

गैंड़ा • पुं. भैंसे के आकार का एक जंतु जिसकी नाक पर सींग होता है।

ग़ैर • वि. अन्य, दूसरा।

गैरहाज़िर • वि. जो हाज़िर न हो, अनुपस्थित।

गैलन • पुं. तरल पदार्थ की एक नाप।

गोंद • पुं. चिपकाने के काम आने वाला पदार्थ।

गोजर • पुं. कनखजूरा, काँतर।

गोट • स्त्री. 1. किनारी। 2. बड़ी गोटी।

गोड़ना • स.क्रि. मिट्टी को भुरभुरी बनाना।

गोता • पुं. डुबकी।

गोताखोर • पुं. पानी में डुबकी लगानेवाला।

गोद • स्त्री. गोदी।

गोदना • स.क्रि. 1. चुभाना। 2. शरीर में सुई चुभाकर फूल आदि बनाना।

गोदाम • पुं. वह स्थान जहाँ माल रखा जाता है।

गोदी • स्त्री. 1. गोद। 2. बंदरगाह में माल लादने-उतारने का स्थान।

गोबरगणेश • वि. मूर्ख, बुद्धू।

गोरखा • पुं. नेपाल का निवासी, नेपाली।

गोरा • वि. जिसके शरीर का रंग उजला साफ़ हो।

गोलगप्पा • पुं. मैदे की खूब फूली हुई करारी छोटी पूरी जो चाट में खाते हैं।

गोला • पुं. 1. गेंद के आकार की वस्तु। 2. गोल लपेटी हुई चीज़। 3. मार करने वाला गोला। 4. साबुत गिरी—*गरी का गोला*। 5. जंगली कबूतर।

गोलाबारी • स्त्री. तोपों से गोलों की वर्षा।

गोलार्ध • पुं. पृथ्वी के गोले का आधा भाग जो उत्तरी ध्रुव से दक्षिणी ध्रुव तक कल्पित रेखा खींचने पर बनता है—*पूर्वी गोलार्ध, पश्चिमी गोलार्ध*।

गोली • स्त्री. 1. दवा की गोली।

2. बंदूक की गोली।
गोविंद • पुं. श्री कृष्ण। 2. परमात्मा।
गोशाला • स्त्री. गायों को रखने का स्थान।
गोश्त • पुं. मांस।
गौ • स्त्री. गाय।
ग़ौर • स्त्री. 1. सोच-विचार। 2. ध्यान। 3. सफ़ेद, स्वच्छ, उज्ज्वल।
गौरव • पुं. 1. बड़प्पन। 2. सम्मान।
गौरैया • स्त्री. एक छोटी चिड़िया।
ग्रंथ • पुं. बड़ी महत्वपूर्ण पुस्तक।
ग्रंथालय • पुं. पुस्तकालय।
ग्रह • पुं. 1. सूर्य का चक्कर लगानेवाला तारा। 2. सूर्य, चंद्र, मंगल, बुध आदि ग्रह।
ग्रहण • पुं. 1. लेना। 2. पकड़ना। 3. सूर्यग्रहण, चंद्रग्रहण। 4. प्रतिष्ठा पर धब्बा लगना।
ग्राम • पुं. 1. गाँव। 2. एक मीट्रिक तौल।
ग्रामीण • I. पुं. गाँव का आदमी। II. वि. गाँव का।
ग्राह • पुं. मगरमच्छ, घड़ियाल।
ग्राहक • पुं. खरीदनेवाला, खरीददार।
ग्राह्य • वि. मान्य, स्वीकृत।
ग्रीष्म • पुं. गरमी का मौसम।
ग्रीष्मावकाश • पुं. गरमी का छुट्टी।
ग्रुप • पुं. दल, गुट।
ग्लानि • स्त्री. खेद, पश्चात्ताप।
ग्वाला • पुं. अहीर, दूध बेचनेवाला।

घ

घंटा • पुं. 1. साठ मिनट का समय। 2. पढ़ाई आदि की अवधि। 3. स्कूल का घंटा।
घंटाघर • पुं. बड़ी घड़ीवाली मीनार।
घंटी • स्त्री. 1. पुजारी की घंटी। 2. बिजली की घंटी। 3. जीभ की जड़ के ऊपर लटकनेवाला मांसखंड।
घट • पुं. 1. छोटा घड़ा। 2. शरीर, देह।
घट-बढ़ • स्त्री. कमी-बेशी।
घटना • I. अ.क्रि. 1. कम होना, घट जाना। 2. घटना का घटित होना। II. स्त्री. बात, वाकया।
घटा • स्त्री. बादलों का समूह।
घटाटोप • पुं. घिर आई काली घटा।
घटाना • स.क्रि. कम करना।
घटिया • वि. खराब।
घड़ा • पुं. छोटे मुँह का गोल बरतन।
घड़ियाल • पुं. 1. छिपकली जैसा एक बड़ा हिंसक जलजंतु। 2. बड़ा घंटा।
घड़ी • स्त्री. 1. समय बतानेवाला यंत्र। 2. समय।

घड़ी-घड़ी • अ. बार-बार।

घड़ी-भर • अ. थोड़ी देर।

घड़ीसाज़ • पुं. घड़ी की मरम्मत करनेवाला।

घन • I. पुं. बादल । 2. बड़ा हथौड़ा। 3. विस्तार का मान (माप)—*पत्थर का एक घन मीटर टुकड़ा। (यानी, पत्थर के इस टुकड़े की लंबाई, चौड़ाई और मोटाई एक-एक मीटर है।)* II. वि. घना, गझिन।

घनघोर • वि. 1. बहुत घना। 2. भयंकर।

घनचक्कर • वि. मूर्ख, बेबकूफ़।

घना • वि. 1. गझिन—*घना जंगल।* 2. गाढ़ा—*घना अंधकार।*

घनपति • पुं. इंद्र।

घनिष्ठ • वि. निकट का, नज़दीकी।

घपला • पुं. गड़बड़, गोलमाल।

घबराना • अ.क्रि. 1. चिंतित होना। 2. डरना। 3. बेचैन होना।

घबराहट • स्त्री. परेशानी, बेचैनी।

घमंड • पुं. गर्व, अहंकार।

घमंडी • वि. गर्वित, अहंकारी।

घमासान • पुं. भयानक मार-काट।

घमौरी • स्त्री. गर्मी से निकलनेवाले छोटे-छोटे दाने।

घर • पुं. 1. मकान। 2. कमरा। 3. जन्मस्थान। 4. कारखाना—*बिजलीघर*। कार्यालय—डाकघर। 5. कुल, परिवार। 6. गृहस्थी, घरबार। 7. जहाँ कोई चीज़ बहुत अधिक मिलती हो—*केरल काजू का घर है।* 8. मूल कारण—*गंदा पानी बीमारी का घर है।*

घर-गृहस्थी • स्त्री. घर का कामकाज।

घरवाला • पुं. पति।

घरनी • स्त्री. गृहस्वामिनी, पत्नी।

घरघराना • अ.क्रि. 'घर्र-घर्र' की आवाज़ करना।

घराना • पुं. वंश, खानदान।

घरेलू • वि. घर का।

घरौंदा • पुं. बच्चों का बनाया हुआ नन्हा-सा घर।

घर्षण • पुं. रगड़ना, घिसना।

घसियारा • पुं. घास खोदने और बेचनेवाला।

घसीटना • स.क्रि. 1. किसी चीज़ को इस तरह खींचना कि वह ज़मीन से रगड़ खाए। 2. किसी को ज़बर्दस्ती किसी बात में शामिल करना। 3. जल्दी-जल्दी लिखना।

घाघ • वि. बहुत चालाक।

घाघरा • पुं. 1. स्त्रियों का घेरदार पहनावा। 2. लहँगा।

घाट • पुं. नदी-तालाब का क़िनारा।

घाटा • पुं. नुकसान, हानि।

घाटी • स्त्री. पर्वतों से घिरी भूमि।

घात • स्त्री. हमला करने का मौका, ताक, अनुकूल अवसर, दाँव-पेंच।

घायल • वि. चोट खाया हुआ, ज़ख़्मी।

घाव • पुं. चोट, ज़ख़्म।

घास • स्त्री. 1. हरी दूब। 2. वनस्पति।

3. तृण।

घिग्घी • स्त्री. साँस लेने या बोलने में रुकावट, डर के कारण मुँह से शब्द न निकलना, घिग्घी बँध जाना।

घिघियाना • अ.क्रि. करुण स्वर से प्रार्थना करना, गिड़गिड़ाना।

घिचपिच • I. स्त्री. जगह की कमी। II. वि. जो साफ़ न हो, गिचपिच—*घिचपिच लिखावट*।

घिन • स्त्री. गंदगी से जी मिचलाने की हालत। घृणा।

घिनौना • वि. घिन पैदा करनेवाला।

घिया • पुं. लौकी (*एक सब्ज़ी*)।

घिरना • अ.क्रि. 1. घेरा जाना—*बगीचा कँटीले तार से घिरा है*। 2. छा जाना—*अँधेरा घिरा*।

घिरनी • स्त्री. पहिए जैसी चीज़, चरखी, गरारी।

घी • मक्खन में से निकाला गया चिकना पदार्थ।

घुँघराला • वि. छल्लेदार, घूँघरवाला।

घुँघरू • पुं. 1. धातु का पोला दाना जिसे हिलाने पर उसमें रखी कंकड़ी मधुर ध्वनि करती है।

घुंडी • स्त्री. कपड़े का बना हुआ बटन। 2. धातु आदि की बनी गोल चीज़।

घुइयाँ • स्त्री. एक कंद, अरबी।

घुटन • स्त्री. साँस लेने में कठिनाई, घबराहट।

घुड़दौड़ • स्त्री. घोड़ों की दौड़।

घुड़सवार • पुं. घोड़े पर सवार।

घुन • पुं. अनाज, लकड़ी आदि में लगनेवाला कीड़ा।

घुमक्कड़ • वि. बहुत घूमनेवाला।

घुमड़ना • अ.क्रि. बादलों का छाना।

घुमाना • स.क्रि. 1. चक्कर देना—*पहिये को घुमाया*। 2. मोड़ना—*कार दायें घुमाओ*। 3. टहलाना—*बच्चे को घुमाया*।

घुलना • अ.क्रि. 1. गलकर मिल जाना—*नमक पानी में घुला*। 2. दुबला होना—*बीमार लड़का घुलने लगा*।

घुसना • अ.क्रि. 1. भीतर जाना। 2. जमीन में धंसना। 3. सीमा में घुसना।

घूँघट • पुं. चेहरे को साड़ी से ढकना।

घूँट • पुं. पानी आदि की वह मात्रा जो एक बार में गले के नीचे उतरे।

घूँसा • पुं. मारने के लिए बँधी हुई मुट्ठी, मुक्का।

घूमना • अ.क्रि. 1. चक्कर खाना। 2. टहलना। 3. भ्रमण करना। 4. मुड़ना।

घूरना • अ.क्रि. 1. आँख गड़ाकर देखना। 2. क्रोधभरी दृष्टि से देखना।

घूरा • पुं. कूड़ा-करकट फेंकने की जगह।

घूस • स्त्री. रिश्वत।

घूसखोर • वि. घूस खानेवाला, रिश्वतख़ोर।
घृत • पुं. घी।
घेंघा • पुं. गला फूल जाने का एक रोग।
घेरना • स.क्रि. चारों ओर से छेंकना।
घेरा • पुं. 1. घेरने का भाव। 2. चारों सीमाओं या परिधि की माप। 3. विस्तार फैलाव।
घेवर • पुं. एक मिठाई।
घोंघा • I. पुं. शंख जैसा एक कीड़ा। II. वि. बेवकूफ़—*घोंघे की तरह क्यों बैठे हो?*
घोंपना • स.क्रि. 1. भोंकना, 2. गड़ाना, 3. चुभाना।
घोंसला • पुं. चिड़ियों का घास-फूस का घर, नीड़।
घोटना • स.क्रि. 1. रटना। 2. खूब पीसना। 3. रगड़कर चिकना करना।
घोड़ा • पुं. 1. तेज़ दौड़नेवाला एक चौपाया, अश्व, तुरंग। 2. बंदूक का घोड़ा। 3. शतरंज का मोहरा।
घोर • वि. 1. भयानक। 2. घना। 3. कठिन। 4. बहुत अधिक।
घोषणा • स्त्री. सार्वजनिक सूचना।
घ्राण • स्त्री. नाक, सूँघने की शक्ति।

च

चंगा • वि. स्वस्थ।
चंगुल • पुं. 1. शिकारी पक्षियों का पंजा। 2. पकड़—*चंगुल में फँसना*।
चंचल • वि. चुलबुला, अस्थिर।
चंट • वि. बहुत चालाक, चालबाज, धूर्त।
चंडी • स्त्री. 1. दुर्गा। 2. उग्र स्वभाव की स्त्री।
चंदन • पुं. 1. सुगंधित लकड़ीवाला एक वृक्ष। 2. चंदन की लकड़ी। 3. चंदन को घिसकर बनाया हुआ लेप।
चंदा • पुं. 1. वह धन जो लोगों से किसी काम के लिए दान में लिया जाए। 2. पत्र-पत्रिका का मूल्य। 3. सदस्यता का शुल्क। 4. चंदा मामा।
चंद्र • पुं. 1. चाँद, चंद्रमा। 2. मोरपंख का अर्धचंद्राकार चिह्न।
चंद्रमा • पुं. पृथ्वी का उपग्रह, चाँद।
चंपत • वि. गायब, बिना बताए भाग जाना।
चंपा • पुं. एक सुगंधित हलका पीला फूल।
चँवर • पुं. सुरा गाय की पूँछ के बालों का गुच्छा जिसमें डंडी लगी होती

है—*देवमूर्ति के ऊपर चँवर डुलाया जाता है।*

चक • पुं. बड़ा भूखंड।

चकबंदी • स्त्री. छोटे खेतों का चक बनाना।

चकत्ता • पुं. चमड़ी पर उभरनेवाला धब्बा।

चकनाचूर • वि. चूर-चूर।

चकमा • पुं. 1. धोखा। 2. भुलावा देना।

चकराना • अ.क्रि. 1. सिर का घूमना। 2. हैरान होना।

चकवा • पुं. एक पक्षी, सुर्खाब।

चकाचक • अ. खूब, भरपूर।

चकाचौंध • स्त्री. आँखों का स्थिर न रहना।

चकित • वि. हैरान, विस्मय।

चकोर • पुं. चंद्रमा से प्रेम करने वाला तीतर की जाति का एक पक्षी।

चक्कर • पुं. 1. चाक, पहिया। 2. फेरा लगाना। 3. चक्कर वाला रास्ता। 4. हैरानी, चक्कर में पड़ना। 5. धोखा खाना, चक्कर खाना। 6. सिर का घूमना।

चक्का • पुं. 1. पहिया

चक्की • स्त्री. 1. पीसने, दलने का एक यंत्र। 2. मशीन से चलनेवाली बड़ी चक्की।

चक्र • पुं. 1. चक्का। 2. अस्त्र—*सुदर्शन चक्र।* 3. वीर सैनिकों को दिया जानेवाला पदक—*परमवीर चक्र।*

चक्षु • पुं. आँख, नेत्र।

चखचख • स्त्री. कहासुनी, वाद-विवाद।

चखना • स.क्रि. स्वाद जानना।

चचेरा • वि. चाचा से उत्पन्न—*चचेरा भाई।*

चट • I. स्त्री. 1. 'चट' की आवाज़—*छड़ी चट से टूटी।* 2. वि. चाट-पोंछकर खाया हुआ। II. अ. तुरंत—*चट से आ जाओ।*

चटक • स्त्री. चमक।

चटकना • अ.क्रि. 1. तड़कना—*मिट्टी का घड़ा चटका।* 2. 'चट-चट' की आवाज करना। 3. खिलना—*कली चटकी।*

चटकनी • स्त्री. दरवाज़ा आदि बंद करने का खटका, सिटकिनी।

चटकीला • वि. चटकदार।

चटखारा • पुं. जीभ चटकाने का शब्द, स्वाद लेना।

चटपट • अ. झटपट, बहुत जल्दी, तुरंत।

चटपटा • वि. मिर्च-मसालेदार, चरपरा।

चटाई • स्त्री. फूस, सींक आदि का बना बिछावन।

चटोरा • वि. चटपटी चीज़ें खाने का शौकीन।

चट्टान • स्त्री. बड़ा पत्थर।

चढ़ना • अ.क्रि. 1. नीचे से ऊपर को जाना—*सीढ़ी से चढ़ना।* 2. सवार होना—*बस से चढ़ना।* 3. अर्पित होना—*चढ़ावा चढ़ाना।* 4. बढ़ना—

दाम चढ़ा। 5. ढका, मढ़ा जाना—*जिल्द चढ़ी है।*

चढ़ाई • स्त्री. 1. चढ़ने की क्रिया—*सीढ़ियों से चढ़ाई।* 2. ऊँची होती गई भूमि—*सड़क की चढ़ाई।* 3. हमला—देश पर चढ़ाई।

चढ़ावा • पुं. देवता आदि को चढ़ाने की सामग्री, पुजापा।

चतुर • वि. 1. निपुण, दक्ष। 2. चालाक—*मतलब निकालने वाला व्यक्ति।*

चतुराई • स्त्री. होशियारी।

चतुर्गुण • वि. चौगुना।

चतुर्भुज • पुं. 1. चार सरल रेखाओं से बना क्षेत्र। 2. विष्णु।

चना • पुं. चैती फ़सल का प्रधान अन्न।

चपत • स्त्री. 1. तमाचा। 2. नुकसान।

चपरासी • पुं. दफ़्तर का नौकर।

चपाती • स्त्री. पतली रोटी, फुलका।

चपेट • स्त्री. 1. धक्का। 2. झोंका।

चप्पा-चप्पा • अ. हर जगह।

चप्पू • पुं. पतवार का काम देनेवाला डाँड़।

चबूतरा • पुं. ईंट आदि से बनाया थोड़ा ऊँचा स्थान।

चबेना • पुं. भुना हुआ चना, चावल आदि, भूँजा।

चमक • स्त्री. 1. झलक। 2. दमक। 3. आभा, कांति।

चमकना • अ.क्रि. जगमगाना।

चमकाना • स.क्रि. 1. चमकदार बनाना—*फ़र्श चमकाया।* 2. प्रसिद्ध करना—*नाम चमकाया।* 3. डराने के लिए दिखाना—*छुरी चमकाई।*

चमगादड़ • पुं. चूहे की शक्ल का उड़नेवाला जीव।

चमचा • पुं. 1. बड़ा चम्मच। 2. चापलूस।

चमड़ा • पुं. खाल, चर्म।

चमड़ी • स्त्री. चर्म, त्वचा।

चमत्कार • पुं. अद्भुत बात, विलक्षण बात।

चमन • पुं. हरा-भरा स्थान, बाग-बगीचा।

चयन • पुं. चुनना, अलग करना।

चरका • पुं. धोखा देना, चकमा देन।

चरखा • पुं. सूत कातने का लकड़ी का बना यंत्र।

चरखी • स्त्री. 1. पहिये जैसी चीज़—*कुएँ की चरखी।* 2. एक आतशबाज़ी। 3. हिंडोला।

चरण • पुं. 1. पाँव। 2. सामीप्य।

चरणामृत • पुं. देवता को चढ़ाया हुआ दूध आदि का प्रसाद।

चरना • स.क्रि. पशु का मैदान में घास आदि खाना, इधर-उधर चरना।

चरपरा • वि. तीखे स्वादवाला, तीता।

चरबी • स्त्री. चमड़ी के नीचे का चिकना पदार्थ।

चरम • वि. हद दरजे का—*चरम दुख।*

चरवाहा • पुं. गाय-भैंस चरानेवाला।

चरागाह • पुं. पशुओं के चरने का मैदान।

चराना • स.क्रि. पशुओं को मैदान में

घास खिलाना।

चरित्र • पुं. आचरण, चाल-चलन।

चर्चा • स्त्री. 1. बातचीत, ज़िक्र। 2. वार्तालाप।

चर्म • पुं. चमड़ा, खाल।

चलता-पुरज़ा • वि. धूर्त, चालाक।

चलन • पुं. रिवाज़, प्रथा।

चलना • अ.क्रि. 1. पाँवों से आगे बढ़ना—*मोहन चला।* 2. रवाना होना—*गाड़ी चली।* 3. चालू होना—*इंजन चला।* 4. आरंभ होना—*बात चली।* 5. छूटना—*गोली चली।*

चवन्नी • स्त्री. चौथाई रुपया, 25 पैसे का सिक्का।

चश्मा • पुं. 1. ऐनक। 2. पानी का सोता।

चसका • पुं. आदत, लत।

चहकना • अ.क्रि. 1. चिड़ियों का बोलना। 2. उमंग से बोलना।

चहलक़दमी • स्त्री. धीरे-धीरे टहलना।

चहलपहल • स्त्री. लोगों के आने-जाने की धूम।

चहारदीवारी • स्त्री. किसी स्थान के चारों ओर की दीवार।

चहेता • वि. अत्यधिक प्रिय।

चाँटा • पुं. चपत, तमाचा, थप्पड़।

चाँद • पुं. 1. चंद्रमा। खोपड़ी—*उसकी चाँद पर बाल नहीं हैं।*

चाँदनी • स्त्री. चाँद की रोशनी, ज्योत्स्ना, जुन्हाई, चंद्रिका।

चाँदी • स्त्री. एक सफ़ेद धातु, रजत—*चाँदी के गहने।*

चाक • पुं. 1. कुम्हार के बरतन बनाने का गोल पत्थर, पहिया। 2. खड़िया मिट्टी। अं. चॉक।

चाकू • पुं. छुरी।

चाचा • पुं. पिता का छोटा भाई।

चाट • स्त्री. 1. खाने-पीने की चटपटी चीज़। 2. चसका, लत।

चाटना • स.क्रि. जीभ से उठाकर खाना।

चादर • स्त्री. 1. ओढ़ने-बिछाने का कपड़ा। 2. लोहे आदि का लंबा-चौड़ा पतला टुकड़ा।

चाप • स्त्री. पाँवों की आहट।

चापलूस • वि. खुशामद करनेवाला, खुशामदी।

चापलूसी • स्त्री. खुशामद, झूठी प्रशंसा, चाटुकारी।

चाबी • स्त्री. ताला खोलने, बंद करने का औज़ार, ताली, कुंजी।

चाबुक • पुं. कोड़ा।

चाम • पुं. चमड़ा, खाल।

चाय • स्त्री. 1. एक पौधा जिसकी सूखी पत्तियों का काढ़ा दूध-चीनी मिलाकर पिया जाता है।

चारपाई • स्त्री. खटिया।

चारा • पुं. 1. चौपायों का खाना। 2. उपाय—*कोई चारा नहीं है।*

चारु • वि. सुंदर।

चाल • स्त्री. 1. रफ़्तार—*ट्रेन की चाल।* 2. हरकत—*घड़ी की चाल।*

3. चालाकी।

चालक • वि. चलानेवाला।

चालचलन • पुं. आचरण, चरित्र।

चालढाल • स्त्री. तौर-तरीका, ढंग।

चालाक • वि. चतुर, होशियार, चालबाज, चालू।

चालाकी • स्त्री. चतुराई, धूर्तता।

चाव • पुं. तीव्र इच्छा। 2. उत्साह। 3. शौक।

चावल • पुं. 1. धान का दाना जो अन्न है। 2. पकाया हुआ चावल, भात। 3. तंडुल।

चाशनी • स्त्री. चीनी, गुड़ आदि का शीरा।

चाह • स्त्री. इच्छा।

चिंघाड़ना • अ.क्रि. 1. हाथी का चिल्लाना। 2. चीखना-चिल्लाना।

चिंता • स्त्री. सोच, फ़िक्र, कुछ ध्यान करना।

चिंतित • वि. सोच में पड़ा हुआ।

चिंयाँ • पुं. इमली का बीज।

चिउड़ा • पुं. धान को कूटकर सुखाया हुआ चावल।

चिक़ • स्त्री. बाँस की तीलियों से बना झीना परदा।

चिकना • वि. 1. जिसकी सतह खुरदरी न हो। 2. तेल लगा हुआ।

चिकनाई • स्त्री. 1. चिकनापन, चिकनाहट। 2. घी, तेल आदि।

चिकित्सक • पुं. चिकित्सा करनेवाला। अं. डॉक्टर।

चिकित्सा • स्त्री. इलाज, दवा-दारू।

चिकित्सालय • पुं. अस्पताल, दवाखाना।

चिट • स्त्री. कागज़ का छोटा टुकड़ा, पुरज़ा।

चिट्ठी • स्त्री. पत्र, खत।

चिड़चिड़ा • वि. ज़रा-सी बात पर चिढ़नेवाला।

चिड़चिड़ाना • अ.क्रि. चिढ़ना, झुँझलाना।

चिड़िया • स्त्री. पक्षी, पंछी, खग, विहग।

चिड़ियाख़ाना • पुं. चिड़ियाघर।

चिढ़ • स्त्री. नाराज़गी, खीझ।

चिढ़ना • अ.क्रि. नाराज़ होना, नफ़रत करना।

चित • वि. पीठ के बल लेटा हुआ।

चितकबरा • वि. जिसपर दूसरे रंग के धब्बे हों, रंग-बिरंगा।

चितवन • स्त्री. प्रेमपूर्वक देखना, दृष्टि।

चितेरा • पुं. चित्र बनानेवाला, चित्रकार।

चित्त • पुं. मन, अंतःकरण।

चित्ती • स्त्री. छोटा दाग़, छोटे-छोटे चिह्न।

चित्र • पुं. तसवीर, फोटो।

चित्रकला • स्त्री. बनाने की कला। चित्रकारी।

चित्रकार • पुं. चित्र बनानेवाला, चितेरा।

चित्रपट • पुं. सिनेमा का परदा।

चिथड़ा • पुं. फटा-पुराना कपड़ा।

चिनगारी • स्त्री. आग का कण।

चिपकाना • स.क्रि. गोंद आदि से एक चीज़ को दूसरी से जोड़ना।

चिपचिपा • वि. चिपकनेवाला, लेसदार।

चिप्पी • स्त्री. छोटा पतला टुकड़ा जो किसी चीज़ पर लगाया जाए–*कागज की चिप्पी।*

चिबुक • पुं. ठोड़ी।

चिमनी • स्त्री. 1. धुआँ बाहर निकालनेवाला मोटा लंबा नल–*कारखाने की चिमनी।* 2. शीशे का खोल–*लालटेन की चिमनी।*

चिरंजीव • अ. चिरंजीवी हो, दीर्घायु।

चिरकाल • पुं. बहुत समय, दीर्घकाल।

चिरनिद्रा • स्त्री. मृत्यु।

चिराग़ • पुं. दीया, दीपक।

चिरौंजी • स्त्री. पियाल के बीज की गिरी जो मेवा है।

चिरौटा • पुं. चिड़िया का बच्चा।

चिरौरी • स्त्री. दीनतापूर्वक प्रार्थना।

चिह्न • पुं. 1. पहचान, लक्षण–*भले आदमी के चिह्न।* 2. निशान–*यह कैसा चिह्न है?*

चीं-चपड़ • स्त्री. विरोध, एतराज़।

चींटी • स्त्री. एक छोटा कीड़ा जिसे मीठा पसंद है।

चीख • स्त्री. पीड़ा या भय से निकली तीखी आवाज़।

चीखना • अ.क्रि. चिल्लाना।

चीज़ • स्त्री. वस्तु।

चीड़ • पुं. एक बहुत ऊँचा पेड़ जिससे तारपीन का तेल निकलता है।

चीतल • पुं. सफ़ेद चित्तियों वाला एक हिरन।

चीता • पुं. काली-पीली धारियोंवाला एक बाघ जो बहुत तेज़ दौड़ता है।

चीत्कार • पुं. 1. चीख। 2. चिल्लाहट।

चीनी मिट्टी • स्त्री. एक प्रकार की सफ़ेद मिट्‌टी जिससे बरतन आदि बनते हैं।

चीरना • स.क्रि. फाड़ना।

चीर • I. पुं. कपड़ा, वस्त्र। II. क्रि. चीरना।

चील • स्त्री. एक मांसाहारी बड़ी चिड़िया।

चीवर • पुं. भिक्षुओं और योगियों द्वारा पहना जानेवाला वस्त्र।

चुंगी • स्त्री. एक प्रकार का कर।

चुंबक • पुं. लोहे को अपनी तरफ़ खींचनेवाला पत्थर या धातु।

चुकंदर • पुं. गाजर की तरह लाल मीठा फल।

चुकना • अ.क्रि. समाप्त होना।

चुकाना • स.क्रि. अदा करना।

चुगना • स.क्रि. चिड़िया का चोंच से दाना उठाना।

चुग़लख़ोर • पुं. पीठ पीछे शिकायत करनेवाला।

चुग़ली • स्त्री. पीठ पीछे की गई शिकायत।

चुग्गा • पुं. चिड़ियों के चुगने का दाना।

चुटकी • स्त्री. 1. अँगूठे और तर्जनी के सिरों को ऐसे सटाना कि उसमें

थोड़ी मात्रा में कोई चीज़ आ जाए—*चुटकी भर नमक।*

चुटकुला • पुं. मज़ेदार छोटा किस्सा, लतीफ़ा।

चुटिया • स्त्री. चोटी, शिखा।

चुड़ैल • स्त्री. 1. भूतनी। 2. कुरूप—बदसूरत स्त्री। 3. बुरे स्वभाव वाली स्त्री।

चुनना • स.क्रि. 1. तोड़ना—*फूल चुने।* 2. छाँटना—*इस कमीज़ को चुना।* 3. जोड़ाई करना—ईंटें चुनीं।

चुनाव • पुं. 1. चुनने का काम। 2. वोट डालकर चुनने का काम।

चुनौती • स्त्री. ललकार।

चुप • वि. जो बोलता न हो, खामोश।

चुपचाप • अ. बिना बोले।

चुपड़ना • स.क्रि. चिकनी चीज़ पोतना।

चुप्पी • स्त्री. खामोशी।

चुभना • अ.क्रि. 1. गड़ना—*पैर में काँटा चुभा।* 2. बुरा लगना—*सोहन की बात मुझे चुभी।*

चुभाना • स.क्रि. गड़ाना, धँसाना।

चुराना • स.क्रि. 1. चोरी करना। 2. छिपाना। 3. अधिकार करना—*मन चुराना।*

चुलबुला • वि. जो चुप न बैठे।

चुल्लू • पुं. उँगलियों को थोड़ा मोड़कर गहरी की हुई हथेली।

चुसकी • स्त्री. होठों से खींचकर लिया गया घूँट—*चाय की चुसकी।*

चुस्त • वि. 1. फुर्तीला। 2. कसा हुआ।

चुहल • स्त्री. हँसी-मजाक, ठिठोली।

चूक • स्त्री. 1. गलती, भूल। 2. अपराध। 3. खट्टा चूक।

चूकना • अ.क्रि. 1. गलती करना—*मैं पढ़ने में चूका।* 2. बेकार जाना—*मौका चूका।* 3. भूल करना।

चूज़ा • पुं. मुर्गी का बच्चा।

चूड़ी • स्त्री. 1. कलाई पर पहनने का एक गहना। 2. पेंच की चूड़ी।

चूना • I. पुं. एक सफ़ेद पदार्थ जो घर की सफ़ेदी करने या पान में खाने के काम आता है। II. अ.क्रि. टपकना।

चूरन • पुं. पिसा हुआ पाचक दवाओं का मिश्रण, चूर्ण, चूरण।

चूरा • पुं. बारीक कण।

चूल्हा • पुं. अँगीठी।

चेक • पुं. 1. रुपया देने के लिए बैंक को लिखा गया आदेश-पत्र। 2. रंगीन धारियों के चौकोर खानेवाला कपड़ा, चारख़ाना

चेचक • स्त्री. शरीर पर दाने निकलने का रोग जो चेहरे पर दाग छोड़ जाता है, शीतला।

चेतना • स्त्री. होश, स्मृति, याद, समझ।

चेतावनी • स्त्री. सचेत करने के लिए कही गई बात, खतरे की पूर्वसूचना।

चेन • स्त्री. ज़ंजीर।

चेला • पुं. शिष्य।

चेष्टा • स्त्री. कोशिश, प्रयत्न,

हिलना-डुलना।

चेहरा • पुं. माथे से ठुड्डी तक का भाग, मुँह, मुख।

चैंपियन • पुं. खेल में सभी प्रतियोगियों को हरानेवाला।

चैन • पुं. आराम।

चोकर • पुं. गेहूँ आदि का छिलका जो आटा छानने के दौरान निकलता है।

चोखा • वि. बढ़िया, अच्छा, उत्तम।

चोट • स्त्री. 1. आघात, प्रहार। 2. ज़ख्म। 3. दुख, व्यंग्य।

चोटी • स्त्री. 1. स्त्रियों के सिर के गुँथे हुए बाल। 2. चुटिया। 3. सबसे ऊँचा भाग।

चोर • पुं. 1. चोरी करनेवाला। 2. बेईमान। 3. मन में छिपी चोर भावना। 4. मन मोह लेने वाला चोर।

चोला • पुं. 1. लंबा ढीला कुरता। 2. शरीर, तन—*आत्मा का चोला*।

चोली • स्त्री. स्त्रियों का एक पहनावा।

चौंकना • अ.क्रि. हिलना, काँप उठना, चौकन्ना होना।

चौंधियाना • अ.क्रि. आँखों का तिलमिलाना, चकाचौंध होना।

चौक • पुं. 1. शहर का प्रमुख बाज़ार। 2. चौराहा। 3. चौकोर बड़ा आँगन। 4. चौक पूरना।

चौकड़ी • स्त्री. 1. चार लड़कों की मंडली। 2. हिरन की चौकड़ी।

चौकन्ना • वि. सावधान, होशियार, चौकस।

चौकसी • स्त्री. निगरानी।

चौका • पुं. 1. खाना बनाने का स्थान। 2. क्रिकेट के खेल में चार रनों का समूह।

चौकी • स्त्री. 1. लकड़ी की चौकी। 2. छोटा तख़्त। 3. निगरानी रखने के लिए बना हुआ स्थान—*पुलिस चौकी*।

चौकीदार • पुं. पहरा देनेवाला।

चौकोर • वि. जिसके चार कोने हों।

चौखट • स्त्री. लकड़ी का वह ढाँचा जिसमें दरवाजे लगते हैं— *दरवाज़े की चौखट*।

चौगुना • वि. चार गुना।

चौधरी • पुं. 1. मुखिया, प्रधान। 2. अगुआ। 3. एक पदवी।

चौपट • वि. बरबाद, नष्ट, बिगड़ना।

चौपहिया • वि. चार पहियोंवाला।

चौपाई • स्त्री. चार चरणों का एक छंद।

चौपाया • पुं. चार पैरों वाला—गाय, बैल आदि पालतू बड़ा पशु।

चौपाल • पुं. गाँव का वह छायादार खुला स्थान जहाँ लोग पंचायत आदि करते हैं।

छ

छँटना • अ.क्रि. 1. अलग होना। 2. बिखरना, तितर-बितर होना।

छँटनी • स्त्री. निकाला जाना।

छँटाई • स्त्री. 1. अलग किया जाना। 2. काटा जाना।

छंद • पुं. पद्‌य का रचना-भेद—*दोहा, चौपाई आदि छंद हैं।*

छकना • अ.क्रि. तृप्त होना।

छकाना • स.क्रि. हैरान करना।

छक्का • पुं. 1. क्रिकेट के खेल में छह रनों का समूह। 2. ताश का छह बूटियोंवाला पत्ता।

छछूँदर • पुं. 1. चूहे की जाति का एक जंतु। 2. एक आतिशबाज़ी।

छज्जा • पुं. छत का दीवार से बाहर निकला हुआ भाग, बारजा।

छटपटाना • अ.क्रि. हाथ-पैर फटकारना, दुख से परेशान होना।

छटा • स्त्री. 1. शोभा। 2. झलक। 3. दीप्ति।

छठी • स्त्री. बच्चे के जन्म के छठे दिन की पूजा।

छड़ • स्त्री. पतला डंडा।

छड़ी • स्त्री. पतली छोटी डंडी।

छत्ता • पुं. कुछ पंखदार कीड़ों का घर।

छत्र • पुं. राजा या देवमूर्ति के ऊपर लगाया जानेवाला छाता।

छपना • अ.क्रि. छापा जाना।

छपाई • स्त्री. 1. छापने का काम। 2. छापने का पारिश्रमिक।

छप्पर • पुं. फूस आदि की छाजन।

छबीला • वि. सुंदर, बनठनकर रहनेवाला।

छमछम • स्त्री. 1. घुँघरू बजने की आवाज़। 2. पानी बरसने की आवाज़।

छमाही • वि. छह महीने पर होनेवाला।

छरहरा • वि. इकहरा, दुबला-पतला, फुर्तीला, चुस्त।

छर्रा • पुं. 1. लोहे आदि का बहुत छोटा टुकड़ा। 2. कंकड़ी।

छल • पुं. धोखा, कपट।

छल-कपट • पुं. धोखेबाजी।

छलकना • अ.क्रि. 1. बरतन के हिलने से पानी का बाहर गिरना। 2. आँसू छलकना।

छलनी • स्त्री. आटा आदि छानने का जालीदार साधन।

छलावा • पुं. 1. धोखा, छल। 2. ग़ायब होनेवाली चीज़। 3. माया, भ्रांति।

छल्ला • पुं. तार मोड़कर बनाई हुई अँगूठी।

छवि • स्त्री. सुंदरता।

छाँटना • स.क्रि. 1. काटना—*बाल छाँटे*। 2. चुनना—*अच्छे आम छाँटे*। 3. साफ़ करना—*अनाज छाँटा।*

4. विद्वत्ता का दिखावा करना–*कानून छाँटना*।

छाँह • स्त्री. 1. छाया। 2. शरण।

छाछ • स्त्री. मक्खन निकाला हुआ दही, मट्ठा।

छाजन • स्त्री. छप्पर।

छाता • पुं. छतरी। अं. पैराशूट।

छात्र • पुं. विद्यार्थी, शिष्य।

छात्रवृत्ति • स्त्री. पढ़ाई में सहायता के लिए छात्र को मिलनेवाला धन, वजीफ़ा।

छात्रावास • पुं. वह भवन जिसमें छात्र रहते हैं।

छाप • स्त्री. 1. निशान। 2. असर।

छापा • पुं. धावा–*पुलिस का छापा*।

छापाखाना • पुं. वह जगह जहाँ छपाई होती है–*छापाखाने में यह किताब छपी है।* अं. प्रेस।

छाया • स्त्री. 1. छाँह। 2. परछाईं। 3. प्रतिबिंब।

छाल • स्त्री. कड़ा छिलका।

छाला • पुं. फफोला।

छावनी • स्त्री. सेना के रहने का स्थान।

छिछला • वि. जो गहरा न हो, उथला।

छिटकना • अ.क्रि. 1. बिखरना। 2. फैलना।

छिटपुट • अ. अलग-अलग।

छिड़कना • स.क्रि. 1. छींटे फेंकना। 2. बुरकना–*पाउडर छिड़का*।

छिड़ना • अ.क्रि. शुरू होना।

छिदना • अ.क्रि. छेदा जाना।

छिपना • अ.क्रि. 1. आड़ में हो जाना। 2. अस्त होना।

छिपाना • स.क्रि. 1. दूसरे की नजर से बचाना। 2. प्रकट न होने देना।

छींक • स्त्री. छींकने की क्रिया।

छींट • स्त्री. 1. रंगबिरंगे बूटेदार कपड़ा। 2. पानी की बूँदें।

छीका • पुं. तार या रस्सी आदि की बनी झोली जैसी चीज़ जिसमें खाने-पीने की चीज़ें रखते हैं।

छीनना • स.क्रि. दूसरे की चीज़ ज़बर्दस्ती लेना, ऐंठ लेना।

छीना-झपटी • स्त्री. एक-दूसरे के हाथ से कोई चीज़ छीनने की कोशिश।

छीलना • स.क्रि. 1. छिलका उतारना। 2. खुरचना।

छुआछूत • स्त्री. छूतछात का विचार।

छुईमुई • स्त्री. एक पौधा जिसकी पत्तियाँ हाथ लगते ही सिमट जाती हैं। 2. लाजवंती।

छुटकारा • पुं. 1. मुक्त होने का भाव। 2. छुट्टी, फुरसत।

छुट्टी • स्त्री. 1. काम बंद रहने की अवधि।

छुड़ाना • स.क्रि. 1. अलग करना। 2. कब्ज़े से निकालना। 3. दूर करना। 4. पैसा देकर सामान वापस लेना।

छुरा • पुं. 1. बड़ा चाकू। 2. उस्तरा।

छुरी • स्त्री. छोटा चाकू।

छुहारा • पुं. एक प्रकार का खजूर जो मेवा है।

छूट • स्त्री. 1. रियायत। 2. आज़ादी।

छूटना • अ.क्रि. 1. अलग होना। 2. गोली छूटना। 3. दूर होना। 4. रवाना होना। 5. भूल से रह जाना।

छूत • स्त्री. छू जाने का भाव।

छूमंतर • पुं. 1. मंत्र पढ़कर फूँकना। 2. जादू, गायब।

छेड़ना • स.क्रि. 1. हँसाना-चिढ़ाना।

छेद • पुं. सूराख।

छेना • पुं. फाड़े हुए दूध का सफ़ेद ठोस भाग, पनीर—छेने की मिठाई।

छेनी • स्त्री. धातु काटने का एक औज़ार।

छोटा • वि. 1. ऊँचाई, लंबाई-चौड़ाई, आकार, उम्र या नाप में कम। 2. पद-प्रतिष्ठा या महत्त्व में कम।

छोटा-बड़ा • वि. 1. अमीर-गरीब। 2. बच्चा-बूढ़ा।

छोटा-मोटा • वि. मामूली।

छोड़ना • स.क्रि. 1. पकड़ या कैद से निकल जाने देना—*भाई का हाथ छोड़ा, पिंजड़े में बंद चिड़िया को छोड़ा*। 2. त्याग देना—*आदत छोड़ी, मकान छोड़ा*। 3. चलाना—*तीर छोड़ा, बंदूक छोड़ी*। 4. जलाना—*आतशबाज़ी छोड़ी*। 5. रियायत देना—*आधा पैसा छोड़ा*।

छोर • पुं. सिरा—*रस्सी का छोर*। सीमा—मैदान का छोर।

छौंकना • स.क्रि. तड़का देना, बघारना।

ज

जंग • I. स्त्री. युद्ध। II. पुं. लोहे में जंग लगना।

जंगल • पुं. 1. अपने आप उगे घने पेड़-पौधों से भरा स्थान, अरण्य, वन। 2. उजाड़ स्थान।

जँगला • पुं. खिड़की में लगनेवाली लोहे की छड़ों से बनी चादर।

जंगली • वि. जंगल का।

जंगी • वि. युद्ध से संबंध रखनेवाला।

जँचना • अ.क्रि. 1. जाँचा जाना, परखा जाना। 2. अच्छा लगना—*मुझे यह कुरता जँचा*।

ज़ंजीर • स्त्री. 1. साँकल—*कुत्ता ज़ंजीर से बँधा है*। 2. सोने की चेन।

जंतर • पुं. ताबीज, मंत्र।

जंतु • पुं. 1. प्राणी, जीव। 2. कीड़ा-मकोड़ा।

जकड़ना • I. सं.क्रि. कसकर बाँधना।

II. अ.क्रि. अकड़ना–*दादा के घुटने जकड़ गये हैं।*

ज़ख्म • पुं. चोट।

जग • 1. पुं. दुनिया, संसार, सृष्टि। 2. पानी भरने का पात्र जग।

जगत् • पुं. दुनिया, संसार, विश्व। 2. विशेष क्षेत्र–*विज्ञान जगत।*

जगत • स्त्री. कुएँ का चबूतरा।

जगती • स्त्री. पृथ्वी।

जगदंबा • स्त्री. दुर्गा, दैवी शक्ति।

जगदीश • पुं. भगवान, ईश्वर।

जगमगाना • अ.क्रि. चमकना।

जगहँसाई • स्त्री. बदनामी।

जगह • स्त्री. 1. स्थान–*मुझे रहने को जगह मिली।* 2. मौका–*दुकान अच्छी जगह पर है।* 3. नौकरी–*मोहन को दफ़्तर में जगह मिली।*

जगाना • स.क्रि. सोते को उठाना।

जघन्य • वि. नीच कार्य, बुरा-निंदनीय कार्य।

जज • अं. न्यायाधीश।

जटा • स्त्री. 1. आपस में चिपके हुए लंबे बाल–*साधु की जटा।* 2. घने लंबे रेशे–*नारियल की जटा।* 3. डाली से निकली शाखा–बरगद की जटा।

जटिल • वि. पेचीदा, कठिन, उलझा हुआ।

जड़ • I. वि. अचेतन, मूर्ख। II. स्त्री. पेड़-पौधों का वह भाग जो ज़मीन के अंदर रहता है।

जड़ना • स.क्रि. 1. एक चीज़ को दूसरी में जमाना–*अँगूठी में नग जड़ा।* 2. ठोंकना–*कील जड़ना।* 3. मारना–*चाँटा जड़ना।*

जड़ी-बूटी • स्त्री. पेड़-पौधों की जड़ आदि जिससे दवा बनती है।

जत्था • पुं. छोटा दल।

जन • पुं. 1. व्यक्ति, लोग। 2. जन-साधारण।

जनक • पुं. पिता, जन्मदाता।

जनगणना • स्त्री. देशभर के लोगों की गिनती।

जनजाति • स्त्री. पहाड़ों या जंगलों में रहनेवाली पिछड़ी आदिवासी जाति।

जनतंत्र • पुं. जनता के प्रतिनिधियों का शासन।

जनता • स्त्री. आम लोग।

जननी • स्त्री. माता, माँ।

जनसंख्या • स्त्री. देश के लोगों की संख्या।

जनाज़ा • पुं. कफ़न में लपेटा हुआ शव।

ज़नाना • वि. औरतों का।

जनाब • पुं. 1. पुरुष के लिए आदरसूचक संबोधन, श्रीमान्। 2. नाम के पहले आनेवाला आदरसूचक शब्द–*जनाब शकील अहमद।*

जनेऊ • पुं. 1. यज्ञोपवीत। 2. यज्ञोपवीत पहनाने का संस्कार।

जन्नत • पुं. स्वर्ग, अमरावती, देवलोक।
जन्म • पुं. पैदाइश, उत्पत्ति।
जन्मभूमि • स्त्री. जन्म का स्थान।
जप • पुं. मंत्र आदि को मन ही मन दुहराना।
जब • अ. जिस समय, जिस अवस्था में।
जबड़ा • पुं. मुँह में ऊपर-नीचे की हड्डी जिसमें दाँत होते हैं।
ज़बान • स्त्री. 1. जीभ। 2. भाषा।
ज़बानी • वि. जो केवल कहा गया हो—*मुँहज़बानी सवाल।*
जमघट • पुं. भीड़, मजमा।
जमना • अ.क्रि. 1. पतली चीज़ का गाढ़ा या ठोस होना—*दही जमा, बर्फ़ जमी।* 2. इकट्ठा होना—*तलछट जमी, भीड़ जमी।* 3. आयोजन सफल होना—*खेल जमा।* 4. चल निकलना, *दुकान जमी। 5. उगना*—बीज जमा। 6. डटना—*सेना मोरचे पर जमी।* 7. ठीक बैठना—*टोपी जमी।*
जमा • वि. इकट्ठा।
जमादार • पुं. 1. निगरानी करनेवाला कर्मचारी। 2. सफाई करने वाला।
जमापूँजी • स्त्री. धन-संपत्ति।
ज़मानत • स्त्री. ज़िम्मेदारी, गारंटी।
ज़माना • पुं. 1. समय। 2. शासन-काल। 3. लंबा अरसा। 4. उन्नति का समय।
ज़मींदार • पुं. इलाके का मालिक।
ज़मीन • स्त्री. 1. धरती। 2. खेत आदि।
जयंती • स्त्री. 1. किसी महापुरुष या संस्था की जन्मतिथि।
जय • स्त्री. जीत, विजय, सफलता।
जयजयकार • पुं. जय बोलना।
जरा • स्त्री. बुढ़ापा, वृद्धावस्था।
ज़रा • I. वि. थोड़ा, अल्प, कम। II. अ. थोड़ी देर के लिए।
ज़री • सोने-चाँदी का तार।
ज़रिया • पुं. सहारा।
ज़रूर • अ. अवश्य।
ज़रूरत • स्त्री. आवश्यकता।
ज़रूरी • वि. आवश्यक।
जर्जर • वि. जो बेकार हो चला हो, टूटा-फूटा।
जल • पुं. पानी, पय, नीर।
जलजंतु • पुं. जल में रहनेवाला प्राणी।
जलन • स्त्री. 1. जलने की पीड़ा। 2. ईर्ष्या।
जलना • अ.क्रि. 1. किसी चीज़ का आग पकड़ना। 2. झुलसन। 3. कुढ़ना।
जलपान • पुं. नाश्ता, कलेवा।
जलवायु • स्त्री. किसी जगह की प्राकृतिक स्थिति, हवापानी।
जलसा • पुं. समारोह।
जलाशय • पुं. झील, तालाब।
जलूस • पुं. प्रदर्शन।
जल्दबाज़ • वि. जल्दी मचानेवाला।
जल्दी • I. स्त्री. शीघ्रता। II. अ. तुरंत।

जवान • I. वि. युवा, तरुण, 2. वीर, बलवान। II. पुं. सिपाही।

जवानी • स्त्री. यौवन, तरुणाई, युवावस्था।

जवाब • पुं. 1. प्रश्न का उत्तर। 2. प्रश्न का हल। 3. पत्र के उत्तर में लिखा पत्र।

जवाहर • पुं. रत्न—*हीरा, पन्ना आदि।*

जवाहरलाल नेहरू • स्वतंत्र भारत के प्रथम प्रधानमंत्री। जन्म 14 नवंबर 1889; मृत्यु 27 मई 1964।

जहन्नुम • पुं. नरक, दोज़ख।

ज़हमत • स्त्री. झंझट।

ज़हर • पुं. 1. विष। 2. बहुत तीता, कड़वा या नमकीन।

ज़हरीला • वि. जिसमें जहर हो।

जहाँ • अ. 1. जिस जगह। 2. जैसे ही।

जहाज़ • पुं. 1. समुद्र में चलनेवाली विशाल नाव, जलपोत, जलयान। 2. वायुयान—*वायु में उड़नेवाला।*

जहान • पुं. दुनिया।

जाँघ • स्त्री. कमर और घुटने के बीच का भाग।

जाँचना • स.क्रि. 1. सही-गलत का पता लगाना। 2. छानबीन करना। 3. पूछताछ करना। 4. परखना।

जागना • अ.क्रि. 1. सोकर उठना। 2. चमकना।

जागीर • स्त्री. राज्य की ओर से मिलनेवाली ज़मीन।

जाड़ा • पुं. 1. ठंड का मौसम, शीतकाल। 2. ठंड।

जाति • स्त्री. 1. प्राणियों का वर्ग। 2. मनुष्यों का वर्ग। 3. हिंदू समाज का वर्ग। 4. गुण के विचार से वर्ग।

जादू • पुं. 1. हाथ की सफ़ाई। 2. वश में करना। 3. आकृष्ट करना। 4. सम्मोहित करना। 5. जादू-टोना।

जादूगर • पुं. जादू का खेल दिखानेवाला।

जान • स्त्री. 1. प्राण, जीवन। 2. शक्ति। 3. अति प्रिय वस्तु।

जानकार • वि. जाननेवाला।

जानकारी • स्त्री. ज्ञान।

जानदार • वि. जिसमें दम हो।

जानना • स.क्रि. 1. मालूम करना। 2. ज्ञान होना। 3. पहचानना, परिचय होना। 4. जानकार होना।

जान-पहचान • स्त्री. परिचय।

जानवर • I. पुं. 1. पशु। 2. पशुओं का सा आचरण करनेवाला। 3. मूर्ख व्यक्ति। 4. गँवार-उजड्ड। II. वि. हिंसक।

जाना • अ.क्रि. 1. चल देना, प्रस्थान करना। 2. बहना। 3. कब्जे में न रहना।

जाफ़रान • पुं. कुंकुम, केसर।

जाम • वि. 1. जो चालू न हो। 2. जो आसानी से न खुले।

जामुन • पुं. एक बैंगनी या बहुत काला फल।

ज़ायका • पुं. स्वाद।

जायज़ा • पुं. अंदाज़ा।

जायदाद • स्त्री. जगह-जमीन, सम्पत्ति।

जारी • वि. चालू।

जाल • पुं. 1. सूत आदि से बुनी हुई जालीदार चीज़। 2. जाल जैसा फैलाव—*सड़कों का जाल।* 3. ठगी का जाल। 4. मकड़ी का जाल। 5. धोखा।

जाला • पुं. मकड़ी का बुना हुआ जाल।

जाली • 1. स्त्री. जाल जैसी बुनी हुई चीज़—*मच्छरदानी की जाली, लोहे की जाली।* 2. झूठा। 3. फर्जी।

जासूस • पुं. छिपकर भेद लेनेवाला, गुप्तचर, भेदिया।

ज़ाहिर • वि. प्रकट।

ज़िन्दगी • स्त्री. जीवन।

ज़िंदा • वि. जीवित।

ज़िंदादिल • वि. हँसमुख, दिलेर।

ज़िक्र • पुं. चर्चा।

जिगर • पुं. 1. पेट में दायीं ओर की एक थैली। अं. लीवर। 2. हिम्मत।

जिगरी • वि. दिली, मन के करीब, पक्का—*जिगरी दोस्त।*

जिज्ञासा • स्त्री. जानने की इच्छा।

जिताना • स.क्रि. विजयी बनाना।

ज़िद • स्त्री. हठ।

जिधर • अ. 1. जिस ओर। 2. जहाँ।

ज़िम्मा • पुं. भार, दायित्व।

ज़िम्मेदार • वि. 1. उत्तरदायी। 2. भरोसे का।

जिरह • स्त्री. पूछताछ।

जिला • पुं. राज्य का एक भाग, जनपद।

जिलाधिकारी • पुं. जिले का प्रधान अधिकारी। अं. डिस्ट्रिक्ट मजिस्ट्रेट।

जिलाना • स.क्रि. 1. जिंदा करना। 2. मरने से बचाना। 3. पालना-पोसना।

जिल्द • स्त्री. किताब पर चढ़ाया गया गत्ता।

जिल्दसाज़ • पुं. किताब की जिल्द बाँधनेवाला।

जिस्म • पुं. शरीर, देह, बदन।

जिह्वा • स्त्री. जीभ। रसना।

जी • I. अं. 1. आदरसूचक शब्द जो नाम आदि के साथ लगता है—*गुरुजी, मोहनजी, शर्माजी।* 2. बड़ों से बातचीत में आनेवाला शब्द—*जी, आपने क्या कहा? जी, अभी आया।* II. पुं. मन—*जी चाहे तो घर जाओ।*

जीजा • पुं. बड़ी बहन का पति, बड़ा बहनोई।

जीजी • स्त्री. बड़ी बहन, दीदी।

जीत • स्त्री. विजय, कामयाबी, सफलता।

जीतना • स.क्रि. विजय पाना।

जीना • अ.क्रि. ज़िंदा रहना।

ज़ीना • पुं. सीढ़ी।

जीभ • स्त्री. 1. जिह्वा, रसना, जुबान। 2. पेन या कलम की जीभ।

जीव • पुं. प्राणी।
जीव-जंतु • पुं. मनुष्य के अतिरिक्त अन्य सभी प्राणी।
जीवन • पुं. 1. प्राण। 2. ज़िंदगी।
जीवनी • स्त्री. जीवन का विवरण।
जीवाणु • पुं. सबसे छोटा जीव।
जीविका • स्त्री. जीवन-निर्वाह का साधन, रोजी-रोटी का स्रोत।
जीवित • वि. ज़िंदा।
जुआ • पुं. 1. बैल को हल या बैलगाड़ी में जोतने की लकड़ी।
जुकाम • पुं. सरदी से होनेवाला एक रोग।
जुगनू • पुं. एक उड़नेवाला कीड़ा जो रात को चमकता है।
जुगाली • स्त्री. निगले हुए चारे को फिर मुँह में लाकर चबाना।
जुटना • अ.क्रि. 1. इकट्ठा होना। 2. काम में लगना।
जुड़ना • अ.क्रि. सटकर एक होना।
जुड़वाँ • पुं. एक साथ पैदा हुए दो बच्चे।
जुताई • स्त्री. खेत जोतने की क्रिया।
जुदा • वि. अलग, पृथक।
जुर्म • पुं. अपराध।
जुर्माना • पुं. वह रकम जो जुर्म करनेवाले को देनी पड़े।
जुलाहा • पुं. कपड़ा बुननेवाला।
जुलूस • पुं. एक साथ चलनेवाले लोगों का समूह।
जुल्म • पुं. अन्याय।
जूठन • स्त्री. खाकर छोड़ा हुआ भोजन।
जूठा • वि. 1. खाकर छोड़ी हुई वस्तु।
जूही • स्त्री. एक सफ़ेद सुगंधित छोटा फूल।
जेबकतरा • पुं. जेब काटकर रुपया-पैसा चुरानेवाला।
जेल • पुं. कैदियों को रखने का स्थान, कारागार।
ज़ेवर • पुं. गहना, आभूषण।
जैन • पुं. महावीर स्वामी द्वारा चलाया गया धर्म।
जैसा • I. वि. 1. जिस तरह का। 2. जितना—जैसा चाहिए, वैसा ले लो। II. अ. जितना—ताड़ जितना लंबा।
जैसे • अ. 1. जिस तरह। 2. ज्यों।
जोंक • स्त्री. 1. पानी का एक कीड़ा जो प्राणी के शरीर से चिपककर उसका खून चूसता है। 2. चिपकू आदमी।
जोखिम • स्त्री. खतरा।
जोगिया • वि. गेरुए रंग का।
जोगी • पुं. योगी, साधु।
जोड़ • पुं. 1. संख्याओं का योगफल—*2, 3 और 5 का जोड़ 10 है।* 2. जहाँ दो चीज़ें जुड़ें—*हड्डियों का जोड़।* 3. वह चीज़ जो जोड़ी जाए—*कुरते में कपड़े का जोड़ लगाओ।*
जोड़ना • स.क्रि. 1. संख्याओं का

योगफल निकालना। 2. दो चीज़ों को मिलाना। 3. इकट्ठा करना। 4. संबंध बनाना। 5. जमाना।

जोड़ा • पुं. 1. एक जैसे दो जीव या चीजें। 2. एक साथ पहनने के दो कपड़े।

जोतना • स.क्रि. 1. किसी चीज़ को चलाने के लिए पशु को उसमें बाँधना। 2. खेत में हल चलाकर जमीन को भुरभुरी बनाना।

ज़ोर • पुं. ताकत, बल, शक्ति।

ज़ोर-शोर • पुं. तेज़ी।

जोश • पुं. 1. उत्साह, उत्तेजना, गर्मी। 2. उबाल।

जौ • पुं. रबी की फ़सल का एक अनाज।

ज्ञान • पुं. जानकारी।

ज्ञानी • वि. 1. जिसे ज्ञान हो। 2. समझदार।

ज़्यादती • स्त्री. जबरदस्ती।

ज़्यादा • वि. अधिक।

ज्येष्ठ • वि. 1. सबसे बड़ा। 2. जेठ का महीना।

ज्यों • अ. 1. जैसे, जिस तरह। 2. जिस क्षण।

ज्योति • स्त्री. 1. प्रकाश। 2. दृष्टि।

ज्योतिष • पुं. 1. ग्रह-नक्षत्रों की गति आदि जानने का शास्त्र। 2. ग्रह-नक्षत्रों की स्थिति के शुभ-अशुभ फलों को जानने का शास्त्र।

ज्योतिषी • पुं. ज्योतिष का जानकार-विद्वान।

ज्वर • पुं. बुखार।

ज्वलनशील • वि. जो जल्द जल उठे।

ज्वार • स्त्री. 1. खरीफ़ की फ़सल का एक मोटा अनाज। 2. समुद्र के जल का ऊपर उठना।

ज्वार-भाटा • पुं. समुद्र के जल का चढ़ाव-उतार।

ज्वालामुखी • पुं. आग, लावा आदि उगलनेवाला पहाड़।

झ

झंकार • स्त्री. 'झन-झन' की आवाज़।

झंखाड़ • पुं. काँटेदार झाड़ी।

झंझट • स्त्री. झमेला।

झँझोड़ना • स.क्रि. झकझोरना।

झकाझक • वि. खूब साफ, स्वच्छ।

झक्की • वि. सनकी, बक-बक करनेवाला।

झगड़ा • पुं. 1. विवाद, हुज्जत। 2. लड़ाई।

झगा • पुं. ढीला कुरता, झगला।

झट • अ. बहुत जल्द, तुरंत।

झटपट • अ. फुरती से, शीघ्रता से।

झटकना • स.क्रि. 1. झटका देना। 2. चालाकी से कोई चीज़ लेना।

झड़ना • अ.क्रि. टूटकर गिरना।

झड़प • स्त्री. 1. कटु कहासुनी। 2. थोड़ी देर की भिड़ंत।

झड़ी • स्त्री. 1. लगातार झड़ना। 2. अविराम बोलना।

झनकार • स्त्री. झंकार, झनक।

झनझनाना • अ.क्रि. 'झन-झन' की आवाज़ होना।

झपकना • अ.क्रि. पलकों का गिरना।

झपकी • स्त्री. थोड़ी देर की नींद।

झपट्टा • पुं. झपटने का काम, अचानक आक्रमण।

झबरा • वि. लंबे बिखरे बालोंवाला।

झमेला • पुं. झंझट, बखेड़ा।

झरना • पुं. वह पहाड़ी सोता जिसका पानी ऊपर से नीचे गिरता है, निर्झर।

झरोखा • पुं. छोटी खिड़की, गवाक्ष, रोशनदान।

झलक • स्त्री. 1. चमक। 2. क्षणिक दर्शन।

झलकना • अ.क्रि. चमकना, दिखाई देना।

झलना • स.क्रि. हवा करना।

झलमलाना • अ.क्रि. रह-रहकर चमकना।

झल्लाना • अ.क्रि. झुँझला उठना, चिढ़ना, क्रोध करना।

झाँई • स्त्री. 1. कालापन। 2. छाया, परछाई। 3. छल, धोखा। 4. झलक।

झाँकना • अ.क्रि. 1. आड़ से देखना। 2. झुककर देखना।

झाँकी • स्त्री. 1. देवमूर्ति की सजावट। 2. वाहन आदि पर सजाया गया दृश्य।

झाग • पुं. फेन।

झाड़ • I. पुं. छितरी टहनियोंवाला बड़ा पौधा। 2. झाड़ की शक्ल का फानूस। II. स्त्री. फटकार।

झाड़न • स्त्री. 1. धूल साफ़ करने का कपड़ा। 2. झाड़ने से निकली चीज़।

झाड़ना • स.क्रि. 1. पोंछना। 2. बुहारना। 3. झटकारकर साफ़ करना। 4. कंघी करना। 5. रोब जमाने के लिए डाँटना। 6. मंत्र पढ़कर फूँकना।

झाड़ू • पुं. बुहारी।

झापड़ • पुं. ज़ोर का तमाचा, थप्पड़।

झालर • स्त्री. लंबी लड़ी–*फूलों की झालर, पत्तों की झालर।*

झिझकना • अ.क्रि. हिचकना, संकोच करना।

झिड़कना • स.क्रि. डाँटना, तिरस्कार करना।

झिलमिलाना • अ.क्रि. झलमलाना–*रोशनी का झिलमिल करना।*

झिल्ली • स्त्री. 1. बारीक परत, खाल।

झींगा • पुं. पानी में रहनेवाला एक

छोटा प्राणी।

झींगुर • पुं. एक बरसाती कीड़ा।

झीना • वि. बहुत बारीक।

झील • स्त्री. बहुत बड़ा ताल।

झुंझलाना • अ.क्रि. चिढ़ना।

झुंड • पुं. दल, टोली, समूह।

झुकना • अ.क्रि. 1. टेढ़ा होकर नीचा होना। 2. हारना। 3. लज्जित होना।

झुकाव • पुं. 1. झुकने का भाव। 2. रुचि। 3. रुझान।

झुग्गी • स्त्री. मामूली झोंपड़ी।

झुटपुटा • पुं. धुँधला प्रकाश।

झुठलाना • स.क्रि. झूठा साबित करना।

झुनझुना • पुं. झुनझुन बजनेवाला एक खिलौना।

झुमका • पुं. कान में पहनने का एक गहना।

झुरमुट • पुं. 1. पेड़ों का समूह। 2. लोगों का समूह।

झुर्री • स्त्री. शिकन।

झुलसना • अ.क्रि. मामूली जलना।

झूठ • पुं. जो कथन सच न हो, असत्य, मिथ्या।

झूठमूठ • अ. अकारण।

झूमना • अ.क्रि. 1. हिलना। 2. बहुत खुश होना।

झूला • पुं. झूलने का साधन, हिंडोला।

झेंपना • अ.क्रि. लजाना, संकोच करना।

झेलना • स.क्रि. सहना, बर्दाश्त करना।

झोंकना • स.क्रि. 1. ईंधन डालना, आग में झोंकना। 2. उड़ाना, खर्च करना।

झोंका • पुं. 1. झकोरा—*हवा का झोंका।* 2. हिलोरा।

झोंटा • पुं. खुले लंबे बालों का गुच्छा।

झोला • पुं. 1. थैला। 2. ढीला-ढाला कुर्ता।

ट

टंकण • पुं. टाइपराइटर से टाइप करना।

टंकी • स्त्री. पानी आदि रखने का बड़ा पात्र।

टँगना • अ.क्रि. लटकाया जाना।

टंटा • पुं. 1. झगड़ा, झमेला। 2. दिखावा।

टकटकी • स्त्री. स्थिर दृष्टि।

टकराना • अ.क्रि. 1. भिड़ना। 2. संघर्ष करना। 3. ठोकर लगना।

टकसाल • स्त्री. सिक्कों की ढलाई का स्थान।

टका • पुं. 1. चाँदी का पुराना सिक्का, रुपया।

टक्कर • स्त्री. भिड़ंत।

टखना • पुं. एड़ी के ऊपर की हड्डी की गाँठ।

टटोलना • स.क्रि. 1. छूकर पता लगाना। 2. ढूँढ़ने के लिए इधर-उधर हाथ रखना। 3. बातों से पता लगाना।

टट्टू • पुं. छोटे कद का घोड़ा।

टन • 1. पुं. एक हज़ार किलोग्राम। 2. स्त्री. घंटे की आवाज़।

टपकना • अ.क्रि. 1. तरल पदार्थ का बूँद-बूँद टपकना। 2. ऊपर से अचानक गिरना। 3. अचानक आ जाना।

टपाटप • अ. जल्दी-जल्दी, तुरंत। 2. लगातार।

टरकाना • स.क्रि. टाल देना।

टरटराना • अ.क्रि. बकना, व्यर्थ बोलना।

टर्र-टर्र • स्त्री. मेंढक की आवाज़।

टलना • अ.क्रि. 1. हटना। 2. स्थगित होना।

टहनी • स्त्री. पतली डाली, वृक्ष की शाखा।

टहलना • अ.क्रि. 1. धीरे-धीरे चलना। 2. हवाखोरी के लिए घूमना।

टहलाना • स.क्रि. घुमाना।

टाँकना • स.क्रि. किसी चीज़ को सिलाई करके अटकाना।

टाँका • पुं. छोटी सिलाई।

टाँगना • स.क्रि. लटकाना।

टाँय-टाँय • स्त्री. बकवास, निरर्थक वाद।

टाउनहॉल • पुं. शहर का सार्वजनिक भवन।

टाट • पुं. सन या पटसन का मोटा कपड़ा।

टाप • स्त्री. 1. घोड़े के पैर का जमीन पर पड़नेवाला भाग। 2. ज़मीन पर टाप के पड़ने की आवाज़।

टापना • अ.क्रि. 1. ताकते रहना। 2. पार करना, टापना।

टापू • पुं. वह स्थलभाग जिसके चारों ओर जल हो।

टालना • स.क्रि. 1. टरकाना। 2. स्थगित करना।

टिंडा • पुं. एक सब्ज़ी।

टिकठी • स्त्री. 1. फाँसी का तख्ता। 2. तिपाई।

टिकना • अ.क्रि. ठहरना।

टिकाऊ • वि. कुछ दिन चलनेवाला।

टिकाना • स.क्रि. 1. ठहराना। 2. सहारे खड़ा करना।

टिड्डी • स्त्री. एक उड़नेवाला कीड़ा जो फ़सल को नष्ट करता है।

टिप्पणी • स्त्री. संक्षेप में लिखा गया नोट।

टीका • I. पुं. 1. तिलक। 2. शादी के पहले की एक रस्म। 3. सूई द्वारा शरीर में पहुँचाई जानेवाली दवा। II. किसी ग्रंथ की व्याख्या।

टीन • पुं. 1. कलई की हुई लोहे की चादर। 2. कनस्तर।

टीम • स्त्री. छोटा दल, टोली।

टीला • पुं. 1. ऊँचा ढेर। 2. छोटी पहाड़ी।
टुकड़ा • पुं. खंड, हिस्सा।
टुकड़ी • स्त्री. जवानों की टोली।
टूटना • अ.क्रि. 1. टुकड़े होना। 2. लगाव न रहना।
टूटा-फूटा • वि. जो टूट-फूट गया हो।
टेढ़ा • वि. 1. जो सीधा न हो। 2. कुटिल। 3. कठिन।
टेढ़ी खीर • स्त्री. कठिन काम।
टोंटी • स्त्री. नल में आगे लगा छोटा उपकरण।
टोकना • स.क्रि. 1. अकारण कुछ पूछना। 2. मना करना, रोकना। 3. याद दिलाना।
टोला • पुं. मुहल्ला, छोटी बस्ती।
टोली • स्त्री. जत्था, समूह, मंडली।
टोह • स्त्री. 1. खोज। 2. थाह लेना, पता लगाना।

ठ

ठंड • स्त्री. जाड़ा, सर्दी।
ठंडा • वि. शीतल।
ठकठकाना • स.क्रि. 'ठक-ठक' की आवाज़ करना।
ठग • पुं. धोखा देकर लूटनेवाला, धोखेबाज।
ठगना • स.क्रि. धोखा देकर लूटना, छलना, दगा करना।
ठठरी • स्त्री. 1. हड्डियों का ढाँचा। 2. ढाँचा।
ठठेरा • पुं. धातु के बरतन बनानेवाला।
ठनना • अ.क्रि. छिड़ना।
ठप • वि. बंद।
ठप्पा • पुं. छापा लगाने का साँचा।
ठसाठस • अ. खूब भरा हुआ।
ठहरना • अ.क्रि. 1. टिकना। 2. रुकना। 3. टिकाऊ होना।
ठहाका • पुं. ज़ोर की हँसी।
ठाकुर • पुं. 1. देवता। 2. क्षत्रियों की उपाधि। 3. मालिक। 4. मुखिया।
ठाट • पुं. 1. सजधज। 2. शान।
ठाटबाट • पुं. तड़क-भड़क।
ठानना • स.क्रि. तय करना, संकल्प करना, दृढ़ता लाना।
ठिंगना • वि. नाटा, छोटे कदवाला।
ठिकाना • पुं. 1. पता। 2. भरोसा।
ठिठकना • अ.क्रि. सहमकर रुकना।
ठिठुरना • अ.क्रि. सरदी से सिकुड़ना।
ठीक • I. वि. सही, उचित, उपयुक्त, मन के अनुसार। II. अ. सही ढंग से—*ठीक से पढ़ो।*
ठीक-ठाक • वि. मुनासिब।
ठीकरा • पुं. मिट्टी के बरतन आदि का टुकड़ा।

ठुकराना • स.क्रि. लेने से इनकार करना, ठोकर मारना, न मानना— *उसने मेरी बात ठुकराई।*

ठुड्डी • स्त्री. होंठ के नीचे का भाग, ठोड़ी।

ठुनकना • अ.क्रि. बनावटी तौर से रोना, मचलना।

ठुमकना • अ.क्रि. 1. उमंग से पैर पटकते हुए चलना। 2. नृत्य की धुन पर थिरकना।

ठूँठ • I. पुं. बिना डाल-पात का पेड़ या तना। II. वि. बिना हाथ का, लूला, ठूँठा।

ठूसना • स.क्रि. दबाकर भरना।

ठेठ • वि. 1. एकदम, मूल रूप में। 2. विशुद्ध।

ठेलना • स.क्रि. ढकेलना।

ठेला • पुं. ठेलकर चलाई जानेवाली गाड़ी।

ठेस • स्त्री. मन को लगने वाली हल्की चोट।

ठोंकना • स.क्रि. 1. चोट करना। 2. धँसाना। 3. पीटना।

ठोकर • स्त्री. 1. रास्ते में पड़ी चीज़ से लगी चोट। 2. पैर से की गई चोट। 3. धक्का। 4. मारना-पीटना।

ठोस • वि. 1.जो भीतर से खाली न हो। 2. पक्का, मजबूत।

ठौर • पुं. स्थान, जगह। 2. अवसर, मौका।

ड

डंक • पुं. 1. कीड़े के पीछे का ज़हरीला काँटा। 2. चुभने वाली बात।

डंका • पुं. एक प्रकार का नगाड़ा।

डंठल • पुं. पौधों का तना।

डंडा • पुं. 1. लाठी, बाँस का टुकड़ा। 2. लकड़ी की सीढ़ी में लगी आड़ी लकड़ी।

डंडी • स्त्री. 1. छोटी सीधी लकड़ी। 2. पेड़ की टहनी। 3. तराजू की डंडी।

डकार • स्त्री. आवाज़ के साथ मुँह से निकाली हुई हवा।

डकारना • अ.क्रि. 1. डकार लेना। 2. दूसरे की चीज़ हज़म करना।

डकैत • पुं. डाकू, लुटेरा।

डकैती • स्त्री. डाकुओं द्वारा लूट।

डग • पुं. चलने में दोनों पैरों के बीच की दूरी, क़दम।

डगमगाना • अ.क्रि. लड़खड़ाना, कदम ठीक न पड़ना।

डटना • अ.क्रि. 1. जमकर खड़ा होना। 2. जुटना।

डपटना • स.क्रि. डाँटना, झिड़कना।

डफली • स्त्री. चमड़ा मढ़ा हुआ एक

बाजा।

डबडबाना • अ.क्रि. आँसू आ जाना।

डर • पुं. 1. भय, खौफ। 2. आशंका।

डरना • अ.क्रि. भय खाना।

डरपोक • वि. डरनेवाला, कायर, भीरु।

डराना • स.क्रि. भय दिखाना।

डरावना • वि. जिसे देखकर डर लगे।

डलिया • स्त्री. टोकरी।

डली • स्त्री. छोटा टुकड़ा।

डसना • स.क्रि. जहरीले जंतुओं का काटना।

डाँट • स्त्री. 1. फटकार। 2. झिड़की।

डाँड़ • पुं. 1. नाव खेने का बाँस।

डाँवाडोल • वि. 1. डोलता हुआ। 2. चंचल, अधीर।

डाइन • स्त्री. जादू-टोना करनेवाली स्त्री, डरावनी स्त्री।

डाट • स्त्री. शीशी आदि का मुँह बंद करने की चीज़।

डाढ़ • स्त्री. चबाने का चौड़ा दाँत।

डामर • पुं. एक गाढ़ा काला पदार्थ, तारकोल।

डाल • स्त्री. पेड़ की मोटी शाखा।

डालना • स.क्रि. 1. ऊपर से नीचे गिराना। 2. काम को पूरा करना। 3. रखना। 4. पहनना।

डाली • स्त्री. पेड़ की पतली शाखा, टहनी।

डिगना • अ.क्रि. हटना। 2. डोलना। 3. विचलित होना। 4. हिलना।

डिगरी • स्त्री. 1. अंश। 2. विश्वविद्‌यालय से मिलनेवाली उपाधि। 3. अदालत का फ़ैसला।

डिठौना • पुं. बुरी नज़र से बचाने के लिए बच्चे के माथे पर लगाया जानेवाला काजल का टीका।

डिबिया • स्त्री. छोटा डिब्बा।

डींग • स्त्री. 1. लंबी-लंबी-चौड़ी बात। 2. कोरी गप। 3. शेखी की बातें करना।

डीलडौल • पुं. शरीर की लंबाई-चौड़ाई।

डुबकी • स्त्री. पूरा शरीर डुबाने की क्रिया, पानी में गोता लगाना।

डुबाना • स.क्रि. 1. पानी के अंदर पहुँचाना। 2. बरबाद करना। कलंकित करना।

डूबना • अ.क्रि. 1. पानी के नीचे जाना। 2. अस्त होना—*सूर्य डूब गया*। 3. बरबाद होना।

डेढ़ • वि. एक और आधा।

डेरा • पुं. ठहरने का स्थान, पड़ाव, थोड़ी देर के लिए टिकना।

डेरी • स्त्री. वह स्थान जहाँ दूध, मक्खन आदि का धंधा होता है।

डैना • पुं. पंख।

डोंगी • स्त्री. छोटी नाव।

डोर • स्त्री. 1. मज़बूत धागा। 2. आसरा, सहारा।

डोल • पुं. पानी भरने का गोल बरतन।

डोलना • अ.क्रि. 1. हिलना। 2. इधर-उधर घूमना।

डोली • स्त्री. पालकी।

ढ

ढंग • पुं. 1. तरीका। 2. किस्म। 3. आचरण। 4. बनावट।

ढकेलना • स.क्रि. धक्का देकर आगे बढ़ाना।

ढकोसला • पुं. ढोंग, झूठा दिखावा, आडंबर, पाखंड।

ढलकना • अ.क्रि. 1. बहना। 2. लुढ़कना। 3. नीचे गिरना।

ढलना • अ.क्रि. 1. उड़ेला जाना। 2. नीचे की ओर जाना। 3. अंत की ओर जाना। 4. साँचे में ढाला जाना।

ढहना • अ.क्रि. खड़े ढाँचे का गिरना, ध्वस्त होना।

ढाँचा • पुं. बनावट का आधार, बनावट का प्रारंभिक रूप।

ढाढ़स • पुं. दिलासा, सांत्वना।

ढाल • स्त्री. 1. नीची होती गई ज़मीन। 2. उतार। 3. ढंग। 4. तलवार आदि का वार रोकने का साधन।

ढिंढोरा • पुं. 1. डुग्गी। 2. मुनादी करना।

ढिठाई • स्त्री. बदतमीज़ी, धृष्टता, दुस्साहस।

ढिबरी • स्त्री. दीया जलाने की छोटी कुप्पी। 2. पेंच।

ढिलाई • स्त्री. 1. सुस्ती, ढील। 2. छूट।

ढीठ • वि. बदतमीज, धृष्ट, बेअदब।

ढीला • वि. 1. जो कसा न हो। 2. सुस्त।

ढुलाई • स्त्री. ढोने की क्रिया।

ढूँढ़ना • स.क्रि. खोजना, तलाश करना।

ढूह • पुं. उठी हुई जमीन, टीला।

ढेर • पुं. अंबार, राशि।

ढेला • पुं. ईंट, पत्थर आदि का टुकड़ा।

ढोंग • पुं. छल-कपट, आडंबर, पाखंड।

ढोना • स.क्रि. भारी चीज़ को उठाकर एक जगह से दूसरी जगह पहुँचाना।

ढोर • पुं. गाय, भैंस आदि पशु, मवेशी।

ढोल • पुं. दोनों ओर चमड़े से मढ़ा लकड़ी का बना एक बड़ा बाजा।

ढोलक • स्त्री. छोटा ढोल।

त

तंग • वि. 1. कसा हुआ। 2. परेशान, हैरान। 3. सँकरा। 4. छोटा। 5. छोटे दिल का।

तंगी • स्त्री. 1. कमी। 2. परेशानी। 3. निर्धनता।

तंदुरुत • स्त्री. स्वस्थ।

तंदुरुस्ती • स्त्री. स्वास्थ्य।

तंदूर • पुं. रोटी पकाने का एक बड़ा चूल्हा।

तंबू • पुं. 1. कपड़े आदि का बना हुआ घर, शामियाना। 2. खेमा।

तक़दीर • स्त्री. भाग्य, किस्मत।

तकरार • स्त्री. झगड़ा, कहा-सुनी।

तकली • स्त्री. सूत कातने का एक आला।

तकलीफ़ • स्त्री. 1. कष्ट। 2. दुख।

तक़ाज़ा • पुं. 1. तगादा, पैसा वापस माँगना। 2. ज़रूरत।

तख़्त • पुं. 1. सिंहासन। 2. बड़ी चौकी।

तख़्ता • पुं. पटरा।

तगड़ा • वि. 1. हट्टा-कट्टा, मजबूत। 2. भारी। 3. बलशाली।

तजुरबा • पुं. 1. अनुभव। 2. जानकारी।

तट • पुं. किनारा।

तड़कना • अ.क्रि. दरार पड़ना, चटकना।

तड़क-भड़क • स्त्री. ठाट-बाट।

तड़का • पुं. 1. सबेरा। 2. बघार लगाना, छौंकना।

तड़पना • अ.क्रि. छटपटाना। 2. दुखी होना।

तड़फड़ाना • 1. अ.क्रि. बेचैन होना। 2. स.क्रि. बेचैन करना।

तड़ातड़ • अ. 1. तड़-तड़ शब्द के साथ। 2. झटपट। 3. लगातार।

तत्काल • अ. तुरंत, फौरन।

तत्पर • वि. मुस्तैद, उद्यत, काम करने के लिए तैयार।

तत्पश्चात • अ. उसके बाद।

तत्त्व • पुं. 1. सार। 2. सारतत्त्व, निचोड़। 3. मूल पदार्थ। 4. ईश्वर।

तथ्य • पुं. 1. सच्चाई, वास्तविकता। 2. यथार्थ। 3. सार।

तदुपरांत • अ. उसके बाद।

तन • पुं. शरीर, देह।

तनख्वाह • स्त्री. वेतन।

तनना • अ.क्रि. 1. खिंचना। 2. नाराज़ होना।

तनय • पुं. बेटा, पुत्र।

तनया • स्त्री. बेटी, पुत्री।

तनहा • वि. अकेला।

तना • पुं. पेड़ का सबसे मोटा भाग।

तनाव • पुं. 1. खिंचाव। 2. उलझन।

3. द्वेष।

तनिक • वि. ज़रा, थोड़ा, अल्प।

तप • पुं. तपस्या।

तपना • अ.क्रि. 1. गरम होना। 2. तपस्या करना।

तपस्या • स्त्री. 1. तप, साधना।

तपस्वी • पुं. तपस्या करनेवाला।

तपाक • पुं. 1. जोश, आवेश। 2. तेजी। 3. उत्साह।

तपाना • स.क्रि. 1. गरम करना। 2. शरीर तपाना, कष्ट देना। 3. पिघलाना।

तपोवन • पुं. तपस्या करने योग्य वन।

तप्त • वि. गरम, गरमाया हुआ।

तब • अ. 1. उस समय। 2. इस कारण।

तबदीली • स्त्री. परिवर्तन।

तबादला • पुं. कर्मचारी का स्थानांतरण।

तबाह • वि. लुटना, बरबाद होना।

तबाही • स्त्री. बरबादी।

तबीयत • स्त्री. 1. मन। 2. शरीर की स्थिति।

तभी • अ. 1. उसी समय। 2. इसी कारण।

तमंचा • पुं. पिस्तौल।

तमग़ा • पुं. पदक, मैडल।

तमतमाना • अ.क्रि. धूप या गुस्से से चेहरे का लाल होना।

तमन्ना • स्त्री. इच्छा, अभिलाषा।

तमस • पुं. अंधकार।

तमाचा • पुं. थप्पड़।

तमाम • वि. 1. सारा, कुल। 2. बहुत अधिक। 3. समाप्त।

तमाशा • पुं. खेलकूद या हँसी-मजाक।

तमीज़ • स्त्री. 1. सलीका। 2. अदब, शिष्टाचार।

तमोली • पुं. पान बेचनेवाला।

तय • वि. 1. पूरा। 2. निश्चित।

तरंग • स्त्री. 1. लहर। 2. उमंग।

तर • वि. गीला, भीगा हुआ।

तरबतर • वि. सराबोर।

तरकश • पुं. तीर रखने का चोंगा।

तरकारी • स्त्री. 1. साग-सब्ज़ी। 2. पकाई हुई सब्ज़ी।

तरकीब • स्त्री. 1. तरीका, ढंग। 2. उपाय, युक्ति।

तरक्क़ी • स्त्री. उन्नति।

तरजुमा • पुं. अनुवाद।

तरफ़ • स्त्री. ओर।

तरल • वि. बहनेवाला।

तरस • पुं. दया, करुणा।

तरसना • अ.क्रि. 1. किसी चीज़ के लिए बेचैन होना। 2. लालायित होना।

तरह • स्त्री. भाँति, प्रकार, ढंग।

तराई • स्त्री. पहाड़ से लगा हुआ मैदान।

तराज़ू • पुं. तौलने का यंत्र, तुला।

तरावट • स्त्री. शीतलता।

तराशना • स.क्रि. काटना।

तरी • स्त्री. नमी।

तरु • पुं. पेड़, वृक्ष, पादप, विटप, द्रुम।

तरुण • वि. जवान, युवा।

तरुणी • स्त्री. नवयुवती।

तरेरना • स.क्रि. गुस्से से देखना, घूरना।

तर्क • पुं. 1. दलील। 2. बहस।

तर्जनी • स्त्री. अँगूठे के पास की उँगली।

तल • पुं. 1. पेंदा, तला। 2. सतह।

तलछट • स्त्री. पानी आदि में नीचे बैठनेवाला मैल।

तलब • स्त्री. 1. इच्छा। 2. आवश्यकता।

तलना • स.क्रि. घी या तेल में पकाना।

तलवा • पुं. पैर के नीचे का भाग।

तलवार • स्त्री. लोहे का एक धारदार हथियार, खड्ग।

तलहटी • स्त्री. पहाड़ के नीचे की ज़मीन, तराई।

तलाशना • स.क्रि. खोजना।

तलाशी • स्त्री. छिपाई हुई चीज़ की खोज।

तले • अ. नीचे।

तलैया • स्त्री. छोटा ताल।

तल्ला • पुं. 1. जूते के नीचे का भाग। 2. मंज़िल।

तल्लीन • वि. मग्न।

तसल्ली • स्त्री. 1. दिलासा, ढाढ़स। 2. संतोष।

तसवीर • स्त्री. चित्र।

तह • स्त्री. 1. परत। 2. तल।

तहखाना • पुं. ज़मीन के नीचे का कमरा।

तहज़ीब • स्त्री. तमीज़, शिष्टता, सभ्यता।

तहलका • पुं. खलबली।

तहसनहस • वि. बरबाद।

तहसील • स्त्री. ज़िले का एक भाग।

ताँता • पुं. 1. कतार। 2. लगातार।

ताँबा • पुं. लाल रंग की एक धातु–*ताँबे का घड़ा।*

तांबूल • पुं. पान, तंबोल।

ताई • स्त्री. पिता के बड़े भाई की पत्नी।

ताऊ • स्त्री. पिता का बड़ा भाई।

ताक़त • स्त्री. बल, शक्ति।

ताकना • स.क्रि. देखना।

तागा • पुं. सूत, डोरा।

ताज • पुं. मुकुट।

ताज़ा • वि. जो बासी या पुराना न हो।

ताज्जुब • पुं. आश्चर्य।

ताड़ • पुं. एक लंबा पेड़।

ताड़ना • स.क्रि. 1. भाँपना। 2. बुरा-भला कहना, ताड़ना देना।

तात्पर्य • पुं. आशय, अभिप्राय।

तान • स्त्री. सुर का खिंचाव।

तानना • स.क्रि. 1. खींचना। 2. फैलाकर बाँधना। 3. हथियार उठाना।

ताना • पुं. 1. चुटीली बात–*उसने मुझे ताना मारा।* 2. कपड़े में लंबाईवाला सूत (ताना-बाना)।

ताप • पुं. 1. गरमी। 2. आँच। 3. ज्वर, बुखार।

तापमान • पुं. ताप की मात्रा।

ताबड़तोड़ • अ. जल्दी-जल्दी, लगातार।

तार • पुं. धातु की बनी धागे जैसी चीज़, ताँबे का तार। 2. टेलीग्राम।

तारकोल • पुं. एक काला पदार्थ, डामर।

तारा • पुं. 1. नक्षत्र। 2. पुतली।

तारीख • स्त्री. 1. महीने का दिन। 2. नियत दिन।

ताल • पुं. बड़ा तालाब, जलाशय।

तारीफ़ • स्त्री. प्रशंसा, बड़ाई।

तालाब • पुं. पोखरा, छोटा जलाशय।

तालिका • स्त्री. सूची।

ताली • स्त्री. 1. चाबी। 2. हथेली पर हथेली मारकर की गई आवाज़।

तालीम • स्त्री. शिक्षा।

ताल्लुक़ • पुं. संबंध।

ताव • पुं. 1. आँच। 2. जोश।

तिकड़म • पुं. चालाकी।

तिकोना • वि. तीन कोनोंवाला।

तिगुना • वि. तीन गुना।

तिज़ोरी • स्त्री. लोहे की मज़बूत अलमारी।

तितर-बितर • वि. बिखरा हुआ, अस्त-व्यस्त।

तिथि • स्त्री. 1. चाँद के हिसाब से दिन, तारीख।

तिनका • पुं. घास-फूस का टुकड़ा।

तिपाई • स्त्री. तीन पायोंवाली छोटी चौकी।

तिरंगा • वि. तीन रंगोंवाला।

तिरछा • वि. 1. एक ओर झुका हुआ। 2. टेढ़ा।

तिरपाल • पुं. एक मोटा कपड़ा।

तिरस्कार • पुं. अपमान, अवहेलना, अवज्ञा।

तिलक • पुं. 1. टीका। 2. विवाह संबंधी एक रस्म। 3. एक गहना।

तिलहन • पुं. वह बीज जिससे तेल निकलता है।

तिहाई • स्त्री. तीन बराबर हिस्सों में से एक।

तीक्ष्ण • वि. 1. तीखा। 2. तीव्र।

तीखा • वि. 1. तेज़। 2. कटु।

तीतर • पुं. एक पक्षी जिसे लोग लड़ाने के लिए भी पालते हैं।

तीता • वि. चरपरा, तीखा।

तीरंदाज़ • पुं. तीर चलानेवाला।

तीर • पुं. 1. बाण। 2. नदी का किनारा।

तीर्थ • पुं. पवित्र स्थान।

तीली • स्त्री. 1. सींक। 2. कड़ा तार—*साइकिल की तीली*।

तीव्र • वि. तेज़।

तीसमारख़ाँ • वि. बहादुर (व्यंग्य में)।

तीसरा पहर • पुं. दोपहर के बाद का समय।

तुच्छ • वि. 1. ओछा, घटिया। 2. महत्वहीन। 3. थोड़ा।

तुतलाना • अ.क्रि. रुक-रुककर टूटे-फूटे शब्द बोलना, अस्पष्ट उच्चारण।

तुनकना • अ.क्रि. चिढ़ना।

तुरंग • पुं. घोड़ा।
तुरंत • अ. 1. चटपट। 2. उसी समय।
तुरई • स्त्री. एक सब्ज़ी।
तुलना • I. स्त्री. 1. मुकाबला। 2. बराबरी, समता। II. अ.क्रि. 1. तौला जाना। 2. उतारू होना।
तुलसी • स्त्री. एक पवित्र छोटा पौधा।
तुल्य • वि. समान, बराबर।
तुष्ट • वि. 1. खुश। 2. संतुष्ट।
तूफ़ान • पुं. तेज़ अंधड़ के साथ बारिश।
तृण • पुं. घास, तिनका।
तृप्त • वि. संतुष्ट।
तृष्णा • स्त्री. 1. प्यास। 2. लोभ।
तेंदुआ • पुं. एक बड़ा हिंसक जंतु।
तेज • पुं. दिव्य ज्योति, चमक।
तेज़ • वि. 1. पैनी धारवाला। 2. अधिक। 3. बुद्धिमान। 4. महँगा। 5. जल्द असर करनेवाला।
तेजपत्ता • पुं. मसाले के काम आनेवाला एक पत्ता।
तेजस्वी • वि. जिसमें तेज हो।
तेज़ाब • पुं. अं. एसिड।
तेल • पुं. चिकना तरल पदार्थ—*सरसों का तेल।*
तेली • पुं. तिलहन से तेल निकालनेवाला।
तेवर • पुं. क्रोधभरी दृष्टि।
तैनात • वि. किसी काम पर लगाया हुआ (व्यक्ति)।
तैयार • वि. 1. पूरा बना हुआ। 2. पूरा पका हुआ। 3. तत्पर।
तैयारी • स्त्री. आयोजन।
तैल • पुं. तेल।
तैश • पुं. गुस्सा।
तोंद • स्त्री. बढ़ा हुआ पेट।
तो • अ. 1. उस स्थिति में—*यदि तुम आओगे तो मैं जाऊँगा।* 2. किसी काम पर ज़ोर डालनेवाला शब्द—*खाओ तो।*
तोड़ना • स.क्रि. 1. टुकड़े करना। 2. पालन न करना। 3. संबंध न रखना।
तोड़फोड़ • स्त्री. तोड़ने-फोड़ने की क्रिया।
तोतला • वि. तुतलानेवाला।
तोप • स्त्री. गोलाबारी करने का यंत्र।
तोबा • स्त्री. गलत काम न करने की क़सम।
तोरण • पुं. 1. फाटक—*दुर्ग का तोरण।* 2. स्वागत-द्वार।
तोला • पुं. बारह माशे की तौल।
तोहफ़ा • पुं. उपहार, भेंट, सौगात।
तौर • पुं. ढंग।
तौर-तरीका • पुं. चाल-चलन, बात-व्यवहार।
तौल • स्त्री. 1. वज़न। 2. माप।
तौहीन • स्त्री. अनादर।
त्याग • पुं. छोड़ने का काम।
त्यागपत्र • पुं. इस्तीफ़ा।
त्यों • अ. 1. उस तरह—*ज्यों इसे किया, त्यों उसे करो।* 2. उसी

समय—*ज्यों तुम आए, त्यों मैं चला।*

त्योरी • स्त्री. माथे की सिकुड़न।

त्योहार • पुं. धार्मिक उत्सव।

त्योहारी • स्त्री. त्योहार पर छोटों को दी जानेवाली भेंट, धन आदि।

त्रस्त • वि. 1. डरा हुआ। 2. परेशान।

त्राण • पुं. छुटकारा।

त्राहि • अ. बचाओ, रक्षा करो।

त्रिभुज • पुं. तीन भुजाओं से घिरा क्षेत्र।

त्रिशूल • पुं. तीन फलोंवाला एक अस्त्र।

त्रुटि • स्त्री. कमी, भूल।

त्रेता • पुं. चार युगों में दूसरा युग।

त्वचा • स्त्री. चमड़ी, खाल, चर्म।

त्वरा • स्त्री. शीघ्रता।

थ

थकना • अ.क्रि. 1. खटते-खटते ढीला पड़ना। 2. ऊब जाना।

थकान • स्त्री. थकावट।

थकामाँदा • वि. थका हुआ।

थकावट • स्त्री. थकान, क्लांति, अवसाद।

थक्का • पुं. गाढ़ी चीज़, जमा हुआ तरल पदार्थ।

थपकना • स.क्रि. हथेली से धीरे आघात करना।

थपकी • स्त्री. हथेली से धीरे किया गया आघात।

थपथपाना • स.क्रि. थपकना।

थपेड़ा • पुं. 1. थप्पड़। 2. झोंका।

थप्पड़ • पुं. तमाचा।

थमना • अ.क्रि. रुकना।

थमाना • स.क्रि. पकड़ाना।

थर-थर • अ. सभी अंगों को हिलाते हुए काँपना।

थर्राना • I. अ.क्रि. काँपना। II. स.क्रि. कँपाना।

थल • पुं. स्थल, जमीन, भूमि।

थाती • स्त्री. पुरखों से मिली हुई चीज़, धरोहर।

थान • पुं. 1. कपड़े का पूरा टुकड़ा। 2. देवी-देवता का स्थान।

थाना • पुं. इलाके की सबसे बड़ी पुलिस चौकी।

थानेदार • पुं. थाने का प्रधान अधिकारी।

थामना • स.क्रि. 1. पकड़ना। 2. सँभालना।

थाला • पुं. वह उथला गड्ढा जिसमें पौधा लगाया जाता है।

थाह • स्त्री. 1. गहराई की सीमा। 2. हद।

थिरकना • अ.क्रि. चंचल होना, खुशी

से नाचना।

थू • I. पुं. थूकने का शब्द। II. अं. *छिः–थू! ऐसा काम न करो।*

थूक • पुं. मुँह का लसीला रस।

थैला • पुं. झोला।

थैली • स्त्री. छोटा थैला।

थोक • पुं. बड़ी मात्रा।

थोड़ा • वि. ज़रा, कुछ।

थोड़ा-बहुत • अ. कुछ-कुछ।

थोथा • वि. जिसमें सार न हो, खोखला।

थोपना • स.क्रि. 1. मोटा लेप चढ़ाना। 2. मत्थे मढ़ना।

द

दंग • वि. हक्का-बक्का।

दंगल • पुं. कुश्ती की प्रतियोगिता।

दंगा • पुं. झगड़ा-फसाद, बलवा।

दंड • पुं. 1. सज़ा। 2. डंडा–*ध्वजदंड*।

दंतकथा • स्त्री. ऐसी बात जिसे लोग सुनते आ रहे हैं। किंवदंती, जनश्रुति।

दंभ • पुं. घमंड।

दंश • पुं. दाँत से काटने का घाव।

दक्ष • वि. निपुण, कुशल।

दक्षिण • पुं. उगते सूरज की ओर मुँह करके खड़े होने पर दाएँ हाथ की ओर की दिशा।

दक्षिणा • स्त्री. पूजा आदि के अंत में ब्राह्मण को दिया जानेवाला दान।

दख़ल • पुं. 1. कब्ज़ा। 2. हस्तक्षेप।

दग्ध • वि. 1. जला हुआ। 2. दुखी। 3. दागा गया।

दग़ाबाज़ • वि. धोखा देनेवाला।

दढ़ियल • वि. दाढ़ीवाला।

दत्तक • पुं. गोद लिया पुत्र, क़ानूनी तौर पर पुत्र-पुत्री बनाई गई संतान।

ददोरा • पुं. मच्छर आदि के काटने से चमड़े पर होनेवाली सूजन।

दधि • पुं. दही।

दनादन • अ. जल्दी-जल्दी।

दफ़नाना • स.क्रि. ज़मीन में दबाना।

दफ़्तर • पुं. कार्यालय।

दफ़्ती • स्त्री. एक तरह का मोटा कागज।

दबंग • वि. रोबीला, प्रभावशाली।

दबदबा • पुं. रोबदाब।

दबना • अ.क्रि. 1. बोझ के नीचे आना। 2. डरना। 3. फ़ीका पड़ना। 4. उभर न सकना। 5. धीमा, हलका।

दबाना • स.क्रि. 1. बोझ के नीचे

रखना। 2. दाबना। 3. दमन करना। 4. गाड़ना। 5. बढ़ने न देना। 6. हड़पना।

दम • पुं. 1. साँस। 2. ताकत। 3. क्षण।

दमकना • अ.क्रि. चमकना।

दमकल • स्त्री. आग बुझानेवाली मोटरगाड़ी।

दमन • पुं. बलपूर्वक शांत करना, दबाना।

दमा • पुं. साँस का एक रोग।

दया • स्त्री. रहम, करुणा।

दर • स्त्री. 1. भाव। 2. दरवाजा।

दरगाह • स्त्री. मज़ार, सिद्ध पुरुष की समाधि, मकबरा।

दरबा • पुं. कबूतरों या मुर्गियों का घर।

दरबान • पुं. दरवाज़े पर रहनेवाला चौकीदार।

दरबार • पुं. राजसभा।

दरवाज़ा • पुं. द्वार, किवाड़, फाटक।

दरार • स्त्री. किसी चीज़ के फटने से लंबाई में बनी खाली जगह।

दरिद्र • वि. गरीब, निर्धन।

दरिया • पुं. नदी, नद, तरंगिणी, सरिता, तटिनी, स्रोतस्विनी।

दरी • स्त्री. मोटे सूत का बना एक बिछावन।

दर्ज • वि. लिखा हुआ, अंकित।

दर्जन • पुं. बारह का समूह।

दर्जा • पुं. 1. कक्षा। 2. कोटि।

दर्ज़ी • पुं. कपड़ा सीनेवाला।

दर्द • पुं. 1. पीड़ा, व्यथा। 2. दुख।

दर्प • पुं. घमंड, गर्व, अभिमान।

दर्पण • पुं. आईना, आरसी, शीशा।

दर्रा • पुं. दो पहाड़ों के बीच का रास्ता।

दर्शक • पुं. 1. देखनेवाला। 2. दिखाने वाला, निर्देश करनेवाला।

दर्शन • पुं. 1. देखना। 2. तत्त्वज्ञान, दर्शनशास्त्र, योगदर्शन।

दल • पुं. 1. समूह। 2. पँखड़ी।

दलदल • स्त्री. गहराई तक गीली ज़मीन।

दलना • स.क्रि. चक्की में डालकर टुकड़े करना।

दलहन • पुं. जिनसे दाल बनती है— उरद, मूँग आदि।

दलिया • पुं. दला हुआ अनाज।

दवा • स्त्री. 1. औषध। 2. उपचार, इलाज। 3. बीमारी ठीक करने का उपाय, तरीका।

दवात • स्त्री. स्याही रखने का छोटा पात्र।

दशमलव • पुं. भिन्न का एक भेद जिसमें अंक के पहले बिंदी लगती है। दशमलव की यह बिंदी बताती है कि उस भिन्न में नीचे की संख्या 10 या उसका कोई गुणनफल है। जैसे .3 = 3/10, .33 = 33/100 आदि।

दशहरा • पुं. 1. विजयादशमी, एक त्योहार।

दशा • स्त्री. स्थिति, हालत।

दशानन • पुं. रावण।

दस्तकारी • स्त्री. हाथ की कारीगरी।

दस्तख़त • पुं. हस्ताक्षर।

दस्ता • पुं. 1. बेंट, हत्था। 2. टुकड़ी। 3. 24 कागज का समूह।

दस्यु • पुं. डाकू।

दहकना • अ.क्रि. 1. धधकना। 2. तपना, दुखी होना।

दहलना • अ.क्रि. भयभीत होना, काँपना।

दहलीज़ • स्त्री. चौखट की नीचेवाली लकड़ी, देहली।

दहाड़ना • अ.क्रि. 1. गरजना। 2. डपटकर बोलना।

दही • पुं. जामन डालकर जमाया हुआ दूध।

दहेज • पुं. विवाह में लड़कीवालों की ओर से लड़केवालों को दिया जानेवाला धन एवं वस्तुएँ।

दाँती • स्त्री. फ़सल काटने का हँसिया।

दाई • स्त्री. बच्चे की देखभाल करनेवाली नौकरानी।

दाख • स्त्री. 1. अंगूर। 2. मुनक्का।

दाखिल • वि. 1. प्रवेश किया हुआ। 2. जो भरती हुआ हो।

दाग़ • पुं. 1. निशान। 2. धब्बा। 3. लांछन।

दाढ़ • पुं. पीछे की ओर के चौड़े मोटे दाँत।

दाढ़ी • स्त्री. ठुड्डी और गालों पर के बाल।

दातौन • स्त्री. टहनी का वह टुकड़ा जिससे दाँत साफ़ करते हैं।

दाद • पुं. एक चर्मरोग।

दान • पुं. मुफ़्त में देना, खैरात।

दानव • पुं. असुर, राक्षस।

दाना • पुं. अनाज का बीज—*गेहूँ का दाना।*

दाम • पुं. कीमत, मूल्य।

दामाद • पुं. पुत्री का पति।

दायाँ • वि. दाहिना।

दायित्व • पुं. ज़िम्मेदारी।

दारोग़ा • पुं. निगरानी करनेवाला अधिकारी।

दार्शनिक • पुं. दर्शनशास्त्र का ज्ञाता।

दाल • स्त्री. 1. दला हुआ दलहन। 2. पकाई हुई दाल।

दालमोठ • स्त्री. नमक-मिर्च मिली हुई घी या तेल में तली हुई दाल।

दालान • पुं. बरामदा।

दाँव • पुं. 1. खेलने की बारी। 2. जितानेवाली चाल।

दावत • स्त्री. 1. भोज। 2. निमंत्रण, बुलावा।

दावाग्नि • स्त्री. जंगल में लगी आग।

दावा • पुं. 1. अधिकार, हक। 2. दृढ़ विश्वास।

दास • पुं. 1. नौकर, किंकर, भृत्य। 2. खरीदा हुआ नौकर, गुलाम।

दाहिना • वि. दायाँ।

दिक़्क़त • स्त्री. कठिनाई, परेशानी।

दिखावटी • वि. बनावटी।

दिखावा • पुं. आडंबर, ढोंग।

दिन • पुं. 1. सूर्योदय से सूर्यास्त तक का समय। 2. दिन-रात का पूरा समय। 3. समय, वक्त। 24 घंटे।

दिनकर • पुं. सूर्य।

दिनचर्या • स्त्री. दिनभर का काम-धंधा।

दिनांक • पुं. तारीख, तिथि।

दिमाग़ • पुं. 1. सिर के भीतर का गूदा, भेजा।

दियासलाई • स्त्री. 1. आग जलाने की तीली। 2. आग जलानेवाली तीलियों से भरी डिबिया। अं. माचिस।

दिल • पुं. 1. छाती के अंदर बाईं ओर का वह अंग जिससे खून का दौरा होता है। 2. मन।

दिलचस्प • वि. रुचिकर, मनोरंजक।

दिलचस्पी • स्त्री. रुचि।

दिलासा • पुं. ढाढ़स।

दिलेर • वि. साहसी।

दिवस • पुं. दिन।

दिवाकर • पुं. सूर्य, दिनकर।

दिवाला • पुं. वह स्थिति जब कोई ऋण न चुका सके।

दिवालिया • वि. जिसका दिवाला निकला हो।

दिव्य • वि. अति सुंदर, अलौकिक।

दिशा • पुं. 1. ओर, तरफ़। 2. क्षितिज–मंडल के चार भाग–पूर्व, पश्चिम, उत्तर, दक्षिण।

दीदी • स्त्री. बड़ी बहन।

दीन • I. वि. निर्धन। II. पुं. धर्म।

दीप • पुं. दीया, दीपक।

दीमक • स्त्री. चींटी जैसा एक सफ़ेद कीड़ा जो लकड़ी, किताब आदि चट कर जाता है।

दीया • पुं. चिराग।

दीर्घ • वि. लंबा, बड़ा।

दीवान • पुं. 1. दरबार। 2. अं. हेड कांस्टेबिल।

दीवार • स्त्री. ईंट-गारे से उठाई हुई ईंटों की दीवार, भीत।

दुःसाहस • पुं. अनुचित साहस।

दुआ • स्त्री. ईश्वर से प्रार्थना।

दुकान • स्त्री. चीज़ें बेचने की जगह।

दुख • पुं. 1. पीड़ा, तकलीफ़। 2. संकट।

दुखड़ा • पुं. दुख का वर्णन।

दुखदायी • वि. दुख देनेवाला।

दुखना • अ.क्रि. कष्ट होना।

दुगुना • वि. दूना।

दुग्ध • पुं. दूध।

दुतकारना • स.क्रि. 'दुत-दुत' कहकर धिक्कारना।

दुनिया • स्त्री. संसार।

दुपट्टा • पुं. ओढ़ने की चादर।

दुपहर • स्त्री. दोपहर, दुपहरिया।

दुबला • वि. 1. पतले बदन का। 2. कमज़ोर।

दुबारा • अ. दोबारा।

दुविधा • स्त्री. असमंजस, संशय।

दुमंज़िला • वि. दो मंज़िलोंवाला।
दुम • स्त्री. पूँछ।
दुरंगा • वि. 1. दो रंगोंवाला। 2. चालबाज़ी से भरा हुआ।
दुरुस्त • वि. उचित, ठीक।
दुर्गंध • स्त्री. बदबू।
दुर्ग • पुं. किला।
दुर्गम • वि. जहाँ पहुँचना कठिन हो, कठिन।
दुर्घटना • स्त्री. बुरी घटना।
दुर्दशा • स्त्री. बुरा हाल, दुर्गति।
दुर्बल • वि. कमज़ोर, दुबला-पतला।
दुर्भाग्य • पुं. खोटी किस्मत, बदकिस्मती।
दुर्लभ • वि. जिसका मिलना कठिन हो।
दुर्व्यवहार • पुं. बुरा बरताव।
दुलत्ती • स्त्री. गधे, घोड़े आदि के पीछे के दो पैरों की लात।
दुलहन • स्त्री. नयी बहू।
दुलारना • स.क्रि. चूमकर, पीठ पर हाथ फेरकर प्यार करना।
दुलारा • वि. प्यारा।
दुशाला • पुं. पशमीने की दोहरी चादर।
दुश्मन • पुं. शत्रु, बैरी।
दुश्मनी • स्त्री. शत्रुता।
दुष्ट • वि. बुरा।
दुहना • स.क्रि. थन से दूध निकालना।
दुहाई • स्त्री. रक्षा के लिए पुकार।
दूत • पुं. संदेश पहुँचानेवाला।
दूतावास • पुं. राजदूत के रहने का स्थान।
दूधमुहाँ • वि. जो माँ का दूध पीता हो।
दूधिया • वि. दूध के रंग का।
दूना • वि. दो गुना, दुगुना।
दूब • स्त्री. एक लंबी, नर्म घास।
दूभर • वि. मुश्किल, भारी, कठिन।
दूरबीन • स्त्री. दूर की वस्तुएँ देखने का यंत्र।
दूरी • स्त्री. फ़ासला, अंतर।
दूल्हा • पुं. जिसका ब्याह होने जा रहा हो।
दूषित • वि. गंदा।
दूसरा • वि. 1. क्रम में पहले के ठीक बाद का। 2. अन्य और कोई।
दृढ़ • वि. मजबूत, पक्का, दृढ़ निश्चय।
दृश्य • पुं. वह सब कुछ जो देखा जाए, नज़ारा।
दृष्टि • स्त्री. निगाह, नज़र, दीठ।
देखना • स.क्रि. 1. ताकना। 2. खोजना। 3. परखना। 4. सोचना। 5. बदला लेना।
देखभाल • स्त्री. निगरानी, देखरेख।
देग़ • पुं. चौड़े मुँह और चौड़े पेट का बड़ा बरतन।
देन • स्त्री. दी हुई वस्तु।
देना • स.क्रि. 1. थमाना। 2. सौंपना। 3. डालना। 4. पैदा करना। 5. जनना। 6. मारना। 7. भोगना। 8. गिरा देना, फेंक देना, मार देना

आदि।

देर • स्त्री. 1. ज़रूरत से ज़्यादा समय। 2. समय।

देव • पुं. देवता। 2. दैत्याकार जैसा शरीर।

देवता • पुं. स्वर्ग में रहनेवाला अमर प्राणी।

देवनागरी • स्त्री. भारत की एक प्राचीन लिपि।

देवर • पुं. पति का छोटा भाई।

देवरानी • स्त्री. देवर की पत्नी।

देवी • स्त्री. 1. देवता की पत्नी। 2. विवाहिता स्त्रियों की एक उपाधि।

देश • पुं. वह विशाल भूखंड जहाँ एक शासन-व्यवस्था हो।

देशनिकाला • पुं. देश से निकाले जाने की सज़ा।

देशभक्त • पुं. देश का भक्त।

देशांतर • पुं. भूगोल की वह कल्पित रेखा जो इंग्लैंड के ग्रीनिच से होकर उत्तरी और दक्षिणी ध्रुवों को मिलाती है। *देशांतर रेखा से हमें यह पता चलता है कि कोई स्थान पूर्व या पश्चिम में कहाँ है। अं. लौंगीट्यूड।*

देशी • वि. देश का।

देह • स्त्री. शरीर, तन, बदन।

देहांत • पुं. मृत्यु।

देहात • पुं. गाँव, ग्राम।

दैत्य • पुं. देवता का शत्रु दानव, असुर।

दैनिक • वि. प्रतिदिन का।

दोआब • पुं. दो नदियों के बीच का भूभाग।

दो-चार • अ. कुछ। दो-एक।

दोना • पुं. पत्तों का बना हुआ पात्र।

दोपहर • स्त्री. दिन का वह समय जब सूर्य मध्य आकाश में रहता है।

दोबारा • अ. एक बार और, दुबारा।

दोष • पुं. 1. ख़राबी। 2. कसूर।

दोषी • पुं. अपराधी, कसूरवार।

दोस्त • पुं. मित्र।

दोस्ती • स्त्री. मित्रता।

दोहता • पुं. बेटी का बेटा, नाती।

दोहरा • वि. 1. दो तहों, परतों का—*दोहरा कपड़ा।* 2. दो तरह की—*दोहरी बात।*

दोहराना • स.क्रि. किसी काम को दुबारा करना।

दोहा • पुं. एक छंद।

दौड़ • स्त्री. 1. दौड़ने की क्रिया। 2. दौड़ने की प्रतियोगिता।

दौड़ाना • स.क्रि. 1. दौड़ने में लगाना। 2. नजर फेरना। 3. चक्कर कटवाना। 4. किसी को बार-बार आने-जाने के लिए विवश करना।

दौरा • पुं. 1. चक्कर। 2. क्षेत्र का निरीक्षण। 3. रोग का उभरना।

दौलत • स्त्री. धन-सम्पत्ति।

द्रव • पुं. तरल पदार्थ।

द्रव्य • पुं. वस्तु, पदार्थ।

द्विज • पुं. ब्राह्मण।

द्वितीय • वि. दूसरा।

द्रुत • वि. तेज़ रफ्तारवाला।

द्रोह • पुं. वैर, देशद्रोह।

द्वार • पुं. दरवाज़ा।

द्वारा • अ. ज़रिये।

द्वीप • पुं. वह स्थल जिसके चारों ओर जल हो।

द्वेष • पुं. वैर, शत्रुता, वैमनस्य।

ध

धंधा • पुं. व्यवसाय, पेशा, रोजगार।

धँसना • अ.क्रि. 1. गड़ना। 2. बैठ जाना। 3. घुसना।

धँसाना • स.क्रि. 1. गाड़ना। 2. घुसाना।

धक • स्त्री. धड़कन।

धकेलना • स.क्रि. ढकेलना।

धक्कम-धक्का • पुं. ठेलाठेल, धकापेल।

धक्का • पुं. धचका। 2. नुकसान। 3. सदमा।

धड़ • पुं. बाँहों को छोड़कर गले से कमर तक का भाग—*आदमी का धड़।*

धड़कन • स्त्री. कलेजे की धकधक।

धड़कना • अ.क्रि. धक-धक करना।

धड़ाका • पुं. फटने की आवाज़, धमाका।

धड़ाम • पुं. गिरने, कूदने का शब्द।

धत् • अं. दुतकारने का शब्द। *धत्! ऐसा न कहो।*

धतूरा • पुं. एक विषैला फल।

धधकना • अ.क्रि. लपटों के साथ जलना।

धन • पुं. रुपया-पैसा, धन-दौलत।

धनिया • स्त्री. एक मसाला।

धनी • पुं. 1. अमीर। 2. सच्चा—*बात का धनी।*

धनुष • पुं. तीर चलाने का साधन, कमान।

धन्य • वि. कृतार्थ।

धन्यवाद • पुं. कृतज्ञता-प्रकाश, शुक्रिया।

धब्बा • पुं. 1. दाग। 2. कलंक।

धमकाना • स.क्रि. 1. डाँटना। 2. डराना।

धमकी • स्त्री. डराने की बात।

धमाचौकड़ी • स्त्री. उछलकूद।

धरती • स्त्री. 1. पृथ्वी, ज़मीन। 2. संसार।

धरना • I. स. क्रि. रखना। II. पुं. माँग पूरी न होने तक बैठे रहना—*मजदूरों ने धरना दिया।*

धर-पकड़ • स्त्री. गिरफ़्तारी।

धर्म • पुं. 1. स्वभाव। 2. कर्तव्य। 3. शुभ कर्म। 4. उपासना का ढंग।

धर्मशाला • स्त्री. यात्रियों के टिकने का स्थान।

धाँधली • स्त्री. धोखाधड़ी।

धाक • स्त्री. दबदबा।

धागा • स्त्री. डोरा, तागा।

धातु • स्त्री. वह खनिज पदार्थ जिससे तार आदि चीज़ें बन सकती हैं।

धान • पुं. छिलकेदार चावल।

धानी • वि. धान की पत्ती के से हलके हरे रंग का।

धाम • पुं. 1. देवस्थान। 2. देवलोक। 3. मकान।

धायँ • स्त्री. गोली दगने की आवाज़।

धार • स्त्री. 1. पैना किनारा। 2. पानी आदि का बहाव।

धारण • पुं. ग्रहण–*रूप धारण, शस्त्र-धारण।*

धारणा • स्त्री. विचार।

धारा • स्त्री. प्रवाह, धार।

धारी • I. स्त्री. चौड़ी लकीर। II. वि. धारण करनेवाला।

धार्मिक • वि. 1. धर्म-संबंधी। 2. धार्मिक पुरुष।

धावा • पुं. हमला।

धिक्कारना • स.क्रि. फटकारना।

धीमा • वि. जो तेज़ न हो।

धीरज • पुं. चित्त की स्थिरता, धैर्य।

धुंध • स्त्री. 1. धूल के कारण होनेवाला अँधेरा। 2. आँख का एक रोग।

धुँधला • वि. 1. कुछ-कुछ काला। 2. अस्पष्ट।

धुँआ • पुं. जलती हुई लकड़ी आदि से निकलनेवाली गैस जैसी चीज़।

धुआँधार • वि. ज़ोरदार।

धुन • स्त्री. 1. लगन। 2. ध्वनि। 3. सनक।

धुनना • स.क्रि. 1. रुई को ऐसे फटकारना कि रेशे फैल जाएँ। 2. बुरी तरह पीटना।

धुरंधर • वि. श्रेष्ठ।

धुरा • पुं. वह डंडा जिस पर पहिया घूमता है।

धुलाई • स्त्री. 1. धोने की क्रिया। 2. धोने की मज़दूरी।

धूधू • पुं. आग के ज़ोर से जलने का शब्द–धूधू कर जलना।

धूप • स्त्री. सूर्य का प्रकाश, घाम।

धूम • स्त्री. चहल-पहल।

धूमधाम • स्त्री. ठाट-बाट।

धूर्त • वि. 1. चालबाज। 2. कपटी, बहुत झूठा। 3. मक्कार।

धूल • स्त्री. ग़र्द।

धृष्टता • स्त्री. ढिठाई।

धेनु • स्त्री. गाय, गो, कामधेनु।

धैर्य • पुं. धीरज, धीरता।

धोखा • पुं. 1. भुलावा। 2. भूल।

धोखेबाज़ • वि. धोखा देनेवाला।

धोती • स्त्री. कमर में लपेटकर पहनने

का कपड़ा।

धोबी • पुं. कपड़े धोनेवाला, रजक।

धौंकना • स.क्रि. आग को तेज़ करने के लिए हवा करना।

धौंकनी • स्त्री. 1. आग को फूँक मारने की नली, फुँकनी। 2. चमड़े की थैली जैसी चीज, भाथी।

धौंस • स्त्री. 1. घुड़की। 2. रोब-दाब।

धौरी • स्त्री. सफ़ेद गाय, कपिला।

ध्यान • पुं. 1. चिंतन। 2. एकाग्रता।

ध्येय • पुं. 1. लक्ष्य। 2. उद्देश्य।

ध्रुव • I. वि. अटल, पक्का। II. पुं. 1. पृथ्वी के उत्तरी और दक्षिणी सिरे—*उत्तरी ध्रुव, दक्षिणी ध्रुव*। 2. एक तारा जो उत्तर दिशा में एक स्थान पर रहता है—*ध्रुवतारा*।

ध्वज • पुं. झंडा, ध्वजा, पताका।

ध्वनि • स्त्री. आवाज़।

ध्वस्त • वि. गिरा-पड़ा, ढहा हुआ।

न

नंग-धड़ंग • वि. एकदम नंगा।

नंगा • वि. 1. जिसके बदन पर कपड़ा न हो। 2. जो ढका न हो।

नंगा-भूखा • वि. जिसे अन्न-वस्त्र का अभाव हो।

नंदन • पुं. 1. पुत्र। 2. इंद्र का उद्यान।

नंबर • पुं. 1. अंक। 2. संख्या।

नंबरी • वि. मशहूर।

न • अ. 1. मत—*झूठ न बोलो*। 2. या नहीं—*तुम जाओगे न?*

नक़द • पुं. नोट या सिक्के—*नक़द रुपये*।

नक़ल • स्त्री. 1. देखकर उतारी या बनाई हुई चीज। 2. प्रतिलिपि, कॉपी। अं. फोटोस्टेट।

नक़लची • पुं. नकल करनेवाला।

नक़ली • वि. 1. खोटा, जाली। 2. बनावटी, कृत्रिम। 3. झूठा।

नक़ाब • स्त्री. चेहरा छिपाने का कपड़ा।

नकेल • पु. ऊँट, घोड़े की नाक में पहनाई गई रस्सी।

नक़्क़ाशी • स्त्री. खुदी हुई चित्रकारी।

नक़्शा • पुं. 1. रेखा से बना खाका। 2. मानचित्र।

नक्षत्र • पुं. तारा, नक्षत्र मंडल।

नख • पुं. नाखून।

नख़रा • पुं. चोचला, हाव-भाव।

नग • पुं. कीमती पत्थर, नगीना।

नगण्य • वि. 1. न गिने जाने योग्य। 2. तुच्छ।

नगर • पुं. शहर।

नगरपालिका • स्त्री. नगर की व्यवस्था करनेवाली संस्था।

नग्न • वि. नंगा।

नचाना • स.क्रि. 1. नाच कराना। 2. चक्कर लगवाना। 3. दौड़ाना।

नज़दीक • अ. निकट, पास।

नज़र • स्त्री. 1. निगाह, कृपा। 2. ख्याल, ध्यान। 3. उपहार, भेंट।

नज़ारा • पुं. दृश्य।

नट • पुं. 1. खेल-तमाशे दिखानेवाला। 2. नाटक खेलनेवाला।

नटखट • वि. चंचल, शरारती।

नत • वि. 1. झुका हुआ। 2. नम्र, विनीत।

नतीजा • पुं. परिणाम—*भले काम का भला नतीजा।*

नथ • पुं. नाक में पहनने की बड़ी बाली।

नदारद • वि. गायब।

ननिहाल • पुं. नाना का घर, ननसार।

नन्हा • वि. छोटा।

नफ़रत • स्त्री. घृणा।

नफ़ा • पुं. मुनाफ़ा, लाभ।

नब्ज़ • स्त्री. कलाई के पास की एक रग, नाड़ी।

नभ • पुं. आकाश।

नम • वि. तर, गीला।

नमक • पुं. नौन, लवण।

नमकीन • वि. नमक के स्वाद का।

नमस्कार • पुं. सिर नवाना, हाथ जोड़ना आदि।

नमाज़ • स्त्री. मुसलमानों की ईश्वर-प्रार्थना।

नमी • स्त्री. तरी, पानी के अंश से भरी वायु।

नमूना • पुं. वह थोड़ा हिस्सा जिससे किसी चीज़ की परख हो, बानगी।

नम्रता • स्त्री. विनय।

नयन • पुं. आँख, चक्षु, नेत्र।

नया • वि. जो पुराना न हो।

नर • पुं. पुरुष, मर्द।

नरक • पुं. धर्मशास्त्रों के अनुसार वह स्थान जहाँ पापी की आत्मा कुकर्मों का फल भोगती है, जहन्नुम, दोज़ख।

नरम • वि. मुलायम, नर्म।

नरमी • स्त्री. नम्रता, नर्मी।

नर्तक • पुं. नाचनेवाला।

नर्स • स्त्री. रोगियों की देखभाल करनेवाली स्त्री।

नल • पुं. 1. पोली लंबी गोल चीज़। 2. अं. पाइप। 3. बंबा।

नलकूप • पुं. नल के द्वारा ज़मीन के नीचे से पानी निकालने का यंत्र। अं. ट्यूबवेल।

नव • वि. 1. नया। 2. नौ।

नवाना • स.क्रि. झुकाना।

नवाब • I. पुं. बादशाह के अधीन सूबे का शासक—*कभी अवध के नवाब लखनऊ में रहते थे।* II. वि. ठाट-बाट से रहनेवाला। 3. एक

पदवी।

नवीन • वि. एकदम नया।

नशा • पुं. 1. नशीली चीज़ के खाने का असर। 2. आदत, लत। 3. घमंड।

नशीला • वि. नशा लानेवाला।

नश्वर • वि. नष्ट होनेवाला।

नष्ट • I. वि. चौपट, बर्बाद। II. पुं. नाश।

नष्ट-भ्रष्ट • वि. एकदम चौपट।

नस • स्त्री. शरीर की वह पतली नली जिसमें खून दौड़ता है, रग।

नसीब • पुं. भाग्य, तकदीर, किस्मत।

नसीहत • स्त्री. उपदेश।

नस्ल • स्त्री. वंश, जाति।

नहर • स्त्री. बनाया गया जलमार्ग।

नहला • पुं. ताश का नौ बूटियोंवाला पत्ता।

नहलाना • स.क्रि. स्नान कराना।

नाँद • स्त्री. मिट्टी या पत्थर का गोल गहरा चौड़े मुँह का बरतन।

नाई • पुं. बाल काटने का काम करनेवाला।

नाक • स्त्री. 1. साँस लेने, सूँघने का अवयव।

नाखुश • वि. नाराज़, अप्रसन्न।

नाख़ून • पुं. नख।

नाग • पुं. साँप।

नागफनी • स्त्री. साँप के फन जैसे काँटेदार दलवाला पौधा।

नागरिक • I. वि. नगर-संबंधी। II पुं. राज्य का निवासी।

नाजायज़ • वि. अनुचित।

नाजुक • वि. 1. कोमल। 2. पतला। 3. संकटपूर्ण समय।

नाटा • वि. छोटे कद का, बौना।

नाड़ी • स्त्री. 1. नस, रग, शिरा। 2. नब्ज़।

नाता • पुं. संबंध, रिश्ता।

नाती • पुं. लड़की का लड़का।

नातेदार • पुं. रिश्तेदार, सगे-संबंधी।

नाथ • पुं. प्रभु, स्वामी।

नाथना • स.क्रि. पशु की नाक को छेदकर उसमें रस्सी (नाथ) पहनाना।

नाद • पुं. शब्द, आवाज़।

नादान • वि. 1. अबोध। 2. मूर्ख।

नामंजूर • वि. अस्वीकृत।

नाम • पुं. 1. पहचान के शब्द-नाम। 2. यश।

नामकरण • पुं. 1. नाम रखने का काम। 2. हिंदुओं का एक संस्कार।

नामी • वि. मशहूर।

नायक • पुं. श्रेष्ठ पुरुष।

नारंगी • स्त्री. 1. एक नीबू। 2. पीलापन लिए हुए लाल रंग

नारा • पुं. 1. जलूस आदि में ज़ोर-ज़ोर से कहे जानेवाले शब्द।

नाराज़ • वि. अप्रसन्न, नाखुश।

नारायण • पुं. विष्णु।

नारियल • पुं. सफ़ेद गिरीवाला एक फल।

नारी • स्त्री. औरत, स्त्री, महिला, वामा।

नाल • स्त्री. 1. फूल की पोली डंडी। 2. नली।

नाव • स्त्री. नौका, किश्ती।

नाविक • पुं. नाव चलानेवाला, मल्लाह।

नाश • पुं. बरबादी।

नाशक • वि. नष्ट करनेवाला।

नाशपाती • स्त्री. एक फल तथा उसका पेड़।

नासिका • स्त्री. नाक।

नास्तिक • पु. ईश्वर को न मानने वाला।

निंदा • स्त्री. बुराई की चर्चा।

निःशुल्क • वि. मुफ़्त।

निकट • अ. नज़दीक।

निकम्मा • वि. जो किसी काम का न हो, व्यर्थ का।

निकलना • अ.क्रि. 1. बाहर आना। 2. उदय होना। 3. उत्पन्न होना। 4. उभर आना। 5. रवाना होना। 6. बहना शुरू होना।

निकालना • स.क्रि. 1. बाहर आना। 2. अलग करना। 3. रवाना करना।

निकास • पुं. निकलने का रास्ता।

निकासी • स्त्री. माल की लदाई।

निकाह • पुं. मुसलमानों में विवाह की रीति।

निकुंज • पुं. वाटिका, कुंज।

निकृष्ट • वि. बुरा।

निकेतन • पुं. मकान।

निखट्टू • वि. निकम्मा।

निखरना • अ.क्रि. रंग खुलना।

निखार • पुं. खुलता रंग।

निगरानी • स्त्री. चौकसी।

निगलना • स.क्रि. लीलना, गले से नीचे उतारना।

निगाह • स्त्री. दृष्टि।

निचला • वि. नीचे का।

निचोड़ • पुं. सारांश।

निचोड़ना • स.क्रि. 1. कपड़ा निचोड़ना। 2. धन ऐंठना।

निछावर • स्त्री. अर्पण।

निजी • वि. अपना, निज का।

निठल्ला • वि. जो बेकार बैठा रहे, निकम्मा, अकर्मण्य।

निडर • वि. 1. जिसे डर न हो, निर्भय, निर्भीक। 2. साहसी।

नितांत • अ. बहुत अधिक।

नित्य • वि. 1. सदा रहनेवाला, अविनाशी, शाश्वत। 2. प्रतिदिन का।

निथारना • स.क्रि. मैल को नीचे बैठाकर तरल पदार्थ को अलग करना।

निद्रा • स्त्री. नींद, सोना।

निधन • पुं. मृत्यु, मरण।

निपट • अ. एकदम, निरा।

निपुण • वि. कुशल।

निबंध • पुं. लेख।

निबाहना • स.क्रि. 1. बनाए रखना, निभाना। 2. पूरा करना।

निबौली • स्त्री. निमकौड़ी, नीम का पीला फल।
निमंत्रण • पुं. न्योता, दावत।
निमित्त • पुं. कारण।
निम्न • वि. नीचा।
निम्नलिखित • वि. नीचे लिखा हुआ।
नियंत्रण • पुं. काबू, नियम में बाँधना।
नियत • वि. निश्चित, नियमबद्ध।
नियम • पुं. कायदा।
नियुक्त • वि. लगाया हुआ, तैनात।
निरंकुश • वि. मनमानी करनेवाला, उद्दंड, स्वेच्छाचारी।
निरंतर • अ. बराबर, लगातार।
निरक्षर • वि. अनपढ़, गँवार।
निरर्थक • वि. बेमतलब, व्यर्थ।
निराई • स्त्री. घास-पात को उखाड़कर की गई सफ़ाई।
निराकार • वि. 1. जिसका आकार न हो। 2. भद्दा।
निराधार • वि. बेबुनियाद।
निराला • वि. 1. बेजोड़। 2. सुनसान।
निराश • वि. जिसे आशा न हो, हताश।
निरीक्षक • पुं. देखभाल करनेवाला।
निरीक्षण • पुं. मुआइना, देखभाल।
निरुपाय • वि. लाचार, साधनहीन।
निर्जन • वि. सुनसान, एकांत।
निर्जीव • वि. 1. मृत, उत्साहहीन। 2. बेदम।
निर्णय • वि. फ़ैसला।
निर्दय • वि. जिसके मन में दया न हो, क्रूर।
निर्देश • पुं. हिदायत, आदेश।
निर्दोष • वि. बेकसूर, निरपराध।
निर्धन • वि. गरीब।
निर्धारित • वि. तय।
निर्भय • वि. निडर, भयहीन।
निर्भर • वि. आश्रित।
निर्मल • वि. साफ़, स्वच्छ।
निर्माण • पुं. बनाने का काम।
निर्यात • पुं. देश से बाहर भेजा जाना।
निर्वाचन • पुं. चुनाव।
निर्वाह • पुं. 1. बना रहना। 2. गुज़ारा। 3. पूरा करना।
निवारण • पुं. दूर करना।
निवास • पुं. 1. रहना। 2. मकान।
निवासी • पुं. रहनेवाला।
निवेदन • पुं. प्रार्थना।
निशान • पुं. चिह्न।
निशाना • पुं. 1. लक्ष्य। 2. वार।
निशानी • स्त्री. यादगार।
निशि • स्त्री. रात, रात्रि, निशा।
निशीथ • स्त्री. 1. अद्र्धरात्रि, 2. रजनी।
निश्चय • पुं. पक्का इरादा।
निश्चल • वि. स्थिर।
निश्चिंत • पुं. बेफ़िक्र।
निश्चित • वि. तय किया हुआ, स्थिर।
निषाद • पुं. भारत की एक वीर जाति।
निष्कर्ष • पुं. निचोड़।
निष्कासित • वि. निकाला हुआ।

निष्ठा • स्त्री. श्रद्धा।

निष्ठुर • वि. 1. निर्दय, बेरहम। 2. कठोर।

निष्पक्ष • वि. जो किसी के पक्ष में न हो, तटस्थ।

निष्फल • वि. निरर्थक, बेकार।

निस्संकोच • अं. बेखटके। 2. बेधड़क।

निस्संदेह • अ. बेशक।

निहत्था • वि. जिसके हाथ में हथियार न हो, शस्त्रहीन।

निहायत • अ. बहुत ज़्यादा।

नीच • वि. ओछा—*नीच आदमी।*

नीचा • वि. कम ऊँचाई का।

नीति • स्त्री. 1. व्यवहार की रीति। 2. उपाय, युक्ति।

नीम • I. पुं. एक औषध कड़वा पेड़। II. आधा—*नीम-हकीम*।

नीयत • स्त्री. इरादा, इच्छा।

नीर • पुं. पानी।

नीरस • वि. सूखा, रसहीन, फीका, बेमज़ा।

नीरोग • वि. स्वस्थ।

नीलाम • पुं. बेचने का एक ढंग जिसमें सबसे अधिक दाम बोलनेवाले को सामान बेचा जाता है।

नींव • स्त्री. 1. बुनियाद। 2. आधार।

नुक़सान • पुं. हानि।

नुकीला • वि. नोकदार।

नुक्कड़ • पुं. मोड़, छोर।

नूतन • वि. नया।

नृप • पुं. राजा, नृपति, नरपति।

नेक • वि. भला, अच्छा।

नेता • पुं. अगुआ।

नेत्र • पुं. आँख।

नेवला • पुं. गिलहरी जैसा एक भूरा जंतु जो साँप का शत्रु है।

नोक • स्त्री. नुकीला सिरा।

नोचना • स.क्रि. 1. उखाड़ना। 2. पंजा मारना।

नोट • पुं. 1. कागज़ी सिक्का। 2. छोटा पत्र।

नोटिस • स्त्री. सूचना।

नौकर • पुं. 1. चाकर। 2. कर्मचारी।

नौकरी • पुं. चाकरी, सेवा।

नौका • स्त्री. नाव, नैया।

नौजवान • पुं. नवयुवक।

नौटंकी • स्त्री. एक तरह का नाटक।

न्याय • पुं. उचित निर्णय, इंसाफ।

न्यारा • वि. अनोखा।

न्योछावर • स्त्री. निछावर, अर्पित करना।

न्योता • पुं. निमंत्रण।

प

पंक • पुं. कीचड़।

पंकज • पुं. कमल।

पंक्ति • स्त्री. 1. कतार। 2. छपी-लिखी लाइन।

पंख • पुं. डैना, पर।

पँखड़ी • स्त्री. फूल का दल, पँखुड़ी।

पंगु • वि. लंगड़ा, शक्तिहीन।

पंच • पुं. पंचायत का सदस्य।

पंचमेल • वि. कई चीज़ों का मेल।

पंचवर्षीय • वि. पाँच वर्षों का।

पंचायत • स्त्री. झगड़ों का फ़ैसला करनेवाली संस्था।

पंछी • पुं. पक्षी, चिड़िया।

पंजर • पुं. हड्डियों का ढाँचा, कंकाल।

पंजा • पुं. 1. उँगलियों के साथ हथेली। 2. पैर का अगला भाग। 3. शिकारी पशुओं और पक्षियों का पैर। 4. जूते का अगला भाग।

पंडा • पुं. तीर्थ का पुरोहित, धार्मिक कार्य संपन्न करवानेवाला।

पंडाल • पुं. बड़ा शामियाना।

पंडित • I. वि. विद्वान्। II. पुं. 1. संस्कृत का शास्त्रज्ञ विद्वान्। 2. ब्राह्मण। 3. पुरोहित।

पंप • पुं. 1. पानी आदि को खींचने का यंत्र। 2. हवा भरने का यंत्र।

पंसारी • पुं. मसाले आदि बेचनेवाला।

पकड़ • स्त्री. 1. गिरफ़्त। 2. समझ।

पकड़ना • स.क्रि. 1. थामना। 2. गिरफ़्तार करना। 3. पता लगाना।

पकना • अ.क्रि. 1. कच्चा न रहना। 2. तैयार होना। 3. मवाद आना—*फोड़ा पक गया*। 4. सफ़ेद होना।

पकवान • पुं. खाने की तली हुई चीज़।

पक्का • वि. 1. पका हुआ। 2. टिकाऊ। 3. न टलनेवाला। 4. नाप-तौल में सही।

पक्ष • पुं. 1. ओर, तरफ़। 2. माह के पहले पंद्रह दिन—*कृष्ण पक्ष*। दूसरे 15 दिन *शुक्ल पक्ष*।

पक्षी • पुं. पंछी, चिड़िया।

पखवारा • पुं. पंद्रह दिनों का समय।

पग • पुं. 1. पैर। 2. डग।

पगडंडी • स्त्री. लोगों के चलने से बना सँकरा रास्ता।

पगड़ी • स्त्री. सिर पर लपेटने का लंबा कपड़ा।

पगला • वि. 1. पागल। 2. नासमझ।
पचना • अ.क्रि. हज़म होना।
पचाना • स.क्रि. हज़म करना।
पछताना • अ.क्रि. अफ़सोस करना।
पछतावा • पुं. अफ़सोस, पश्चाताप।
पछाड़ना • स.क्रि. 1. हराना। 2. पटककर धोना।
पट • I. वि. पु. औंधा। II. किवाड़। III. अ. तुरंत।
पटकना • स.क्रि. 1. ज़ोर से गिराना। 2. कुश्ती में हराना।
पटना • अ.क्रि. 1. मेल बैठना। 2. भर जाना। 3. तय होना। 4. चुकता होना।
पटरी • स्त्री. 1. तख्ती। 2. किनारे का रास्ता। 3. रेललाइन।
पटसन • पुं. एक पौधा जिसके रेशे से टाट, बोरा आदि बनते हैं, जूट।
पटाक्षेप • पुं. परदा गिराना।
पठार • पुं. ऊँची समतल भूमि।
पड़ना • अ.क्रि. 1. ऊपर से गिरना—*ओले पड़े*। 2. विवश होकर कुछ करना—*मुझे जाना पड़ा*। 3. मतलब होना—*मुझे क्या पड़ी है?*
पड़ाव • पुं. यात्रा के बीच ठहरने का स्थान।
पड़ोस • पुं. घर के आसपास का स्थान।
पड़ोसी • पुं. पड़ोस में रहनेवाला।
पढ़ना • स.क्रि. 1. लिखी हुई बातों का समझना। 2. शिक्षा पाना। 3. पक्षियों का सिखाए हुए शब्दों को रटना।
पतंग • स्त्री. कागज़ की बनी वह चीज़ जिसे डोर में बाँधकर हवा में उड़ाया जाता है।
पतंगा • पुं. उड़नेवाला कीड़ा, फ़तिंगा।
पतझड़ • स्त्री. पेड़ों से पत्तियों के झड़ने का मौसम।
पतन • पुं. गिरावट।
पतला • वि. 1. जो मोटा न हो। 2. सँकरा। 3. जो गाढ़ा न हो। 4. बारीक।
पतवार • स्त्री. नाव को घुमाने की तिकोनी लकड़ी।
पता • पुं. 1. ठिकाना। 2. जानकारी।
पताका • स्त्री. झंडा।
पत्तल • स्त्री. पत्तों की बनी हुई थाली।
पत्थर • पुं. 1. चट्टान का टुकड़ा। 2. रत्न। 3. ओला।
पत्र • पुं. 1. चिट्ठी। 2. समाचारपत्र। 3. पत्ता।
पत्रिका • स्त्री. नियमित निकलनेवाली पुस्तिका।
पथ • पुं. रास्ता।
पथरीला • वि. जिसमें पत्थर हो।
पथिक • पुं. रास्ता चलनेवाला, राहगीर, राही।
पथ्य • I. वि. स्वास्थ्य के लिए उपयोगी। II. पुं. रोगी के लिए हल्का भोजन।
पद • पुं. 1. पैर। 2. दर्जा, ओहदा।

3. काव्य का पद।

पदक • पुं. वह सुंदर धातुखंड जो पुरस्कार में दिया जाता है—*स्वर्ण पदक*। अं. मेडल।

पदवी • स्त्री. सम्मानसूचक उपाधि, खिताब।

पद्धति • स्त्री. 1. तरीका, प्रणाली। 2. रिवाज़।

पद्म • पु. कमल।

पद्य • पुं. कविता।

पधारना • अ.क्रि. 1. आना—*गुरु जी यहाँ पधारे*। 2. जाना—*गुरु जी यहाँ से पधारे*।

पनघट • पुं. पानी भरने का घाट।

पनचक्की • स्त्री. पानी के बहाव से चलनेवाली चक्की।

पनडुब्बी • स्त्री. पानी के भीतर चलनेवाला जहाज़।

पनपना • अ.क्रि. हराभरा होना।

पनवाड़ी • पुं. पान बेचनेवाला, तमोली।

पनही • स्त्री. जूता।

पनाह • स्त्री. शरण।

पन्ना • पुं. 1. पृष्ठ। 2. हरे रंग का कीमती पत्थर। 3. एक पेय।

पपीहा • पुं. हलके काले रंग का एक पक्षी, चातक।

परंतु • अ. लेकिन।

परंपरा • स्त्री. पुरानी रीति, रिवाज़।

पर • I. पुं. 1. डैना। 2. डैने पर का रौयाँ। II. वि. पराया, परदेश, परवश। III. अ. 1. लेकिन। 2. बाद, पश्चात।

परख • स्त्री. 1. जाँच। 2. पहचान।

परखना • स.क्रि. जाँचना।

परचा • पुं. 1. कागज़ का टुकड़ा। 2. प्रश्न-पत्र।

परचून • पुं. आटा-चावल आदि भोजन का सामान।

परछाईं • स्त्री. 1. आकृति की छाया। 2. प्रतिबिंब।

परतंत्र • वि. पराधीन।

परत • स्त्री. तह।

परदा • पुं. 1. कपड़ा चिक आदि आड़ करने की चीज़। 2. कान के अंदर की झिल्ली। 3. बाहरी लोगों के सामने न होने का रिवाज़।

परदादा • पुं. दादा का बाप, प्रपितामह।

परदेशी • पुं. दूसरे देश का रहनेवाला।

परनाना • पुं. नाना के पिता।

परम • वि. अत्यधिक, उत्कृष्ट, प्रधान।

परमाणु • पुं. पदार्थ का सबसे छोटा कण।

परमात्मा • पुं. परमेश्वर, ईश्वर।

परलोक • पुं. स्वर्ग आदि लोक।

परवरिश • स्त्री. पालन-पोषण।

परवल • पुं. एक लंबोतरा फल।

परवाह • स्त्री. फ़िक्र, खयाल।

परस्पर • अ. आपस में।

परहेज़ • पुं. खाने-पीने आदि का संयम।

पराकाष्ठा • स्त्री. चरम सीमा, हद।

पराक्रम • पुं. 1. वीरता, शौर्य। 2. बल।

पराग • पुं. फूल के भीतर की धूल जैसी चीज़, पुष्पराज।

पराजय • स्त्री. हार, शिकस्त।

परात • स्त्री. थाली की शक्ल का बड़ा बरतन।

पराधीन • वि. दूसरे के अधीन, परतंत्र।

पराया • वि. 1. दूसरे का। 2. गैर।

परास्त • वि. हारा हुआ, पराजित।

परिचय • पुं. जान-पहचान।

परिचर • पुं. सेवक।

परिचित • वि. जाना-पहचाना।

परिणत • वि. परिणाम को प्राप्त।

परिणय • पुं. शादी, विवाह।

परिणाम • पुं. 1. नतीजा, फल। 2. निष्कर्ष।

परिधान • पुं. पहनावा, पोशाक।

परिधि • स्त्री. गोल घेरा।

परिपाटी • स्त्री. रीति, प्रथा।

परिभाषा • स्त्री. नपा-तुला परिचय।

परिमल • पुं. खुशबू।

परिमाण • पुं. नाप, तौल, मात्रा।

परियोजना • स्त्री. वह रूपरेखा जिसके अनुसार काम हो।

परिवर्तन • पुं. बदलाव।

परिवार • पुं. घर के लोगों का समूह।

परिश्रम • पुं. मेहनत।

परिषद् • स्त्री. सलाह देने या प्रबंध करनेवाली समिति।

परिसर • पुं. चहारदीवारी से घिरा हुआ स्थान।

परिस्थिति • स्त्री. हालत।

परी • स्त्री. कल्पित परवाली सुंदर स्त्री।

परीक्षक • पुं. परीक्षा लेनेवाला।

परीक्षा • स्त्री. 1. इम्तहान। 2. जाँच-पड़ताल।

परे • अ. 1. उस ओर। 2. अलग। 3. बाहर।

परेशान • वि. व्याकुल, हैरान।

परोक्ष • वि. जो दिखाई न दे, छिपा हुआ।

परोपकार • पुं. दूसरे की भलाई।

परोसना • स.क्रि. खानेवाले के सामने खाना रखना।

पर्यंत • अ. तक—*मृत्यु पर्यंत।*

पर्यटक • पुं. देश-विदेश में घूमनेवाला।

पर्याप्त • वि. काफ़ी, यथेष्ठ।

पर्याय • पुं. समान अर्थवाला शब्द।

पर्यावरण • पुं. वातावरण, परिस्थिति।

पर्व • पुं. 1. त्योहार, उत्सव। 2. अंश, भाग।

पर्वत • पुं. 1. पहाड़। 2. ढेर।

पर्वतारोहण • पुं. पर्वत पर चढ़ने का काम।

पर्वतारोही • पुं. पर्वत पर चढ़नेवाला।

पलंग • पुं. अच्छी बड़ी चारपाई, पर्यंक।

पल • पुं. क्षण।

पलक • स्त्री. आँख के ऊपर का परदा।

पलटन • स्त्री. 1. अँगरेज़ी सेना की टुकड़ी। 2. दल।

पलटना • I. अ.क्रि. 1. उलट जाना। 2. बदल जाना। 3. पीछे मुड़ना। II. सं. क्रि. 1. उलटना। 2. बदल देना।

पलड़ा • पुं. 1. तराजू का पल्ला। 2. पक्ष।

पलस्तर • पुं. बालू-सीमेंट आदि का लेप।

पल्ला • पुं. 1. कपड़े का छोर। 2. दो हिस्सों वाली चीज़ का एक हिस्सा।

पलायन • पुं. भागना।

पलाश • पुं. टेसू का वृक्ष और उसके फूल।

पल्लव • पुं. नया कोमल पत्ता।

पवन • पुं. हवा, वायु।

पवित्र • वि. 1. पुनीत। 2. निर्मल, स्वच्छ।

पश्चात् • अ. बाद, उपरांत।

पश्चात्ताप • पुं. पछतावा।

पश्चिम • पुं. सूरज के डूबने की दिशा।

पसंद • I. वि. जो जँचे। II. स्त्री. रुचि।

पसारना • स.क्रि. फैलाना।

पसीजना • अ.क्रि. 1. दयार्द्र होना। 2. भीग जाना, गीला होना।

पस्त • वि. थका-हारा।

पहचान • स्त्री. 1. परिचय। 2. निशानी। 3. परख।

पहनना • स.क्रि. शरीर पर धारण करना।

पहनावा • पुं. पहनने का कपड़ा।

पहर • पुं. दिन-रात का आठवाँ भाग, यानी तीन घंटे का समय, पहर।

पहरा • पुं. चौकसी।

पहरेदार • पुं. पहरा देनेवाला।

पहलवान • पुं. 1. कुश्ती लड़नेवाला। 2. तंदरुस्त, हट्टा-कट्टा।

पहले • अ. 1. सर्वप्रथम—*पहले तुम आओ*। 2. इसके पूर्व—*पहले तुम कहाँ थे*। 3. अतीत में—*पहले रेलगाड़ी नहीं थी*।

पहाड़ • पुं. 1. ज़मीन का बहुत ऊँचा भाग, पर्वत। 2. ऊँचा ढेर।

पहाड़ी • I. वि. पहाड़ का। II. स्त्री. छोटी पहाड़ी।

पहिया • पुं. चक्का।

पहुँचाना • स.क्रि. एक जगह से दूसरी जगह ले जाना।

पहेली • स्त्री. मज़ेदार पेचीदा सवाल।

पांडुलिपि • स्त्री. पुस्तक की हस्तलिखित प्रति।

पाँत • स्त्री. पंक्ति, कतार।

पाँव • पुं. पैर।

पाखंड • पुं. आडंबर, ढकोसला।

पागल • वि. 1. जिसका दिमाग ठीक न हो। 2. आपे से बाहर। 3. नासमझ।

पाजी • वि. दुष्ट।

पाट • पुं. 1. फैलाव—*नदी का पाट*। 2. चक्की के दो भाग।

पाटना • स.क्रि. 1. भरना। 2. छत बनाना।

पाठ • पुं. 1. पढ़ने का काम। 2. सबक। 3. पाठ्य-पुस्तक का अंश।

पाठक • पुं. पढ़नेवाला।

पाणि • पुं. हाथ, कर।

पात्र • पुं. 1. बरतन। 2. योग्य व्यक्ति। 3. कहानी आदि का व्यक्ति।

पादरी • पुं. ईसाइयों का पुरोहित।

पान • पुं. 1. पीने का काम। 2. एक लता का पत्ता जो कत्था, सुपारी आदि के साथ चबाया जाता है।

पाप • पुं. 1. बुरा काम, गुनाह। 2. अपराध।

पाबंदी • स्त्री. 1. बंधन। 2. रोक।

पायल • स्त्री. पाँव का घुँघरूदार गहना।

पारंगत • वि. पूरा जानकार।

पार • पुं. दूसरा किनारा, दूसरी तरफ़—*नदी पार।*

पारखी • पुं. जो परख सके।

पारदर्शक • वि. जिसके आर-पार दिखाई पड़े।

पारस • पुं. लोहे को सोना बनाने वाला पत्थर।

पारा • पुं. एक सफ़ेद चमकीली तरल धातु, पारद।

पारावार • पुं. 1. समुद्र। 2. अपार।

पारितोषिक • पुं. इनाम, पुरस्कार।

पारी • स्त्री. बारी, अवसर।

पालक • पुं. 1. एक साग। 2. पालने वाला।

पालकी • स्त्री. एक सवारी जिसे आदमी कंधों पर ढोते हैं।

पालतू • वि. पाला हुआ।

पालथी • स्त्री. टाँगे मोड़कर बैठने का एक ढंग।

पालन • पुं. 1. परवरिश। 2. निबाह, कर्तव्य और आज्ञा पालन।

पाला • पुं. 1. हवा में मिली हुई भाप की ठंड से भूमि पर जमी परत। 2. वास्ता। 3. कबड्डी के खेल में हद का निशान—*पाला छूना।*

पावक • पुं. अग्नि, आग।

पावती • स्त्री. रसीद।

पावन • वि. पवित्र करनेवाला, शुद्ध।

पास • I. अ. 1. निकट। 2. पल्ले। II. पुं. आज्ञा-पत्र। III. वि. उत्तीर्ण।

पास-पास • अ. एक-दूसरे के निकट।

पाश • पुं. बंधन।

पाषाण • I. पुं. पत्थर। II. वि. निर्दयी, कठोर।

पाहन • पु. पत्थर।

पाहुना • पुं. अतिथि, मेहमान।

पिंजड़ा • पुं. लोहे आदि का बना हुआ घर।

पिंडली • स्त्री. टाँग का पिछला मांसल भाग।

पिकनिक • स्त्री. किसी रमणीय स्थान में जाकर खाना-पीना, सैर।

पिघलना • अ.क्रि. 1. गलना। 2. दयार्द्र होना।

पिछड़ना • अ.क्रि. पीछे रहना।

पिछला • वि. 1. पीछे का। 2. बीता

हुआ।

पिछवाड़ा • पुं. पीछे का भाग।

पिटना • अ.क्रि. 1. पीटा जाना। 2. हारना।

पिटारी • स्त्री. ढकनेदार टोकरी।

पित्ती • स्त्री. एक चर्मरोग।

पिपासा • स्त्री. 1. प्यास। 2. लोभ।

पिलपिला • वि. बहुत नरम।

पिल्ला • पुं. कुत्ते का बच्चा।

पिसना • अ.क्रि. 1. पीसा जाना। 2. दबाया जाना। 3. कुचला जाना। 4. शोषित।

पिसाई • पुं. 1. पीसने की क्रिया। 2. पीसने की मज़दूरी।

पिस्ता • पुं. एक मेवा।

पिस्सू • पुं. मच्छर जैसा छोटा कीड़ा।

पीक • स्त्री. पान का थूक।

पीछे • अ. 1. पीठ की ओर। 2. पीछे रह जाना। 3. बाद में।

पीटना • स.क्रि. 1. मारना। 2. चोट करना।

पीठ • I. स्त्री. शरीर के पीछे का गरदन से कमर तक का भाग। II. पुं. केंद्र—*विद्यापीठ*।

पीठी • स्त्री. भिगोकर पीसी हुई दाल।

पीड़ा • स्त्री. कष्ट, वेदना, दर्द।

पीड़ित • वि. जो कष्ट में हो।

पीढ़ा • पुं. छोटी नीची चौकी, पाटा।

पीढ़ी • स्त्री. 1. वंश-परंपरा की कड़ी। 2. एक पीढ़ी के लोग।

पीत • वि. पीला।

पीतल • पुं. ताँबे और जस्ते के योग से बनी एक पीली उपधातु।

पीतांबर • पुं. पीले रंग का वस्त्र।

पीप • स्त्री. मवाद, पीब।

पीपल • पुं. बरगद जैसा एक विशाल पेड़।

पीयूष • पुं. अमृत, सुधारस।

पीर • I. स्त्री. दुख, तकलीफ, पीड़ा। II. पु. महात्मा, धर्मगुरु, सिद्ध पुरुष।

पीलिया • पुं. शरीर पीला होने का एक रोग।

पीसना • स.क्रि. 1. चूरा बनाना। 2. बारीक करना।

पीहर • पुं. विवाहित स्त्रियों का मायका, नैहर।

पुआ • पुं. एक मीठा पकवान।

पुआल • पुं. धान आदि का सूखा डंठल।

पुकार • स्त्री. 1. बुलाहट। 2. प्रार्थना।

पुच्छलतारा • पुं. झाड़ू की शक्ल का एक तारा जो कभी-कभी दिखाई पड़ता है, धूमकेतु।

पुजारी • पुं. पूजा करनेवाला।

पुड़िया • स्त्री. कागज़ में कुछ रखकर बनाई गई बंडल जैसी चीज़।

पुण्य • पुं. भला काम, पवित्र। मंगलकारी।

पुतला • पुं. किसी व्यक्ति की शक्ल का बड़ा गुड्डा।

पुतली • स्त्री. 1. गुड़िया। 2. आँख का

तारा।

पुताई • स्त्री. पोतने का काम।

पुत्र • पुं. बेटा।

पुदीना • पुं. एक पौधा।

पुनः • अ. फिर, दोबारा।

पुनरावृत्ति • स्त्री. काम को दोहराना।

पुनर्जन्म • पुं. फिर से जन्म लेना।

पुनीत • वि. पवित्र।

पुरखा • पुं. 1. दादा-परदादा आदि पूर्वज। 2. सयाना वृद्ध।

पुरज़ा • पुं. 1. चिट। 2. मशीन का हिस्सा।

पुरस्कार • पुं. इनाम।

पुराण • पुं. हिंदू धर्मग्रंथ।

पुराना • वि. बहुत दिनों का।

पुरुष • पुं. मर्द।

पुरुषार्थ • पुं. पराक्रम, पौरुष, मर्दानगी।

पुरोहित • पुं. पूजा-पाठ करानेवाला।

पुल • पुं. नदी पार करने का रास्ता।

पुलकित • वि. प्रसन्न।

पुलिंदा • पुं. कपड़े, कागज़ आदि का बंडल।

पुलिस • स्त्री. 1. शांति-रक्षा करनेवाला सरकारी विभाग।

पुश्तैनी • वि. बाप-दादे का।

पुष्ट • वि. मोटा-ताज़ा, बलवान।

पुष्प • पुं. फूल, कुसुम, पुहुप।

पुस्तक • स्त्री. किताब, ग्रंथ, पोथी।

पुस्तकालय • पुं. वह भवन जहाँ पढ़ने के लिए पुस्तकें मिलती हैं। अं. लाइब्रेरी।

पूँछ • स्त्री. पशु-पक्षियों के पीछे का लंबा लचीला अंग, दुम।

पूँजी • स्त्री. 1. व्यापार में लगा हुआ धन। 2. धन।

पूछ • स्त्री. 1. आदर। 2. जिज्ञासा। 3. इच्छा।

पूछताछ • स्त्री. खोज-खबर।

पूजनीय • वि. पूज्य, आदरणीय।

पूजा • स्त्री. 1. पूजन। 2. घूस।

पूत • पुं. बेटा, *कपूत, सपूत।*

पूरा • वि. 1. भरा। 2. समूचा। 3. बिना कमी के। 4. भरपूर। 5. सम्पन्न होना।

पूर्णिमा • स्त्री. शुक्ल पक्ष की अंतिम तिथि, पूर्णमासी।

पूर्वज • पुं. पुरखा, दादा-परदादा।

पृथक • अ. अलग, भिन्न।

पृथ्वी • स्त्री. 1. भूमंडल। 2. भूमि।

पृष्ठ • पुं. 1. पीठ। 2. पुस्तक का पन्ना।

पेंदा • पुं. किसी चीज़ का एकदम निचला भाग, तला।

पेंसिल • स्त्री. एक तरह की लेखनी।

पेंच • पुं. 1. चूड़ीदार कील। अं. स्क्रू। 2. लपेट। 3. तरकीब।

पेचिश • स्त्री. पेट की एक बीमारी।

पेचीदा • वि. टेढ़ा।

पेट • पुं. 1. उदर। 2. भीतर की खाली जगह-*घड़े का पेट*। 3. भोजन।

पेटी • स्त्री. 1. छोटा बक्सा। 2. कमरबंद।

पेटू • वि. खाने का लोभी।

पेठा • पुं. 1. सफ़ेद कुम्हड़ा। 2. पेठे से बनी मिठाई।

पेड़ • पुं. वृक्ष, दरख्त।

पेड़ा • पुं. खोये की गोल चपटी मिठाई।

पेय • I. वि. पीने योग्य। II. पुं. पीने की चीज़।

पेश • अ. प्रस्तुत।

पेशगी • स्त्री. पहले दिया जानेवाला धन, अग्रिम।

पेशा • पुं. व्यवसाय, धंधा।

पेशाब • पुं. मूत्र।

पैगंबर • पुं. ईश्वर का दूत।

पैठ • पहुँच।

पैंतरा • पुं. चाल।

पैतृक • वि. पिता का, पूर्वजों का।

पैदल • वि. पाँवों से चलनेवाला। पाँव-पाँव।

पैदा • वि. 1. जन्मा। 2. अर्जित। 3. उत्पन्न।

पैदाइश • स्त्री. जन्म।

पैना • वि. तेज़, धारदार।

पैमाइश • स्त्री. नाप।

पैमाना • पुं. मापने का साधन।

पैर • पुं. पाँव।

पैबंद • पुं. फटी हुई जगह पर लगाया जानेवाला छोटा टुकड़ा—*कपड़े का पैबंद*।

पोंछना • स.क्रि. हाथ से या कपड़े से साफ़ करना।

पोखरा • पुं. तालाब, छोटा ताल।

पोटला • पुं. बड़ी गठरी।

पोत • जहाज़।

पोता • पुं. बेटे का बेटा।

पोपला • वि. 1. बिना दाँत का। 2. पिचका हुआ।

पोर • स्त्री. दो गाँठों के बीच का भाग।

पोल • वि. खालीपन।

पोला • वि. 1. खोखला, 2. सार तत्वहीन।

पोशाक • स्त्री. पहनावा, वस्त्र।

पोषक • वि. पोषण करनेवाला।

पौ • स्त्री. भोर का उजाला।

पौत्र • पुं. पोता।

पौधा • पुं. छोटा पेड़।

पौने • वि. इकाई की तीन-चौथाई।

पौराणिक • वि. प्राचीन काल का।

पौष्टिक • वि. पुष्ट करनेवाला।

प्याऊ • पुं. प्यासों को पानी पिलाने का स्थान।

प्यादा • पुं. 1. पैदल सिपाही। 2. शतरंज के मोहरे।

प्यार • पुं. प्रेम, स्नेह।

प्यारा • वि. प्रिय।

प्यास • स्त्री. पानी पीने की इच्छा।

प्रकट • वि. 1. जो सामने हो। 2. स्पष्ट।

प्रकांड • वि. बहुत बड़ा, उत्तम।

प्रकार • पुं. 1. किस्म। 2. ढंग।

प्रकाश • स्त्री. 1. रोशनी। 2. विकास।

प्रकृति • स्त्री. 1. मूलशक्ति, कुदरत। अं. नेचर। 3. मूल गुण।

प्रकोप • पुं. भयानक रूप।

प्रक्रिया • स्त्री. 1. क्रिया। 2. तरकीब।

प्रख्यात • वि. बहुत प्रसिद्ध, मशहूर।

प्रगति • स्त्री. उन्नति।

प्रचंड • वि. बहुत तेज़।

प्रचलन • पुं. चलन–*खद्दर का प्रचलन*।

प्रचलित • वि. जिसका चलन हो।

प्रचार • पुं. 1. विज्ञापन। 2. चलन, रिवाज़।

प्रचुर • वि. बहुत अधिक, पर्याप्त।

प्रजा • स्त्री. 1. जनता। 2. छोटी जाति के लोग।

प्रजातंत्र • पुं. जनता का शासन।

प्रज्वलित • वि. जलता हुआ, चमकीला।

प्रण • पुं. दृढ़ निश्चय, प्रतिज्ञा।

प्रणाम • पुं. नमस्कार।

प्रणाली • स्त्री. तरीका, पद्धति, ढंग।

प्रताप • पुं. 1. पराक्रम। 2. तेज। 3. पौरुष।

प्रति • स्त्री. 1. नकल। अं. कॉपी। 2. अदद।

प्रतिकूल • वि. विपरीत, बाधक।

प्रतिज्ञा • स्त्री. प्रण, संकल्प।

प्रतिदिन • अ. रोज़, प्रत्येक दिन।

प्रतिद्वंद्वी • पुं. विपक्षी, विरोधी।

प्रतिनिधि • पुं. दूसरे की ओर से काम करनेवाला।

प्रतिबंध • पुं. रोक, बंधन, बाधा।

प्रतिबद्ध • वि. 1. बँधा हुआ। 2. अलग न होना।

प्रतिबिंब • पुं. छाया, परछाईं।

प्रतिभा • स्त्री. प्रखर बुद्धि। 2. बुद्धि। 3. प्रभा।

प्रतिमा • स्त्री. मूर्ति।

प्रतियोगिता • स्त्री. मुकाबला, प्रतिद्वंद्विता।

प्रतियोगी • पुं. प्रतियोगिता में भाग लेनेवाला।

प्रतिशत • वि. हर सौ पर, अं. परसेंट, फ़ीसदी।

प्रतिष्ठा • स्त्री. 1. सम्मान, मान-मर्यादा। 2. गौरव। 3. यश। 4. स्थापना–*मूर्ति की प्रतिष्ठा हुई*।

प्रतीक • पुं. 1. प्रतिरूप। 2. भाग अंश।

प्रतीक्षा • स्त्री. इंतजार।

प्रतीत • वि. मालूम, ज्ञात होना।

प्रत्यक्ष • वि. जो स्पष्ट दिखाई दे।

प्रत्येक • वि. हर एक।

प्रथम • I. वि. 1. पहला। 2. अव्वल। II. अ. पहले।

प्रथा • स्त्री. 1. रीति, रिवाज। 2. नियम।

प्रदर्शन • पुं. 1. दिखाने का काम। 2. असंतोष प्रकट करने का काम। 3. दिखावा।

प्रदर्शनी • स्त्री. आकर्षक वस्तुओं का प्रदर्शन।

प्रदान • पुं. देने का काम, ईनाम देना आदि।

प्रदूषण • पुं. 1. गंदगी। 2. अपवित्र करना। 3. नष्ट करना।

प्रदेश • पुं. देश का बड़ा भाग।

प्रधान • I. वि. सबसे बड़ा। II. पुं. मुखिया।

प्रपात • पुं. झरना, तेजी से गिरना।

प्रफुल्ल • वि. 1. प्रसन्न। 2. खिला हुआ।

प्रबंध • पुं. 1. इंतज़ाम 2. आयोजन। 3. व्यवस्था। 4. काव्य का एक भेद।

प्रबंधक • पुं. प्रबंध करनेवाला। अं. मैनेजर।

प्रबल • वि. ज़ोरदार, प्रचंड, तेज, उग्र।

प्रभात • पुं. सबेरा, प्रातःकाल।

प्रभाव • पुं. 1. असर। 2. सामर्थ्य। 3. अस्तित्व में आना।

प्रभावशाली • वि. असरदार।

प्रभावित • वि. जिस पर असर पड़ा हो, प्रभावित होना।

प्रभु • पुं. 1. स्वामी। 2. ईश्वर, नियामक सत्ता। 3. एक संबोधन।

प्रमाण • I. पुं. 1. वह बात जिससे कोई दूसरी बात सिद्ध हो, सबूत 2. सत्यता। II. वि. प्रमाणित।

प्रमाणपत्र • पुं. सनद। अं. सर्टिफिकेट।

प्रमुख • वि. 1. मुख्य, खास। 2. प्रथम। 3. सम्मानित 4. श्रेष्ठ।

प्रयत्न • पुं. कोशिश, प्रयास। 2. कार्य करना, उद्योग करना।

प्रयोग • पुं. 1. इस्तेमाल। 2. जाँच करना, परीक्षण। 3. सिद्ध करना।

प्रयोजन • पुं. 1. मतलब, अभिप्राय। 2. हेतु। 3. लाभ।

प्रवचन • पुं. 1. व्याख्यान, भाषण। 2. समझाना।

प्रवाह • पुं. 1. बहाव। 2. अटूट क्रम 3. निरंतर।

प्रविष्ट • वि. दाखिल।

प्रवेश • पुं. 1. भीतर जाना। 2. दाखिला।

प्रवेशपत्र • पुं. प्रवेश का अनुमति-पत्र।

प्रशंसा • स्त्री. बड़ाई, तारीफ़।

प्रशाखा • स्त्री. शाखा की शाखा, टहनी।

प्रशासक • पुं. 1. शासन करनेवाला अधिकारी। 2. प्रधान अधिकारी।

प्रशासन • पुं. शासन-प्रबंध।

प्रशिक्षण • पुं. व्यावसायिक शिक्षा। अं. ट्रेनिंग।

प्रश्न • पुं. 1. सवाल। 2. पूछताछ।

प्रश्नपत्र • पुं. परचा–*प्रश्नों का परचा।*

प्रसंग • पुं. 1. विषय। 2. संबंध। 3. वार्तालाप का पूर्व अंश।

प्रसन्न • वि. खुश, हर्षित।

प्रसन्नता • स्त्री. खुशी।

प्रसाद • पुं. 1. देवता को चढ़ाई गई वस्तु, प्रसादी। 2. कृपा।

प्रसिद्ध • वि. ख्याति प्राप्त, मशहूर।

प्रस्ताव • पुं. 1. सुझाव। 2. विषय चर्चा, बात। अं. ऑफ़र।

प्रस्तुत • वि. तैयार।

प्रस्थान • पुं. 1. गमन, जाना। 2. सेना

का कूच करना। 3. मरण, मरना।

प्रहरी • पुं. पहरेदार।

प्रहार • पुं. 1. आघात, चोट। 2. आक्रमण, वार।

प्रांगण • पुं. आँगन।

प्रांत • पुं. 1. प्रदेश। 2. छोर, सिरा। 3. दिशा, तरफ़।

प्राइमरी • वि. प्राथमिक।

प्राकृतिक • वि. 1. प्रकृति-संबंधी, कुदरती, नैसर्गिक। 2. संसार का, लौकिक। 3. साधारण। 4. प्रकृति से संबंधित।

प्राचीन • वि. बहुत पुराना।

प्राण • पुं. 1. जीवन, जीवनी शक्ति। 2. श्वास, साँस। 3. प्रिय।

प्राणदंड • पुं. मौत की सज़ा, मृत्युदंड।

प्राणी • पुं. 1. जंतु। 2. व्यक्ति।

प्रातः • I. पुं. सबेरा। II. अ. सबेरे।

प्रातःकाल • पुं. सबेरे का समय।

प्राथमिक • वि. प्रारंभिक, शुरू का।

प्राप्त • वि. जो मिला हो, पाया हुआ।

प्रायः • I. वि. लगभग। II. अ. अक्सर।

प्रायद्वीप • पुं. तीन ओर जल से घिरा हुआ स्थलभाग–*दक्षिण भारत प्रायद्वीप है।*

प्रारंभ • पुं. आरंभ।

प्रारंभिक • वि. प्रारंभ का।

प्रारब्ध • पुं. 1. कर्मों का फल, भाग्य। 2. आरंभ किया हुआ।

प्रार्थना • स्त्री. 1. याचना। 2. निवेदन। 3. अर्ज़ी।

प्रार्थनापत्र • पुं. अर्ज़ी, आवेदनपत्र।

प्रार्थी • वि. प्रार्थना करनेवाला, आवेदक।

प्रासाद • पुं. विशाल भवन।

प्रिय • वि. 1. प्यारा। 2. एक संबोधन।

प्रेत • पुं. पिशाच, भूत-प्रेत।

प्रेम • पुं. 1. प्यार, मुहब्बत। 2. माया, लोभ। 3. लगाव।

प्रेरणा • स्त्री. 1. प्रोत्साहन। 2. काम में लगना।

प्रेषक • पुं. भेजनेवाला।

प्रेस • पुं. छापाखाना।

प्रेसिडेंट • पुं. 1. अध्यक्ष। 2. राष्ट्रपति।

प्रोत्साहन • पुं. 1. बढ़ावा, उत्साह। 2. हिम्मत बढ़ाना।

प्रौढ़ • वि. 1. अधेड़। 2. मजबूत, दृढ़। 3. गंभीर, गूढ़।

प्लेट • पुं. 1. तश्तरी। 2. धातु की मोटी चादर।

फ

फंकी • स्त्री. 1. फाँककर खाई जानेवाली चीज़।

फंदा • पुं. 1. पशु-पक्षियों को फँसाने का जाल। 2. धोखा। 3. दुख, कष्ट।

फँसना • अ.क्रि. 1. फंदे में पड़ना। 2. उलझना। 3. धोखा खाना।

फ़कीर • पुं. 1. साधु-संत। 2. भिखारी। 3. दरिद्र, कंगाल।

फक्कड़ • पुं. हर हालत में खुश रहनेवाला।

फ़ज़ीहत • स्त्री. दुर्गति।

फटकना • I. अ.क्रि. पहुँचना। उपस्थित होना। II. क्रि. पछोरना—गेंहू आदि साफ़ करना।

फटकार • स्त्री. डाँट, झिड़की।

फटना • अ.क्रि. 1. दरार पड़ना। 2. दो भागों में अलग होना। 3. धमाका होना।

फटाफट • अ. झटपट।

फड़कना • अ.क्रि. किसी अंग का हिलना।

फड़फड़ाना • I. अ.क्रि. छटपटाना। II. क्रि. 'फड़फड़' शब्द के साथ हिलाना।

फ़तह • स्त्री. जीत, विजय।

फतिंगा • उड़नेवाला कीड़ा।

फन • पुं. साँप का फैला हुआ सिर।

फ़न • पुं. हुनर, कला, गुण, कौशल।

फफूँद • स्त्री. काई जैसी चीज़।

फफोला • पुं. छाला।

फबना • अ.क्रि. भला लगना, शोभा देना, सजना।

फ़रार • वि. भागा हुआ।

फ़रियाद • स्त्री. प्रार्थना, शिकायत।

फ़रिश्ता • पुं. 1. देवदूत, अलौकिक शक्तिवाला। 2. अच्छा मनुष्य।

फ़रेब • पुं. कपट, छल, धोखा।

फ़र्क़ • पुं. अंतर।

फ़र्ज़ • पुं. कर्तव्य।

फ़र्ज़ी • वि. नकली।

फल • पुं. 1. पेड़-पौधे का बीजकोश। 2. नतीजा। 3. चाकू का फल।

फलना • अ.क्रि. 1. फल आना। 2. सुखी होना।

फली • स्त्री. लंबा चिपटा फल—*मटर की फली।*

फ़साद • स्त्री. झगड़ा, लड़ाई।

फहराना • अ.क्रि. हवा में लहराना।

फाँक • स्त्री. लंबोतरा टुकड़ा—*सेब*

की, संतरे की फाँक।

फाँकना • स.क्रि. चूर्ण को होंठों से लगाए बिना मुँह में डालना।

फाँदना • स.क्रि. कूदकर लाँघना।

फाँस • स्त्री. 1. फंदा। 2. कड़ा रेशा।

फाँसी • स्त्री. 1. रस्सी का फंदा जो गले में डाला जाए। 2. प्राणदंड।

फ़ाक़ा • पुं. 1. खाने को न मिलना। 2. उपवास, व्रत।

फाड़ना • स.क्रि. 1. चीरना। 2. फैलाना। 3. दूध फाड़ना।

फ़ायदा • पुं. 1. लाभ। 2. प्रभाव। 3. प्राप्ति।

फालतू • वि. बेकार, निरर्थक।

फालसा • पुं. एक मटर जैसा खटमीठा फल।

फावड़ा • पुं. चौड़े फल की कुदाल।

फ़ासला • पुं. दूरी।

फाहा • पुं. तर की हुई रुई।

फ़िक्र • स्त्री. चिंता।

फिर • अ. 1. एक बार और। 2. और कभी। 3. तब।

फिरना • अ.क्रि. 1. टहलना। 2. घूमना।

फ़िलहाल • अ. अभी, इसी वक्त।

फिसड्डी • वि. निकम्मा, पिछड़ा हुआ।

फिसलना • अ.क्रि. चिकनी जगह में सरकना।

फीका • वि. स्वादहीन। 2. हलका—फीका रंग।

फ़ीता • पुं. पतली पट्टी।

फ़ीरोज़ा • पुं. हरापन लिए हुए नीले रंग का एक कीमती पत्थर।

फ़ीस • स्त्री. शुल्क, पारिश्रमिक।

फुट • पुं. बारह इंच की एक नाप।

फुटकर • वि. 1. कई प्रकार का। 2. थोड़ा-थोड़ा।

फुटपाथ • पुं. सड़क की पटरी।

फुदकना • अ.क्रि. 1. उछलना। 2. उमंग में आना।

फुनगी • स्त्री. टहनी के सिरे की कोमल पत्ती।

फुफकारना • अ.क्रि. साँप का मुँह से फूँक निकालना।

फुफेरा • वि. फूफा से संबंधित।

फुरती • स्त्री. तेज़ी, चुस्ती।

फुरतीला • वि. तेज़, चुस्त।

फ़ुरसत • स्त्री. खाली वक़्त।

फुलका • पुं. पतली रोटी।

फुलवारी • स्त्री. फूलों का छोटा बाग।

फुसफुसाना • अ.क्रि. धीमी आवाज़ में बोलना।

फुसलाना • स.क्रि. बातों से बहलाना।

फुहार • स्त्री. नन्हीं बूँदों की वर्षा, झींसी।

फुहारा • पुं. फौआरा, जल को फैलाकर गिराने वाला यंत्र।

फूँक • स्त्री. होंठों को बटोरकर मुख से निकाली हुई हवा।

फूँकना • स.क्रि. 1. फूँक मारना। 2. जलाना। 3. फूँककर बजाना। 4. झाड़ना।

फूट • स्त्री. 1. अनबन, बिगाड़।

2. एक प्रकार का फल।

फूटना • अ.क्रि. 1. टूटना। 2. फटना। 3. निकलना। 4. नष्ट होना। 5. मुँह से निकलना।

फूफा • पुं. फूफी या बुआ का पति।

फूफी • स्त्री. पिता की बहन, बुआ।

फूल • पुं. पुष्प, कुसुम, सुमन।

फूलना • अ.क्रि. 1. फूल लगना। 2. सूजना। 3. खुश होना।

फूस • पुं. सूखी लंबी घास।

फूहड़ • वि. बेढ़ंगा, भद्दा।

फेंकना • स.क्रि. 1. झोंके से दूर गिराना। 2. रखकर भूलना।

फेंटना • स.क्रि. 1. गाढ़ी चीज़ को हाथ से चलाना। 2. अच्छी तरह मिलाना।

फेन • पुं. झाग।

फेर • पुं. चक्कर।

फेरना • स.क्रि. 1. घुमाना। 2. लौटाना। 3. भाँजना। 4. सहलाना।

फेरबदल • पुं. परिवर्तन।

फेरा • पुं. 1. परिक्रमा। 2. आना-जाना।

फेरीवाला • पुं. घूम-फिरकर सामान बेचनेवाला।

फेल • वि. अनुत्तीर्ण।

फैलाना • अ.क्रि. 1. जगह घेरना। 2. आकार में बढ़ना। 3. तनना। 4. प्रसिद्ध होना।

फ़ैसला • पुं. निर्णय।

फोड़ना • स.क्रि. 1. तोड़ना। 2. नष्ट करना।

फ़ौज • स्त्री. सेना।

फ़ौरन • अ. तुरंत, तत्काल।

फ़ौलाद • पुं. बढ़िया कड़ा लोहा, इस्पात।

ब

बंकिम • वि. टेढ़ा, तिरछा।

बंजर • पुं. खेती के अयोग्य भूमि, ऊसर, अनुपजाऊ।

बँटना • अ.क्रि. बाँटा जाना।

बँटवारा • पुं. 1. बाँटने का काम। 2. विभाजन।

बंडल • पुं. गट्ठर, पुलिंदा।

बंद • I. वि. 1. जो खुला न हो। 2. जो चालू न हो। II. पुं. काम-काज की बंदी।

बंदगी • स्त्री. नमस्कार, प्रणाम, पूजा।

बंदनवार • पुं. फूलों, पत्तों की झालर।

बंदर • पुं. थोड़ी बुद्धिवाला एक जंतु, मर्कट, कपि।

बंदरगाह • पुं. जहाज़ ठहरने का स्थान।

बंदा • पुं. 1. सेवक, दास। 2. भक्त।

बंदी • पुं. कैदी।

बंदोबस्त • पुं. इंतज़ाम, प्रबंध।

बंधक • पुं. ऋण के बदले रखा जानेवाला सामान, गिरवी, रेहन।

बंधन • पुं. 1. ज़ंजीर, बेड़ी आदि बाँधनेवाली चीज़। 2. रोक। 3. कैद।

बँधना • अ.क्रि. बाँधा जाना।

बंधु • पुं. मित्र, भाई, स्वजातीय व्यक्ति, आत्मीय व्यक्ति।

बंबा • पुं. 1. पानी का नल। 2. छोटी नहर।

बंसी • स्त्री. 1. बाँसुरी। 2. मछली फँसाने की कँटियावाली छड़ी।

बकना • I. अं. क्रि. बड़बड़ाना। II. स. क्रि. अनर्गल बोलना–गाली बकना।

बकरी • स्त्री. एक दुधारु पशु।

बक़रीद • स्त्री. मुसलमानों का एक त्योहार।

बकवास • स्त्री. बेकार बात।

बक़ाया • वि. बाकी, शेष।

बखिया • पुं. दुहरे टाँके की मजबूत सिलाई।

बखेड़ा • पुं. झमेला, झगड़ा-विवाद।

बग़ल • स्त्री. काँख। 2. किनारा। 3. पास–बगल में।

बगला • पुं. एक सफ़ेद पक्षी जिसकी टाँगें, चोंच तथा गला लंबा होता है, बगुला।

बग़ावत • स्त्री. विद्रोह, द्रोह, गदर, विप्लव।

बगिया • स्त्री. छोटा बाग।

बगीचा • पुं. बाग, उद्यान, वाटिका, गुलिस्तान।

बगुला • पुं. बगला, वक।

बग़ैर • अ. बिना।

बघारना • स.क्रि. 1. छौंकना। 2. पंडिताई छाँटना – *शेखी बघारना।*

बचकाना • वि. 1. बच्चों के लायक। 2. छोटी। 3. बच्चों के स्वभाव जैसा।

बचत • स्त्री. जो खर्च से बच जाए, लाभ।

बचना • अ.क्रि. 1. शेष रहना। 2. दूर रहना, सुरक्षित रहना। 3. रक्षा होना।

बचपन • पुं. 1. लड़कपन। 2. बाल्यावस्था।

बचाना • स.क्रि. 1. रक्षा करना। 2. खर्च न करना।

बचाव • पुं. रक्षा।

बच्चा • I. पुं. छोटा बच्चा, नवजात शिशु। II. वि. नासमझ।

बछड़ा • पुं. गाय का बच्चा।

बछेड़ा • पुं. घोड़े का बच्चा।

बजना • अ.क्रि. 1. ध्वनित होना। 2. घड़ी का समय। 3. नाम का

डंका बजना।

बजरा • पुं. कमरेदार बड़ी नाव।

बजरी • स्त्री. कंकड़ी।

बजाज • पुं. कपड़ा बेचनेवाला।

बजाना • स.क्रि. 1. ध्वनित करना। 2. हुक्म बजाना (मानना)।

बजाय • अ. के बदले।

बटना • स.क्रि. रेशों को ऐंठना—*रस्सी बटना।*

बटुआ • पुं. मुँह पर डोर लगी छोटी थैली।

बटेर • स्त्री. तीतर जैसी एक चिड़िया।

बटोरना • स.क्रि. समेटना, इकट्ठा करना।

बट्टा • 1. रक़म में कटौती। 2. नुकसान होना। 3. लोढ़ा—*सिल-बट्टा।*

बड़प्पन • पुं. बड़ाई, श्रेष्ठता, महानता।

बड़बड़ाना • अ.क्रि. धीरे-धीरे बोलना।

बड़ा • I. वि. 1. उम्र में बड़ा। 2. पद-प्रतिष्ठा में बड़ा। 3. बड़ी कद-काठी का। 4. बुजुर्ग। 5. बहुत, ज्यादा। II. पुं. एक पकवान बड़ा।

बड़ाई • स्त्री. 1. बड़प्पन। 2. तारीफ़, प्रशंसा। 3. मान-मर्यादा।

बड़ी • स्त्री. पीठी की सूखी टिकिया।

बढ़ई • पुं. लकड़ी का सामान बनानेवाला।

बढ़ना • अ.क्रि. 1. अधिक होना। 2. आगे जाना।

बढ़ाना • स.क्रि. 1. अधिक करना। 2. आगे ले जाना।

बढ़ावा • पुं. प्रोत्साहन।

बढ़िया • वि. 1. अच्छा। 2. उम्दा।

बतख • स्त्री. हंस जैसा एक जलपक्षी।

बताना • स.क्रि. 1. कहना। 2. समझाना। 3. सूचित करना।

बतासा • पुं. चीनी की फूली हुई मिठाई।

बत्ती • स्त्री. 1. दीया जलाने के लिए रुई आदि की छोटी लच्छी। 2. रोशनी देनेवाली चीज़।

बत्तीसी • स्त्री. बत्तीसों दाँत।

बथुआ • पुं. एक तरह का हरा साग।

बदन • पुं. शरीर, देह, तन।

बदतमीज़ • वि. अशिष्ट, असभ्य।

बदनसीब • वि. अभागा, बदकिस्मत।

बदनामी • स्त्री. निंदा, अपकीर्ति।

बदमाश • वि. दुष्ट।

बदलना • अ.क्रि. परिवर्तित होना। स. क्रि. परिवर्तित करना।

बदला • पुं. 1. प्रतिशोध। 2. बदलने की क्रिया। 3. प्रतिफल।

बदली • स्त्री. 1. छाया हुआ बादल। 2. तबादला।

बदहज़मी • स्त्री. अपच।

बधाई • पुं. 1. मुबारकबाद। 2. मंगलाचार। 3. बधाई गीत।

बनजारा • पुं. घुमक्कड़ व्यापारी।

बनना • अ.क्रि. 1. तैयार होना। 2. पद पाना। 3. सिद्ध होना।

बनमानुस • पुं. बिना पूँछ का बड़ा

बंदर—*गोरिल्ला, चिंपैंजी आदि।*

बनवाना • स.क्रि. तैयार कराना।

बनाना • स.क्रि. 1. तैयार करना। 2. पद देना। 3. मूर्ख ठहराना।

बनावट • स्त्री. गढ़न, रचना, गठन, बनने का ढंग।

बनावटी • वि. नकली।

बनिया • पुं. 1. व्यापारी, वैश्य। 2. आटा-दाल बेचनेवाला। 3. कंजूस—*वह पूरा बनिया है।*

बनियाइन • स्त्री. कुरते आदि के नीचे पहनने का एक बुना हुआ पहनावा, गंजी।

बपौती • स्त्री. पिता-दादा से मिली संपत्ति।

बबुआ • पुं. 1. बेटा, दामाद, देवर आदि का स्नेहसूचक संबोधन। 2. मिट्टी आदि का बना गुड्डा।

बबूल • पुं. एक कँटीला पेड़, कीकर।

बम • पुं. बारूद का गोला।

बया • पुं. कलापूर्ण घोंसला बनानेवाला एक छोटा पक्षी।

बयान • पुं. 1. वर्णन, चर्चा। 2. वृत्तांत। 3. अदालत में दिया वक्तव्य।

बरगद • पुं. एक विशाल पेड़, बड़, वट।

बरछा • पुं. भाला।

बरतन • पुं. मिट्टी धातु आदि का बना पात्र।

बरताव • पुं. व्यवहार।

बरदाश्त • स्त्री. सहन।

बरफ़ी • स्त्री. खोये आदि की चौकोर मिठाई।

बरबाद • वि. नष्ट, तबाह।

बरबादी • स्त्री. तबाही, नाश।

बरमा • पुं. छेद करने का एक औज़ार।

बरस • पुं. वर्ष, साल।

बरसना • अ.क्रि. 1. बारिश होना। 2. अपने आप गिरना—*फूल बरसे*। 3. क्रोधित होना।

बरसात • स्त्री. वर्षा ऋतु, पानी बरसना।

बरसाती • I. वि. बरसात का। II. पुं. 1. वर्षा से बचने का ओवरकोट। 2. मकान का छतदार दरवाज़ा।

बरसाना • स.क्रि. वर्षा करना। 2. लगातार गिराना।

बरात • स्त्री. दूल्हे के साथ चलनेवालों का समूह।

बराती • पुं. बरात में शामिल व्यक्ति।

बराबर • I. वि. 1. समान। 2. चौरस। II. अ. 1. लगातार। 2. एक साथ।

बराबरी • स्त्री. समानता।

बरामदा • पुं. ओसारा, दालान।

बरौनी • स्त्री. पलक के किनारे के बाल।

बर्फ़ • स्त्री. ठोस बना हुआ या जमा हुआ पानी।

बर्फ़ीला • वि. 1. जिसमें बर्फ़ हो। 2. बहुत ठंडा।

बर्र • पुं. मधुमक्खी जैसा एक कीड़ा,

भिड़, ततैया।

बल • पुं. 1. शक्ति। 2. भरोसा। 3. करवट, पहलू। 4. शिकन। 5. ऐंठन। 6. सेना।

बलग़म • पुं. कफ़, श्लेष्मा।

बलबलाना • अ.क्रि. ऊँट का बोलना।

बलवा • पुं. दंगा, फ़साद, झगड़ा।

बलशाली • वि. बलवान, ताकतवर।

बला • स्त्री. आपत्ति, आफ़त।

बलि • पुं. 1. देवता को चढ़ाई जानेवाली चीज़। 2. चढ़ावा।

बलिदान • पुं. 1. देवता को बलि का अर्पण। 2. त्याग। 3. कुरबानी।

बलिष्ठ • वि. अधिक बलवान्, अति बली।

बलुआ • वि. जिसमें अधिक बालू हो।

बल्कि • अ. 1. किंतु। 2. अच्छा हो कि।

बल्लम • पुं. भाला, सोंटा।

बवंडर • पुं. 1. तेज़ी से घूमती हुई हवा, आँधी-तूफ़ान।

बवाल • पुं. बखेड़ा, झंझट।

बशर्ते • अ. इस शर्त से।

बसंत • पुं. वसंत ऋतु।

बसंती • वि. 1. बसंत का। 2. हलका पीला।

बसना • अ.क्रि. 1. रहना। 2. आबाद होना।

बसूला • पुं. लकड़ी छीलने का एक औज़ार।

बसेरा • पुं. 1. रात का डेरा। 2. अस्थायी निवास।

बस्ता • पुं. 1. कागज़-पत्र बाँधने का कपड़ा। 2. किताब-कॉपी रखने का थैला।

बस्ती • स्त्री. आबादी। 2. कसबा।

बहँगी • स्त्री. बाँस के फट्टे का बना हुआ बोझ ढोने का साधन, काँवर।

बहकना • अ.क्रि. 1. गलत रास्ते पर जाना, पथभ्रष्ट होना। 2. अंडबंड बकना।

बहकाना • स.क्रि. भुलावा देना।

बहन • स्त्री. माँ की बेटी, भगिनी।

बहना • अ.क्रि. 1. प्रवाहित होना। 2. तेज़ी से चलना। 3. धारा के साथ जाना।

बहनोई • पुं. बहन का पति।

बहरा • वि. जिसे सुनाई न दे।

बहलाना • स.क्रि. 1. खुश करना। 2. भुलावा देना।

बहस • स्त्री. किसी बात पर सवाल-जवाब, तर्क-वितर्क।

बहादुर • वि. हिम्मती, वीर।

बहादुरी • वि. 1. हिम्मत, मर्दानगी। 2. शूरता।

बहाना • I. स.क्रि. 1. प्रवाहित करना। 2. बूँदों के रूप में गिराना। II. पुं. झूठा कारण।

बहार • स्त्री. 1. वसंत ऋतु। 2. रौनक। 3. शोभा। 4. आनंद।

बहाव • पुं. 1. प्रवाह। 2. धारा। 3. गति।

बहिष्कार • पुं. 1. निकाला जाना। 2. संबंध त्याग। 3. व्यवहार का त्याग।

बही • स्त्री. हिसाब लिखने का रजिस्टर।

बहुत • वि. 1. अनेक। 2. अधिक। 3. काफ़ी।

बहुतेरा • वि. 1. बहुत-सा। 2. बहुत तरह से।

बहुधा • अ. अक्सर, प्रायः।

बहुमत • पुं. अधिक लोगों का मत।

बहुमूल्य • वि. अधिक मूल्य का।

बहू • स्त्री. 1. पुत्रवधू, पतोहू। 2. पत्नी। 3. दुलहन।

बहेलिया • पुं. चिड़ियाँ फँसाने का काम करनेवाला, चिड़ीमार।

बाँका • वि. 1. सुंदर। 2. बना-ठना। 3. टेढ़ा। 3. वीर।

बाँग • स्त्री. 1. मुरगे की आवाज़। 2. नमाज़ की अज़ान।

बाँचना • स.क्रि. पढ़ना, पढ़कर सुनाना।

बाँझ • वि. जिसे संतान होती न हो।

बाँटना • स.क्रि. 1. हिस्से करना। 2. वितरण करना।

बाँध • पुं. नदी का पानी रोकने के लिए बनाया हुआ घेरा।

बाँधना • स.क्रि. 1. रस्सी आदि से कसकर गाँठ बाँधना। 2. किसी चीज़ से अटकाना। 3. लपेटना। 4. धारण करना। 5. नियत करना—*पिताजी ने मेरा पढ़ने का समय बाँधा।*

बाँस • पुं. एक गाँठदार लंबी वनस्पति। 2. डंडा।

बाँसुरी • स्त्री. बंसी, मुरली, वंशी।

बाँह • स्त्री. कंधे से कलाई तक का भाग, भुजा, बाहु।

बाइबिल • स्त्री. ईसाइयों की धर्मपुस्तक, इंजील।

बाक़ी • वि. बचा हुआ, शेष।

बाग़ • पुं. जहाँ पेड़-पौधे लगे हों, बगीचा, उपवन, वाटिका।

बागडोर • स्त्री. लगाम, रास।

बाग़बान • पुं. बाग का रखवाला, माली।

बाग़बानी • स्त्री. माली का काम।

बाघ • पुं. एक हिंसक जंतु, व्याघ्र।

बाज़ • पुं. एक शिकारी पक्षी।

बाजरा • पुं. एक मोटा अनाज।

बाजा • पुं. बजाने का यंत्र, वाद्‍य।

बाजा-गाजा • पुं. कई बाजों का समूह—*बाजे-गाजे के साथ बारात आई।*

बाज़ार • पुं. 1. जहाँ अनेक तरह की चीज़ों की दुकानें हों। 2. जहाँ किसी खास चीज़ की अनेक दुकानें हों जैसे सब्ज़ी मंडी।

बाज़ी • स्त्री. 1. खेल। 2. हार-जीत के अनुसार लेन-देन की शर्त। 3. दाँव।

बाज़ीगर • पुं. खेल-तमाशा दिखानेवाला, नट।

बाजू • पुं. बाँह, भुजा।

बाड़ • स्त्री. मकान, बाग आदि के चारों ओर बाँस का बना घेरा।

बाड़ा • पुं. बाँस आदि से घिरा पशुओं को रखने का स्थान।

बाढ़ • स्त्री. 1. नदी के पानी का बढ़ना, सैलाब। 2. अधिकता।

बाण • पुं. धनुष पर चढ़ाकर छोड़ा जानेवाला अस्त्र, तीर।

बात • स्त्री. 1. वचन, सार्थक वाक्य। 2. चर्चा। 3. विषय, माजरा, मामला। 4. घटना। 5. मतलब। 6. बहाना।

बातचीत • स्त्री. आपस में की जानेवाली बात, वार्तालाप।

बातूनी • वि. बहुत बोलनेवाला।

बाद • अ. पीछे, अनंतर।

बादल • पुं. आकाश में जमी पानी की भाप, मेघ।

बादशाह • पुं. राजा, सम्राट, सुल्तान।

बादाम • पुं. एक कड़े छिलकेवाला मेवा।

बादामी • वि. बादाम के छिलके के रंग का।

बाधक • वि. बाधा डालनेवाला। रुकावट डालनेवाला।

बाधा • स्त्री. 1. अड़चन, रुकावट। 2. विघ्न, बाधा। 3. डर।

बाध्य • वि. विवश, मजबूर।

बाना • पुं. 1. पहनावा। 2. कपड़े का आड़ा सूत।

बाप • पुं. पिता, जनक।

बापदादा • पुं. पूर्वज, पुरखे।

बाबा • पुं. 1. पिता का पिता, दादा। 2. साधु-संन्यासी।

बाबू • पुं. 1. बड़ा ज़मींदार। 2. लिपिक, क्लर्क।

बायाँ • वि. दाएँ का उलटा, वाम।

बारंबार • अ. बार-बार, अनेक बार, पुनः।

बार • स्त्री. दफ़ा, मर्तबा।

बारजा • पुं. दरवाज़ों के ऊपर निकला हुआ बरामदा।

बारहसिंगा • पुं. एक नर हिरन जिसके सींगों में शाखाएँ होती हैं।

बारिश • स्त्री. वर्षा, वृष्टि।

बारी • स्त्री. क्रम से मिलनेवाला मौका, पारी।

बारीक • वि. 1. महीन, सूक्ष्म। 2. पतला।

बारूद • स्त्री. एक महीन चूरा जो आग लगने से भड़क उठता है।

बारे में • अ. संबंध में।

बाल • I. पुं. 1. केश। 2. रोआँ। 2. बालक। II. स्त्री. डंठल का वह भाग जिसमें दाने लगे होते हैं—*गेहूँ या जौ की बाल*।

बालक • पुं. लड़का, बच्चा।

बालचर • पुं. सेवा के कार्य में प्रशिक्षित बालक। अं. बॉय-स्काउट।

बाल-बच्चे • पुं. छोटे बच्चे, संतान।

बाला • I. पुं. कान में पहनने का

छल्ला। II. स्त्री. लड़की।

बालिका • स्त्री. छोटी लड़की, कन्या।

बालिग़ • वि. सयाना, वयस्क।

बालिश्त • पुं. फैले हाथ अँगूठे के सिरे से छिगुनी के छोर तक की लंबाई, बित्ता।

बाली • स्त्री. 1. कान में पहनने का छोटा छल्ला। 2. गेहूँ, जौ आदि की बाल।

बालू • पुं. रेत, बालुका।

बालूशाही • स्त्री. एक मिठाई।

बाल्यकाल • पुं. बचपन, बाल्यावस्था, लड़कपन।

बावरची • पुं. खाना बनानेवाला, रसोइया।

बावला • वि. पागल।

बावली • 1. स्त्री. चौड़ा कुआँ जिसमें नीचे जाने के लिए सीढ़ियाँ होती हैं, बावड़ी। 2. पगली।

बासमती • पुं. एक खुशबूदार चावल।

बासी • वि. 1. पिछले दिन का। 2. कई दिन का बना हुआ।

बाहर • अ. 1. अलग, सीमा के पार। 2. किसी दूसरी जगह।

बाहरी • वि. 1. बाहर का। 2. पराया।

बाहु • स्त्री. बाँह, भुजा।

बिंदी • स्त्री. 1. शून्य, सिफ़र। 2. अनुस्वार का चिह्न। 3. गोल टीका।

बिंदु • पुं. 1. बूँद। 2. शून्य, सिफ़र। 3. अनुस्वार का चिह्न। 4. सूक्ष्म कण।

बिंधना • अ.क्रि. बींधा जाना, छेदना।

बिकना • अ.क्रि. मूल्य लेकर चीज़ देना।

बिकवाना • स.क्रि. बेचने का काम कराना।

बिकाऊ • वि. बिक्री योग्य।

बिक्री • स्त्री. 1. बेचने की क्रिया। 2. बिक्री से हुई आय।

बिखरना • अ.क्रि. 1. छितराना, फैलाना। 2. तितर-बितर होना, दूर-दूर होना।

बिगड़ना • अ.क्रि. 1. ख़राब होना, काम के योग्य न रहना। 2. नाराज़ होना। 3. दोष पैदा होना।

बिगड़ैल • वि. क्रोधी, गुस्सैल।

बिगाड़ • पुं. अनबन।

बिगुल • पुं. तुरही जैसा एक बाजा।

बिचकाना • स.क्रि. मुँह बनाना।

बिच्छू • पुं. एक रेंगनेवाला ज़हरीला जंतु जिसके डंक मारने से प्राणी की मृत्यु तक हो जाती है।

बिछिया • स्त्री. पाँव की उँगलियों में पहनने का एक गहना।

बिछुड़ना • अ.क्रि. अलग होना।

बिछौना • पुं. बिस्तर, बिछावन।

बिजली • स्त्री. 1. आकाश में बादलों की रगड़ से उत्पन्न शक्ति। 2. रासायनिक क्रिया आदि से उत्पन्न शक्ति।

बिजूका • पुं. पुतला।

बिजलीघर • पुं. वह स्थान जहाँ बिजली

पैदा की जाती है।

बिठाना • स.क्रि. बैठाना, बिठलाना।

बिडाल • पुं. बिल्ली, बिलाव।

बिताना • स.क्रि. गुज़ारना।

बित्ता • पुं. बालिश्त।

बिदकना • अ.क्रि. चौंकना, बिफरना, भड़कना।

बिदा • स्त्री. 1. गमन, रवानगी। 2. गौना।

बिदाई • स्त्री. रुखसती।

बिनना • स.क्रि. 1. चुनना। 2. बुनना।

बिना • अ. बगैर, अतिरिक्त, सिवा।

बिनौला • पुं. कपास का बीज।

बिफरना • अ.क्रि. 1. भड़कना। 2. नाराज़ होना। 3. हठ करना।

बियाबान • पु. जंगल, उजाड़।

बिरले • वि. इने-गिने, बहुत कम।

बिरवा • पुं. पौधा, पेड़, वृक्ष।

बिरहा • पुं. एक लोकगीत।

बिराजना • अ.क्रि. बैठना।

बिरादरी • स्त्री. जाति।

बिल • पुं. 1. ज़मीन या दीवार में बनाया हुआ लंबा छेद। 2. पैसे का माँग-पत्र। 3. कानून का मसौदा, विधेयक।

बिल्कुल • अ.क्रि. पूरे तौर पर, सब, कुल। 2. नितांत।

बिलखना • अ.क्रि. विलाप करना, रोना।

बिलगाना • स.क्रि. अलग करना।

बिलबिलाना • अ.क्रि. 1. पीड़ा से विकल होना, रोना। 2. कुलबुलाना।

बिला • अं. बिना, वगैर।

बिलाव • पुं. नर बिल्ली, बिल्ला।

बिलौटा • पुं. बिल्ली का बच्चा।

बिलोना • स.क्रि. दही मथना।

बिल्ला • पुं. 1. सदस्यतासूचक पट्टी। अं. बैज। 2. बिलाव।

बिल्ली • स्त्री. बाघ की जाति का एक छोटा मांसाहारी जंतु।

बिवाई • स्त्री. पैर की चमड़ी का फटना।

बिसरना • अ.क्रि. भूलना, विस्मृत करना।

बिहान • पुं. सबेरा, भोर।

बीघा • पुं. बीस बिस्वे का रकबा, एक एकड़ का 3/5वाँ भाग।

बीच • पुं. 1. मध्य। 2. दो चीज़ों के बीच का फ़ासला।

बीज • पुं. वह दाना या गुठली जिससे पेड़-पौधे का अंकुर उगे।

बीजगणित • पुं. वह गणित जिसमें संख्या की जगह अक्षर का प्रयोग होता है। अं. अलजबरा।

बीड़ा • पुं. पान की गिलौरी।

बीड़ी • स्त्री. तंबाकू रखकर पत्ती लपेटकर बनाई हुई सिगरेट जैसी चीज़।

बीतना • अ.क्रि. गुज़रना, कटना।

बीबी • स्त्री. भले घर की स्त्री, पत्नी।

बीमार • वि. रोगी, मरीज़।

बीमारी • स्त्री. रोग, मर्ज़।

बीरबहूटी • स्त्री. लाल रंग का एक बरसाती कीड़ा।

बीहड़ • वि. ऊबड़-खाबड़, कठिन रास्ता।

बुँदकी • स्त्री. छोटी बिंदी।

बुंदा • पुं. कान का एक गहना।

बुकनी • स्त्री. बारीक चूरा।

बुख़ार • पुं. ज्वर।

बुज़दिल • वि. डरपोक, कायर।

बुजुर्ग • I. वि. बूढ़ा। II. पुं. आदरणीय व्यक्ति।

बुझना • अ.क्रि. जलना बंद होना।

बुझाना • स.क्रि. 1. जलने न देना। 2. पहेली का उत्तर पूछना।

बुड्ढा • वि. बूढ़ा।

बुढ़ापा • पुं. बुढ़ौती, वृद्धावस्था।

बुढ़िया • स्त्री. वृद्ध स्त्री, बूढ़ी, बुड्ढी।

बुढ़ौती • स्त्री. बुढ़ापा, वृद्धावस्था।

बुद्ध • पुं. बौद्ध धर्म के प्रवर्तक गौतम बुद्ध।

बुद्धि • स्त्री. समझ, अक्ल, मनीषा।

बुद्धिमान • वि. समझदार, अक्लमंद।

बुद्धिमानी • स्त्री. समझदारी, अक्लमंदी।

बुद्धू • वि. मूर्ख, बेवकूफ, नासमझ।

बुनकर • पुं. कपड़ा बुननेवाला, जुलाहा।

बुनना • स.क्रि. 1. धागों से कपड़ा बनाना। 2. ऊन, सुतली आदि से जालीदार चीज़ बनाना।

बुनाई • स्त्री. 1. बुनने की क्रिया। 2. बुनने का पारिश्रमिक।

बुनावट • स्त्री. बुनने का ढंग।

बुरक़ा • पुं. मुसलमान स्त्रियों का एक पहनावा।

बुरा • वि. 1. खराब, खोटा। 2. अनुचित, निंदनीय। 3. दूषित।

बुराई • स्त्री. 1. खराबी। 2. निंदा।

बुरादा • पुं. लकड़ी का चूरा।

बुर्ज • पुं. दीवार का उठा हुआ भाग, गुंबद।

बुलंद • वि. ऊँचा।

बुलबुल • स्त्री. मीठी बोलीवाली एक चिड़िया।

बुलबुला • पुं. पानी का बुल्ला, बुदबुदा।

बुलवाना • स.क्रि. बुलाने का काम करना।

बुलाना • स.क्रि. पुकारना।

बुलावा • पुं. आने के लिए कहलाना, निमंत्रण, आवाह्न।

बुहारना • स.क्रि. झाड़ू देना, साफ़ करना।

बुहारी • स्त्री. झाड़ू।

बूँद • स्त्री. एक बार टपकने भर का तरल पदार्थ, कतरा।

बूँदाबाँदी • स्त्री. हलकी वर्षा।

बूँदी • स्त्री. 1. बुँदिया। 2. वर्षा की बूँद।

बू • स्त्री. गंध, महक, खुशबू, बदबू।

बूआ • स्त्री. पिता की बहन, फूफी, बुआ।

बूझना • स.क्रि. समझना, गूढ़ बात जानना।

बूटी • स्त्री. 1. दवा के काम आनेवाली

जड़ आदि–*जड़ी-बूटी।* 2. छोटा चिह्न–*बूटीदार कपड़ा।* 3. ताश के पत्ते पर की बिंदी।

बूढ़ा • वि. वृद्ध, बुड्ढा।

बूरा • पुं. बारीक कच्ची चीनी, शक्कर।

बृहत् • वि. बड़ा, विशाल।

बेंट • स्त्री. मूठ, दस्ता।

बेंत • स्त्री. 1. मज़बूत लचीली डंठलवाली एक लता।

बेअदब • वि. अशिष्ट।

बेइज़्ज़त • वि. अपमानित।

बेईमान • वि. अधर्मी, कपटी, अविश्वसनीय।

बेईमानी • स्त्री. छल-कपट।

बेकार • वि. निकम्मा।

बेगम • स्त्री. 1. बादशाह की पत्नी, रानी। 2. मुसलमान स्त्रियों के लिए सम्मानसूचक संबोधन। 3. बेगम की शक्लवाला ताश का पत्ता–*ईंट की बेगम।*

बेखटके • अ. बिना संकोच के, बेधड़क।

बेगार • स्त्री. ज़बर्दस्ती मुफ़्त में कराया गया काम।

बेगुनाह • वि. निर्दोष।

बेचारा • वि. असहाय, कमजोर।

बेटा • पुं. 1. पुत्र, सुत, लड़का। 2. स्नेह का संबोधन, बच्चा।

बेटी • स्त्री. 1. पुत्री, सुता, लड़की। 2. स्नेहसूचक संबोधन।

बेड़ा • पुं. 1. लट्ठों आदि से बनाई हुई नाव। 2. जहाज़ों का समूह। 3. नाव।

बेड़ी • स्त्री. पाँवों में पहनाई जानेवाली जंज़ीर।

बेतहाशा • अ. बहुत तेज़ी से।

बेधना • स.क्रि. छेद करना।

बेर • पुं. एक खटमीठा छोटा फल।

बेल • I. पुं. कड़े छिलकेवाला एक फल। II. स्त्री. 1. लता, लतर–*लौकी की बेल।* 2. लता की शक्ल के फूल-पत्ते–*बेल-बूटे।*

बेलन • पुं. रोटी आदि बेलने का उपकरण, बेलना।

बेल-बूटा • पुं. फूल-पत्ते।

बेला • पुं. एक सुगंधित सफ़ेद फूल।

बेवकूफ़ • वि. नासमझ, बुद्धू।

बेवकूफ़ी • स्त्री. नासमझी।

बेसन • पुं. चने की दाल का आटा।

बेहतर • I. वि. अधिक अच्छा। II. अ. बहुत अच्छा।

बैठना • अ.क्रि. 1. आसीन होना। 2. सवार होना। 3. तह में जमना। 4. ठीक आना।

बैर • पुं. दुश्मनी, शत्रुता, विरोध।

बैरागी • पुं. वैष्णव साधु।

बैरी • पुं. दुश्मन, शत्रु।

बैल • पुं. गो-जाति का नर।

बैसाखी • स्त्री. 1. वह लाठी जिसे बगल में दबाकर लँगड़े चलते हैं। 2. वैशाख की पूर्णिमा–वैशाखी।

बोआई • स्त्री. बोने का काम।

बोझ • पुं. वज़न। 2. गट्ठर।

बोटी • स्त्री. मांस का छोटा टुकड़ा।

बोध • पुं. ज्ञान, समझ, जानकारी।

बोना • स.क्रि. ज़मीन में बीज डालना।

बोरा • पुं. टाट का बड़ा थैला।

बोल • पुं. वचन, वाणी, शब्द।

बोलचाल • स्त्री. बातचीत।

बोलना • अ.क्रि. 1. कहना। 2. आवाज़ करना।

बोली • स्त्री. 1. वचन। 2. क्षेत्र की भाषा। 3. नीलाम में बोला गया दाम। 4. कटाक्ष, व्यंग्य करना।

बोहनी • स्त्री. दिन की पहली बिक्री।

बौखलाना • अ.क्रि. बुरी तरह झल्लाना।

बौछार • स्त्री. 1. हवा के झोंके के साथ पड़नेवाली बूँदों की झड़ी। 2. बौछार की-सी झड़ी।

बौद्ध • पुं. गौतम बुद्ध द्वारा प्रवर्तित धर्म का अनुयायी।

बौना • वि. बहुत नाटा, छोटे कद का।

बौर • पुं. आम की मंजरी, मौर।

ब्याज • पुं. सूद।

ब्याह • पुं. विवाह, शादी।

ब्योरा • पुं. विवरण, कथन, वर्णन।

ब्राह्मण • पुं. हिंदुओं के चार वर्णों में पहला।

भ

भंग • पुं. टूटना • *शांति-भंग।*

भंगी • पुं. एक जाति तथा उस जाति का व्यक्ति जिसका काम कूड़ा-करकट आदि की सफ़ाई करना है।

भंगुर • वि. खंडित, भंग होने वाला, नाशवान।

भंडार • पुं. 1. खज़ाना, कोष। 2. सामान रखने का कमरा।

भंडारा • पुं. साधुओं का भोज।

भँवर • 1. पुं. पानी का गोलाई में घूमना। 2. भँवरा, भ्रमर, भौंरा।

भक्त • पुं. भक्ति करनेवाला, अनुरागी।

भक्ति • स्त्री. प्रेमपूर्ण श्रद्‌धा, अनुराग।

भक्षण • स्त्री. भोजन करना।

भगत • वि. भक्त।

भगदड़ • स्त्री. एक साथ इधर-उधर भागना।

भगवा • पुं. गेरुए रंग का वस्त्र।

भगवान • पुं. 1. ईश्वर, परमेश्वर। 2. पूज्य।

भगाना • I. स.क्रि. 1. खदेड़ना। 2. तेज़ दौड़ाना। 3. दूर करना। II. अ. क्रि. पलायन करना।

भगोड़ा • वि. भागा हुआ।

भग्न • वि. टूटा हुआ, खंडित। 2. पराजित।

भजन • पुं. 1. देवता की स्तुति में रचित गीत। 2. जप, स्मरण।

भजना • स.क्रि. आराधना करना।

भटकना • अ.क्रि. 1. तलाश में फिरना। 2. व्यर्थ में घूमना। 3. रास्ता भूलना।

भट्ठा • पुं. 1. ईंट पकाने का पजावा। 2. बड़ी भट्ठी।

भट्ठी • स्त्री. बड़ा चूल्हा।

भड़कना • अ.क्रि. 1. आग का तेज़ होना। 2. क्रुद्ध होना। 3. चौंकना।

भड़काना • स.क्रि. 1. आग को तेज़ करना। 2. बढ़ावा देना। 3. चौंकाना।

भड़कीला • वि. चमक-दमकवाला।

भड़भूँजा • पुं. दाना भूननेवाला, भुजवा।

भत्ता • पुं. कर्मचारियों को विशेष व्यय के लिए मिलनेवाला धन—*महँगाई-भत्ता।*

भद्दा • वि. बेढंगा, भोंड़ा।

भद्र • वि. 1. भला, सभ्य। 2. श्रेष्ठ पुरुष।

भनक • स्त्री. उड़ती हुई खबर, आभास।

भभकी • स्त्री. झूठी धमकी।

भभूत • स्त्री. धूनी आदि की राख।

भयंकर • वि. डरावना, भयानक।

भय • पुं. 1. डर, खौफ़। 2. खतरा।

भयभीत • वि. डरा हुआ।

भयानक • वि. डरावना।

भरना • I. अ.क्रि. 1. पूर्ण होना। 2. घाव का ठीक होना। 3. क्रोध आदि से पूर्ण होना। 4. चुकता होना। II. स.क्रि. 1. पूर्ण करना। 2. चुकता करना। 3. नियुक्ति करना। 4. गोली-बारूद आदि डालना।

भरपूर • I. वि. पूरा-पूरा। II. अ. अच्छी तरह।

भरपेट • अ. पेट भरकर।

भरमार • स्त्री. बहुत अधिकता।

भरसक • अ. जितना संभव हो सके।

भरा-पूरा • वि. संपन्न।

भरोसा • पुं. 1. दृढ़ विश्वास। 2. सहारा।

भर्त्सना • स्त्री. निंदा, लानत, मलामत।

भलमनसाहत • स्त्री. सज्जनता।

भला • I. वि. अच्छा, नेक। II. भलाई, हित। III. अ. 1. खैर—*भला, तुमने ऐसी बात क्यों कही?* 2. 'नहीं' का सूचक—*भला बालू से तेल निकलता है?*

भलाई • स्त्री. 1. अच्छाई। 2. नेकी।

भला-चंगा • वि. स्वस्थ।

भला-बुरा • वि. 1. अच्छा और खराब। 2. खरी-खोटी।

भवदीय • सर्व. आपका।

भवन • पुं. 1. मकान, घर। 2. आश्रम।

भविष्य • पुं. आनेवाला समय।

भव्य • वि. सुंदर, शानदार।

भस्म • पुं. राख।

भाँग • स्त्री. एक पौधे की नशीली पत्ती।

भाँजना • स.क्रि. घुमाना—*पहलवान ने मुगदर भाँजा, तलवार भाँजना।*

भाँपना • स.क्रि. रंग-ढंग से जान लेना, ताड़ना।

भाईचारा • पुं. भ्रातृत्व, घनिष्ठ मित्रता।

भाईबंद • पुं. कुल-कुटुंब के लोग।

भाग • पुं. 1. हिस्सा, अंश। 2. संख्या को बाँटने की क्रिया। 3. भाग्य, तकदीर।

भागदौड़ • स्त्री. दौड़धूप।

भागना • अ.क्रि. 1. कहीं से हटने के लिए दौड़ना। 2. बचना।

भागवान • वि. भाग्यवान।

भाग्य • पुं. नियति, तक़दीर, नसीब, किस्मत।

भाग्यवश • अ. संयोग से।

भाग्यशाली • वि. भाग्यवान, ख़ुश-नसीब।

भाजी • स्त्री. साग-सब्ज़ी आदि।

भाट • पुं. राजाओं का गुणगान करनेवाला कवि।

भाटा • पुं. समुद्र के पानी का उतार।

भाड़ा • पुं. किराया।

भात • पुं. उबाला हुआ चावल।

भानमती • स्त्री. जादूगरनी।

भानु • पुं. सूर्य, आदित्य, दिनकर, दिवाकर।

भाप • स्त्री. पानी का वाष्पीय रूप।

भार • पुं. 1. बोझ। 2. ज़िम्मेदारी।

भारत • पुं. भारतवर्ष, हिंदुस्तान।

भारतवासी • पुं. भारत का रहनेवाला, हिंदुस्तानी।

भारती • स्त्री. 1. वाणी की देवी सरस्वती। 2. भारत की भाषा हिंदी।

भारतीय • I. वि. भारत का। II. पुं. भारतवासी।

भारी • वि. 1. वज़नी। 2. अधिक। 3. विशाल। 4. देर में पचनेवाला।

भाल • पुं. ललाट, माथा, मस्तक।

भाला • पुं. एक हथियार, बरछा।

भाव • पुं. 1. विचार, खयाल। 2. तात्पर्य, मतलब। 3. मुख की आकृति। 4. दर, दाम, मूल्य, कीमत 5. चित्त में उत्पन्न होनेवाले विचार।

भाव-ताव • पुं. मोल-भाव।

भावना • स्त्री. 1. विचार, खयाल, कल्पना। 2. चाह, कामना।

भावार्थ • पुं. आशय, मतलब।

भावुक • वि. जिस पर दया आदि भावों का शीघ्र प्रभाव पड़े, कोमल चित्तवाला।

भाषण • I. पुं. वक्तृता, व्याख्यान। II. अं. लेक्चर।

भाषा • स्त्री. ज़बान, बोली। 2. बातचीत करने का विशेष ढंग।

भाषी • वि. बोलनेवाला—*हिंदीभाषी, बँगलाभाषी।*

भिक्षा • स्त्री. भीख।

भिक्षु • पुं. बौद्‌ध संन्यासी।

भिक्षुक • पुं. भिखारी।

भिड़ंत • स्त्री. मुठभेड़, टक्कर।

भिड़ • स्त्री. ततैया, बर्र।

भिड़ना • अ.क्रि. 1. टकराना। 2. लड़ना।

भिन्न • I. वि. अलग, पृथक्। II. पुं. वह संख्या जो पूर्ण संख्या से कम हो–*3/4, 13/19 आदि भिन्न हैं।*

भिश्ती • पुं. मशक से पानी ढोनेवाला।

भींचना • स.क्रि. 1. खींचना, दबाना। 2. बंद करना।

भीड़ • स्त्री. लोगों का जमाव, मजमा, जनसमूह।

भीड़भड़क्का • पुं. भीड़भाड़।

भीत • I. वि. डरा हुआ। II. स्त्री. दीवार।

भीतर • I. अ. अंदर। II. पुं. मन।

भीनी • वि. हलकी, मीठी। 2. भरा हुआ, ओतप्रोत, भावभीना।

भीरु • वि. डरपोक, कायर।

भील • पुं. एक जंगली जाति तथा उस जाति का व्यक्ति।

भीषण • वि. भयानक, डरावना।

भुक्खड़ • वि. 1. भूखा। 2. पेटू। 3. कंगाल।

भुक्तभोगी • वि. जो भोग चुका हो।

भुखमरी • स्त्री. भूखों मरने की स्थिति, अकाल की स्थिति।

भुगतना • 1. स.क्रि. भोगना, सहना। 2. उत्तरदायित्व निभाना।

भुगतान • पुं. पैसा चुकाया जाना, अदायगी–*कर्ज़, कीमत, किस्त या बिल का भुगतान।*

भुजंग • पुं. साँप, सर्प।

भुज • पुं. 1. बाँह–*भुजबंधन।* 2. रेखागणित में किसी क्षेत्र का किनारा (रेखा)–*त्रिभुज।*

भुजा • स्त्री. बाँह, हाथ, बाहु।

भुट्टा • पुं. मक्के की हरी बाल, मीठे दानों से भरा एक अनाज।

भुनना • अ.क्रि. 1. भूना जाना। 2. छोटे सिक्कों में बदला जाना।

भुनभुनाना • अ.क्रि. बड़बड़ाना, कुढ़कर बोलना।

भुरभुरा • वि. जो झट टूटकर चूरा हो जाए।

भुलक्कड़ • वि. बहुत भूलनेवाला।

भुलाना • स.क्रि. भूलना।

भुलावा • पुं. बहकावा, चकमा।

भुवन • पुं. जगत, लोक, संसार।

भूँजा • पुं. चबेना।

भू • स्त्री. भूमि, धरती–*भूपति, भूस्वामी।*

भूकंप • पुं. धरती की ऊपरी सतह का हिलना।

भूखंड • पुं. ज़मीन का टुकड़ा।

भूख • स्त्री. 1. खाने की इच्छा, क्षुधा। 2. पाने की इच्छा, लालसा।

भूगर्भ • पुं. धरती का भीतरी भाग।

भूगोल • पुं. पृथ्वी के बारे में जानकारी देनेवाला शास्त्र।

भूचाल • पुं. भूकंप, भूडोल, भूमिकंप, जलज़ला।

भूत • पुं. 1. बीता हुआ समय, अतीत। 2. प्रेत, जिन।

भूतल • पुं. ज़मीन की सतह, धरातल।

भूतपूर्व • वि. पहले का, पूर्ववर्ती।

भूदान • पुं. भूमि का दान।

भूनना • स.क्रि. 1. किसी चीज़ को सीधे आग पर रखकर पकाना। 2. गरम बालू में डालकर पकाना। 3. तेल आदि में डालकर पकाना। 4. गोलियों से एक साथ कई लोगों को मार डालना।

भूमंडल • पुं. पृथ्वी।

भूमध्यरेखा • स्त्री. वह कल्पित रेखा जो दोनों ध्रुवों के बीचोंबीच पृथ्वीतल पर चारों ओर गई है। विषुवत रेखा। अं. इक्वेटर।

भूमि • स्त्री. 1. धरती, ज़मीन। 2. देश– *भारतभूमि।* 3. उत्पत्ति-स्थान– *भारत वीरों की भूमि है।*

भूमिका • स्त्री. 1. पुस्तक की प्रस्तावना जो एकदम शुरू में होती है। 2. पृष्ठभूमि। 3. अभिनय।

भूरि • वि. बहुत अधिक–*भूरि-भूरि प्रशंसा।*

भूल • स्त्री. गलती, चूक, कसूर, भूलचूक।

भूलना • अ.क्रि. 1. याद न रहना। 2. भूल करना। 3. भटकना। 4. खो जाना।

भूलभुलैया • स्त्री. वह इमारत जिसका चक्करदार रास्ता लोग भूल जाएँ और बाहर न निकल सकें।

भूसा • पुं. गेहूँ, जौ आदि के डंठल का बारीक काटा हुआ टुकड़ा।

भूसी • स्त्री. धान, चने, मटर आदि का छिलका।

भूस्खलन • पुं. ज़मीन का धसकना।

भृकुटि • स्त्री. भौंह।

भृत्य • पुं. 1. सेवक, नौकर। 2. दास।

भेंगा • वि. जिसकी आँखों की पुतलियाँ टेढ़ी-तिरछी हों।

भेंट • स्त्री. 1. मुलाकात। 2. उपहार।

भेजना • स.क्रि. रवाना करना, पहुँचाया जाना।

भेजा • पुं. खोपड़ी के भीतर का गूदा, मस्तिष्क, मग्ज़।

भेड़ • स्त्री. एक चौपाया जिसके रोयें (बालों) से ऊन बनती है।

भेड़िया • पुं. कुत्ते की जाति का एक हिंसक जंतु।

भेद • पुं. 1. छिपा हुआ हाल, रहस्य। 2. भिन्नता, फ़र्क, अंतर। 3. प्रकार, किस्म। 4. छेदना।

भेदभाव • पुं. दो तरह का व्यवहार।

भेदना • स.क्रि. बेधना, छेदना।

भेदिया • पुं. भेद लेनेवाला, गुप्तचर, जासूस।

भेदी • वि. भेद जाननेवाला।

भेरी • स्त्री. नगाड़ा, डंका।

भेली • स्त्री. गुड़ आदि की छोटी गोल बट्टी।

भेस • पुं. 1. रूप-रंग और पहनावा। 2. बदला हुआ रूप।

भैया • पुं. 1. भाई। 2. बराबरवालों या छोटों के लिए संबोधन।

भैयादूज • स्त्री. कार्तिक शुक्ला द्वितीया को पड़नेवाला हिंदुओं का एक त्योहार जिसमें बहन भाई को टीका लगाती और मिठाई खिलाती है, भ्रातृद्वितीया।

भोंडा • वि. 1. भद्दा, बदशक्ल, कुरूप। 2. बेडौल।

भोंदू • वि. बेवकूफ़, बुद्धू।

भोंपू • पुं. 1. बहुत ज़ोर से बजनेवाली सीटी। 2. भोंपू की आवाज़। 3. आवाज़ को तेज़ करने का चोंगा जैसा साधन।

भोग • पुं. 1. सुख-दुख का अनुभव। 2. देवता के आगे रखा जानेवाला मिष्ठान आदि। 3. किसी वस्तु का भोग-उपयोग करना। 4. कर्म का फल।

भोगना • स.क्रि. सुख-दुख का अनुभव करना, भुगतना।

भोज • पुं. 1. बहुत से लोगों का साथ बैठकर खाना, ज्योनार। 2. मालवा-नरेश राजा भोज जो बहुत बड़े विद्वान् थे।

भोजन • पुं. 1. भक्षण। 2. आहार।

भोजनालय • 1. पुं. जहाँ भोजन मिलता है। अं. रेस्टोरेंट।

भोज्य • वि. खाने योग्य।

भोथरा • वि. जिसकी धार कुंद हो गई हो।

भोला • वि. सीधा, सरल।

भोला-भाला • वि. सीधा-सादा।

भौंरा • पुं. एक उड़नेवाला काला कीड़ा जो फूलों का रस पीता है, भ्रमर।

भौगोलिक • वि. भूगोल-संबंधी।

भौचक • वि. हक्का-बक्का, हैरान।

भौजी • स्त्री. बड़े भाई की पत्नी, भौजाई, भावज।

भौतिक • वि. 1. शारीरिक। 2. सांसारिक। 3. दुनियावी।

भ्रम • पुं. मिथ्या ज्ञान, धोखा, संशय, संदेह।

भ्रमण • पुं. विचरण, यात्रा, पर्यटन।

भ्रमर • पुं. भौंरा, भवँरा।

भ्रष्ट • वि. दूषित, पतित, गिरा हुआ।

भ्रष्टाचार • पुं. दूषित आचरण, बेईमानी।

भ्रांति • स्त्री. भ्रम।

भ्राता • पुं. सगा भाई।

भ्रातुष्पुत्र • पुं. भाई का पुत्र—भतीजा।

भ्रातृत्व • पुं. भ्रातृभाव, भाईचारा। भायप।

म

मँगता • पुं. भिखमंगा, याचक।

मंगल • पुं. 1. शुभ, कल्याण। 2. एक ग्रह। 3. एक दिन–मंगलवार।

मँगवाना • स.क्रि. लाने का काम कराना।

मंच • पुं. सभा करने या नाटक खेलने के लिए बनाया गया थोड़ा ऊँचा स्थान।

मंजन • पुं. दाँत साफ़ करने का विशेष चूर्ण।

मंजरी • स्त्री. 1. डंठल में लगे हुए छोटे घने फूल। 2. बौर। 3. कोंपल।

माँजना • स.क्रि. बरतन आदि साफ़ करना।

मंज़िल • स्त्री. 1. मकान का तल्ला। 2. यात्रा में ठहरने का स्थान, पड़ाव।

मंजु • वि. सुंदर, मनोहर।

मंजूर • वि. जो मान लिया गया हो, स्वीकृत।

मंजूरी • स्त्री. स्वीकृति।

मँझला • वि. बीच का, मझला।

मंजूषा • स्त्री. पिटारी।

मँझधार • स्त्री. नदी की धारा के बीच।

मँड़ई • स्त्री. झोंपड़ी, कुटिया, मड़ई।

मंडप • पुं. चारों ओर से खुला हुआ छायादार स्थान, मँड़वा।

मँडराना • अ.क्रि. 1. चक्कर देते हुए उड़ना। 2. आस-पास चक्कर काटना।

मंडल • पुं. 1. गोल घेरा। 2. समिति–*मंत्रिमंडल।* 3. संभाग। अं. डिवीज़न।

मंडली • स्त्री. समूह, टोली।

मंडी • स्त्री. किसी खास चीज़ की थोक बिक्री का बाज़ार।

मंत्र • पुं. 1. वेद की ऋचा। 2. देवी-देवता को प्रसन्न करने के लिए विशेष शब्द या वाक्य। 3. कार्य साधने की युक्ति। गुर।

मंत्रणा • स्त्री. सलाह, मशविरा।

मंत्रालय • पुं. मंत्री तथा उसके विभाग का कार्यालय।

मंत्रिमंडल • पुं. मंत्रियों का समूह।

मंत्री • पुं. शासन के किसी विभाग का प्रधान।

मंथर • वि. सुस्त, मंद।

मंद • वि. धीमा, सुस्त।

मंदा • वि. 1. ढीला, धीमा। 2. सस्ता।

मंदिर • पुं. 1. देवालय। 2. विशेष भवन।

मंदी • स्त्री. सस्ती। 2. भाव कम होना।

मकई • स्त्री. एक मोटा अनाज, मक्का।

मकड़ी • स्त्री. एक कीड़ा जो जाला बुनता है।

मक़बरा • पुं. वह इमारत जिसमें किसी की कब्र हो।

मकरंद • पुं. फूल का रस।

मक़सद • पुं. 1. इच्छा, इरादा। 2. उद्देश्य।

मकान • पुं. रहने का स्थान, घर, गृह, भवन।

मकोड़ा • पुं. छोटा कीड़ा।

मकोय • स्त्री. एक फल, रसभरी।

मक्का • पुं. 1. मकई। 2. अरब का एक नगर जो हज़रत मुहम्मद का जन्मस्थान तथा मुसलमानों का सर्वप्रधान तीर्थ है।

मक्कार • वि. धूर्त, छली।

मक्खन • पुं. दही को मथकर निकाली गई चिकनाई, नवनीत।

मक्खी • स्त्री. एक परदार छोटा कीड़ा, मक्षिका।

मक्खीचूस • वि. भारी कंजूस।

मख़मल • स्त्री. एक मोटा रेशमी कपड़ा जो ऊपर की तरफ़ बहुत गरम और रोयेंदार होता है।

मख़ौल • पुं. मज़ाक, ठट्ठा।

मगज • पुं. दिमाग, भेजा।

मगन • वि. डूबा हुआ, लीन, मग्न।

मगर • I. अ. लेकिन, पर। II. पुं. एक हिंसक जलजंतु, मकर।

मगरमच्छ • पुं. मगर।

मग्ज़ • पुं. 1. मस्तिष्क, भेजा। 2. गिरी, गूदा।

मचलना • अ.क्रि. ज़िद करना।

मचली • स्त्री. उलटी करने की इच्छा, मतली, मिचली।

मचान • स्त्री. खंभों पर बाँस के फट्टे आदि बाँधकर बनाया हुआ आसन।

मच्छरदानी • स्त्री. जालीदार कपड़े का ऊपर से बंद चौकोर घेरा।

मछली • स्त्री. पानी में रहनेवाला एक जीव, मत्स्य।

मछुआ • पुं. मछली पकड़ने का धंधा करनेवाला।

मज़दूर • पुं. मज़दूरी पर काम करनेवाला, मजूरा।

मज़दूरी • स्त्री. 1. मज़दूर का काम। 2. मज़दूर का पारिश्रमिक।

मज़बूत • वि. 1. पक्का, टिकाऊ, दृढ़, शक्तिशाली। 2. ताकतवर।

मज़बूती • स्त्री. दृढ़ता।

मजबूर • वि. जो बिना इच्छा के कोई काम करे, विवश, लाचार।

मजबूरन • अ. विवश होकर, आखिरकार।

मजबूरी • स्त्री. विवशता, लाचारी।

मजमा • पुं. भीड़, जमाव।

मज़हब • पुं. धर्म।

मज़ा • पुं. 1. स्वाद, जायका, रस। 2. सुख, आनंद।

मज़ाक • पुं. हँसी, दिल्लगी।

मज़ाकिया • वि. हँसोड़, विनोदी।

मज़ार • पुं. किसी पीर फ़कीर की कब्र।

मजाल • स्त्री. शक्ति, साहस।

मजीरा • पुं. काँसे की कटोरियों की जोड़ी जो कीर्तन आदि में बजाई जाती है।

मझोला • वि. न बहुत बड़ा, न छोटा।

मटकना • अ.क्रि. लचककर नखरे से चलना।

मटका • पुं. बड़े मुँह का घड़ा।

मटकी • स्त्री. छोटा मटका।

मटमैला • वि. मटियाला, मिट्टी के रंग का, खाकी।

मटरगश्ती • स्त्री. बेमतलब घूमना।

मटियामेट • वि. मिट्टी में मिला हुआ।

मट्ठा • पुं. मथा हुआ दही जिसमें से मक्खन निकाल लिया गया हो, छाछ, मठा।

मठ • पुं. साधु-संन्यासियों के रहने का स्थान, आश्रम।

मड़ई • स्त्री. झोंपड़ी।

मढ़ना • स.क्रि. 1. ढकने के लिए कोई चीज़ लगाना। 2. बाजे के मुँह पर चमड़ा लगाना। 3. जिल्द चढ़ाना। 4. थोपना।

मणि • स्त्री. बहुमूल्य रत्न।

मत • पुं. 1. विचार, राय। 2. चुनाव में प्रकट की गई राय, अं. वोट। 3. धर्म, संप्रदाय—*हिंदू मत। वैष्णव मत।* अ. न, नहीं।

मतगणना • स्त्री. मतों, वोटों की गिनती।

मतदाता • पुं. चुनाव में मत देनेवाला। अं. वोटर।

मतदान • पुं. चुनाव में मत देना, वोट डालना।

मतभेद • पुं. मतों की भिन्नता, राय न मिलना।

मतलब • पुं. 1. आशय। 2. अर्थ। 3. प्रयोजन। 4. वास्ता।

मतलबी • वि. अपना मतलब देखने-वाला, स्वार्थी।

मतली • स्त्री. मचली, ओकाई।

मतवाला • वि. 1. नशे में चूर। 2. गर्व से इतराया हुआ।

मति • स्त्री. 1. बुद्धि, समझ, अक्ल। 2. सम्मति, राय।

मत्त • वि. 1. मस्त, मतवाला। 2. अविवेकी।

मत्था • पुं. माथा, ललाट, मस्तक।

मत्स्य • पुं. मछली, मीन।

मथना • स.क्रि. मथानी आदि से बिलोना।

मथनी • स्त्री. दही मथने का उपकरण, मथानी, बिलोई।

मद • पुं. 1. अहंकार, घमंड। 2. नशा। 3. पागलपन।

मदद • स्त्री. सहायता।

मदन • पुं. कामदेव।

मददगार • वि. सहायक।

मदरसा • स्त्री. मुसलमानों की पाठशाला।

मदिरा • स्त्री. शराब, मद्य, सुरा।

मद्धिम • वि. अपेक्षाकृत कम, हल्का।

मद्य • पुं. शराब, आसव, दारू।

मधु • पुं. 1. शहद। 2. मकरंद, फूलों का रस। 3. शराब, मद्य।

मधुमक्खी • स्त्री. शहद की मक्खी।

मधुर • वि. 1. मीठा। 2. प्रिय।

मध्य • पुं. बीच।

मध्यम • वि. 1. बीच का। 2. मझला। 3. मझोला या मध्यम आकार का।

मध्यमा • स्त्री. बीच की उँगली।

मध्याह्न • पुं. दोपहर।

मन • पुं. 1. चित्त, दिल। 2. इच्छा। 3. चालीस सेर की एक तोल (अब प्रचलन में नहीं।)

मनका • पुं. माला का दाना, गुरिया, मोती।

मनचाहा • वि. मन का चाहा हुआ, इच्छित।

मनन • पुं. सोचना, चिंतन।

मनमाना • वि. जो मन में आए।

मनमुटाव • पुं. मन में बुराई आना, अनबन, मतभेद।

मनमौजी • वि. अपनी मर्जी से काम करनेवाला।

मनहूस • वि. 1. अभागा। 2. अशुभ।

मनहूसी • स्त्री. उदासी।

मना • I. पुं. रोक, निषेध। II. वि. निषिद्ध।

मनाना • स.क्रि. 1. प्रसन्न करना। 2. राज़ी करना। 3. प्रार्थना करना।

मनीषी • वि. 1. पंडित, ज्ञानी, विद्वान। 2. विचारशील।

मनुज • पुं. मनुष्य, मानव, आदमी, इंसान।

मनुष्यता • स्त्री. मनुष्य के योग्य गुण तथा भाव, आदमीयत, इनसानियत।

मनोकामना • स्त्री. मन की कामना, अभिलाषा।

मनोनीत • वि. 1. पसंद किया हुआ। 2. नामज़द, चुना हुआ।

मनोयोग • पुं. मन को लगाना।

मनोरंजक • वि. मन को बहलानेवाला।

मनोरंजन • पुं. मनबहलाव।

मनोरथ • पुं. इच्छा, अभिलाषा।

मनोरम • वि. मन को लुभानेवाला, सुंदर।

मनोवांछा • स्त्री. मन की अभिलाषा।

मनोवांछित • वि. मनमाँगा, इच्छित।

मनोहर • वि. मन को हरनेवाला, आकर्षक, सुंदर।

मनौती • स्त्री. कार्य की सिद्धि पर किसी देवी-देवता की पूजा करने

की प्रतिज्ञा, मानता, मन्नत।

मफ़लर • पुं. सरदी से बचने के लिए गले में लपेटने की ऊनी पट्टी, गुलूबंद।

ममता • स्त्री. अपनापन, ममत्व।

मयूर • पुं. एक अत्यंत सुंदर बड़ा पक्षी मोर।

मरघट • पुं. मुरदे जलाने का स्थान, मसान, शमशान।

मरज़ी • स्त्री. इच्छा, रुचि।

मरण • पुं. मौत, मृत्यु, निधन, देहांत।

मरना • अ.क्रि. 1. मृत्यु को प्राप्त होना। 2. मुरझाना, सूखना। 3. दब जाना—*भूख मर गई है।* 4. बहुत अधिक कष्ट उठाना। 5. (खेल में) पिटना, मारा जाना—*गोटी मर गई, मोहरा मर गया।*

मरम्मत • स्त्री. 1. दुरुस्ती, सुधार। 2. पिटाई।

मरवाना • स.क्रि. 1. हत्या कराना। 2. पिटवाना।

मरहम • पुं. घाव पर लगाने का लेप।

मरहम-पट्टी • पुं. ज़ख्म का इलाज।

मरियल • वि. बहुत दुबला, कमज़ोर, बेदम।

मरीचिका • स्त्री. 1. कड़ी धूप के कारण रेतीले मैदानों में होनेवाला जलाशय का भ्रम। 2. छलावा।

मरीज़ • पुं. रोगी, बीमार।

मरुत् • पुं. वायु, पवन, समीर, समीरण, हवा।

मरुभूमि • स्त्री. दूर-दूर तक फैला हुआ रेतीला मैदान, रेगिस्तान, मरुस्थल, मरुधन्व।

मरोड़ • स्त्री. 1. ऐंठन। 2. ऐंठनवाली पीड़ा।

मर्तबा • पुं. बार, दफ़ा।

मर्तबान • पुं. रोगन किया हुआ मिट्टी का बरतन जिसमें अचार आदि रखते हैं, अमृतबान।

मर्द • पुं. पुरुष।

मर्दानगी • स्त्री. बहादुरी।

मर्म • पुं. 1. शरीर का नाज़ुक भाग, हृदय। 2. रहस्य।

मर्यादा • स्त्री. आचार-व्यवहार की सीमा।

मल • पुं. 1. पाखाना, विष्ठा। 2. मैल, गंदगी।

मलखंभ • पुं. लकड़ी का एक प्रकार का खंभा जिसपर खास कसरत की जाती है, मलखम।

मलना • स.क्रि. 1. रगड़ना, माँजना। 2. मालिश करना। 3. लगाना।

मलबा • पुं. ईंट-पत्थर।

मलमल • स्त्री. बारीक सूती कपड़ा।

मलाल • पुं. दुख, पछतावा।

मलिन • वि. 1. मैला। 2. उदास—*मलिन मुख।* 3. खोटा—*मलिन हृदय।*

मलेरिया • पुं. तेज़ जाड़ा के बाद आनेवाला बुखार, जूड़ी।

मल्ल • पुं. पहलवान, कुश्ती लड़नेवाला।

मल्लाह • पुं. केवट, माझी।

मवेशी • पुं. दूध देने या बोझ ढोनेवाला चौपाया, ढोर, डंगर।

मशक • स्त्री. भेड़-बकरी की खाल का थैला जिससे भिश्ती पानी ढोते हैं।

मशक़्क़त • स्त्री. मेहनत।

मशवरा • पुं. सलाह, मशविरा।

मशहूर • वि. प्रसिद्ध।

मशाल • स्त्री. लंबी लकड़ी आदि पर कपड़ा लपेटकर बनाई गई बड़ी बत्ती।

मशालची • पुं. मशाल दिखानेवाला।

मशीन • स्त्री. कल, यंत्र।

मसखरा • पुं. हँसी-मज़ाक़ करनेवाला, हँसोड़, ठठोल।

मसज़िद • स्त्री. मुसलमानों का उपासनास्थल।

मसनद • पुं. बड़ा तकिया, गावतकिया।

मसाला • पुं. 1. मकान बनाने का मसाला। 2. स्वाद आदि बढ़ानेवाली सामग्री—*धनिया, लौंग, मिर्च आदि मसाले हैं।* 3. साधन—*दिल्लगी का मसाला।*

मसालेदार • वि. जिसमें खास मसाले पड़े हों, चटपटा।

मसि • स्त्री. 1. स्याही। 2. काजल।

मसीहा • पुं. 1. देवदूत। 2. संदेशवाहक। उद्धार करनेवाला।

मसूर • पुं. एक प्रकार की दाल।

मसोसना • अ.क्रि. अंदर ही अंदर दुखी होना।

मसौदा • पुं. मोटा ब्योरा, प्रारूप।

मस्त • वि. 1. मतवाला। 2. बेफ़िक्र, प्रसन्न।

मस्तक • पुं. सिर, माथा, भाल, शीश।

मस्ती • स्त्री. 1. नशा। 2. बेफ़िक्री, मौज।

मस्तिष्क • पुं. भेजा, दिमाग़।

महँगा • वि. 1. जिसका दाम अधिक हो। 2. जिसका दाम उचित से अधिक हो।

महँगाई • स्त्री. महँगापन, महँगी।

महंत • पुं. साधु-संघ या मठ का प्रधान।

महक • स्त्री. गंध, वास।

महज़ • वि. 1. सिर्फ़। 2. सरासर।

महताब • पुं. चाँद, चंद्रमा, शशि, इंदु, विधु।

महत्त्व • पुं. 1. बड़प्पन, महत्ता। 2. अधिक आवश्यक होने का भाव—*इस पुस्तक का विशेष महत्त्व है।*

महत्त्वाकांक्षा • स्त्री. बड़ा बनने की आकांक्षा।

महफ़िल • स्त्री. जलसा।

महरी • स्त्री. नौकरानी।

महर्षि • पुं. बहुत बड़ा ऋषि।

महल • पुं. बड़ा मकान, प्रासाद।

महा • वि. बड़ा, बृहत।

महाजन • पुं. लेन-देन करनेवाला साहूकार।

महात्मा • पुं. 1. जिसकी आत्मा या

स्वभाव महान हो। 2. संत, योगी।

महाद्वीप • पुं. पृथ्वी के सात मुख्य भागों में से कोई, महादेश। *सात महाद्वीप हैं—एशिया, अफ्रीका, उत्तरी अमरीका, दक्षिणी अमरीका, एंटार्टिका (दक्षिणी ध्रुव), यूरोप, ऑस्ट्रेलिया।*

महान् • वि. बड़ा, महत।

महानुभाव • पुं. आदरणीय व्यक्ति, महाशय।

महापुरुष • पुं. महान पुरुष, श्रेष्ठ जन।

महामारी • स्त्री. वह बीमारी जिससे एक साथ बहुत से लोग मर जाएँ।

महाराज • पुं. 1. बड़ा राजा। 2. ब्राह्मण, साधु-संत आदि का संबोधन—*महाराज, बैठिए।*

महावत • पुं. हाथी हाँकनेवाला, हाथीवान।

महाविद्यालय • पुं. उच्च शिक्षा देनेवाला विद्यालय। अं. कॉलेज।

महासागर • पुं. बहुत बड़ा सागर, महासमुद्र। *चार महासागर हैं—प्रशांत, अटलांटिक, हिंद, आर्कटिक (उत्तरी ध्रुव)।*

महिमा • स्त्री. 1. बड़ाई, महत्ता। 2. प्रसिद्धि।

महिला • स्त्री. भली स्त्री, स्त्री।

मही • स्त्री. पृथ्वी।

महीन • वि. पतला, बारीक।

महीना • पुं. वर्ष का बारहवाँ भाग, मास। *बारह हिंदी महीने हैं—चैत्र, बैसाख, ज्येष्ठ, आषाढ़, सावन, भाद्रपद, क्वार, कार्तिक, अगहन, पौष, माघ, फाल्गुन।*

महुआ • पुं. एक ऊँचा छतनार पेड़ जो रसदार फूलों के लिए प्रसिद्ध है।

महोत्सव • पुं. बड़ा उत्सव।

महोदय • वि. महानुभाव, महाशय।

माँ • स्त्री. 1. जन्म देनेवाली माता, जननी। 2. देवियों के लिए प्रयुक्त शब्द—*माँ दुर्गा, माँ लक्ष्मी।*

माँग • स्त्री. 1. माँगने की क्रिया, याचना। 2. आवश्यकता, खपत। 3. बालों को सँवारकर सिर के बीच बनाई हुई रेखा।

मांगलिक • वि. मंगलकारी।

माँझी • पुं. नाव खेनेवाला, मल्लाह।

माँड़ी • स्त्री. 1. भात का पसावन, माँड। 2. कपड़े पर चढ़ाया जानेवाला कलफ़।

माँद • स्त्री. खूँखार जानवर के रहने की जगह।

माँस • पुं. गोश्त।

माई • स्त्री. माँ, माता। 2. बड़ी-बूढ़ी के लिए संबोधन—*माई, इधर आइए।*

माख़न • पुं. मक्खन।

माचिस • स्त्री. दियासलाई।

माटी • स्त्री. मिट्टी, मृत्तिका।

मात • स्त्री. हार, पराजय, पराभव,

परास्त।

मातम • पुं. मृत्युशोक।

माता • स्त्री. 1. माँ, जननी। 2. आदरणीया, स्त्री का संबोधन *—माता जी, इधर आइए।* 3. चेचक, शीतला।

मातामह • पुं. नाना।

मातुल • पुं. मामा।

मातृभाषा • स्त्री. अपने घर की भाषा, स्वभाषा।

मातृभूमि • स्त्री. जन्मभूमि, स्वदेश।

मात्रा • स्त्री. 1. परिमाण। 2. स्वरसूचक रेखा जो अक्षर में लगती है*—क में ई की मात्रा लगाओ।*

माथा • पुं. 1. मस्तक, ललाट। 2. किसी चीज़ का ऊपरी भाग।

मादक • वि. नशा पैदा करनेवाला।

मादा • स्त्री. स्त्री प्राणी।

माधुर्य • पुं. मधुरता, मिठास, माधुरी।

माध्यम • पुं. साधन, ज़रिया।

मान • पुं. 1. प्रतिष्ठा, इज़्ज़त। 2. पैमाना।

मानक • पुं. एक जैसी वस्तुओं का निश्चित स्तर, माप।

मानचित्र • पुं. किसी देश का नक्शा।

मानद • वि. मान देनेवाला।

मानना • स.क्रि. 1. स्वीकार करना। 2. आदर करना। 3. योग्य समझना।

माननीय • वि. आदरणीय।

मानव • पुं. मनुष्य।

मानवता • स्त्री. मनुष्यता, मनुष्यत्व, इनसानियत।

मानस • पुं. 1. मन। 2. गोस्वामी तुलसीदास कृत *रामचरितमानस*।

मानसून • पुं. 1. हिंद महासागर में बहनेवाली हवा जो गरमी में दक्षिण-पश्चिम से और जाड़े में उत्तर-पूर्व से चलती है। *भारत में दक्षिण-पश्चिमी मानसून से वर्षा होती है।* 2. मानसून का मौसम, बरसात।

मान्य • वि. मानने योग्य।

मान्यता • स्त्री. स्वीकृति।

माप • स्त्री. 1. नाप। 2. बाट।

माफ़ी • स्त्री. क्षमा।

मामला • पुं. 1. काम-काज। 2. घटना, बात। 3. मुकदमा।

मामूली • वि. सामान्य।

मायका • पुं. विवाहित स्त्री के लिए माँ-बाप का घर, नैहर, पीहर।

माया • स्त्री. 1. ईश्वर की शक्ति, लीला। 2. धोखा, कपट। 3. धन-दौलत।

मायूस • वि. निराश।

मार • स्त्री. 1. पिटाई। 2. प्रहार। 3. कष्ट।

मारकाट • स्त्री. हथियार की लड़ाई।

मारना • स.क्रि. 1. पीटना। 2. जान ले लेना। 3. पकड़ना। 4. जीतना।

मारपीट • स्त्री. हाथापाई।

मार्ग • पुं. रास्ता, पथ, राह, पंथ,

बीथी।

मार्गदर्शक • पुं. रास्ता बतानेवाला।

मार्मिक • वि. दिल को लगनेवाला।

माल • पुं. 1. सामान। 2. धन-दौलत। 3. उत्तम भोजन।

मालदार • वि. धनी।

मालपूआ • पुं. एक मीठा पकवान।

मालती • स्त्री. एक सुगंधित फूलोंवाली लता।

माला • स्त्री. हार, माल्य।

मालामाल • वि. बहुत संपन्न।

मालिक • पुं. स्वामी।

मालिश • स्त्री. मलने की क्रिया।

माली • पुं. फूल बेचने और बाग की देखभाल करनेवाला, बाग़वान।

मालूम • वि. जाना हुआ, ज्ञात।

मावा • पुं. खोया, खोवा।

मास • पुं. महीना, माह।

मासूम • वि. निष्पाप, भोला।

माह • पुं. महीना, मास।

माहिर • वि. कुशल, निपुण।

मिचना • अ.क्रि. आँखें बंद होना।

मिचलाना • अ.क्रि. मतली आना—*जी मिचलाना।*

मिज़ाज • पुं. 1. स्वभाव। 2. मन। 3. घमंड।

मिटना • अ.क्रि. 1. दाग आदि का दूर होना। 2. नष्ट होना।

मिट्टी • स्त्री. 1. ज़मीन। 2. माटी। 3. शव।

मिठास • स्त्री. मीठापन।

मितव्ययी • वि. कम खर्च करनेवाला।

मित्र • पुं. दोस्त, बंधु, साथी, सखा।

मित्रता • स्त्री. दोस्ती, बंधुत्व, मित्रत्व।

मिथ्या • वि. झूठ, असत्य।

मिन्नत • स्त्री. विनती, प्रार्थना।

मिमियाना • अ.क्रि. 1. भेड़-बकरी का बोलना। 'में-में' करना। 2. चापलूसी करना।

मियाँ • पुं. 1. पति, शौहर। 2. मुसलमान सज्जन का संबोधन—*मियाँ, आप इधर आएँ।*

मिर्च • स्त्री. 1. चरपरा स्वादवाला काला गोल दाना, गोल मिर्च। 2. लाल मिर्च।

मिलन • पुं. मिलना, भेंट, मिलाप।

मिलनसार • वि. सबसे मेल-जोल रखनेवाला।

मिलना • अ.क्रि. 1. मिश्रित होना—*दूध में पानी मिला है*। 2. भेंट होना—*मित्र मुझसे मिला*। 3. प्राप्त होना—*मुझे किताब मिली*। 4. लाभ होना—व्यापार में पैसा मिला।

मिलान • पुं. 1. मिलाने की क्रिया। 2. तुलना।

मिलाना • स.क्रि. 1. मिलावट करना। 2. जोड़ना। 3. सम्मिलित करना। 4. साथी बनाना।

मिलावट • स्त्री. बढ़िया चीज़ में घटिया चीज़ का मेल।

मिश्रण • पुं. मेल, मिलावट।

मिश्रित • वि. मिला-जुला।

मिष्टान्न • पुं. मिठाई।

मिसाल • स्त्री. उदाहरण, उपमा।

मिस्री • स्त्री. साफ़ करके जमाई हुई चीनी। मिसरी।

मीठा • I. वि. जिसमें मिठास हो। 2. स्वादिष्ट। 3. प्रिय। II. पुं. मिठाई। *मीठा खाकर पानी पियो।*

मीन • पुं. मछली।

मीनाकारी • स्त्री. सोने-चाँदी पर किया जानेवाला रंगीन काम।

मीनार • स्त्री. लंबी लाट, स्तंभ—कुतुब मीनार।

मील • पुं. दूरी की एक नाप, 1760 गज (अब किलोमीटर)।

मुंडन • पुं. एक संस्कार जिसमें बालक के सिर के बाल पहली बार मूँड़े जाते हैं।

मुँडेर • पुं. छत के चारों ओर की नीची दीवार।

मुँदना • अ.क्रि. आँख का बंद होना।

मुंशी • पुं. 1. (उर्दू-फ़ारसी का) लेखक। 2. हिसाब-किताब रखनेवाला।

मुँह • पुं. 1. बोलने और खाने का अंग, मुख-विवर। 2. चेहरा। 3. बरतन आदि के ऊपरी भाग का छेद—*घड़े का मुँह।* 4. साहस—*किस मुँह से घर जाऊँ?*

मुँहफट • वि. जो मुँह में आए वह बक देनेवाला, बिना सोचे बोलने वाला।

मुँहबोला • वि. मुँह से कहकर बनाया हुआ—*मुँहबोला भाई।*

मुँहमाँगा • वि. अपनी मरज़ी से माँगा हुआ।

मुँहलगा • वि. ढीठ, सिरचढ़ा।

मुकरना • अ.क्रि. कही हुई बात से हटना।

मुक़ाबला • पुं. 1. बराबरी। 2. तुलना। 3. मुठभेड़।

मुकुट • पुं. सिर पर पहनने का एक आभूषण।

मुक्का • पुं. मारने के लिए बाँधी हुई मुट्ठी, घूँसा।

मुक्त • वि. जो बंधन से छूटा हो।

मुक्ता • स्त्री. मोती।

मुक्ति • स्त्री. छुटकारा।

मुख • पुं. मुँह, आनन।

मुखड़ा • पुं. मुख, चेहरा।

मुखिया • पुं. प्रधान, अगुआ।

मुख्य • वि. प्रधान, बड़ा।

मुख्य मंत्री • पुं. भारत में किसी राज्य का सबसे बड़ा मंत्री।

मुगदर • पुं. व्यायाम के लिए भारी मुँगरी।

मुग्ध • वि. मोहित।

मुछंदर • पुं. बड़ी मूँछोंवाला।

मुजरिम • पुं. जुर्म करनेवाला, अपराधी।

मुट्ठी • स्त्री. 1. बँधी हुई हथेली। 2. मुट्ठी में आनेवाली चीज़—*एक मुट्ठी दाल।*

मुठभेड़ • स्त्री. भिड़ंत।

मुड़ना • अ.क्रि. 1. टेढ़ा होना। 2. घूम

जाना। 3. घुमाव लेना।

मुड़ाना • स.क्रि. सिर के बाल उस्तरे से बनवाना।

मुताबिक़ • अ. अनुसार।

मुद्रण • पुं. छपाई।

मुद्रा • स्त्री. 1. सिक्का—*स्वर्ण मुद्रा।* 2. मुख की आकृति या चेष्टा।

मुनक्का • पुं. सुखाया हुआ बड़ा अंगूर।

मुनाफ़ा • पुं. नफ़ा, लाभ।

मुनाफ़ाख़ोर • पुं. बहुत ज़्यादा मुनाफ़ा लेनेवाला।

मुनि • पुं. ऋषि, तपस्वी।

मुनीम • पुं. हिसाब-किताब रखनेवाला कर्मचारी।

मुन्ना • पुं. छोटे बच्चों का प्यार का संबोधन—*मुन्नू।*

मुफ़्त • वि. बिना दाम का, निःशुल्क।

मुफ़्तख़ोर • पुं. मुफ़्त का माल खानेवाला।

मुबारक • वि. 1. शुभ। 2. धन्यवाद, बधाई—*मुबारक हो।*

मुरग़ा • पुं. एक कलग़ीदार पालतू पक्षी।

मुरझाना • अ.क्रि. सूखने लगना, कुम्हलाना।

मुरदा • I. पुं. शव। II. वि. बेजान।

मुरब्बा • पुं. चीनी आदि की चाशनी में पकाए हुए फल आदि का पाक।

मुरली • स्त्री. वंशी, बाँसुरी।

मुलज़िम • पुं. जिस पर इलज़ाम हो, अभियुक्त।

मुलम्मा • पुं. 1. सोने-चाँदी का पानी जो दूसरी धातु पर चढ़ाया जाए। 2. आवरण।

मुलाक़ात • स्त्री. भेंट, साक्षात्कार।

मुलायम • वि. नरम, कोमल।

मुल्क • पुं. 1. देश। 2. प्रांत, प्रदेश।

मुल्ला • पुं. इस्लाम का विद्वान्।

मुशायरा • पुं. कवि-सम्मेलन।

मुश्किल • I. वि. कठिन। II. स्त्री. संकट, विपत्ति।

मुसकराना • अ.क्रि. होंठों में हँसना, मुसकाना।

मुसकराहट • स्त्री. मुसकराने की क्रिया, मुसकान।

मुसलमान • पुं. इस्लाम को माननेवाला, मुस्लिम।

मुसाफ़िर • पुं. यात्री, पथिक, राहगीर।

मुसाफ़िरखाना • पुं. यात्रियों के ठहरने का स्थान।

मुसीबत • स्त्री. कष्ट, दुख, संकट, आफ़त।

मुस्तैद • वि. 1. चुस्त, तत्पर, तैयार। 2. तेज़।

मुहब्बत • स्त्री. 1. प्रेम। 2. प्रीति। 3. स्नेह, मित्रता।

मुहर • स्त्री. 1. ठप्पा, छाप। अ. सील। 2. स्वर्णमुद्रा, अशरफ़ी।

मुहल्ला • पुं. शहर या कसबे का एक भाग, टोला।

मुहावरा • पुं. ऐसा वाक्यांश जो सामान्य से भिन्न अर्थ प्रकट करे—*मुँह लगाना।*

मुहूर्त • पुं. 1. दिन-रात का तीसवाँ भाग, 48 मिनट का समय। 2. शुभ समय।

मूँग • स्त्री. दाल के काम आनेवाला एक अनाज।

मूँगफली • स्त्री. एक फली जिसके दाने खाने या तेल निकालने के काम आते हैं।

मूँगा • पुं. समुद्र से मिलनेवाला एक रत्न, प्रवाल।

मूँगिया • वि. मूँग के रंग का-सा हरा।

मूँछ • स्त्री. पुरुषों के ऊपरी होंठ के ऊपर उगे बाल।

मूँज • स्त्री. एक तृण जिससे रस्सी बनती है।

मूँड़ना • सं.क्रि. 1. सिर के बाल उस्तरे से बनाना। 2. ठगना।

मूँदना • सं.क्रि. बंद करना।

मूक • वि. 1. गूँगा। 2. लाचार।

मूठ • स्त्री. किसी चीज़ का वह हिस्सा जो मुट्ठी में पकड़ा जाए, मुठिया, दस्ता।

मूत्र • पुं. पेशाब।

मूर्ख • वि. नासमझ, बेवकूफ़।

मूर्खता • स्त्री. नासमझी, बेवकूफ़ी।

मूर्च्छा • स्त्री. बेहोशी।

मूर्च्छित • वि. बेहोश।

मूर्ति • स्त्री. किसी की आकृति के अनुरूप बनाई हुई वस्तु, प्रतिमा।

मूर्तिकला • स्त्री. मूर्ति गढ़ने की कला।

मूल • पुं. 1. जड़। 2. आदि कारण—*दो भाइयों में विवाद का मूल भूमि है।*

मूलभूत • वि. बुनियादी, असली।

मूली • स्त्री. एक पौधा जिसकी जड़ और पत्तियाँ खाई जाती हैं।

मूल्य • पुं. दाम, कीमत।

मूल्यांकन • पुं. 1. मूल्य-निर्धारण। 2. जाँचना।

मूस • पुं. चूहा, मूष, मूषक।

मूसल • पुं. धान कूटने का मोटा डंडा।

मृग • पुं. हिरन, हरिण।

मृगछाला • पुं. हिरन की खाल, मृगचर्म।

मृगछौना • पुं. हिरन का बच्चा।

मृगतृष्णा • स्त्री. 1. मरीचिका। 2. पूरी न हो सकने वाली इच्छा।

मृगया • स्त्री. शिकार, आखेट।

मृत • वि. मरा हुआ।

मृतक • पुं. मुरदा, शव।

मृत्यु • स्त्री. मौत, मरण।

मृदु • वि. 1. कोमल। 2. प्रिय। 3. मंद, धीमा।

मेंड़ • स्त्री. खेत का थोड़ा ऊँचा घेरा, डाँड़ा।

मेखला • स्त्री. करधनी, तगड़ी।

मेघ • पुं. बादल।

मेज़बान • पुं. भोजन का निमंत्रण देनेवाला।

मेढक • पुं. एक फुदकनेवाला छोटा जंतु जो जल-स्थल दोनों में रहता है।

मेथी • स्त्री. एक पौधा जिसकी पत्तियाँ साग और दाने मसाले के रूप में खाई जाती हैं।

मेधावी • वि. बुद्धिमान।

मेम • स्त्री. गोरी जाति की स्त्री।

मेमना • पुं. भेड़ का बच्चा।

मेल • I. पुं. 1. मिश्रण। 2. मित्रता। 3. सुलह। 4. बराबरी। II. स्त्री. डाक।

मेलजोल • पुं. घनिष्ठता, मित्रता, मेलमिलाप।

मेला • पुं. नियत समय और स्थान पर होनेवाला लोगों का जमाव।

मेवा • पुं. सुखाया हुआ फल—*अखरोट, किशमिश, बादाम आदि मेवा हैं।*

मेष • पुं. भेड़ा।

मेहँदी • स्त्री. एक पौधा जिसकी पत्तियाँ हाथ-पैर और बाल रँगने के काम में आती हैं।

मेह • पुं. 1. वर्षा, झड़ी। 2. बादल।

मेहतर • पुं. सफ़ाई करनेवाला, भंगी।

मेहनत • स्त्री. परिश्रम, प्रयास।

मेहनताना • पुं. पारिश्रमिक, मज़दूरी।

मेहमान • पुं. अतिथि, पाहुना।

मेहरबान • वि. दयालु , कृपालु।

मैत्री • स्त्री. मित्रता, दोस्ती।

मैदा • पुं. बहुत बारीक आटा।

मैदान • पुं. 1. लंबा-चौड़ा समतल स्थान। 2. सपाट भूमि जिसमें पहाड़ आदि न हों।

मैना • स्त्री. एक काली चिड़िया जो सिखाने पर मनुष्य की-सी बोली बोलती है।

मोंढ़ा • पुं. बाँस, बेंत आदि का गोलाकार आसन।

मोक्ष • पुं. जन्म-मृत्यु के बंधन से छुटकारा, मुक्ति।

मोच • पुं. हाथ-पैर आदि के जोड़ की नस का अपनी जगह से हटना।

मोची • पुं. जूता सीने और चमड़े का काम करनेवाला।

मोज़ा • पुं. पाँव का एक बुना हुआ पहनावा, जुर्राब।

मोटा • वि. 1. भारी-भरकम शरीरवाला। 2. जो पतला न हो। 3. जो बारीक न हो। 4. मामूली—*मोटी बात, मोटी बुद्धि।*

मोटा-ताज़ा • वि. तगड़ा।

मोड़ • पुं. घुमाव।

मोड़ना • स.क्रि. 1. टेढ़ा करना। 2. दिशा बदलना। 3. तह करना।

मोती • पुं. सीपी में से निकलनेवाला एक रत्न।

मोतीचूर • पुं. छोटी बूँदी का लड्डू।

मोदक • पुं. लड्डू।

मोदी • पुं. दाल-चावल आदि बेचनेवाला, परचूनिया।

मोम • पुं. एक पिघलनेवाला हलका पीला पदार्थ जिससे मधुमक्खियाँ

छत्ता बनाती हैं।

मोर • पुं. मयूर।

मोरचा • पुं. 1. युद्‌ध के सुभीते के लिए खोदी गई खाई, आदि। 2. धातु का मैल, जंग।

मोरचाबंदी • स्त्री. सेना द्वारा युद्‌ध की तैयारी।

मोरी • स्त्री. 1. गंदे पानी की नाली। 2. तंग रास्ता।

मोल • पुं. मूल्य, दाम।

मोहक • वि. मुग्ध करनेवाला, मनोहर।

मोहताज • वि. जिसे घोर अभाव हो, कंगाल।

मोहरा • पुं. शतरंज या चौसर की गोट, मुहरा।

मोहरी • स्त्री. पाजामे का नीचे की ओर का मुँह, पायँचा।

मौक़ा • पुं. 1. स्थान। 2. अवसर।

मौखिक • वि. ज़बानी। मुख संबंधी।

मौज • स्त्री. 1. लहर—*दरिया की मौज*। 2. सुख।

मौत • स्त्री. 1. मृत्यु। 2. मुसीबत।

मौन • पुं. चुप्पी।

मौर • पुं. 1. ब्याह के समय वर को पहनाया जानेवाला मुकुट। 2. आम की मंजरी, बौर।

मौलवी • पुं. इस्लाम का, अरबी-फ़ारसी का विद्‌वान।

मौला • पुं. स्वामी, ईश्वर।

मौलाना • पुं. मुस्लिम विद्‌वानों की उपाधि।

मौसम • पुं. समय, ऋतु।

म्याऊँ • स्त्री. बिल्ली की बोली।

म्यान • पुं. तलवार आदि रखने का खोल।

म्लान • वि. कुम्हलाया हुआ।

य

यंत्र • स्त्री. 1. कल, मशीन। 2. औजार।

यंत्रणा • स्त्री. पीड़ा, यातना, कष्ट।

यक़ीन • पुं. विश्वास, एतबार।

यकृत • पुं. पेट में दाईं ओर की एक थैली जिसमें से पित्त निकलता है, जिगर। अं. लिवर।

यक्ष • पुं. एक प्रकार का देवता।

यक्ष्मा • पुं. क्षयरोग, तपेदिक। अं. टी. बी.।

यजमान • पुं. पुरोहित से पूजा-पाठ करवाकर उसे दक्षिणा देनेवाला।

यजमानी • स्त्री. पुरोहित का कार्य, पुरोहिती।

यज्ञ • पुं. हवन-पूजनवाला वैदिक कृत्य, याग—*पहले अश्वमेध, राजसूय आदि यज्ञ होते थे।*

यज्ञोपवीत • पुं. 1. वह पवित्र सूत्र जिसे ब्राह्मण बाएँ कंधे से धारण करता है, जनेऊ, उपबीत। 2. जनेऊ पहनाने का संस्कार, उपनयन।

यति • पुं. 1. योगी, त्यागी, संन्यासी। 2. रोक, रुकावट। 3. विराम।

यतीम • पुं. जिसके माँ-बाप न हों, अनाथ।

यतीमख़ाना • पुं. अनाधालय।

यत्न • पुं. 1. प्रयास, कोशिश। 2. हिफ़ाज़त।

यथा • अ. जिस प्रकार।

यथार्थ • वि. ठीक, उचित, सत्य।

यथाविधि • अ. नियम के अनुसार।

यथाशक्ति • अ. शक्ति के अनुसार।

यथाशीघ्र • अ. जितना शीघ्र हो सके।

यथासम्भव • अ. भरसक, यथासाध्य।

यथासमय • अ. निश्चित समय पर।

यथेष्ट • वि. काफ़ी, पर्याप्त।

यथोचित • वि. जैसा चाहिए वैसा, समुचित।

यदा-कदा • अ. कभी-कभी।

यदि • अ. अगर।

यद्यपि • अ. अगरचे, गोकि, जबकि, अगर ऐसा है भी।

यम • पुं. यमराज, मृत्यु का देवता।

यव • पुं. जौ।

यवनिका • स्त्री. 1. परदा। 2. रंगमंच का परदा।

यश • पुं. कीर्ति, ख्याति, प्रसिद्धि।

यशस्वी • वि. कीर्तिमान, सुख्यात।

यष्टि • स्त्री. 1. छड़ी, लाठी। 2. डाल। 3. पताका का डंडा।

यह • सर्व. निकट के व्यक्ति या वस्तु के लिए प्रयुक्त शब्द।

यहाँ • अ. इस जगह।

यहीं • अ. इसी जगह।

यही • अ. यह ही।

या • अ. 1. अथवा। 2. संबोधन का शब्द—हे। ऐ। *या खुदा।*

याक • पुं. एक विशेष प्रकार का भैंसा।

याग • पुं. यज्ञ।

याचक • पुं. माँगनेवाला, भिखारी।

याचना • स.क्रि. माँगना।

यातना • स्त्री. कष्ट, पीड़ा।

यातायात • पुं. आना-जाना, गमनागमन।

यात्रा • स्त्री. जाने की क्रिया, सफ़र।

यात्री • पुं. यात्रा करनेवाला, मुसाफ़िर।

याद • स्त्री. 1. स्मरणशक्ति। 2. स्मरण करने की क्रिया।

यादगार • स्त्री. स्मृतिचिह्न, निशानी।

याददाश्त • स्त्री. स्मरणशक्ति, स्मृति।

यान • पुं. सवारी, वाहन, जलयान, वायुयान।

यानी • अ. अर्थात।

यापन • पुं. 1. चलना, बिताना, व्यतीत

करना—*जीवन-यापन।*

याम • पुं. 1. पहर, तीन घंटे का समय। 2. काल, समय।

यामा • स्त्री. रात।

यामिनी • स्त्री. रात्रि, रात।

यायावर • वि. जो एक जगह न रहता हो, घुमक्कड़, खानाबदोश।

यार • पुं. मित्र, दोस्त।

यारी • स्त्री. मित्रता, दोस्ती।

युक्ति • स्त्री. उपाय।

युग • पुं. 1. लाखों वर्षों की एक अवधि—*युग चार हैं—सतयुग, त्रेता, द्वापर, कलियुग। 2. समय, ज़माना।*

युगल • पुं. जोड़ा—*चरणयुगल।*

युद्ध • पुं. लड़ाई, संग्राम, रण।

युद्धक्षेत्र • पुं. लड़ाई का मैदान, रणक्षेत्र।

युद्धपोत • पुं. लड़ाई का जहाज़।

युद्धबंदी • पुं. युद्ध में पकड़ा गया शत्रु सैनिक।

युयुत्सु • पुं. योद्धा।

युवक • पुं. जवान या युवा पुरुष।

युवती • स्त्री. जवान स्त्री।

युवराज • पुं. राजा का बड़ा बेटा जिसे आगे चलकर राज्य मिलनेवाला हो।

युवा • वि. जवान, तरुण।

यूथ • पुं. समूह, जत्था।

ये • सर्व. 'यह' का बहुवचन रूप।

यों • अ. इस प्रकार, ऐसे।

योंही • अ. 1. इसी प्रकार, ऐसे ही।

योग • पुं. 1. मेल। 2. जोड़। 3. विशिष्ट समय—*गंगास्नान का योग।* 4. ध्यान आदि—*योग-साधना।*

योगदान • पुं. हाथ बँटाना।

योगफल • पुं. जोड़ने से प्राप्त फल।

योगासन • पुं. योग की साधना में बैठने का ढंग।

योगी • पुं. 1. योग की साधना करनेवाला। 2. कर्मयोगी।

योग्य • वि. 1. लायक, काबिल। 2. उचित।

योग्यता • स्त्री. लियाक़त, सामर्थ्य।

योजना • स्त्री. किसी कार्य की कल्पना और व्यवस्था।

योद्धा • पुं. युद्ध करनेवाला।

यौवन • पुं. जवानी।

र

रंक • पुं. निर्धन, गरीब, कंगाल।

रंग • पुं. 1. वर्ण। 2. वह चूर्ण आदि जो किसी चीज़ को रँगने के काम आता है।

रंग-ढंग • पुं. तौर-तरीका।

रँगना • स.क्रि. रंगीन करना।

रंगबिरंगा • वि. अनेक रंगोंवाला।

रँगरूट • पुं. भरती होनेवाला नया सिपाही।

रंगरूप • पुं. शक्ल-सूरत।

रँगरेज़ • पुं. कपड़े रँगनेवाला।

रँगाई • स्त्री. 1. रँगने की क्रिया। 2. रँगने की मजदूरी।

रंगीन • वि. 1. रंगदार। 2. विनोदप्रिय।

रँगीला • वि. 1. मौजी, आनंदी, रसिया। 2. आकर्षक, सुंदर।

रंगोली • स्त्री. रंगीन चूर्ण जिससे फ़र्श पर चित्र बनाया जाता है।

रंच • वि. ज़रा, थोड़ा।

रंज • पुं. खेद, शोक, दुख।

रंजक • वि. प्रसन्नचित्त।

रंजिश • स्त्री. अनबन, मनमुटाव।

रंदा • पुं. लकड़ी को चिकना बनाने का औज़ार।

रंध्र • पुं. छेद, सूराख।

रँभाना • अ.क्रि. गाय का बोलना।

रईस • पुं. बड़ा आदमी, अमीर।

रईसी • स्त्री. अमीरी।

रक़म • स्त्री. धन, रुपये।

रकाब • स्त्री. घोड़े की काठी का पावदान।

रकाबी • स्त्री. छोटी थाली, तश्तरी।

रक्त • पुं. लहू, खून, रुधिर।

रक्तपात • पुं. खूनखराबा, मारकाट।

रक्तिम • वि. लाल।

रक्षक • पुं. रक्षा करनेवाला, पहरेदार।

रक्षा • स्त्री. बचाव, हिफ़ाज़त।

रक्षाबंधन • पुं. श्रावण की पूर्णिमा को मनाया जानेवाला एक त्योहार जिसमें बहन भाई को राखी बाँधती है।

रखना • स.क्रि. 1. धरना। 2. हिफ़ाज़त करना। 3. पालन करना। 4.नियुक्त करना। 5. जिम्मे करना।

रखरखाव • पुं. बनाए रखने का काम।

रखवाला • पुं. रक्षा करनेवाला, रक्षक।

रग • स्त्री. नस, नाड़ी।

रगड़ • स्त्री. घर्षण, घिसाब।

रगड़ना • सं. क्रि. 1. घिसना। 2. पीसना। 3. जल्दी-जल्दी करना।

रचना • I. स्त्री. पुस्तक आदि कृति। II. स.क्रि. 1. ग्रंथ आदि लिखना। 2. सृष्टि करना।

रचयिता • पुं. रचनेवाला।

रचाना • स.क्रि. 1. समारोह करना—*शादी रचाई।* 2. मेहँदी, महावर आदि से हाथ-पैर रँगना।

रज • स्त्री. 1. धूल, गर्द। 2. पराग कण।

रजक • पुं. धोबी।

रजत • पुं. चाँदी।

रजत जयंती • स्त्री. संस्था आदि के पचीस वर्ष पूरे होने पर मनाया जानेवाला उत्सव।

रजनी • स्त्री. रात, रात्रि, निशा, यामिनी, विभावरी।

रजवाड़ा • पुं. देशी रियासत।

रज़ाई • स्त्री. रुईदार ओढ़ना, लिहाफ़।

रज्जू • स्त्री. रस्सी।

रट • स्त्री. किसी बात को बार-बार कहना, रटंत।

रण • पुं. युद्ध, लड़ाई, जंग, संग्राम, समर।

रणक्षेत्र • पुं. लड़ाई का मैदान, युद्धभूमि, रणभूमि।

रणनीति • स्त्री. 1. युद्ध चलाने का ढंग। 2. किसी बड़े कार्य को करने का ढंग।

रत • वि. लगा हुआ, लीन।

रतजगा • पुं. 1. सारी रात जागना। 2. रातभर मनाया जानेवाला उत्सव।

रतन • पुं. रत्न, मणि, जौहर।

रतौंधी • स्त्री. एक रोग जिसमें रोगी को रात में दिखाई नहीं देता।

रत्न • पुं. 1. कीमती पत्थर, नगीना। *मुख्य रत्न नौ हैं—हीरा, पन्ना, पुखराज, माणिक, नीलम, लहसुनिया, मूँगा, मोती, गोमेद।* 2. सर्वश्रेष्ठ।

रत्नगर्भा • स्त्री. पृथ्वी, भूमि।

रत्नाकर • पुं. 1. समुद्र, रत्नों की खान। 2. आदिकवि वाल्मीकि का पूर्व नाम।

रथ • पुं. घोड़ों से खींची जानेवाली एक पुरानी सवारी जिसमें दो या चार पहिये होते थे।

रथयात्रा • स्त्री. आषाढ़ शुक्ला द्वितीया को होनेवाला उत्सव जिसमें जगन्नाथ, बलराम और सुभद्रा की मूर्तियाँ रथ पर निकाली जाती हैं।

रथी • पुं. रथ पर चढ़कर लड़नेवाला, योद्धा।

रद्द • वि. नापसंद, नामंजूर।

रद्दी • वि. बेकार के कागज।

रनिवास • पुं. रानियों के रहने का महल, अंतःपुर, ज़नानखाना।

रपट • स्त्री. सूचना। अं. रिपोर्ट।

रपटना • अ.क्रि. फिसलना।

रफ़ा-दफ़ा • वि. खत्म, तय।

रफ़ू • पुं. फटे कपड़े की ऐसी सिलाई कि जोड़ न दिखाई पड़े।

रफ़्तार • स्त्री. गति, चाल।

रब • पुं. भगवान, ईश्वर।

रबड़ • पुं. एक पेड़ के रस से बनाया गया लचीला पदार्थ।

रबड़ी • स्त्री. उबालकर गाढ़ा किया हुआ चीनी मिला दूध।

रबी • स्त्री. रबी, यानी वसंत ऋतु में काटी जानेवाली फ़सल गेहूँ, चना आदि।

रमणी • स्त्री. सुंदर स्त्री।

रमणीय • वि. सुंदर, मनोहर, रमणीक, रम्य।

रमता • वि. घूमता-फिरता।

रमना • अ.क्रि. तल्लीन होना।

रव • पुं. ध्वनि, नाद, शब्द।

रवानगी • स्त्री. गमन, प्रस्थान।

रवि • पुं. सूर्य, भानु, भास्कर, सविता, मार्तंड।

रवैया • पुं. तौर-तरीका।

रश्मि • स्त्री. 1. किरण। 2. घोड़े की लगाम।

रस • पुं. 1. किसी चीज़ से निकाला हुआ तरल पदार्थ। 2. स्वाद। स्वाद छह हैं—*मधुर, अम्ल, लवण, कटु, कषाय, तिक्त।* 3. आनंद।

रसगुल्ला • पुं. छेने से बनाई जानेवाली एक मिठाई।

रसदार • वि. जिसमें रस हो।

रसद • पुं. खाने का सामान, राशन।

रसना • स्त्री. जीभ, जिह्वा।

रसातल • पुं. पृथ्वीतल के नीचे का भाग, पाताल।

रसायनशास्त्र • पुं. पदार्थों के गुणों और क्रियाओं का अध्ययन करनेवाला शास्त्र। रसायनविज्ञान। अं. केमिस्ट्री।

रसीद • स्त्री. किसी वस्तु के मिलने का प्रमाणपत्र।

रसीला • वि. 1. रसदार। 2. रस, आनंद लेनेवाला—*नाच-गाने का रसीला।*

रसोइया • पुं. रसोई बनानेवाला, रसोईदार।

रसोई • स्त्री. 1. पका हुआ खाद्य पदार्थ, खाना—*रसोई तैयार है।* 2. खाना बनाने की जगह, चौका।

रस्म • स्त्री. प्रथा, रिवाज़।

रस्सा • पुं. मोटी रस्सी।

रस्सी • स्त्री. सन आदि के रेशों को बटकर बनाई गई डोरी, रज्जु।

रहँट • पुं. कुएँ से पानी निकालने का यंत्र।

रहन-सहन • पुं. जीवन निर्वाह का ढंग।

रहना • अ.क्रि. 1. निवास करना, बसना। 2. न जाना, रुकना—*अभी मेहमान रहेंगे।* 3. बचना।

रहम • पुं. 1. कृपा, अनुग्रह। 2. दया, करुणा।

रहमदिल • वि. दयालु।

रहस्य • पुं. भेद, राज़।

रहा-सहा • वि. बचा-खुचा।

रहित • वि. बिना, बग़ैर।

राँगा • पुं. एक सफ़ेद रंग की नरम धातु।

राँभना • अ.क्रि. रँभाना, बँबाना।

राई • स्त्री. एक छोटी सरसों।

राका • स्त्री. पूर्णिमा की रात।

राक्षस • पुं. 1. असुर, दैत्य, निशाचर। 2. दुष्ट प्रकृति का व्यक्ति।

राख • स्त्री. भस्म, ख़ाक।

राखी • स्त्री. रक्षाबंधन पर बहन द्वारा भाई की कलाई में बाँधी जानेवाली डोरी।

राग • पुं. 1. संगीत का विशिष्ट स्वर। राग छह हैं—*श्री, वसंत, पंचम, भैरव, मेघ, नरनारायण*। 2. अनुराग, प्रेम। 3. प्रसन्नता।

राज • पुं. 1. राजा। 2. राज्य। 3. राजगीर।

राज़ • पुं. रहस्य, भेद।

राजकुमार • पुं. राजा का बेटा।

राजदूत • पुं. राजा या राज्य का दूत।

राजधानी • स्त्री. राज्य के शासन का केंद्र।

राजनीति • स्त्री. राज्य के शासन चलाने की नीति।

राजनीतिक • वि. राजनीति-संबंधी।

राजपूत • पुं. राजपूताना (राजस्थान) का क्षत्रिय।

राजभवन • पुं. 1. राजा का महल। 2. राज्यपाल के रहने का सरकारी भवन।

राजमहल • पुं. राजभवन, राजा का प्रासाद।

राजर्षि • पुं. राजवंश या क्षत्रिय कुल का ऋषि।

राजसभा • स्त्री. राजा की सभा, दरबार।

राजा • पुं. राज्य का स्वामी, नरेश।

राज़ी • वि. 1. सम्मत, सहमत। 2. प्रसन्न। 3. संतुष्ट।

राज़ी-ख़ुशी • स्त्री. सही-सलामत।

राज्य • पुं. 1. एक शासन-व्यवस्थावाला भूभाग। 2. प्रांत, प्रदेश।

राज्यपाल • पुं. भारत में राज्य का सर्वोच्च शासक।

राणा • पुं. राजा।

रात • स्त्री. संध्या से प्रातःकाल तक का समय, रात्रि, रजनी।

रातदिन • अ. सदा, हमेशा।

रातरानी • स्त्री. एक सफ़ेद सुगंधित फूल, रजनीगंधा।

रानी • स्त्री. 1. राजा की पत्नी, राज्ञी। 2. स्त्रियों के लिए आदरसूचक शब्द।

राब • स्त्री. गन्ने का गाढ़ा किया हुआ दानेदार रस।

रामनवमी • स्त्री. चैत्र शुक्ला नवमी जो श्रीराम का जन्मदिन है।

रामबाण • वि. 1. अचूक। 2. शीघ्र गुणकारी।

राम-राम • I. पु. नमस्कार। II. अ. घृणासूचक शब्द—छि। *राम-राम!*

ऐसी बात मत कहो।

रामलीला • स्त्री. राम के चरित्र का अभिनय।

राय • स्त्री. मत, सलाह।

रायता • पुं. दही से बनाया गया एक व्यंजन।

राल • स्त्री. 1. एक पेड़ की गोंद। 2. पतला लसदार थूक।

राशन • पुं. 1. रसद। 2. नियत-नियंत्रित मूल्य और मात्रा में वस्तुओं के वितरण की व्यवस्था।

राशि • स्त्री. 1. ढेर, पुंज। 2. विशेष तारासमूह। *बारह राशियों के नाम हैं—मेष, वृष, मिथुन, कर्क, सिंह, कन्या, तुला, वृश्चिक, धनु, मकर, कुंभ, मीन।*

राष्ट्र • पुं. 1. देश। 2. राज्य। 3. जाति।

राष्ट्रगान • पुं. राष्ट्र का गान, राष्ट्रगीत।

राष्ट्रध्वज • पुं. राष्ट्र का झंडा, राष्ट्रपताका—*तिरंगा भारत का राष्ट्रध्वज है।*

राष्ट्रपति • पुं. राष्ट्र का चुना गया प्रधान।

राष्ट्रपति भवन • पुं. राष्ट्रपति का सरकारी निवासस्थान।

राष्ट्रभाषा • स्त्री. राष्ट्र की वह भाषा जिसका प्रयोग राजकार्यों में होता है, राजभाषा।

राष्ट्रीय • वि. राष्ट्र का।

राष्ट्रीयता • स्त्री. 1. नागरिकता। 2. राष्ट्रभक्ति, देशप्रेम।

रासलीला • स्त्री. कृष्णलीला संबंधी अभिनय।

रास • I. स्त्री. लगाम, बागडोर। II. वि. ठीक, अनुकूल—*भीड़ मुझे रास नहीं आती।*

रास्ता • पुं. 1. मार्ग, राह। 2. उपाय, तरकीब।

राह • स्त्री. रास्ता, पथ।

राहगीर • पुं. पथिक, मुसाफिर, बटोही।

राहजनी • स्त्री. रास्ते में होनेवाली लूट।

राहत • स्त्री. 1. आराम, चैन। 2. सहायता, मदद।

राही • पुं. यात्री, मुसाफ़िर।

रिक्शा • पुं. मनुष्य द्वारा खींची जाने वाली एक छोटी हलकी गाड़ी।

रिक्त • वि. 1. शून्य, खाली। 2. खाली हाथ।

रिझाना • स.क्रि. प्रसन्न करना।

रिपु • पुं. शत्रु, दुश्मन।

रिमझिम • स्त्री. फुहार, हलकी वर्षा।

रियाज़ • पुं. 1. अभ्यास। 2. परिश्रम।

रियासत • स्त्री. देशी राजाओं के छोटे-छोटे राज्य।

रिवाज़ • पुं. रीति, प्रथा, चलन।

रिश्ता • पुं. नाता, संबंध।

रिश्तेदार • पुं. संबंधी, नातेदार।

रिश्वत • स्त्री. गलत काम कराने के लिए दिया जानेवाला धन, घूस।

रिश्वतख़ोर • वि. रिश्वत खानेवाला, घूसखोर।

रिसना • अ.क्रि. तरल पदार्थ का छन-छनकर निकलना।

रिहा • वि. छूटा हुआ, मुक्त।

रिहाई • स्त्री. छुटकारा, मुक्ति।

रीछ • पुं. भालू, भालुक, ऋक्ष।

रीझना • अ.क्रि. प्रसन्न होना।

रीठा • पुं. एक फल जिसे भिगोकर मलने से फेन निकलता है।

रीढ़ • स्त्री. पीठ के बीचोबीच की लंबी खड़ी हड्डी, मेरुदंड।

रीति • स्त्री. 1. प्रथा, रिवाज़। 2. ढंग, कायदा।

रुँधना • अ.क्रि. रुकना।

रुआँसा • वि. रोने के लिए तैयार।

रुई • स्त्री. कपास का फल।

रुकना • अ.क्रि. 1. ठहर जाना। 2. बाधा होना। 3. आगे न बढ़ना।

रुकावट • स्त्री. अड़चन, रोक, बाधा।

रुक्ष • वि. रूखा, नीरस।

रुख़ • पुं. चेहरा।

रुख़सत • स्त्री. बिदाई, रवानगी।

रुख़ाई • स्त्री. रूखापन, बेमुरौवती।

रुग्ण • वि. बीमार।

रुचि • स्त्री. पसंद, दिलचस्पी।

रुचिकर • वि. प्रिय, मनपसंद।

रुझान • पुं. झुकाव, प्रवृत्ति।

रुत • स्त्री. मौसम, ऋतु।

रुतबा • पुं. इज़्ज़त, प्रतिष्ठा।

रुदन • पुं. रुलाई, रोदन।

रुद्ध • वि. 1. रुका हुआ, बंद। 2. मुंदा हुआ।

रुद्राक्ष • पुं. एक वृक्ष का दाना—*रुद्राक्ष की माला*।

रुधिर • पुं. रक्त, खून, लहू।

रुनझुन • स्त्री. नूपुर आदि की झनकार।

रुपया • पुं. 1. भारत का मुख्य सिक्का—*सौ पैसों का एक रुपया होता है।* 2. *पैसा, धन।*

रुपया-पैसा • पुं. धन-दौलत।

रुपहला • वि. चाँदी के रंग का।

रुष्ट • वि. क्रुद्ध, नाराज़, अप्रसन्न।

रूई • स्त्री. रुई।

रूखा • वि. 1. जो चिकना न हो, शुष्क। 2. जिसमें तेल-घी न पड़े हों। 3. कठोर। 4. उदासीन, विरक्त।

रूठना • अ.क्रि. नाराज़ होना, अप्रसन्न होना।

रूढ़ • I. वि. जिसका भाग न किया जा सके—*तीन, पाँच आदि रूढ़ संख्या हैं।* II. पुं. 1. वह शब्द जो तोड़ा न जा सके— *गौ, घट आदि रूढ़ हैं।* 2. मूल अर्थ से भिन्न प्रचलित अर्थ—*जो कुछ कीचड़ में पैदा हो वही पंकज है, लेकिन पंकज का अर्थ कमल रूढ़ है।*

रूढ़ि • स्त्री. प्रथा, चाल।

रूप • पुं. 1. शक्ल, सूरत। 2. सुंदरता।

रूपरेखा • स्त्री. ढाँचा, मसौदा।

रूपवान् • वि. सुंदर, रूपशाली।

रूमाल • पुं. कपड़े का छोटा चौकोर टुकड़ा।

रूल • पुं. 1. नियम। 2. छोटा गोल डंडा।

रूसी • I. स्त्री. सिर का मैल। 2. रूस की भाषा। II. वि. रूस का। III. पुं. रूस का निवासी।

रूह • स्त्री. आत्मा।

रेंकना • अ.क्रि. 1. गधे का बोलना। 2. भद्‌दे ढंग से गाना।

रेंगना • अ.क्रि. धीरे-धीरे चलना।

रेख • स्त्री. लकीर, रेखा।

रेखागणित • पुं. रेखाओं, कोणों, वृत्तों आदि का विवेचन करनेवाला गणित, ज्यामिति। अं. ज्यॉमेट्री।

रेखाचित्र • पुं. रेखाओं से बना हुआ चित्र। अं. स्केच।

रेगिस्तान • पुं. बालू का मैदान, मरुस्थल।

रेजगारी • छोटे सिक्के, खुले पैसे।

रेट • पुं. दर, भाव।

रेत • स्त्री. 1. बालू। 2. बलुई भूमि।

रेतना • स.क्रि. 1. रेती से रगड़ना। 2. रगड़कर काटना।

रेती • स्त्री. 1. एक औजार जिससे चीज़ को रगड़कर काटते या चिकना करते हैं। 2. बलुई भूमि।

रेतीला • वि. बालूवाला, बलुआ।

रेफ़ • पुं. 'र' का एक रूप (ᷢ)–*सर्प में रेफ़ प पर (र्प) लगा है।*

रेलना • स.क्रि. 1. धक्का देना। 2. अधिक खा लेना।

रेलपेल • स्त्री. भीड़भाड़, धक्कमधक्का।

रेला • पुं. 1. धक्का। 2. जल का प्रवाह, तोड़।

रेवड़ी • स्त्री. तिल और चीनी या गुड़ से बनी एक मिठाई।

रेशम • पुं. एक मज़बूत चमकीला रेशा जिसे एक खास कीड़ा बनाता है।

रेशमी • वि. 1. रेशम का। 2. रेशम-सा चिकना।

रेशा • पुं. सूत जैसी चीज़ जो पेड़ पौधों की छालों और फलों आदि से मिलती है।

रेहन • पुं. ऋण देनेवाले को कोई संपत्ति उस समय तक के लिए देना जब तक उसका हिसाब चुकता न हो, बंधक, गिरवी।

रोंगटा • पुं. शरीर पर के बाल, रोम, रोयाँ।

रोक • स्त्री. 1. बाड़, घेरा। 2. मनाही, निषेध।

रोकटोक • स्त्री. रोक, मनाही।

रोकथाम • स्त्री. रोकटोक, बाधा।

रोकना • स.क्रि. 1. आगे बढ़ने न देना। 2. जाने से मना करना। 3. काम का क्रम बंद करना। 4. अपने ऊपर आने न देना। 5. सामना करना।

रोग • पुं. बीमारी, मर्ज़, व्याधि।

रोग़न • पुं. 1. तेल, घी आदि चिकना पदार्थ–*बादाम रोग़न*। 2. पॉलिश, वार्निश आदि लेप।

रोगनाशक • वि. रोग दूर करनेवाला।

रोगाणु • पुं. रोग पैदा करनेवाला जीवाणु।

रोगी • वि. बीमार, मरीज़, रोगग्रस्त।

रोचक • वि. दिलचस्प, मनोरंजक।

रोज़ • I. पुं. दिन। II. अं. प्रतिदिन—*मैं रोज़ पढ़ता हूँ।*

रोज़गार • पुं. कमाई का साधन।

रोज़-रोज़ • अ. प्रतिदिन, हर रोज़।

रोज़ा • पुं. व्रत, उपवास।

रोज़ाना • अ. नित्य, हर रोज।

रोज़ी • स्त्री. जीवन-निर्वाह का साधन, जीविका।

रोटी • 1. चपाती, फुलका। 2. खाना, भोजन।

रोड़ा • पुं. 1. ईंट या पत्थर का टुकड़ा। 2. बाधा, अड़चन।

रोदन • पुं. रुलाई, रोना, रुदन।

रोना • 1. अ.क्रि. आँसू बहाना। 2. पुं. रुदन, रुलाई।

रोपना • स.क्रि. 1. बोना। 2. जमाना, लगाना।

रोब • पुं. धाक, दबदबा।

रोबदाब • पुं. दबदबा, आतंक।

रोबदार • वि. प्रभावशाली, तेजस्वी।

रोम • पुं. रोयाँ, लोम, रोंगटा।

रोमांच • पुं. आनंद, भय आदि से रोयों का खड़ा होना, रोमहर्ष।

रोवाँसा • वि. जो रोने ही वाला हो, रुआँसा।

रोशन • वि. 1. जलता हुआ, प्रकाशित। 2. प्रसिद्ध, मशहूर।

रोशनदान • पुं. झरोखा, मोखा।

रोशनाई • स्त्री. स्याही।

रोशनी • स्त्री. 1. प्रकाश, उजाला। 2. दीपक, चिराग। 3. दीपमाला का प्रकाश।

रोष • पुं. क्रोध, गुस्सा।

रोहा • पुं. आँख की एक बीमारी।

रोहित • वि. लाल, लोहित।

रोहू • पुं. एक बड़ी और अच्छी मछली।

रौंदना • स.क्रि. पैरों से कुचलना।

रौ • स्त्री. धुन, जोश।

रौनक़ • स्त्री. 1. चमक, कांति। 2. चहलपहल।

ल

लंकलाट • पुं. एक मोटा सूती कपड़ा। अं. लांगक्लाथ।

लँगड़ा • वि. जिसका एक पैर बेकार हो। 2. जिसका एक पाया टूटा हो। 3. एक बढ़िया कलमी आम।

लँगड़ाना • अ.क्रि. लँगड़ाकर चलना।

लंगर • पुं. 1. लोहे का बहुत भारी काँटा जिससे जहाज़ या बड़ी नाव को खड़ा किया जाता है। 2. वह स्थान जहाँ मुफ़्त भोजन बाँटा जाता है।

लंगूर • पुं. एक बड़ा बंदर जिसकी दुम बड़ी और मुँह, हथेलियाँ और तलवे काले होते हैं।

लँगोट • पुं. कमर पर बाँधने का कपड़ा, लँगोटा।

लँगोटी • स्त्री. छोटा लँगोट।

लंब • पुं. सरल रेखा के आधार पर समकोण बनोनवाली रेखा।

लंबा • वि. 1. जो एक दिशा में दूर तक चला गया हो। 2. ऊँचा। 3. परिमाण में अधिक।

लंबाई • स्त्री. 1. लंबापन का परिमाण। 2. ऊँचाई—*अलमारी की लंबाई दो मीटर है।*

लंबा-चौड़ा • वि. विस्तृत।

लकड़बग्घा • पुं. एक हिंसक पशु।

लकड़हारा • पुं. लकड़ियाँ तोड़कर बेचनेवाला।

लकड़ी • स्त्री. 1. पेड़ का सूखा या काटकर सुखाया हुआ भाग, काठ, काष्ट। 2. लाठी।

लकवा • पुं. एक रोग जिससे शरीर का कोई भाग शक्तिहीन हो जाता है, फ़ालिज।

लकीर • स्त्री. रेखा।

लक्ष • वि. सौ हज़ार, लाख।

लक्षण • पुं. 1. पहचान, आसार।

लक्ष्मी • स्त्री. 1. धन की देवी। 2. धन-संपत्ति, दौलत। 3. शोभा।

लक्ष्य • पुं. 1. निशाना। 2. उद्देश्य। 3. अनुमान।

लखपती • पुं. लाखों रुपयों का मालिक, बहुत अमीर।

लगन • I. स्त्री. 1. ध्यान, धुन। 2. प्रगाढ़ प्रेम। 3. ध्यान लगाना। II. पुं. 1. विवाह का मुहूर्त, लग्न। 2. वे दिन जिन दिनों विवाह होते हैं।

लगना • अ.क्रि. 1. जुटना। 2. जुड़ना। 3. महसूस होना। 4. क्रम में

होना। 5. खर्च होना। 6. स्थापित होना। 7. आघात पड़ना। 8. रिश्ते में कुछ होना। 9. जान पड़ना। 10. मिलना।

लगभग • अ. करीब-करीब।

लगातार • अ. निरंतर, बराबर।

लगान • पुं. भूमि का कर।

लगाना • स.क्रि. 1. सटाना। 2. जड़ना। 3. रोपण करना। 4. जलाना। 5. क्रम से रखना। 6. सही स्थान पर पहुँचाना। 7. खर्च करना। 8. मालूम करना। 9. दोष मढ़ना।

लगाम • स्त्री. घोड़े के मुँह में लगाया जानेवाला ढाँचा तथा उस ढाँचे के दोनों ओर बँधा रस्सा या तस्मा, रास, बाग।

लगाव • पुं. संबंध, वास्ता।

लग्गा • पुं. अँकसीदार लंबा पतला बाँस जिसकी सहायता से पेड़ से फल आदि तोड़े जाते हैं।

लग्गी • स्त्री. छोटा लग्गा।

लघु • वि. 1. छोटा। 2. सुंदर। 3. कम, थोड़ा। 4. दुर्बल। 5. कोमल, हलका।

लचक • स्त्री. दबाव आदि से झुकने का गुण।

लचकना • अ.क्रि. लंबी चीज़ का दबाव आदि से झुकना।

लचकीला • वि. लचकदार, लचीला।

लच्छा • पुं. 1. गुच्छा। 2. लंबा और पतला कटा हुआ टुकड़ा।

लच्छी • पुं. लपेटा हुआ गुच्छा।

लजाना • अ.क्रि. लज्जित होना।

लज़ीज़ • वि. स्वादिष्ट।

लजीला • वि. लज्जाशील, शर्मीला।

लज़्ज़त • स्त्री. स्वाद, मज़ा।

लज्जा • स्त्री. 1. लाज, शर्म, हया। 2. मर्यादा, मान।

लज्जालु • वि. लज्जावान, लज्जाशील।

लज्जित • वि. लजाया हुआ, शर्मिंदा।

लट • स्त्री. बालों का गुच्छा, अलक, जुल्फ़।

लटकन • पुं. लटकनेवाली चीज़।

लटकना • अ.क्रि. 1. झूलना। 2. टँगना। 3. अधूरा रहना।

लटपटाना • अ.क्रि. गिरना-पड़ना, लड़खड़ाना।

लट्टू • पुं. 1. लकड़ी का एक गोल खिलौना जिसे डोर के सहारे ज़मीन पर फेंककर नचाते हैं। 2. बिजली का बल्ब।

लट्ठ • पुं. मोटी लाठी।

लट्ठबाज़ • पुं. लाठी चलानेवाला, लठैत।

लट्ठमार • वि. 1. अक्खड़, उजड्ड। 2. अप्रिय। 3. कठोर।

लट्ठा • पुं. 1. एक मोटा कपड़ा, मारकीन। 2. लकड़ी का लंबा मोटा टुकड़ा, बल्ला।

लठैत • पुं. लाठी चलाने में कुशल, लट्ठबाज़।

लड़कपन • पुं. 1. बचपन। 2. बचपना,

नादानी।

लड़का • पुं. 1. बालक। 2. बेटा।

लड़की • स्त्री. 1. बालिका। 2. बेटी।

लड़खड़ाना • अ.क्रि. डगमगाना, हिलना-डुलना।

लड़ना • अ.क्रि. 1. युद्ध करना। 2. मारपीट करना। 3. तकरार करना। 4. टकराना।

लड़ाई • स्त्री. 1. युद्ध। 2. कलह, तकरार। 3. अनबन।

लड़ाका • वि. झगड़ा करनेवाला।

लड़ाकू • वि. लड़ाई में काम आनेवाला।

लड़ाना • स.क्रि. लड़ाई कराना।

लड़ी • स्त्री. माला जैसी चीज़, लड़, पंक्ति, कतार।

लड्डू • पुं. गोलाकार मिठाई।

लत • स्त्री. बुरी आदत।

लतखोर • वि. लात खानेवाला, नीच।

लतर • स्त्री. वह पतला और लंबा पौधा जो ज़मीन पर फैले या पेड़ आदि के सहारे ऊपर चढ़े, बेल, लता।

लता • स्त्री. लतर।

लताड़ • स्त्री. डाँट, झिड़की।

लतियाना • स.क्रि. लातों से खूब मारना।

लतीफ़ा • पुं. हँसी-मजाक की बात, चुटकुला।

लत्ता • पुं. फटा-पुराना कपड़ा, कपड़े का टुकड़ा।

लथपथ • वि. तर, सना हुआ।

लथेड़ना • स.क्रि. 1. कीचड़ से सानना। 2. बुरी तरह डाँटना।

लदना • अ.क्रि. 1. लादा जाना, रखा जाना। 2. बीतना।

लदाई • स्त्री. 1. लादने की क्रिया, लदाना। 2. लादने की मज़दूरी।

लद्धड़ • वि. सुस्त, काहिल।

लपकना • अ.क्रि. झपट पड़ना।

लपट • स्त्री. 1. आग की तेज़ लौ। 2. तपी हुई हवा।

लपलपाना • अ.क्रि. 1. लंबी पतली चीज़ का हिलना। 2. चमकना— *तलवार का लपलपाना।*

लपसी • स्त्री. आटे का पतला हलवा। 2. गीली गाढ़ी चीज़।

लपेट • स्त्री. 1. लपेटने की क्रिया। 2. लपेटी गई वस्तु का हर फेरा। 3. चक्कर, उलझन।

लप्पड़ • पुं. थप्पड़।

लफंगा • वि. 1. आवारा, दुष्ट। 2. चरित्रहीन। 2. लंपट।

लफ़्ज • पुं. शब्द, बात।

लब • पुं. ओठ, होंठ।

लबड़धोंधों • स्त्री. झूठमूठ का हल्ला, अव्यवस्था।

लबालब • अ. मुँह तक, किनारे तक।

लमतड़ंग • वि. लंबा और तगड़ा।

लमहा • पुं. पल, क्षण।

लय • I. स्त्री. गाने की धुन, स्वर। II. पुं. विनाश।

ललक • स्त्री. तीव्र इच्छा।

ललकार • स्त्री. चुनौती।

ललकारना • स.क्रि. लड़ने की चुनौती देना।

ललचना • अ.क्रि. लालच में आना।

ललचाना • स.क्रि. 1. लालच देना। 2. अधीर करना। 3. मुग्ध करना।

ललछौहाँ • वि. हलका लाल।

ललाई • स्त्री. सुर्खी, लाली।

ललाट • पुं. माथा, मस्तक, भाल, कपाल।

ललित • वि. सुंदर, रमणीय, मनोहर।

लल्लोचप्पो • स्त्री. चिकनी-चुपड़ी बात।

लवण • पुं. नमक, नोन, लोन।

लश्कर • पुं. सेना, फ़ौज।

लसलसा • वि. चिपचिपा, लसीला।

लस्टमपस्टम • अ. किसी तरह से।

लस्सी • स्त्री. मथे हुए दही का शरबत।

लहँगा • पुं. स्त्रियों का कमर से नीचे का एक घेरदार पहनावा, घाघरा।

लहज़ा • पुं. बोलने का ढंग।

लहर • स्त्री. पानी में होनेवाला चढ़ाव-उतार, तरंग, मौज।

लहरदार • वि. बल खाता हुआ।

लहराना • अ.क्रि. 1. पानी का हलकोरा लेना। 2. हवा से हिलना-डुलना।

लहलहाना • अ.क्रि. 1. हरा-भरा होना। 2. प्रसन्न होना। 3. हृष्ट-पुष्ट होना।

लहसुन • पुं. गोल गाँठ जैसी एक सफ़ेद जड़ जो मसाले के काम आती है।

लहसुनिया • पुं. धूमिल रंग का एक रत्न।

लहू • पुं. खून, रक्त, रुधिर, शोणित।

लहूलुहान • वि. खून से तर / सना हुआ।

लाँघना • स.क्रि. पार करना।

लांछन • पुं. दोष, कलंक।

लाइन • स्त्री. 1. रेखा। 2. कतार।

लाई • स्त्री. धान का लावा, धान-बाजरे को भूनकर बनाया गया खाद्य पदार्थ।

लाख • I. वि. सौ हज़ार, लक्ष। II. अ. बहुत। III. स्त्री. एक लाल पदार्थ, लाह, चपड़ा।

लाग • स्त्री. 1. लगाव, संपर्क। 2. लगन, प्रेम, अनुराग। 3. होड़, प्रतिस्पर्द्धा। 4. शत्रुता।

लागडाँट • स्त्री. होड़, प्रतियोगिता।

लागत • स्त्री. किसी चीज़ को तैयार करने का खर्च।

लागू • वि. 1. जारी। 2. चरितार्थ होना।

लाघव • पुं. 1. छोटा होने का भाव। 2. कमी।

लाचार • वि. 1. मजबूर, विवश, निरुपाय। 2. असमर्थ।

लाचारी • स्त्री. मजबूरी, विवशता।

लाज • स्त्री. लज्जा, शर्म।

लाजवाब • वि. 1. चुप, खामोश, निरुत्तर। 2. बेजोड़।

लाट • I. स्त्री. ऊँचा मोटा खंभा। II. पुं. 1. अँगरेज़ी शासनकाल का प्रांत या देश का सबसे बड़ा शासक। 2. चीज़ों का ढेर।

लाटरी • स्त्री. टिकट खरीदनेवालों में पुरस्कार-वितरण की व्यवस्था। *मोहन ने लाटरी में एक लाख रुपये का इनाम जीता।*

लाठी • स्त्री. बाँस की लंबी लकड़ी, डंडा।

लाड़ • पुं. प्यार, दुलार।

लाड़ला • वि. प्यारा, दुलारा।

लात • स्त्री. पैर से किया हुआ आघात।

लादना • स.क्रि. 1. बोझा रखना। 2. ज़िम्मेदारी डालना।

लानत • स्त्री. धिक्कार।

लाना • अ.क्रि. ले आना।

लापता • वि. गायब।

लापरवाह • वि. बेफ़िक्री, असावधानी।

लाभ • पुं. 1. मुनाफ़ा। 2. फ़ायदा। 3. उपकार, हित।

लाभकारी • वि. जिससे लाभ हो, लाभदायक। लाभप्रद।

लामा • पुं. बौद्ध धर्माचार्य।

लायक़ • वि. योग्य।

लार • स्त्री. लसदार थूक।

लाल • I. वि. 1. रक्त के रंग का। 2. अत्यधिक क्रुद्ध। II. पुं. 1. लाल रंग का एक रत्न, माणिक। 2. बेटा, बालक। 3. एक छोटा पक्षी।

लालच • पुं. तीव्र इच्छा, लोभ।

लालची • वि. जिसे लालच हो, लोभी।

लालटेन • स्त्री. हाथ में लटकाने लायक चिमनीदार बत्ती।

लालसा • स्त्री. अत्यधिक इच्छा।

लाला • पुं. एक आदरसूचक संबोधन।

लालायित • वि. ललचाया हुआ।

लालिमा • स्त्री. लाली, सुर्ख़ी, अरुणिमा, ललाई।

लावण्य • पुं. सलोनापन, सुंदरता।

लावा • पुं. 1. भूना हुआ धान आदि; खील, लाई। 2. ज्वालामुखी से निकला पदार्थ।

लावारिस • वि. 1. जिस व्यक्ति का वारिस न हो। 2. जिस वस्तु का दावेदार न हो।

लाश • स्त्री. शव, मुरदा।

लिए • अ. वास्ते, निमित्त।

लिखना • स.क्रि. 1. किसी बात को कागज़ आदि पर उतारना, लिपिबद्ध करना। 2. पुस्तक आदि की रचना करना।

लिखाई • स्त्री. 1. लिखने का काम। 2. लिखने की मज़दूरी। 3. लिखने का ढंग, लिखावट।

लिखावट • स्त्री. लिखने का ढंग, लिपि।

लिखित • वि. लिखा हुआ।

लिटाना • स.क्रि. किसी को लेटने में प्रवृत्त करना, पौढ़ाना।

लिपटना • अ.क्रि. 1. गले लगना। 2. घेर लेना, चिपटना। 3. सटना।

लिपाई • स्त्री. लीपने की क्रिया, पुताई।

लिपा-पुता • वि. साफ़-सुथरा।

लिपि • स्त्री. लिखावट, अक्षर।

लिपिक • पुं. लिखने का काम करनेवाला कर्मचारी। अं. क्लर्क।

लिप्सा • स्त्री. इच्छा, चाह।

लिफ़ाफ़ा • पुं. 1. कागज़ का खोल। 2. ठाटबाट।

लिबास • पुं. पहनावा, पोशाक।

लिहाज़ • पुं. 1. आदर। 2. विचार।

लिहाफ़ • पुं. मोटी रज़ाई।

लीक • स्त्री. 1. रेखा के रूप में बना हुआ चिह्न। 2. पुरानी परंपरा।

लीचड़ • वि. सुस्त, निकम्मा।

लीची • स्त्री. गुच्छों में लगनेवाला एक मीठा फल।

लीटर • पुं. तरल पदार्थ की एक माप (1,000 ग्राम)।

लीडर • पुं. नेता।

लीद • स्त्री. गधे, घोड़े आदि का मल।

लीन • वि. तन्मय, मग्न।

लीपना • स.क्रि. लेप करना, पोतना।

लीला • स्त्री. 1. रहस्यपूर्ण कार्य। 2. खेल, क्रीड़ा। 3. अभिनय।

लुंगी • स्त्री. कमर में लपेटने की छोटी धोती, तहमद।

लुकना • अ.क्रि. छिपना, आड़ में होना।

लुका-छिपी • स्त्री. लुकने-छिपने का एक खेल।

लुगदी • स्त्री. किसी चीज़ को गलाकर बनाया गया लोंदा।

लुगाई • स्त्री. स्त्री, पत्नी।

लुच्चा • वि. 1. बदमाश। 2. लफंगा।

लुटना • अ.क्रि. लूटा जाना।

लुटाना • स.क्रि. 1. लूटने देना। 2. कम दाम पर बेचना। 3. अंधाधुंध खर्च करना।

लुटिया • स्त्री. छोटा लोटा।

लुटेरा • पुं. 1. लूटनेवाला, डाकू। 2. डंडी मारनेवाला दुकानदार।

लुढ़कना • अ.क्रि. 1. ढुलकना, चक्कर खाते हुए आगे बढ़ना। 2. मर जाना। 3. आकृष्ट होना।

लुत्फ़ • पुं. आनंद, मज़ा।

लुनाई • स्त्री. सुंदरता।

लुप्त • वि. 1. जिसका लोप हुआ हो, गायब। 2. नष्ट।

लुभाना • स.क्रि. 1. आकृष्ट करना, ललचाना। 2. मुग्ध करना।

लुहार • पुं. लोहे का काम करनेवाला।

लू • स्त्री. तपी हुई हवा।

लूट • स्त्री. 1. लूटने की क्रिया, डकैती। 2. अनुचित लाभ कमाना।

लूटखसोट • स्त्री. नोचखसोट, छीना-झपटी।

लूटना • स.क्रि. 1. ज़बर्दस्ती छीनना। 2. अनुचित ढंग से धन कमाना।

लूटपाट • स्त्री. बड़े पैमाने पर लूट।

लूटमार • स्त्री. लूट के साथ मारपीट।

लूला • वि. बिना हाथ का, ठूँठा।

लेई • स्त्री. मैदे आदि के घोल को पकाकर बनाया गया गोंद।

लेकिन • अ. परंतु, मगर।

लेख • पुं. लिखी हुई बातें, निबंध।

लेखक • पुं. 1. लिखनेवाला। 2. पुस्तक आदि का रचयिता।

लेखन • पुं. लिखने का काम।

लेखनी • स्त्री. लिखने का साधन, कलम।

लेखपाल • पुं. गाँव की ज़मीन का लेखा रखनेवाला सरकारी कर्मचारी, पटवारी।

लेखा • पुं. हिसाब-किताब।

लेटना • अ.क्रि. लंबा पड़ा रहना, पौढ़ना।

लेनदेन • पुं. 1. लेना-देना, आदान-प्रदान। 2. ऋण लेने-देने का काम, महाजनी।

लेना • स.क्रि. 1. प्राप्त करना। 2. खरीदना। 3. सेवन करना।

लेप • पुं. लेपने की गाढ़ी गीली चीज़।

लैस • वि. कील-काँटे से दुरुस्त, सजा हुआ।

लोई • स्त्री. 1. साने हुए आटे की गोली। 2. एक तरह का ऊनी कंबल।

लोक • पुं. 1. जन-साधारण। 2. पृथ्वी आदि स्थान—*अंतरिक्षलोक, इहलोक।*

लोकतंत्र • पुं. जनता के प्रतिनिधियों का शासन, जनतंत्र।

लोकप्रिय • वि. जनता का प्रिय।

लोकसभा • स्त्री. संसद का निम्न सदन।

लोकोक्ति • स्त्री. कहावत, मसल।

लोग • पुं. आदमी, मनुष्य।

लोगबाग • पुं. जन-साधारण, जनता।

लोच • स्त्री. लचक, लचीलापन।

लोचन • पुं. नेत्र, आँख, नयन, चक्षु, दृग।

लोटना • अ.क्रि. लेटकर लुढ़कना, करवटें बदलना।

लोटपोट • वि. हँसी के वेग से अधीर।

लोटा • पुं. धातु का छोटा गोल बरतन।

लोथड़ा • पुं. माँस का बड़ा टुकड़ा।

लोबान • पुं. एक प्रकार का गोंद—*हम खुशबू के लिए लोबान जलाते हैं।*

लोबिया • पुं. एक फली जिसकी तरकारी बनती है।

लोभ • पुं. 1. लालच। 2. लालसा, कामना।

लोम • पुं. शरीर पर के बाल, रोम, रोयाँ।

लोमड़ी • स्त्री. गीदड़ जैसा एक जंतु।

लोरी • स्त्री. बच्चों को सुलाने के लिए गाया जानेवाला गीत।

लोहा • पुं. काले रंग की एक धातु।

लोहार • पुं. लोहे का काम करनेवाला, लुहार।

लोहित • वि. लाल, सुर्ख, रक्तिम, गुलनार।

लौंग • स्त्री. 1. एक झाड़ की सुखाई हुई कली। 2. लौंग के आकार का एक गहना।

लौ • स्त्री. 1. आग की लपट। 2. दीये आदि की जलती हुई शिख। 3. धुन, चाह।

लौटना • अ.क्रि. वापस आना।

लौह • पुं. लोहा, लोह।

व

वंचित • वि. 1. रहित। 2. ठगा हुआ।

वंदना • स्त्री. स्तुति, प्रार्थना।

वंश • पुं. 1. कुल, खानदान। 2. बाँस।

वंशी • स्त्री. बाँसुरी, मुरली।

व • अ. और।

वक • पुं. बगला।

वकालत • स्त्री. वकील का पेशा।

वकील • पुं. वकालत करनेवाला।

वक़्त • पुं. 1. समय, काल। 2. मौका, अवसर। 3. फुरसत, अवकाश। 4. मृत्यु का समय।

वक्तव्य • पुं. कथन, कहे जाने योग्य बात।

वक्ता • पुं. 1. बोलनेवाला। 2. भाषण देनेवाला।

वक्तृता • स्त्री. भाषण, व्याख्यान।

वक्र • वि. 1. टेढ़ा, तिरछा। 2. क्रूर, निर्दय। 3. कुटिल। 4. धूर्त।

वक्ष • पुं. पेट और गले के बीच का भाग, छाती, सीना।

वग़ैरह • अ. आदि।

वचन • पुं. 1. बात, वाणी। 2. संज्ञा के वचन।

वचनबद्ध • वि. वचन में बँधा हुआ।

वज़न • पुं. 1. तौल, भार। 2. महत्व।

वज़नदार • वि. 1. भारी। 2. महत्त्वपूर्ण।

वजह • स्त्री. कारण।

वज़ीफ़ा • पुं. छात्रवृत्ति।

वज़ीर • पुं. 1. मंत्री। 2. शतरंज का एक मोहरा।

वज्र • I. पुं. 1. इंद्र का अस्त्र। 2. बिजली। II. वि. बहुत मज़बूत, कठोर, सख़्त।

वज्रपात • पुं. 1. बिजली गिरना। 2. भारी विपत्ति।

वट • पुं. बरगद।

वणिक • पुं. वैश्य, बनिया।

वतन • पुं. जन्मस्थान, स्वदेश।

वदन • पुं. चेहरा, मुखड़ा, मुख, आनन।

वध • पुं. हत्या, हनन।

वधिक • पुं. हत्यारा, बधिक, घातक, कातिल।

वधू • स्त्री. दुलहिन।

वन • पुं. जंगल, अरण्य।

वनमानुष • पुं. एक बड़ा बंदर, बनमानुस।

वनवास • पुं. वन में रहना।

वनवासी • पुं. वन में रहनेवाला व्यक्ति।

वनस्पति • I. स्त्री. पेड़-पौधे, घास आदि। II. पुं. मूँगफली आदि का जमाया हुआ तेल।

वनौषधि • स्त्री. जंगली जड़ी-बूटी।

वनिता • स्त्री. औरत, स्त्री।

वन्य • वि. वन का, जंगली।

वफ़ादार • वि. स्वामिभक्त।

वय • स्त्री. उम्र, अवस्था।

वयस्क • वि. 1. उम्र का। सयाना, बालिग।

वर • I. पुं. 1. देवता से माँगा हुआ मनोरथ। 2. दूल्हा। 3. विवाह योग्य पुरुष। II. वि. कविवर, मान्यवर।

वरदान • पुं. 1. ऋषि व देवता से प्राप्त इच्छित वस्तु/वर। 2. लाभ की वस्तु।

वरदी • स्त्री. कर्मचारियों की खास पोशाक।

वराह • पुं. सूअर, शूकर।

वरिष्ठ • वि. 1. पद या क्रम में बड़ा। 2. श्रेष्ठ, पूज्य। अं. सीनियर।

वर्ग • पुं. 1. एक जैसे लोगों का समूह। 2. वह चतुर्भुज जिसकी चारों भुजाएँ समान और चारों कोण समकोण हों। 3. कक्षा, श्रेणी।

वर्चस्व • पुं. प्रधानता, प्रबलता।

वर्जित • वि. त्यागा हुआ, निषिद्ध।

वर्ण • पुं. 1. रंग। 2. जाति। *हिंदुओं के चार वर्ण हैं–ब्राह्मण, क्षत्रिय, वैश्य, शूद्र।* 3. अक्षर–*अ, आ आदि स्वरवर्ण हैं तो क, ख आदि व्यंजनवर्ण।*

वर्णन • पुं. कथन, बयान।

वर्णमाला • स्त्री. अक्षरों की सूची–*हिंदी वर्णमाला* ।

वर्तनी • स्त्री. हिज्जे। अं. स्पेलिंग।

वर्तमान • वि. अभी का, चालू, मौजूदा।

वर्तुल • वि. गोल, वृत्ताकार।

वर्धक • वि. बढ़ानेवाला।

वर्म • पुं. बख्तर, कवच।

वर्ष • पुं. समय का एक परिमाण जिसमें 12 महीने या 365 दिन होते हैं, साल।

वर्षगाँठ • स्त्री. जन्मदिन, सालगिरह।

वर्षा • स्त्री. 1. वृष्टि, वारिश। 2. वर्षाकाल, बरसात। 3. बरसाने की क्रिया।

वलय • पुं. 1. छल्ला। 2. कंगन।

वल्कल • पुं. 1. पेड़ की छाल। 2. छाल का कपड़ा।

वल्लभ • पुं. पति, स्वामी।

वश • पुं. I. काबू। II. वि. अधीन।

वशीभूत • वि. अधीन, पराधीन।

वसंत • पुं. छह ऋतुओं में से एक जो चैत्र-वैशाख में होती है।

वसंती • वि. 1. वसंत का। 2. खिलते हुए पीले रंग का।

वसन • पुं. 1. वस्त्र, कपड़े।

वसा • स्त्री. चरबी, मेद।

वसीयत • स्त्री. अपने बाद अपनी संपत्ति का व्यवस्था-संबंधी आदेश। अं. विल।

वसूल • वि. मिला हुआ, प्राप्त।

वसूली • स्त्री. उगाही, प्राप्ति।

वस्तु • स्त्री. 1. चीज, पदार्थ। 2. विषय।

वस्तुतः • अ. सचमुच।

वस्त्र • पुं. 1. कपड़ा। 2. पोशाक।

वह • I. सर्व. 1. दूर के व्यक्ति के लिए प्रयुक्त शब्द। 2. दूर की वस्तु के लिए प्रयुक्त शब्द। II. वि. निर्दिष्ट व्यक्ति या वस्तु।

वहन • पुं. 1. ढोने का काम। 2. निर्वाह करना।

वहम • पुं. शक, शंका।

वहशी • वि. जंगली, असभ्य।

वहाँ • अ. उस जगह (दूर के लिए)।

वहीं • अ. वहाँ ही, उसी जगह।

वही • सर्व. वह ही (दूसरा नहीं)।

वह्नि • पुं. अग्नि, आग, अनल, हुताशन।

वांछनीय • वि. जिसकी इच्छा हो।

वांछित • वि. इच्छित।

वाक् • स्त्री. 1. वाणी, 2. वाक्य। 3. शब्द। 4. सरस्वती।

वाक़ई • अ. सचमुच।

वाक़िफ़ • वि. जानकार।

वाक्य • पुं. वह शब्दसमूह जिससे पूरी बात स्पष्ट हो, जुमला।

वाङ्मय • पुं. गद्य-पद्य आदि पढ़ने का विषय, साहित्य।

वाचक • वि. पढ़कर सुनानेवाला।

वाचन • पुं. पढ़ना, पठन।

वाचनालय • पुं. वह स्थान जहाँ बैठकर लोग पत्र-पत्रिकाएँ पढ़ते हैं।

वाचाल • वि. अधिक बोलनेवाला, बकवादी।

वाजिब • वि. उचित, ठीक।

वाणिज्य • पुं. व्यापार, रोज़गार।

वाणी • स्त्री. वचन, बोल। 2. विद्या की देवी सरस्वती।

वात • पुं. 1. वायु, हवा। 2. शरीर में वायु के प्रकोप से होनेवाला रोग, गठिया आदि।

वातावरण • पुं. 1. वायुमंडल। 2. परिस्थिति, माहौल।

वात्सल्य • पुं. संतान के प्रति माता-पिता का स्नेह।

वाद • पुं. 1. सिद्धांत, उसूल। 2. मुकदमा, नालिश।

वादविवाद • पुं. 1. बहस। अं. डिबेट। 2. तकरार, कहासुनी।

वादक • पुं. बजानेवाला।

वादन • पुं. बाजा बजाना।

वादा • पुं. वचन, प्रतिज्ञा।

वाद्य • पुं. बाजा।

वानर • पुं. बंदर, कपि।

वापस • वि. 1. लौटा हुआ। 2. लौटाया हुआ।

वापसी • I. वि. वापस होने से संबंधित। II. स्त्री. वापस होने की क्रिया।

वाम • वि. बायाँ।

वामन • पुं. बौना आदमी।

वामा • स्त्री. स्त्री, नारी, वनिता, ललना।

वायव्य • वि. वायु से संबंध रखनेवाला।

वायु • स्त्री. हवा, वात, समीर।

वायुयान • पुं. हवाई जहाज़, विमान।

वारंट • पुं. किसी काम को करने का आज्ञापत्र–*गिरफ़्तारी का वारंट।*

वार • पुं. 1. सप्ताह का दिन। 2. आघात, चोट।

वारदात • स्त्री. घटना।

वारनिश • स्त्री. चमक लानेवाला रोगन। अं. वार्निश।

वारा-न्यारा • पुं. फ़ैसला, निपटारा।

वारि • पुं. जल, पानी, उदक, सलिल, अंबु।

वारिस • पुं. उत्तराधिकारी।

वार्ड • पुं. 1. मुहल्लों का समूह। 2. अलग कमरा या विभाग।

वार्ता • स्त्री. 1. बातचीत। 2. ज्ञानवर्धक कथन। अं. टॉक।

वार्द्धक्य • पुं. बुढ़ापा, वृद्धावस्था, बुढ़ौती, जरा।

वार्षिक • वि. जो प्रतिवर्ष हो, सालाना।

वालिद • पुं. पिता, बाप, जनक।

वालिदा • स्त्री. माता, माँ, जननी।

वालुका • स्त्री. बालू, रेत, बालुका।

वाष्प • पुं. भाप।

वास • पुं. 1. रहना, निवास। 2. घर, मकान। 3. कपड़ा, पोशाक–*पीतवास, जीर्णवास।* 4. खुशबू। गंध–*फूलों का वास मिला।*

वासना • स्त्री. इच्छा, कामना।

वासर • पुं. दिवस, दिन।

वास्तव • वि. यथार्थ, सत्य।

वास्तविक • वि. प्रकृत, यथार्थ, ठीक।

वास्तविकता • स्त्री. यथार्थता, सच्चाई।

वास्ता • पुं. संबंध, लगाव।

वास्तुकला • स्त्री. गृहनिर्माण की कला।

वास्ते • अ. लिए, हेतु, कारण।

वाह • अ. आश्चर्य और प्रशंसा प्रकट करनेवाला शब्द–*वाह! तुमने कमला किया है।*

वाहक • वि. ढोनेवाला।

वाहन • पुं. सवारी।

वाहवाही • स्त्री. लोगों की प्रशंसा।

वाहिनी • स्त्री. सेना, फ़ौज, चमू, सैन्य।

वाहियात • वि. व्यर्थ, फ़जूल।

विंदु • पुं. 1. जलकण, बूँद। 2. विंदी, सिफ़र। 3. अनुस्वार का चिह्न।

विकट • वि. 1. भयंकर। 2. कठिन। 3. दुर्गम। 4. दुस्साध्य। 5. टेढ़ा।

विकराल • वि. भीषण, भयंकर।

विकल • वि. बेचैन, व्याकुल।

विकल्प • पुं. 1. समानता करनेवाला।

2. उपाय। 3. धारणा।

विकसित • वि. 1. खिला हुआ। 2. विकास को प्राप्त, उन्नत।

विकार • पुं. 1. परिवर्तन। 2. दोष, खराबी।

विकास • पुं. प्रसार उन्नयन।

विकिरण • पुं. छितराने, फैलने की क्रिया।

विकृत • वि. 1. परिवर्तित, बदला हुआ रूप। 2. दोषयुक्त। 3. अप्राकृतिक। 4. कुरूप, बेडौल।

विक्रम • पुं. बल, पराक्रम, शौर्य, वीरता।

विक्रय • पुं. बेचना, बिक्री।

विक्रेता • पुं. बेचनेवाला।

विक्षिप्त • वि. पागल।

विखंडित • वि. टुकड़ों में कटा, बँटा हुआ।

विख्यात • वि. प्रसिद्ध, मशहूर।

विगत • वि. बीता हुआ।

विगलित • वि. पिघला हुआ।

विग्रह • पुं. 1. अलग करना। 2. विभाग, टुकड़ा।

विघटन • पुं. छिन्न-भिन्न हो जाना।

विघ्न • पुं. बाधा, अड़चन।

विचरण • पुं. घूमना-फिरना।

विचलित • वि. अस्थिर, चंचल।

विचार • पुं. समझ, खयाल।

विचारधारा • स्त्री. विचार की शैली, सिद्धान्त।

विचारवान • वि. समझदार, विचारशील।

विचित्र • वि. अजीब, अद्‌भुत, असाधारण।

विच्छिन्न • वि. अलग, पृथक।

विच्छेद • पुं. अलगाव।

विजन • वि. एकांत, जनहीन।

विजय • स्त्री. जीत, जय।

विजयादशमी • स्त्री. दशहरा, विजयदशमी। *श्रीराम ने विजयादशमी के दिन रावण को मारा था।*

विजयी • वि. जिसकी जीत हुई हो।

विजित • वि. जो जीत लिया गया हो।

विजेता • पुं. जीतनेवाला, विजयी।

विज्ञप्ति • स्त्री. सूचना, विज्ञापन।

विज्ञान • पुं. किसी विषय का प्रयोग-परीक्षण से प्राप्त ज्ञान, शास्त्र।

विज्ञापन • पुं. पत्र-पत्रिका, परचे आदि द्वारा लोगों को दी जानेवाली सूचना, प्रचार।

विटामिन • पुं. खाद्यान्नों आदि में मिलनेवाला एक विशेष पोषक तत्त्व।

विडंबना • स्त्री. 1. विचित्रता। 2. चाल। 3. छलना।

विडाल • स्त्री. बिल्ली।

वितरक • पुं. बाँटने वाला।

वितरण • पुं. बाँटना।

वितान • पुं. 1. चँदोआ, तंबू। 2. विस्तार।

वित्त • पुं. धन-संपत्ति।

विदा • स्त्री. रवाना, प्रस्थान।

विदित • वि. ज्ञात, मालूम।

विदीर्ण • वि. फाड़ा हुआ।

विदुषी • पुं. विद्वान स्त्री, पंडिता।

विदूषक • पुं. दूसरों को हँसानेवाला, मसखरा, भाँड़, अं. जोकर।

विदेश • पुं. दूसरा देश, परदेश।

विदेशी • I. वि. विदेश का, विदेशीय। II. पुं. विदेश का रहनेवाला।

विद्ध • वि. 1. छेदा हुआ। 2. बेधा हुआ।

विद्यमान • वि. उपस्थित, मौजूद।

विद्या • स्त्री. शिक्षा के द्वारा प्राप्त ज्ञान, इल्म।

विद्यार्जन • पुं. विद्या की प्राप्ति।

विद्यार्थी • पुं. विद्या पढ़नेवाला, छात्र, शिष्य, शागिर्द।

विद्यालय • पुं. जहाँ छात्रों को विद्या पढ़ाई जाती है। पाठशाला, मदरसा।

विद्युत • स्त्री. बिजली।

विद्रूप • पुं. मज़ाक।

विद्रोह • पुं. 1. राज्य के विरुद्ध उपद्रव, गदर, बगावत। 2. क्रांति।

विद्रोही • पुं. विद्रोह करनेवाला, बागी।

विद्वत्ता • स्त्री. विद्वान होने का भाव, पांडित्य।

विद्वान • पुं. अत्यधिक शिक्षित, पंडित।

विद्वेष • पुं. शत्रुता, वैर।

विधर्मी • पुं. धर्म के विरुद्ध आचरण करनेवाला।

विधवा • स्त्री. वह स्त्री जिसका पति मर गया हो, बेवा।

विधाता • पुं. संसार को बनानेवाला, सृष्टिकर्ता, ईश्वर।

विधान • पुं. 1. ढंग, उपाय। 2. विधि, कानून।

विधानपरिषद • स्त्री. राज्य के विधान मंडल का दूसरा सदन जिसके सदस्य विशेष निर्वाचकों द्वारा चुने जाते हैं।

विधान सभा • स्त्री. विधान मंडल का पहला सदन जिसके सदस्य सामान्य निर्वाचकों द्वारा चुने जाते हैं और जो राज्य के लिए कानून बनाता है।

विधायक • पुं. विधान सभा का सदस्य।

विधि • I. स्त्री. 1. व्यवस्था का ढंग, तरीका। 2. कानून, विधान, अधिनियम। II. पुं. सृष्टिकर्ता, विधाता।

विधिवत • अ. नियम के अनुसार, विधिपूर्वक।

विधुर • पुं. वह पुरुष जिसकी स्त्री मर गई हो।

विधेयक • पुं. विधान (कानून) का वह प्रारूप (मसौदा) जो लोक सभा या विधान सभा में रखा जाता है। अं. बिल।

विध्वंस • पुं. नाश, बरबादी।

विनती • स्त्री. प्रार्थना।

विनम्र • वि. 1. विनीत, विनयी, सुशील। 2. झुका हुआ।
विनय • स्त्री. 1. नम्रता, शिष्टता। 2. प्रार्थना, विनती।
विनष्ट • वि. बरबाद, ध्वस्त।
विनाश • पुं. नाश, ध्वंस।
विनिमय • पुं. अदल-बदल, परिवर्तन।
विनियोग • पुं. 1. लाभ के लिए वस्तु का उपयोग। 2. नियुक्ति।
विनीत • वि. नम्र, विनयी।
विनोद • पुं. हँसी-दिल्लगी, मनोरंजन।
विनोदी • वि. हँसी-दिल्लगी करनेवाला, हँसोड़।
विपक्ष • पुं. 1. विरोधी पक्ष। 2. विरोध।
विपक्षी • वि. विरोधी पक्ष का, प्रतिद्वंद्वी।
विपणन • पुं. विक्रय, व्यापार।
विपत्ति • स्त्री. संकट, आफ़त।
विपदा • स्त्री. विपत्ति, मुसीबत।
विपरीत • वि. 1. उलटा, विरुद्ध। 2. रुष्ट, प्रतिकूल।
विपिन • पुं. वन, उपवन।
विपुल • वि. संख्या, विस्तार या परिमाण में बहुत अधिक।
विप्र • पुं. 1. ब्राह्मण। 2. पुरोहित।
विप्लव • पुं. विद्रोह, बगावत।
विफल • वि. व्यर्थ, वेकार।
विभक्त • वि. बँटा हुआ, विभाजित, अलग किया हुआ।
विभव • पुं. 1. ऐश्वर्य। 2. बल।
विभा • स्त्री. 1. कांति, प्रभा। 2. किरण, रश्मि।
विभाग • पुं. 1. बँटवारा। 2. कार्यक्षेत्र।
विभाजन • पुं. बँटवारा।
विभिन्न • वि. भिन्न-भिन्न।
विभीषिका • स्त्री. भयानक कांड य दृश्य।
विभूति • स्त्री. 1. ऐश्वर्य। 2. अलौकिक शक्ति।
विभूषित • वि. अलंकृत।
विभेद • पुं. अंतर, फ़र्क।
विभोर • वि. तल्लीन, मग्न।
विमल • वि. स्वच्छ, शुद्ध।
विमाता • स्त्री. सौतेली माँ।
विमान • पुं. वायुयान, हवाई जहाज़।
विमुख • वि. विरत, उदासीन।
विमूढ़ • वि. घबड़ाया हुआ, बेसुध।
वियोग • पुं. बिछोह, विरह।
विरक्त • वि. 1. उदासीन, खिन्न। 2. आसक्ति रहित।
विरल • वि. कम मिलनेवाला।
विरला • वि. कोई एकाध।
विरह • पुं. बिछोह, वियोग।
विराग • पुं. उदासीनता, विरक्ति, आकर्षण का अभाव, अरुचि।
विराजना • अ.क्रि. बैठना।
विराजमान • वि. बैठा हुआ, आसीन, विराजित।
विराट • वि. बहुत बड़ा।
विराम • पुं. ठहराव, रोक।
विरामचिह्न • पुं. वाक्य बोलते समय अर्थबोध के लिए जहाँ रुकना

पड़ता है, वहाँ लिखते समय लगनेवाला चिह्न। , ; । *आदि विरामचिह्न।*

विरासत • स्त्री. उत्तराधिकार।

विरुद्ध • 1. खिलाफ़। 2. अप्रसन्न। 2. अ. विरोध में।

विरोध • पुं. 1. विरुद्धता, खंडन। 2. अंतर, फ़र्क।

विरोधी • वि. विरोध करनेवाला, विपक्षी।

विलंब • पुं. देर।

विलक्षण • वि. असाधारण, अनोखा।

विलय • पुं. विलीन होना।

विलाप • पुं. रोना, रोना-धोना।

विलायत • पुं. अँगरेज़ों का देश इंगलैंड।

विलास • पुं. मनोरंजन, सुख।

विलासी • वि. अधिक सुख चाहनेवाला।

विलीन • वि. जो किसी में मिल गया हो, लुप्त, ओझल।

विलुप्त • वि. जिसका लोप हुआ हो, नष्ट।

विलेय • वि. घुलनेवाला।

विलोम • वि. उलटा, विपरीत।

विवर • पुं. 1. बिल, छिद्र। 2. गड्ढा। 3. कंदरा, गुफ़ा।

विवरण • पुं. 1. ब्योरा, वर्णन। 2. व्याख्या।

विवर्ण • वि. 1. बदरंग, रंगहीन। 2. कांतिहीन।

विवर्तन • पुं. परिवर्तन।

विवश • वि. लाचार, बेबस।

विवस्त्र • वि. वस्त्ररहित, नंगा।

विवाद • पुं. झगड़ा, कहासुनी।

विवाह • पुं. शादी, ब्याह, परिणय।

विविध • वि. विभिन्न प्रकार का।

विवेक • पुं. भले-बुरे की पहचान, सच्चा ज्ञान।

विवेचन • पुं. 1. भली-भाँति परीक्षण, मीमांसा। 2. परीक्षण।

विवेचना • स्त्री. विवेचन।

विशद • वि. 1. साफ़, स्पष्ट, निर्मल। 2. उज्ज्वल।

विशारद • I. वि. अनुभवी, कुशल। II. पुं. विषय का विशेषज्ञ।

विशाल • वि. बहुत बड़ा।

विशिष्ट • वि. जिसमें विशेष बात हो, विलक्षण।

विशुद्ध • वि. जिसमें कोई मिलावट न हो, सच्चा।

विशेष • वि. खास, असाधारण।

विशेषण • पुं. (व्याकरण में) संज्ञा की विशेषता बतानेवाला शब्द।

विशेषता • स्त्री. विशेष बात, खूबी।

विशेषांक • पुं. पत्र-पत्रिका का विशेष अवसर पर प्रकाशित अंक।

विश्राम • पुं. सुस्ताना, आराम।

विश्रुत • वि. सुना हुआ। 2. प्रसिद्ध, मशहूर।

विश्लेषण • पुं. भली-भाँति छानबीन।

विश्व • पुं. संसार, जगत, दुनिया।

विश्वकोश • पुं. वह ग्रंथ जिसमें सभी विषयों की जानकारी हो। अं.

एनसाइक्लोपीडिया।

विश्वविख्यात • वि. जो सारे संसार में प्रसिद्ध हो।

विश्वविद्यालय • पुं. वह संस्था जहाँ सभी विद्याओं की ऊँची शिक्षा दी जाए। अं. यूनिवर्सिटी।

विश्वव्यापी • वि. जो सारे विश्व में व्याप्त हो।

विश्वसनीय • वि. विश्वास करने के योग्य, भरोसे का।

विश्वस्त • वि. विश्वसनीय, एतबारी।

विश्वास • पुं. एतबार, यकीन, भरोसा।

विश्वासघात • पुं. विश्वास के विपरीत कार्य, धोखा।

विश्वासघातक • वि. विश्वासघात करनेवाला।

विश्वासपात्र • वि. विश्वसनीय।

विश्वासी • वि. विश्वासपात्र।

विष • पुं. ज़हर, गरल, हलाहल।

विषण्ण • वि. दुखी, विषादयुक्त।

विषम • वि. 1. असमान। 2. गणित में वह संख्या जिसे दो से पूरा भाग न दिया जा सके—*तीन, पाँच, सात आदि विषम संख्याएँ हैं*। 3. कठिन।

विषय • पुं. 1. संबंध, प्रसंग। 2. पढ़ने का विषय, सोचने का विषय।

विषाक्त • वि. ज़हरीला, विषैला।

विषाणु • पुं. रोग पैदा करनेवाले तत्व।

विषाद • पुं. खेद, दुख, रंज।

विषुवतरेखा • स्त्री. वह कल्पित रेखा जो दोनों ध्रुवों के बीचोबीच पूर्व-पश्चिम में पृथ्वी के चारों ओर गई है, भूमध्यरेखा।

विसर्जन • पुं. पूजा के बाद प्रतिमा का नदी में बहाया जाना, त्यागना।

विस्तार • पुं. 1. फैलाव। 2. ब्योरा।

विस्तीर्ण • वि. फैला हुआ, लंबा-चौड़ा।

विस्तृत • वि. विस्तीर्ण, विशाल, विस्तारवाला।

विस्फारित • वि. 1. खोला, फैलाया हुआ। 2. आश्चर्यचकित नेत्र।

विस्थापित • वि. शरणार्थी।

विस्फोट • पुं. धमाके के साथ फटना।

विस्फोटक • पुं. फटने, भड़कनेवाला पदार्थ।

विस्मय • पुं. आश्चर्य, अचंभा।

विस्मरण • पुं. विस्मृति, भूलना।

विस्मित • वि. आश्चर्ययुक्त, अचंभित।

विहग • पुं. पक्षी, चिड़िया, खग।

विहार • पुं. 1. घूमना-फिरना। 2. भिक्षुओं का मठ।

विहीन • वि. बिना, रहित।

विह्वल • वि. घबराया हुआ, व्याकुल।

वीणा • स्त्री. सितार जैसा एक बाजा जिसके दोनों सिरों में तुंबे होते हैं।

वीर • I. वि. बहादुर। II. पुं. योद्धा।

वीरगति • स्त्री. युद्ध में हुई मृत्यु।

वीरता • स्त्री. बहादुरी।

वीरांगना • स्त्री. वीर स्त्री।

वीरान • वि. जनहीन, उजाड़।

वीराना • पुं. निर्जन स्थान।

वृक्ष • पुं. पेड़, द्रुम, विटप, पादप, तरु, दरख्त।

वृत्त • पुं. 1. रेखागणित में वह गोल रेखा जिसका हर बिंदु उसके अंदर के मध्यबिंदु के समान दूरी पर हो। 2. वृत्तांत, हाल।

वृत्तांत • पुं. विवरण, वर्णन।

वृत्ति • स्त्री. 1. वज़ीफ़ा। 2. कार्य व्यापार। 3. आचरण। 4. पेशा। 5. मन का व्यापार।

वृथा • वि. बेकार, बेमतलब।

वृद्ध • पुं. बूढ़ा आदमी।

वृद्धि • स्त्री. 1. बढ़ती, अधिकता। 2. विकास।

वृष • पुं. बैल, साँड, वृषभ।

वृष्टि • स्त्री. वर्षा, वारिश, वर्षण, मेह।

वेग • पुं. 1. तेज़ बहाव। 2. तेज़ी। 3. प्रचंडता।

वेणी • स्त्री. स्त्रियों के बालों की गूँथी हुई चोटी।

वेणु • पुं. बाँस की बनी हुई बाँसुरी, मुरली।

वेतन • पुं. काम करने के बदले में दिया जानेवाला धन जो प्रायः मासिक होता है, तनख्वाह, पारिश्रमिक।

वेताल • पुं. भूत, प्रेत।

वेद • पुं. हिंदुओं के आदि धर्मग्रंथ। *वेद चार हैं—ऋग्वेद, यजुर्वेद, सामवेद, अथर्ववेद।*

वेदना • स्त्री. पीड़ा, व्यथा।

वेदी • स्त्री. 1. यज्ञ करने का स्थान। 2. चौकोर स्थान या मंडप।

वेधशाला • स्त्री. वह स्थान जहाँ यंत्रों की सहायता से ग्रह-नक्षत्रों का अध्ययन करते हैं।

वेश • पुं. पहनने के वस्त्र, पोशाक।

वेशभूषा • स्त्री. पहनावा, पोशाक।

वैज्ञानिक • I. पुं. विज्ञान का पंडित। II. वि. विज्ञान-संबंधी।

वैदिक • वि. वेद-संबंधी।

वैद्य • पुं. आयुर्वेद का ज्ञाता, चिकित्सक।

वैद्यक • पुं. आयुर्वेद चिकित्साशास्त्र।

वैध • वि. विधि-संगत, कानून के मुताबिक।

वैभव • पुं. धन-संपत्ति, दौलत।

वैमनस्य • पुं. मनमुटाव, वैर, दुश्मनी।

वैयाकरण • पुं. व्याकरण का पंडित।

वैर • पुं. दुश्मनी, शत्रुता, द्वेष।

वैरागी • पुं. एक वैष्णव साधु, उदासी।

वैराग्य • पुं. संसार से मन का उचटना, विरक्ति।

वैरी • पुं. दुश्मन, शत्रु, अरि, रिपु।

वैश्य • पुं. हिंदुओं के चार वर्णों में से तीसरा वर्ण, वणिक, बनिया।

वैष्णव • पुं. विष्णु का उपासक।

वैसा • I. वि. उस तरह का। II. अ. उस प्रकार।

वैसे • अ. 1. उस तरह से। 2. यों।

व्यंग्य • पुं. ताना, बोली, चुटकी।

व्यंजन • पुं. 1. तरकारी, साग आदि।

2. वह वर्ण जो बिना स्वर की सहायता के बोला न जाए– *'क' से 'ह' तक व्यंजन वर्ण हैं।*

व्यक्त • वि. प्रकट, स्पष्ट।

व्यक्ति • पुं. मनुष्य, आदमी।

व्यक्तिगत • वि. निजी।

व्यक्तित्व • पुं. व्यक्ति का गुण।

व्यग्र • वि. 1. परेशान, व्याकुल, भयभीत।

व्यतीत • वि. बीता हुआ, गत।

व्यथा • स्त्री. पीड़ा, दुख।

व्यथित • वि. पीड़ित, दुखित।

व्यय • पुं. 1. खर्च। 2. क्षय, नाश।

व्यर्थ • I. वि. बेकार, निरर्थक। II. अ. बिना मतलब के, बेवजह, अकारण।

व्यवधान • पुं. रुकावट, बाधा।

व्यवसाय • पुं. रोज़गार, व्यापार।

व्यवसायी • पुं. रोज़गारी, व्यापारी।

व्यवस्था • स्त्री. 1. इंतज़ाम, प्रबंध। 2. ढंग।

व्यवहार • पुं. 1. बरताव। 2. प्रयोग।

व्यस्त • वि. काम में लगा हुआ।

व्याकरण • 1. पुं. वह शास्त्र जो शुद्ध भाषा बोलना और लिखना सिखाता है। अं. ग्रामर।

व्याकुल • वि. घबड़ाया हुआ, विकल।

व्याख्या • स्त्री. वह वर्णन जिससे अर्थ स्पष्ट हो, टीका।

व्याख्यान • पुं. वह भाषण जिसमें किसी विषय की व्याख्या हो, प्रवचन।

व्याघ्र • पुं. बाघ।

व्याध • पुं. शिकारी, बहेलिया।

व्याधि • स्त्री. रोग, बीमारी।

व्यापक • वि. चारों ओर फैला हुआ।

व्यापार • पुं. व्यवसाय, रोज़गार, धंधा।

व्यापारिक • वि. व्यापार-संबंधी।

व्यापारी • पुं. व्यापार करनेवाला, व्यवसायी।

व्याप्त • वि. फैला हुआ।

व्यायाम • पुं. कसरत, वरज़िश। 2. अभ्यास।

व्याल • पुं. सर्प, साँप।

व्यावहारिक • वि. व्यवहार और कार्य में कुशल।

व्यास • पुं. 1. वृत्त के केंद्र से होकर परिधि के दोनों छोरों तक की दूरी। 2. कृष्ण द्वैपायन जिन्होंने महाभारत आदि की रचना की है।

व्यूह • पुं. सेना का व्यवस्थित जमाव, मोरचाबंदी।

व्योम • पुं. आकाश, आसमान, अंबर, नभ।

व्रण • पुं. फोड़ा, घाव, जख्म।

व्रत • पुं. 1. पुण्य के विचार से उपवास। 2. पवित्र निश्चय, संकल्प। 3. नियम।

व्रती • पुं. व्रत लेनेवाला।

श

शंका • स्त्री. 1. अनिष्ट का भय, आशंका। 2. संशय। 3. जिज्ञासा उत्पन्न होना।

शंकालु • वि. संदेह करने वाला।

शंख • पुं. 1. बड़ा समुद्री घोंघा। 2. शंख का पत्थर-सा कड़ा सफ़ेद खोल।

शऊर • पुं. योग्यता, सलीका, तमीज़।

शक • पुं. संदेह, संशय, शंका।

शकरकंद • पुं. एक लंबोतरा मीठा कंद।

शकल • स्त्री. आकृति, शक्ल।

शकल-सूरत • स्त्री. मुख की आकृति, रूप।

शकुन • पुं. 1. शुभ-अशुभ लक्षण, सगुन।

शकुनि • पुं. गिद्‍ध।

शक्कर • स्त्री. शकर, कच्ची चीनी।

शक्की • वि. शक करनेवाला, शंकाशील।

शक्ति • स्त्री. 1. बल, ताकत, पराक्रम। 2. वश। 3. क्षमता। 4. प्रभुता।

शक्तिमान • वि. शक्तिशाली, बलशाली, बलिष्ठ।

शक्ल • स्त्री. आकृति, रूप, चेहरा।

शख़्स • पुं. व्यक्ति, आदमी।

शठ • वि. धूर्त, चालाक।

शतक • पुं. 1. क्रिकेट के खेल में सौ रनो का समूह। 2. शती।

शतरंज • स्त्री. दो राजाओं के युद्‍ध की नकल पर एक खेल जिसके मुहरे बादशाह, वज़ीर आदि होते हैं। चौंसठ खानो में बत्तीस गोटियों से खेला जानेवाला खेल।

शतरंजी • स्त्री. रंग-बिरंगे सूतों से बनी दरी।

शताब्दी • स्त्री. किसी संवत के सैकड़े के हिसाब से सौ वर्षों की अवधि, शती, सदी।

शती • स्त्री. शताब्दी, सदी।

शत्रु • पुं. दुश्मन, वैरी, अरि, रिपु।

शत्रुता • पुं. दुश्मनी, वैर।

शनैःशनैः • अ. 1. धीरे-धीरे, आहिस्ता, क्रमशः।

शपथ • स्त्री. कसम, सौगंध, कौल।

शबनम • स्त्री. ओस।

शब्द • पुं. 1. आवाज़ ध्वनि। 2. वह ध्वनि जिससे किसी वस्तु आदि का बोध हो, लफ़्ज, सार्थक ध्वनि।

शब्दकोश • पुं. वह ग्रंथ जिसमें शब्दों का अर्थ आदि हो।

शमन • पुं. 1. शांति। 2. दमन। 3. बुझाना।

शमशेर • स्त्री. तलवार।

शमा • स्त्री. मोमबत्ती।

शयन • पुं. 1. निंद्रा, सोना। 2. शय्या, बिछौना।

शयनकक्ष • पुं. सोने का कमरा, शयनगृह।

शय्या • स्त्री. बिस्तर, बिछौना, पलंग, खाट।

शर • पुं. बाण।

शरण • स्त्री. आश्रय, बचाव की जगह, पनाह।

शरणागत • वि. शरण में आया हुआ।

शरणार्थी • पुं. जो दूसरे देश में शरण ले।

शरत • स्त्री. एक ऋतु जो क्वार से कातिक तक रहती है।

शरबत • पुं. फल-फूल के अर्क आदि से बनाया हुआ मीठा पेय।

शरबती • वि. शरबत के रंग का।

शरबती नीबू • पुं. एक मीठा नीबू।

शरम • स्त्री. शर्म, लज्जा, हया।

शरमाना • I. अ.क्रि. शर्मिंदा होना, लज्जित होना। II. स.क्रि. शर्मिंदा करना, लज्जित करना।

शरमीला • वि. जल्दी शरमानेवाला; लजीला।

शराफ़त • स्त्री. भलमनसी, सज्जनता।

शराब • स्त्री. मदिरा, मद्‌य।

शराबी • पुं. शराब पीनेवाला, शराबखोर, मद्‌यप।

शरारत • स्त्री. पाजीपन, दुष्टता, बदमाशी।

शरीफ़ • वि. भला, नेक।

शरीफा • पुं. गोल-गोल उभरे हुए छिलकेवाला एक फल।

शरीर • I. पुं. देह, तन, बदन। II. वि. दुष्ट, नटखट, पाजी।

शर्करा • स्त्री. शक्कर, चीनी।

शर्त • स्त्री. 1. दाँव, बाज़ी। 2. वादा, समझौता।

शर्म • स्त्री. 1. लज्जा, हया। 2. इज़्ज़त, लाज।

शर्मिंदा • वि. लज्जित।

शलजम • पुं. एक कंद जिसकी तरकारी बनती है, शलग़म।

शलाका • स्त्री. लोहे आदि की सलाई, सलाख।

शल्यचिकित्सा • स्त्री. चीरफाड़वाला इलाज, शल्कक्रिया। अं. सर्जरी।

शव • पुं. मृत शरीर, लाश।

शशि • पुं. चंद्रमा, शशधर, शशांक, शशि।

शस्त्र • पुं. हाथ से पकड़कर चलाया जानेवाला हथियार।

शस्य • पुं. 1. फसल। 2. नई घास। 3. कोमल तृण।

शहतीर • पुं. लकड़ी का बड़ा लट्‌ठा, कड़ी।

शहतूत • पुं. दानेदार छोटा लच्छा जैसा फल जो पकने पर मीठा होता है, तूत।

शहद • पुं. लाली लिए हुए पीले रंग का मीठा शीरा जो मधुमक्खियाँ बनाती हैं।

शहनाई • स्त्री. फूँककर बजाया जानेवाला एक बाजा, नफ़ीरी—*शादी-ब्याह में शहनाई बजाई जाती है।*

शहर • पुं. बड़ी बस्ती, नगर, पुर।

शहरी • वि. शहर का।

शहादत • स्त्री. 1. गवाही, साक्षी। 2. शहीद होना, बलिदान।

शहीद • पुं. जो भले काम में मारा जाए।

शहीदी • वि. शहीद होने को तैयार।

शांत • वि. शांतियुक्त, मौन, चुप।

शांति • स्त्री. 1. धीरता, स्थिरता। 2. सन्नाटा, खामोश, निःशब्दता।

शाक • पुं. साग, भाजी, तरकारी।

शाकाहारी • वि. जो मांस नहीं खाता, निरामिषभोजी।

शाख़ • स्त्री. टहनी, डाल।

शाख़ा • स्त्री. 1. शाख, डाल। 2. अंग, हिस्सा। 3. संप्रदाय, वर्ग।

शागिर्द • पुं. शिष्य, चेला, विद्यार्थी।

शागिर्दी • स्त्री. शागिर्द होना, शिष्यता।

शातिर • वि. चालाक, काइयाँ।

शादी • स्त्री. विवाह, ब्याह।

शान • स्त्री. 1. ठाटबाट, तड़क-भड़क, वैभव। 2. शक्ति, करामात—*खुदा की शान।* 3. गर्व।

शानदार • वि. भव्य, सुंदर, भड़कीला।

शानशौकत • स्त्री. ठाट-बाट।

शाप • पुं. अहित-कामना, बददुआ।

शाबाश • पुं. वाह-वाह, वाहवा।

शाबाशी • स्त्री. सराहना।

शाम • स्त्री. संध्या, साँझ, साँय।

शामत • स्त्री. आफ़त, मुसीबत।

शामिल • वि. 1. सम्मिलित। 2. इकट्ठा।

शायद • अ. कदाचित, संभवतः।

शायर • पुं. शेर कहनेवाला, कवि।

शायरी • स्त्री. शेर कहना, कविता-रचना।

शारीरिक • वि. शरीर-संबंधी।

शार्दूल • पुं. बाघ, व्याघ्र, सिंह।

शाल • I. स्त्री. ऊनी चादर, दुशाला। II. पुं. एक बहुत बड़ा पेड़, साखू।

शाला • स्त्री. घर, मकान।

शालीन • वि. विनीत, नम्र।

शालीनता • स्त्री. विनम्रता।

शाश्वत • वि. जो सदा स्थायी रहे, नित्य।

शासक • पुं. शासन करनेवाला, हाकिम।

शासन • पुं. हुकूमत, सरकार।

शास्त्र • पुं. 1. धार्मिक ग्रंथ। 2. विशिष्ट विषय का ज्ञान।

शास्त्री • पुं. शास्त्र का जानकार, शास्त्रज्ञ, विद्वान।

शाहंशाह • पुं. शाहों का शाह, सम्राट।

शाह • पुं. महाराज, बादशाह।

शाहज़ादा • पुं. बादशाह का बेटा, राजकुमार।

शाही • वि. राजसी।

शिकंजा • पुं. दबाने, कसने या निचोड़ने का यंत्र।

शिकन • स्त्री. सिलवट, सिकुड़न।

शिकवा • पुं. शिकायत, उलाहना।

शिकस्त • स्त्री. हार, मात, पराजय।

शिकायत • स्त्री. 1. बुराई करना, चुगली। 2. उलाहना। 3. असंतोष। 4. रोग, पीड़ा–*उसे सिरदर्द की शिकायत है*।

शिकार • पुं. 1. जंगली पशुओं को मारना, आखेट। 2. फँसा हुआ आदमी।

शिकारी • I. वि. शिकार करनेवाला। II. पुं. शिकार खेलनेवाला।

शिक्षक • पुं. शिक्षा देनेवाला, गुरु, अध्यापक, उस्ताद।

शिक्षण • पुं. शिक्षा, तालीम।

शिक्षा • स्त्री. 1. विद्या, ज्ञान। 2. सीखने, सिखाने की क्रिया, सीख, नसीहत, तालीम। 3. सबक, पाठ।

शिक्षाप्रद • वि. शिक्षादायक।

शिक्षार्थी • पुं. विद्यार्थी, छात्र।

शिक्षित • वि. पढ़ा-लिखा, विद्वान।

शिखर • पुं. 1. सबसे ऊँचा भाग, चोटी। 2. पर्वत की चोटी।

शिखा • स्त्री. 1. चुटिया, चुटैया, चोटी। 2. लपट, लौ।

शिथिल • वि. 1. ढीला। 2. सुस्त, आलसी।

शिनाख़्त • स्त्री. पहचान।

शिया • पुं. मुसलमानों का एक संप्रदाय।

शिर • पुं. सिर।

शिरा • स्त्री. रक्तवाहिनी नाड़ी, धमनी, रग, नस।

शिरोधार्य • वि. सादर स्वीकार करने योग्य।

शिरोमणि • पुं. श्रेष्ठ पुरुष, सिरमौर।

शिला • स्त्री. पत्थर, चट्टान।

शिलान्यास • पुं. नींव का पत्थर रखना।

शिलालेख • पुं. पत्थर पर खोदा हुआ लेख।

शिल्प • पुं. दस्तकारी, कारीगरी।

शिल्पकला • स्त्री. दस्तकारी का कौशल।

शिल्पी • पुं. शिल्पकार, कारीगर।

शिवालय • पुं. शिव का मंदिर, शिवाला।

शिविर • पुं. खेमा। अं. कैम्प।

शिशिर • पुं. 1. एक ऋतु जो माघ-फागुन में पड़ती है, शीतकाल। 2. ओस, हिम।

शिशु • पुं. छोटा बच्चा।

शिशुता • स्त्री. बचपन, लड़कपन, शिशुत्व।

शिष्ट • वि. सभ्य, सुशील।

शिष्टता • स्त्री. भलमनसाहत, सज्जनता।

शिष्टाचार • पुं. शिष्ट आचरण,

तहज़ीब।

शिष्य • पुं. 1. छात्र, विद्यार्थी, शिक्षार्थी–*मैं सुशील बाबू का शिष्य हूँ।* 2. गुरु से मंत्र लेनेवाला, चेला।

शिष्यता • स्त्री. शिष्य होने का भाव, शिष्यत्व।

शीघ्र • अ. जल्द, तुरंत, झटपट, तत्क्षण।

शीघ्रता • स्त्री. जल्दी, फुरती।

शीत • पुं. 1. जाड़ा, ठंड। 2. जाड़े का मौसम, शीतकाल।

शीतल • वि. ठंडा।

शीतलता • स्त्री. ठंडापन।

शीतला • स्त्री. चेचक।

शीरा • पुं. चीनी या गुड़ को पकाकर गाढ़ा किया हुआ रस, चाशनी।

शीर्ण • वि. 1. कृश, दुबला-पतला। 2. खंड-खंड।

शीर्ष • पुं. चोटी।

शीर्षक • पुं. ग्रंथ, लेख आदि का नाम, सुर्खी। अं. हैडिंग।

शीर्षस्थ • वि. शीर्ष का, चोटी का।

शील • पुं. आचरण, चरित्र।

शीश • पुं. सिर, मस्तक, माथा, शीर्ष।

शीशम • पुं. एक पेड़ जिसकी लकड़ी मेज़-कुरसी आदि बनाने के काम आती है।

शीशमहल • पुं. वह भवन जिसकी दीवारों में शीशे जड़े हों।

शीशा • पुं. 1. काँच। 2. आईना।

शीशी • स्त्री. बोतल की शक्ल का शीशे का छोटा पात्र।

शुक • पुं. सुग्गा, तोता, कीर, सूआ।

शुक्ति • स्त्री. सीप, सीपी।

शुक्रगुज़ार • वि. कृतज्ञ, आभारी।

शुक्रिया • पुं. धन्यवाद।

शुक्ल • वि. 1. श्वेत, सफ़ेद, शुभ्र, सित, धवल। 2. शुक्ल पक्ष।

शुचि • वि. 1. पवित्र, शुद्ध। 2. निष्कपट। 3. साफ़, स्वच्छ।

शुतुरमुर्ग़ • पुं. एक विशालकाय पक्षी जिसकी गरदन ऊँट की तरह लंबी होती है और जो उड़ नहीं सकता।

शुद्ध • वि. 1. सच्चा, असली। 2. सही, ठीक। 3. पवित्र, स्वच्छ।

शुद्धता • स्त्री. शुद्ध होने का भाव।

शुद्धि • स्त्री. शुद्ध करने की क्रिया।

शुबहा • पुं. संदेह, शक।

शुभ • I. वि. मंगलमय, उत्तम। II. पुं. मंगल, कल्याण।

शुभचिंतक • वि. भलाई चाहनेवाला, हितैषी।

शुभाकांक्षी • वि. शुभचिंतक, हितेच्छु।

शुभ्र • वि. श्वेत, सफ़ेद, उजला।

शुरुआत • स्त्री. आरंभ।

शुरू • वि. आरंभ, प्रारंभ।

शुल्क • पुं. 1. फ़ीस, कर। 2. चंदा। 3. मूल्य। 4. महसूल, खर्च।

शुश्रूषा • स्त्री. सेवा-टहल।

शुष्क • वि. 1. सूखा, अनार्द्र। 2. नीरस।

3. कठोर।

शूकर • पुं. सूअर।

शूद्र • पुं. हिंदुओं के चार वर्णों में से चौथा वर्ण।

शून्य • I. वि. 1. रिक्त, खाली। 2. अस्तित्वहीन। II. पुं. बिंदी, सिफ़र।

शूर • पुं. 1. वीर, बहादुर। 2. योद्धा।

शूरवीर • पुं. वीर योद्धा, सूरमा।

शूल • पुं. 1. पीड़ा, दर्द। 2. बरछा, भाला। 3. त्रिशूल। 4. सूली, जिससे प्राचीन काल में प्राणदंड दिया जाता था।

शृंखला • स्त्री. 1. क्रम, सिलसिला। 2. कतार, श्रेणी। 3. शृंखल, साँकल।

शृंग • पुं. 1. शिखर, चोटी। 2. सींग।

शृंगार • पुं. बनाव-सजाव, सजावट।

शृगाल • पुं. सियार।

शेख़ • पुं. मुसलमानों का एक वर्ग।

शेख़ी • स्त्री. घमंड, डींग।

शेर • पुं. 1. बाघ, व्याघ्र, नाहर। 2. उर्दू कविता के दो चरण।

शेरवानी • स्त्री. घुटनों के नीचे तक का बंद गले का अँगरखा, अचकन।

शेष • I. वि. 1. बचा हुआ, बाकी। 2. समाप्त, खत्म। II. पुं. घटाने से बची हुई संख्या, बाकी।

शैतान • वि. नटखट, दुष्ट।

शैतानी • स्त्री. दुष्टता, शरारत।

शैल • पुं. पर्वत–*हिमशैल, शैलशिखर।*

शैली • स्त्री. 1. ढंग, तरीका। 2. विचार प्रकट करना। 3. कार्य करने का कलापूर्ण तरीका।

शैशव • पुं. बचपन, लड़कपन।

शोक • पुं. प्रिय व्यक्ति के वियोग से होनेवाला दुख।

शोख़ • वि. 1. ढीठ, चंचल, चपल। 2. तेज़। 3. ढीठ, निडर।

शोचनीय • वि. जिसे देखकर चिंता या पीड़ा हो, चिंतनीय।

शोणित • पुं. रक्त, खून, लहू, रुधिर।

शोथ • पुं. किसी अंग का फूलना, सूजना।

शोध • पुं. खोज, अनुसंधान।

शोभनीय • वि. सुहावना, उत्तम, शोभन।

शोभा • स्त्री. छटा, छवि, सुंदरता।

शोभित • वि. शोभायुक्त, सज्जित।

शोर • पुं. हल्ला, कोलाहल।

शोरगुल • पुं. हो-हल्ला।

शोरवा • पुं. तरकारी आदि का रसा।

शोला • पुं. आग की लपट।

शोषण • पुं. 1. सोखने की क्रिया। 2. धीरे-धीरे धन आदि लेना, चूसना।

शोहरत • स्त्री. प्रसिद्धि, ख्याति, नामवरी।

शौक़ • पुं. 1. तीव्र इच्छा। 2. चस्का, लत।

शौक़िया • अ. दिल-बहलाव के लिए।

शौक़ीन • वि. 1. जिसे किसी बात का शौक हो। 2. बना-ठना रहनेवाला।

शौच • पुं. 1. शुद्धता, पवित्रता। 2. मल-त्याग, पाखाने जाना।

शौर्य • पुं. वीरता, पराक्रम।

शौहर • पुं. पति, स्वामी, खाविंद।

श्मशान • पुं. मुरदे जलाने का स्थान, मसान, मरघट।

श्याम • I. वि. काला, साँवला। II. पुं. श्रीकृष्ण।

श्रद्धांजलि • स्त्री. किसी के प्रति श्रद्धा प्रकट करने के लिए कहे गए शब्द।

श्रद्धा • स्त्री. प्रेम और भक्ति का मिला-जुला भाव।

श्रद्धालु • वि. जिसके मन में श्रद्धा हो, श्रद्धावान।

श्रद्धेय • वि. जिसके प्रति श्रद्धा की जा सके, आदरणीय।

श्रम • पुं. परिश्रम, मेहनत।

श्रमण • पुं. बौद्ध संन्यासी, भिक्षु।

श्रमिक • पुं. श्रम करनेवाला, मज़दूर।

श्रवण • पुं. 1. कर्ण, कान। 2. सुनने की क्रिया।

श्राद्ध • पुं. पितरों का क्रिया-कर्म—*तर्पण, पिंडदान, आदि श्राद्ध के अंग हैं।*

श्री • स्त्री. 1. शोभा, सौंदर्य। 2. लक्ष्मी, सरस्वती। 3. ऐश्वर्य। 4. पुरुषों के नाम के पहले लगनेवाला आदरसूचक शब्द।

श्रीगणेश • पुं. आरंभ, शुभारंभ।

श्रीमती • स्त्री. 1. विवाहिता स्त्रियों के नाम के पहले लगनेवाला आदरसूचक शब्द। 2. पत्नी।

श्रीमान् • I. पुं. पुरुषों के नाम के पहले लगनेवाला आदरसूचक शब्द। II. वि. शोभायुक्त।

श्रुति • स्त्री. पवित्र ज्ञान, वेद।

श्रेणी • स्त्री. 1. क्रम, शृंखला। 2. कक्षा, वर्ग। 3. कोटि, दरजा।

श्रेय • पुं. यश।

श्रेष्ठ • वि. 1. उत्तम, उत्कृष्ट। 2. मुख्य, प्रधान।

श्रोता • वि. सुननेवाला।

श्लाघा • स्त्री. प्रशंसा, तारीफ़।

श्लोक • पुं. संस्कृत का पद्य।

श्वसुर • पुं. पति या पत्नी का पिता, ससुर।

श्वश्रू • स्त्री. पति या पत्नी की माता, सास।

श्वान • पुं. कुत्ता, कुक्कुर।

श्वाननिद्रा • स्त्री. कुत्ते की-सी जल्दी खुलनेवाली नींद, कुकुर-निंदिया।

श्वास • पुं. साँस।

श्वेत • वि. सफ़ेद, धौला, उजला।

ष

षंड • पुं. साँड़।

षट्कोण • वि. छह कोणोंवाला, छकोना, छपहला।

षट्पद • पुं. भ्रमर, भौंरा।

षड्यंत्र • पुं. किसी के विरुद्ध की गई गुप्त कार्रवाई, भीतरी चाल, साजिश।

षाण्मासिक • वि. छह महीने का, छमाही।

षोडशी • स्त्री. सोलह वर्ष की कन्या।

षोडशोपचार • पुं. पूजा के सोलह अंग–*धूप, दीप, नैवेद्य आदि षोडशोपचार हैं।*

स

संकट • पुं. 1. विपत्ति, आफ़त। 2. कठिनाई, मुसीबत।

संकर • वि. 1. भिन्न जाति के नर-मादा से उत्पन्न। 2. दोगला। 3. मिश्रण।

सँकरा • वि. तंग, संकीर्ण।

संकलन • पुं. संग्रह, एकत्रीकरण।

संकल्प • पुं. 1. इरादा, निश्चय। 2. प्रतिज्ञा।

संकीर्ण • वि. 1. सँकरा। 2. छोटा। 3. अनुदार, संकुचित। 4. तुच्छ।

संकीर्तन • पुं. देवता की वंदना, भजन।

संकुचित • वि. 1. सिकुड़ा हुआ। 2. क्षुद्र, अनुदार। 3. लज्जित, शर्मिंदा।

संकेत • पुं. 1. इंगित, इशारा। 2. निशान, चिह्न।

संकेतचिह्न • पुं. नाम आदि का लघु रूप।

संकोच • पुं. 1. असमंजस। 2. लज्जा। 3. लिहाज, झिझक, हिचक।

संकोची • वि. संकोच करनेवाला, संकोचशील।

संक्रांति • स्त्री. 1. सूर्य का एक राशि

से दूसरी राशि में जाना। 2. एक स्थिति से दूसरी में प्रवेश।

संक्रामक • वि. एक से दूसरे में फैलनेवाला।

संक्षिप्त • वि. जो संक्षेप में हो, छोटा।

संक्षेप • पुं. छोटा रूप, थोड़ा।

संखिया • पुं. एक ज़हरीला सफ़ेद पदार्थ।

संख्या • स्त्री. 1. गिनती, तादाद। 2. अंक।

संग • I. पुं. साथ, संगत। II. अ. सहित, साथ।

संगठन • पुं. 1. लोगों को एकत्र और व्यवस्थित करने का काम। 2. संगठन के कारण बनी संस्था।

संगठित • वि. एकत्रित और व्यवस्थित।

संगत • I. स्त्री. साथ, संग। 2. मठ। 3. गाने के साथ बाजा बजाना। II. वि. ठीक, उचित।

संगतराश • पुं. जो पत्थर काटता या गढ़ता है, पत्थरकट।

संगति • स्त्री. 1. संगत, साथ। 2. मेल, मिलान।

संगम • पुं. नदियों का मिलन।

संगमरमर • पुं. एक सफ़ेद पत्थर।

संगी • पुं. संग रहनेवाला, साथी, मित्र।

संगीत • पुं. वाद्यों के साथ गाया जानेवाला गाना।

संगीतज्ञ • पुं. संगीत विद्या का ज्ञाता, गायक या वादक।

संगीतशास्त्र • पुं. संगीत का विवेचन करनेवाला शास्त्र, संगीतविद्या।

संगीन • I. पुं. एक नुकीला हथियार जो बंदूक़ पर चढ़ाया जाता है। II. वि. दारुण, भयंकर। 3. घोर तथा दंडनीय। 4. पत्थर की तरह कठोर।

संगृहीत • वि. संग्रह, एकत्र किया हुआ।

संग्रह • पुं. एकत्रीकरण, संचय।

संग्रहालय • पुं. वह स्थान जहाँ अनोखी वस्तुओं का संग्रह हो। अं. म्यूज़ियम।

संग्राम • पुं. युद्ध, लड़ाई।

संघ • पुं. समूह, संगठन।

संघटन • पुं. 1. संगठन। 2. गठन, रचना। 3. तैयार करना।

संघर्ष • पुं. 1. झगड़ा, टकराव। 2. जूझ, लड़ाई। 3. स्पद्र्धा। 4. होड़।

संघात • पुं. आघात।

संघाती • पुं. साथी, दोस्त।

संचय • पुं. 1. संग्रह। 2. जमापूँजी।

संचार • पुं. 1. फैलना। 2. प्रवाह। 3. समाचार आदि भेजने की क्रिया।

संचालक • पुं. किसी कार्य को चालू रखने का प्रबंध करनेवाला।

संचालन • पुं. चलाने का काम।

संचित • वि. संचय या जमा किया हुआ।

संजीदगी • स्त्री. गांभीर्य, शिष्टता,

समझदारी।
संजीदा • वि. गंभीर, शिष्ट, समझदार।
संजीवनी • स्त्री. मुरदे को जिलानेवाली दवा, पुनर्जीवित करने की औषधि।
सँजोना • स.क्रि. सजाना, सँभालना।
संज्ञा • स्त्री. 1. व्याकरण में वह शब्द जो किसी व्यक्ति, वस्तु आदि का नाम हो। 2. चेतना, होश।
संज्ञाहीन • वि. बेहोश, बेसुध।
सँझला • वि. मझले से छोटा।
सँडसी • स्त्री. एक कैंचीनुमा औज़ार जिससे गरम चीज़ को पकड़ते हैं।
संडास • पुं. एक तरह का पाखाना।
संत • पुं. साधु, संन्यासी, महात्मा, सज्जन।
संतति • स्त्री. बाल-बच्चे, संतान।
संतप्त • वि. 1. पीड़ित, दुखी। 2. दग्ध।
संतरा • पुं. एक तरह का बड़ा और मीठा नीबू।
संतरी • पुं. पहरेदार, दरबान।
संतान • स्त्री. संतति, औलाद।
संताप • पुं. दुःख, मानसिक कष्ट।
संतुलन • पुं. तौल या भार को बराबर रखना।
संतुलित • वि. 1. संतुलनवाला। 2. समान ध्यान वाला।
संतुष्ट • वि. जिसे संतोष हुआ हो, तृप्त।
संतुष्टि • स्त्री. संतुष्ट होने का भाव, तृप्ति।
संतोष • पुं. जो मिले उसी से संतुष्ट रहने का भाव, धैर्य।
संतोषी • पुं. संतोष या धैर्य रखनेवाला।
संत्रस्त • वि. अत्यंत डरा हुआ, भयभीत।
संदर्भ • पुं. पूर्वापर संबंध।
संदल • पुं. चंदन।
संदिग्ध • वि. 1. जिसमें संदेह हो। 2. जिस पर संदेह हो।
संदूक़ • पुं. लकड़ी या लोहे का बड़ा बक्सा, पेटी।
संदूक़चा • पुं. छोटा संदूक, संदूकड़ी।
संदेश • पुं. 1. समाचार, खबर। 2. छेने की एक बँगाली मिठाई।
संदेशा • पुं. ज़बानी कहलाया हुआ समाचार।
संदेह • पुं. शक, संशय, शंका।
संधान • पुं. अनुसंधान, खोज।
संधि • स्त्री. 1. सुलह, समझौता। 2. व्याकरण में दो अक्षरों का मेल। 3. मिलने की जगह, जोड़।
संध्या • स्त्री. 1. साँझ, शाम, सायंकाल। 2. एक उपासना जो प्रतिदिन प्रातःकाल, मध्याह्न और संध्या को की जाती है।
संन्यासी • पुं. घरबार को छोड़नेवाला साधु।
संपत्ति • स्त्री. धन-दौलत, जायदाद।
संपदा • स्त्री. 1. ऐश्वर्य, दौलत। 2. संपत्ति।
संपन्न • वि. 1. पूर्ण, सिद्ध। 2. धनी, दौलतमंद। 3. युक्त, मंडित।

संपर्क • पुं. 1. संबंध। 2. संसर्ग, पास होना। 3. स्पर्श।

संपादक • पुं. दूसरे की रचना को सुधारकर छपने के योग्य बनाने वाला।

संपादन • पुं. संपादक का काम।

संपूर्ण • वि. 1. सारा, पूरा। 2. समाप्त, खत्म।

संपूर्णतः • अ. पूरी तरह से, संपूर्णतया।

सँपेरा • पुं. साँपों को पालने और उनका खेल दिखानेवाला।

सँपोला • पुं. साँप का बच्चा।

संप्रति • अ. इस समय।

संप्रदाय • पुं. किसी धार्मिक मत के अनुयायियों का समूह, फ़िरक़ा।

संप्रभुता • स्त्री. सर्वप्रधान सत्ताधारी होने की स्थिति।

संप्रेषण • पुं. पहुँचाया जाना।

संबंध • पुं. 1. नाता, रिश्ता। 2. विवाह, सगाई।

संबंधित • वि. जुड़ा हुआ, संबंधयुक्त।

संबंधी • I. वि. संबंध रखनेवाला। II. पुं. रिश्तेदार, समधी।

संबद्ध • वि. संबंधित।

संबल • पुं. 1. सहारा। 2. सहायक।

संबोधन • पुं. 1. पुकारना, बुलाना। 2. बताना, समझाना।

संबोधित • वि. 1. जिसे पुकारा, बुलाया गया हो, संबोधित करना। 2. जिसे बताया, समझाया गया हो।

सँभलना • अ.क्रि. 1. चोट आदि लगने से बचना। 2. भार उठाया जाना। 3. हालत में सुधार होना।

संभव • पुं. हो सकने के योग्य, मुमकिन।

संभवतः • अ. संभव है, शायद, हो सकता है कि।

संभाग • पुं. राज्य का बड़ा भाग जिसमें कई ज़िले हों, मंडल। अं. डिवीज़न।

सँभाल • स्त्री. 1. देखभाल, हिफाज़त, देखरेख। 2. प्रबंध।

सँभालना • स.क्रि. 1. चोट आदि लगने से बचाना। 2. भार उठाना। 3. हालत में सुधार करना। 4. सहेजना। 5. मनोवेग को रोकना।

संभावना • स्त्री. संभव होने, हो सकने की स्थिति—*वर्षा की संभावना है।*

संभावित • वि. संभव, मुमकिन, होनेवाला, संभाव्य।

संभाषण • पुं. बातचीत, कथोपकथन।

संभ्रांत • वि. सम्मानित, प्रतिष्ठित।

संयत • वि. व्यवस्थित, नियंत्रित।

संयम • पुं. 1. काबू, नियंत्रण। 2. दमन। 3. परहेज।

संयमित • वि. जो काबू में हो, नियंत्रित—*हम संयमित खानपान से स्वस्थ रहते हैं।*

संयमी • I. वि. काबू रखने, नियंत्रण करनेवाला। II. पुं. योगी।

संयुक्त • वि. 1. जुड़ा हुआ। 2. मिला हुआ, संबद्ध। 3. साथ, सहित।

संयुक्त राष्ट्र संघ • पुं. विश्व के सभी देशों के प्रतिनिधियों की संस्था जो आपसी विवादों और समस्याओं पर विचार करती है।

संयोग • पुं. 1. मेल, संबंध। 2. इत्तफ़ाक, दैवयोग।

संयोजक • पुं. सभा आदि का आयोजन करनेवाला।

संरक्षक • पुं. देखभाल करनेवाला, अभिभावक।

संरक्षण • पुं. देखभाल, हिफ़ाज़त।

संरचना • स्त्री. सूक्ष्म बनावट।

संलग्न • वि. 1. लगा हुआ। 2. जुटा हुआ, लीन।

संवत् • पु. सन्, साल।

संवरण • पुं. मनोवेग को दबाना या रोकना।

संवर्धन • पुं. पालन-पोषण, वृद्धि।

संवाद • पुं. 1. समाचार। 2. कथोपकथन, बातचीत।

संवाददाता • पुं. समाचार देनेवाला। अं. रिपोर्टर।

सँवारना • स.क्रि. सजाना, ठीक करना।

संविधान • पुं. राज्य के संगठन और संचालन के नियम।

संवेदना • स्त्री. सहानुभूति, संवेदना प्रकट करने का भाव।

संवैधानिक • वि. संविधान संबंधी।

संशय • पुं. संदेह, शक।

संशयी • वि. संदेह करनेवाला, शक्की।

संशोधन • पुं. 1. सुधारने का कान, दुरुस्त करना। 2. रूप बदलना।

संशोधित • वि. सुधारा हुआ।

संसद • स्त्री. कानून बनानेवाली सर्वोच्च सभा। अं. पार्लियामेंट।

संसद सदस्य • पुं. संसद का सदस्य, सांसद।

संसर्ग • पुं. संग, साथ।

संसार • पुं. जगत, दुनिया।

संसारी • वि. घर-गृहस्थीवाला, दुनियादार।

संस्करण • पुं. पुस्तक की एक बार की छपाई, आवृत्ति।

संस्कार • पुं. 1. सुधार, दुरुस्ती। 2. शिक्षा, संगति आदि का मन पर पड़ा हुआ प्रभाव। 3. हिंदू धर्म के अनुसार मानव जीवन के सोलह कृत्य–*विद्यारंभ, उपनयन, विवाह आदि संस्कार* हैं। 4. धार्मिक कृत्य।

संस्कृत • स्त्री. भारतीय आर्यों की प्राचीन भाषा।

संस्कृति • 1. स्त्री. परिष्कृत सभ्यता, तहज़ीब। अं. कल्चर।

संस्तुति • स्त्री. प्रशंसा, सिफ़ारिश।

संस्था • स्त्री. 1. संगठन। 2. सभा, समिति। 3. मंडली।

संस्थान • पुं. साहित्य, विज्ञान आदि की उन्नति के लिए स्थापित संस्था।

संस्थापक • पु. स्थापित करनेवाला मूल व्यक्ति।

संस्मरण • पुं. स्मृति के आधार पर किसी की विशेषताओं का वर्णन।

संहार • पुं. 1. नाश, ध्वंस। 2. हत्या।

संहारक • वि. संहार करनेवाला, नाशक।

सकना • अ.क्रि. किसी काम को करने में समर्थ होना।

सकपकाना • अ.क्रि. हिचकना, घबराना।

सकल • वि. समस्त, कुल।

सकारात्मक • वि. सहमतिसूचक।

सकुचाना • I. अ.क्रि. झिझकना, शरमाना। II. स.क्रि. शर्मिंदा करना।

सकोरा • पुं. मिट्टी की कटोरी, प्याला, कसोरा।

सक्रिय • वि. क्रियाशील, फुरतीला।

सक्रियता • स्त्री. सक्रिय होने का भाव।

सक्षम • वि. जिसमें क्षमता हो, समर्थ।

सखा • पुं. मित्र, साथी।

सखी • स्त्री. सहचरी, सहेली।

सख़्त • वि. 1. कठोर, कड़ा। 2. कठिन, मुश्किल। 3. तेज, तीव्र। 3. दृढ़, पक्का।

सख्ती • स्त्री. कड़ाई।

सगा • वि. 1. एक माँ-बाप से उत्पन्न, सहोदर। 2. एक कुल, परिवार का।

सगाई • स्त्री. शादी का ठहराव, मँगनी।

सगुन • पुं. 1. शुभ-अशुभ लक्षण, शकुन। 2. गुणयुक्त।

सघन • वि. बहुत घना।

सघन खेती • स्त्री. उपज बढ़ानेवाली खेती।

सच • I. पुं. सत्य। II. वि. सही।

सचमुच • अ. वास्तव में।

सचल • वि. एक स्थान से दूसरे स्थान को जानेवाला।

सचित्र • वि. चित्रों से युक्त।

सचिव • पुं. मंत्री। अं. सेक्रेटरी।

सचेत • वि. सावधान, होशियार।

सचेतन • वि. जिसमें चेतना हो, चेतन।

सचेष्ट • वि. चेष्टा करनेवाला।

सच्चरित्र • वि. अच्छे चरित्र या चालचलनवाला।

सच्चा • वि. 1. सच बोलनेवाला, ईमानदार। 2. ठीक, यथार्थ। 3. असली, विशुद्ध। 4. बिलकुल ठीक और पूरा।

सच्चाई • स्त्री. सच्चापन, सच्चाहट।

सच्चिदानंद • पुं. सत्, चित् और आनंद से युक्त परमात्मा।

सजग • वि. सावधान, सचेत, चौकन्ना।

सजधज • स्त्री. सजावट, बनाव-सिंगार।

सजना • अ.क्रि. 1. सज्जित होना, शृंगार करना। 2. शोभा देना, भला लगना।

सजल • वि. 1. जल से युक्त। 2. अश्रु

से पूर्ण।

सज़ा • स्त्री. 1. दंड। 2. कारावास।

सजाना • स.क्रि. 1. तरतीब से लगाना। 2. सँवारना।

सजावट • स्त्री. सज्जा, अलंकरण।

सजीला • वि. सजधजवाला।

सजीव • वि. जानदार, जीवित।

सज्जन • पुं. सत्पुरुष, भला आदमी, शरीफ़।

सज्जनता • स्त्री. भलमनसी, शराफ़त।

सज्जा • स्त्री. 1. वेशभूषा, पोशाक। 2. सजावट।

सज्जी • स्त्री. एक तरह की क्षारयुक्त मिट्टी, सज्जीखार।

सटाना • स.क्रि. 1. दो चीज़ों को इतना पास लाना कि एक-दूसरे को छूने लगें।

सटीक • वि. 1. जिसके मूल के साथ टीका या व्याख्या हो। 2. बिलकुल ठीक।

सट्टा • पुं. तेज़ी-मंदी के विचार से वस्तुओं की खरीद-बिक्री।

सट्टेबाज़ • पुं. सट्टे का धंधा करनेवाला, सटोरिया।

सठियाना • अ.क्रि. साठ बरस का होना और बुढ़ापे के कारण बुद्धि कम हो जाना।

सड़क • स्त्री. चौड़ा पक्का रास्ता।

सड़न • स्त्री. 1. सड़ने की क्रिया, सड़ान। 2. सड़न से उत्पन्न दुर्गंध।

सड़ना • अ.क्रि. 1. किसी चीज़ का इस तरह खराब होना कि वह गलने लगे और उससे दुर्गंध आए। 2. बुरी हालत में पड़ा रहना।

सड़ियल • वि. 1. सड़ा हुआ। 2. खराब, रद्दी। 3. ओछा, नीच।

सत् • वि. अच्छा, भला।

सत • I. पुं. किसी चीज का सार, सत्व। II. वि. सात की संख्या—*सतकोन (सात कोनों वाला), सतरंगा (सात रंगोंवाला)।*

सतत • अ. सदा, हमेशा, सर्वदा।

सतर • स्त्री. पंक्ति, लकीर।

सतर्कता • स्त्री. सावधानी, होशियारी।

सतह • स्त्री. किसी वस्तु का ऊपरी भाग, तल।

सताना • स.क्रि. कष्ट देना।

सती • I. वि. पतिव्रता। II. स्त्री. पति के शव के साथ जल जानेवाली स्त्री।

सत्कर्म • पुं. अच्छा काम, सत्कार्य।

सत्कार • पुं. आदर-सम्मान, खातिरदारी।

सत्ता • I. स्त्री. 1. अस्तित्व, हस्ती। 2. शक्ति, अधिकार। II. पुं. ताश का सात बूटियोंवाला पत्ता—*चिड़ी का सत्ता।*

सत्तू • पुं. सतुआ—*जौ का, चने का सत्तू।*

सत्य • I. वि. 1. ठीक, यथार्थ। 2. विश्वस्त। 3. वास्तविक, असल। II. पुं. सच।

सत्यता • स्त्री. सच्चाई, वास्तविकता।

सत्यवादी • वि. सच बोलनेवाला।

सत्याग्रह • पुं. 1. सत्य और न्याय के लिए शांतिपूर्ण संघर्ष। 2. धरना।

सत्याग्रही • पुं. सत्याग्रह करनेवाला।

सत्यानास • पुं. सर्वनाश, बरबादी।

सत्यानासी • वि. सत्यानास करनेवाला।

सत्र • पुं. 1. दो बड़े अवकाशों के बीच का कार्यकाल। 2. असहायों को भोजन बाँटने का स्थान, अन्नसत्र।

सत्संग • पुं. 1. भले लोगों के साथ उठना-बैठना। 2. भजन-कीर्तन।

सदन • पुं. 1. घर, मकान, निवास स्थान, आश्रय स्थल। 2. लोक सभा या राज्य सभा। 3. विधान सभा या विधान परिषद।

सदमा • पुं. शोक, दुख का आघात, धक्का।

सदय • वि. दयालु।

सदर • पुं. 1. अध्यक्ष, सभापति। 2. बड़ा–*सदर अस्पताल।* 3. प्रधान अधिकारी के रहने का स्थान।

सदस्य • पुं. समिति आदि में सम्मिलित व्यक्ति। अं. मेम्बर।

सदस्यता • स्त्री. सदस्य का पद।

सदा • अ. सर्वदा, हमेशा।

सदाचार • पुं. अच्छा आचरण, सदाचरण।

सदाचारी • पुं. अच्छे आचरणवाला।

सदाबहार • I. पुं. एक फूल या उसका पेड़ जो सालभर फूलता है। II. वि. सदा हराभरा रहनेवाला–*सदाबहार पेड़।*

सदारत • स्त्री. सदर का काम, अध्यक्षता।

सदाशय • वि. ऊँचे विचार का, सज्जन।

सदी • स्त्री. 1. सौ साल का समय, शताब्दी।

सदुपदेश • पुं. अच्छी सलाह।

सदुपयोग • पुं. अच्छा उपयोग।

सदृश • वि. समान, एक जैसा।

सदैव • अ. सदा, हमेशा।

सद्गति • स्त्री. मोक्षप्राप्ति।

सद्गुण • पुं. अच्छा गुण।

सद्भाव • पुं. 1. अच्छी भावना, मित्रता का भाव। 2. मेलजोल, मित्रता।

सधना • अ.क्रि. 1. सिद्ध होना। 2. अभ्यस्त होना, मँजना। 3. सवारी के लायक होना–*घोड़ा सधा है।* 4. निशाना सही होना।

सधवा • स्त्री. वह स्त्री. जिसका पति जीवित हो, सुहागिन, सौभाग्यवती।

सधाना • स.क्रि. साधने का काम दूसरे से कराना।

सन् • पुं. साल, संवत्, वर्ष।

सन • I. पुं. एक पौधा जिसकी छाल के रेशों से रस्सी आदि बनाते हैं। II. स्त्री. किसी चीज़ के हवा में तेज़ी से चलने का शब्द–*सन से गोली चली।*

सनक • स्त्री. 1. किसी बात की धुन,

पागलपन। 2. धुन।

सनकी • वि. झक्की, खब्ती।

सनद • स्त्री. प्रमाणपत्र। अं. सर्टिफिकेट।

सनना • अ.क्रि. 1. गुँथना। 2. लथपथ होना। 3. ओतप्रोत होना, पगना।

सनसन • स्त्री. 'सन-सन' की आवाज़, सनसनाहट।

सनसनी • स्त्री. 1. झुनझुनी। 2. भय आदि के कारण उत्पन्न स्तब्धता, सन्नाटा।

सनातन • वि. 1. अत्यंत प्राचीन। 2. सदा रहनेवाला, शाश्वत।

सनाथ • वि. जिसका रक्षक, स्वामी हो।

सनेही • वि. स्नेह करनेवाला, स्नेही, प्रेमी।

सन्न • वि. भय आदि से स्तब्ध, स्तंभित, भौचक।

सन्नद्ध • वि. उद्‌यत, उतारू, आमादा।

सन्नाटा • पुं. निस्तब्धता, नीरवता, खामोशी।

सन्निकट • वि. समीप, पास, नजदीक।

सन्निहित • वि. सम्मिलित, शामिल, निहित।

सन्मति • स्त्री. अच्छी मति, सुबुद्‌धि।

सन्मार्ग • पुं. अच्छा मार्ग, सुपथ।

सपना • पुं. वह दृश्य जो निद्रा की दशा में दिखाई पड़े, स्वप्न, ख़्वाब।

सपरिवार • वि. परिवार के सदस्यों के साथ।

सपाट • वि. जो ऊबड़-खाबड़ न हो, चौरस, समतल।

सपूत • पुं. अच्छा पुत्र, सुपुत्र।

सप्तर्षि • पुं. उत्तर दिशा के सात तारों का समूह।

सप्ताह • पुं. सात दिन का समय, हफ़्ता।

सफ़र • पुं. यात्रा।

सफल • वि. 1. कृतकार्य, कामयाब। 2. उत्तीर्ण।

सफलता • स्त्री. कामयाबी, सिद्‌धि।

सफ़ाई • स्त्री. 1. झाड़-पोंछ। 2. स्वच्छता, सुथरापन। 3. अपने पक्ष में कही गई बात।

सफ़ाचट • वि. बिलकुल साफ़।

सफ़ाया • पुं. अंत, नाश।

सफ़ेद • वि. चूने के रंग का, श्वेत।

सफ़ेदा • पुं. 1. जस्ते से बनाया हुआ सफ़ेद रंग। 2. एक प्रकार का आम।

सफ़ेदी • स्त्री. 1. सफ़ेद होने का भाव। 2. चूने की पुताई।

सब • वि. 1. कुल, समस्त, सारा। 2. छोटा, गौण।

सबक़ • पुं. 1. पाठ। 2. शिक्षा, सीख। 3. वह दंड जो चेतावनी के रूप में हो—*उसे कुछ सबक मिला*।

सबद • पुं. किसी महात्मा के वचन, भजन।

सबब • पुं. कारण, वजह।

सबल • वि. बलवान। ताकतवर।

सबूत • पुं. प्रमाण, साक्ष्य।

सबेरा • पुं. सवेरा, प्रातःकाल, सुबह।

सब्ज़ • वि. हरा, कच्चा।

सब्ज़ी • स्त्री. साग-पात, हरी तरकारी।

सब्र • पुं. सहन, बरदाश्त, धैर्य।

सभा • स्त्री. 1. बैठक, गोष्ठी। अं. मीटिंग। 2. समिति, संस्था।

सभापति • पुं. सभा का अध्यक्ष।

सभासद् • पुं. सभा, समिति का सदस्य।

सभी • वि. सब ही, सब के सब।

सभ्य • वि. उत्तम आचार-व्यवहारवाला, शिष्ट, शालीन।

सभ्यता • स्त्री. 1. सभ्य होने का भाव, शिष्टता। 2. किसी देश या जाति की सामाजिक उन्नति।

समकक्ष • वि. बराबरी का।

समकालीन • वि. एक ही समय का।

समकोण • I. पुं. 90 अंश का कोण। II. वि. बराबर कोणोंवाला— *समकोण चतुर्भुज।*

समक्ष • I. अ. सामने। II. वि. उपस्थित, गोचर।

समग्र • वि. कुल, पूरा, सब।

समझ • स्त्री. बुद्धि, प्रज्ञा।

समझदार • वि. बुद्धिमान्, अक्लमंद।

समझना • अ.क्रि. 1. अर्थबोध होना। 2. अनुमान होना। 2. स.क्रि. जान लेना।

समझौता • पुं. 1. आपस का निपटारा, मेल। 2. निर्णय।

समतल • वि. चौरस, हमवार।

समता • स्त्री. समानता, बराबरी।

समदर्शी • वि. सबको एक-सा देखने-समझनेवाला।

समधी • पुं. पुत्र या पुत्री का ससुर।

समन्वय • पुं. मेल।

समय • पुं. 1. काल, वक्त। 2. अवसर, मौका। 3. अवकाश, फ़ुरसत।

समयसारिणी • स्त्री. समय की सूची। अं. टाइमटेबिल।

समर • पुं. युद्ध, लड़ाई।

समर्थ • वि. योग्य, सक्षम, क़ाबिल।

समर्थक • वि. हिमायती, पक्षपाती।

समर्थन • पुं. हिमायत, पक्षपात।

समर्पण • पुं. अर्पण, भेंट।

समर्पित • वि. समर्पण किया हुआ, सौंपा हुआ।

समवयस्क • वि. समान उम्रवाला, हमउम्र।

समवेत • वि. इकट्ठा, एकत्र।

समवेदना • स्त्री. संवेदना, सहानुभूति।

समस्त • वि. सब, कुल, समग्र।

समस्या • स्त्री. कठिनाई, उलझन।

समागत • वि. आया हुआ, आगत।

समागम • पुं. आना, संतों का आगमन।

समाचार • पुं. 1. खबर, हाल। 2. कुशल मंगल। 2. सूचना।

समाचारपत्र • पुं. वह पत्र जिसमें देश-विदेश के तमाम समाचार हों, अखबार, कागज़।

समाज • पुं. 1. समूह, दल, समुदाय। 2. संस्था। 3. समान आचार-

विचारवाले लोगों का समुदाय।

समाजवाद • पुं. सामूहिक हित का सिद्धांत। अं. सोशलिज़्म।

समाजवादी • I. पुं. समाजवाद का समर्थक। अं. सोशलिस्ट। II. वि. समाजवाद से संबंधित।

समाजशास्त्र • पुं. मानव समाज का विवेचन करनेवाला शास्त्र।

समाजसेवा • स्त्री. समाज का भला करना।

समादर • पुं. आदर, सत्कार।

समाधान • पुं. निराकरण, हल।

समाधि • स्त्री. 1. ध्यान लगाने की चरम अवस्था। 2. मुरदे का गाड़ा जाना। 3. समाधि-स्थल पर बना भवन आदि।

समान • वि. एक-सा, बराबर।

समानता • स्त्री. समान होने का भाव, सादृश्य।

समाना • I. अ.क्रि. अँटना—*सभी कपड़े बक्स में समाये।* II. स.क्रि. अँटाना।

समानार्थक • पुं. एक ही अर्थवाले शब्द, पर्याय।

समापन • पुं. अंत, समाप्ति।

समाप्त • वि. खत्म, पूरा।

समाप्ति • स्त्री. अंत।

समारंभ • पुं. आरंभ।

समारोह • पुं. 1. उत्सव, जलसा। 2. धूमधाम।

समालोचना • स्त्री. गुण-दोष की विवेचना।

समावेश • पुं. एक पदार्थ का दूसरे पदार्थ में होना, अंतर्भाव होना।

समास • पुं. 1. व्याकरण में शब्दों का मिलकर एक होना। 2. योग, मेल।

समाहित • वि. एक किया हुआ, अपने में समाया हुआ।

समिति • स्त्री. विशेष कार्य के लिए गठित कुछ लोगों की सभा, कमेटी।

समीकरण • पुं. गणित में ज्ञात राशि की सहायता से अज्ञात राशि को निकालना।

समीक्षा • स्त्री. अच्छी तरह देखना, समालोचना।

समीप • अ. पास, निकट, नज़दीक।

समीपवर्ती • वि. समीप का, पास का।

समीर • पुं. हवा, वायु, समीरण।

समुंदर • पुं. समुद्र, सागर।

समुचित • वि. ठीक, उचित, उपयुक्त, वाजिब।

समुच्चय • पुं. समूह, राशि, मेल।

समुज्ज्वल • वि. अत्यंत उज्ज्वल, प्रकाशमान।

समुदाय • पुं. समूह, दल।

समुद्र • पुं. 1. समुंदर, सागर, जलधि। 2. बहुत बड़ा परिमाण—*गुण का समुद्र।*

समुद्री • वि. समुद्र संबंधी।

समुन्नत • वि. भली-भाँति उन्नत—

समुन्नत देश।

समूचा • वि. पूरा, सारा।

समूल • अ. जड़ से।

समूह • पुं. झुंड, दल, समुदाय।

समृद्ध • वि. 1. संपन्न, धनी। 2. सशक्त। 3. प्रभावशाली।

समृद्धि • स्त्री. 1. संपन्नता, धनाढ्यता।

समेटना • स.क्रि. 1. इकट्ठा करना। 2. तह करना।

समेत • अ. साथ।

सम्मत • वि. एक राय का, राजी, सहमत।

सम्मति • स्त्री. 1. स्वीकृति, अनुमति। 2. सलाह, राय। 3. मत, विचार।

सम्मान • पुं. आदर, इज़्ज़त।

सम्मानित • वि. प्रतिष्ठित, इज़्ज़तदार।

सम्मिलित • वि. मिला हुआ, शामिल।

सम्मुख • अ. सामने, समक्ष।

सम्मेलन • पुं. 1. बैठक, अधिवेशन। 2. संस्था, सभा।

सम्मोहन • पुं. मुग्ध करने का भाव।

सम्यक् • I. अ. भली-भाँति। II. वि. उचित, उपयुक्त।

सम्राट • पुं. बहुत बड़ा राजा, राजाधिराज।

सयाना • वि. 1. बालिग, वयस्क। 2. बुद्धिमान, होशियार।

सर • पुं. 1. सिर। 2. ऊपरी हिस्सा, चोटी। 3. तालाब। 4. बाण। आदरसूचक संबोधन—अं. *सर।*

सरकंडा • पुं. एक सरपत जिसमें गाँठें होती हैं।

सरकना • अ.क्रि. 1. रेंगना, खिसकना। 2. समय का आगे बढ़ना।

सरकार • I. स्त्री. हुकूमत, शासन। II. पुं. 1. मालिक, प्रभु। 2. बड़ों के लिए संबोधन—*सरकार!*

सरकारी • वि. सरकार का, राजकीय।

सरग़ना • पुं. सरदार, अगुआ।

सरगम • पुं. संगीत के सात स्वरों का क्रम, स्वरग्राम—*सा रे ग म प ध नि सरगम है।*

सरगर्मी • स्त्री. तत्परता, मुस्तैदी।

सरदर्द • पुं. 1. सिर का दर्द। 2. कष्ट।

सरदार • पुं. 1. प्रधान, मुखिया। 2. सिखों की पदवी।

सरपंच • पुं. पंचों का मुखिया, पंचायत का प्रधान।

सरपट • अ. बहुत तेज़।

सरपत • पुं. कुश की तरह की एक घास।

सरपरस्त • वि. संरक्षक, सहायक।

सरल • वि. 1. जो टेढ़ा न हो, सीधा। 2. आसान, सहज। 3. सीधासादा, निष्कपट।

सरलता • स्त्री. 1. सीधापन। 2. आसानी। 3. निष्कपटता, सिधाई।

सरस • वि. 1. रसयुक्त, रसीला। 2. जायकेदार, स्वादिष्ट। 3. भावपूर्ण।

सर-सर • I. पुं. हवा चलने का शब्द।

II. अ. 'सर-सर' शब्द के साथ • *हवा सर-सर चली।*

सरसरी • वि. जल्दी में।

सरसों • स्त्री. एक तिलहन, एक उपज।

सरहद • स्त्री. सीमा।

सराफ़ • पुं. सोने-चाँदी के गहने बेचनेवाला।

सराफ़ा • पुं. सराफ़ों का बाज़ार।

सराबोर • वि. बिलकुल भीगा हुआ, तरबतर।

सराय • स्त्री. यात्रियों के ठहरने का स्थान, मुसाफ़िरखाना।

सरासर • अ. बिलकुल, सोलहों आने, पूरी तरह।

सराहना • I. स.क्रि. तारीफ़ करना। II. स्त्री. तारीफ़, प्रशंसा।

सराहनीय • वि. प्रशंसा के योग्य।

सरिता • स्त्री. नदी, तरंगिणी, स्रोतस्विनी, तटिनी।

सरिया • पुं. लोहे की पतली छड़।

सरीखा • वि. समान, सदृश, तुल्य।

सरीसृप • पुं. रेंगनेवाला जंतु।

सरेस • पुं. पशुओं के चमड़े आदि से बननेवाला एक लेसदार पदार्थ, सरेश।

सरोकार • पुं. लगाव, वास्ता, संबंध।

सरोज • पुं. कमल, अरविंद, उत्पल, पंकज।

सरोवर • पुं. ताल, तालाब, झील।

सरौता • पुं. सुपारी काटने का एक औज़ार।

सर्कस • पुं. 1. पशुओं और मनुष्यों के करतब का खेल। 2. सर्कस दिखानेवालों का दल।

सर्ग • पुं. ग्रंथ का प्रकरण या अध्याय।

सर्जक • वि. सर्जन करनेवाला, रचना करनेवाला।

सर्जन • पुं. 1. रचना, निर्माण, सर्जना। 2. चीर-फाड़ करनेवाला डॉक्टर।

सर्द • वि. ठंडा।

सर्दी • स्त्री. 1. ठंड। 2. जाड़ा। 3. ज़ुकाम।

सर्प • पुं. साँप, भुजंग।

सर्राफ़ • पुं. सोने-चाँदी के गहनों का व्यापारी, सराफ़।

सर्व • वि. सब, तमाम, कुल, समस्त।

सर्वज्ञ • वि. सब कुछ जाननेवाला।

सर्वतः • अ. सब प्रकार से।

सर्वत्र • अ. सब जगह।

सर्वथा • अ. हर तरह से, बिलकुल।

सर्वदा • अ. सदा, हमेशा।

सर्वनाम • पुं. व्याकरण में संज्ञा के स्थान में आनेवाला शब्द–*मैं, तुम, वह आदि।*

सर्वनाश • पुं. पूरी बरबादी, सत्यानास।

सर्वभक्षी • वि. सब कुछ खानेवाला।

सर्वशक्तिमान् • वि. सब कुछ करने में समर्थ। ईश्वर।

सर्वश्रेष्ठ • वि. सबसे उत्तम।

सर्वसाधारण • पुं. साधारण लोग, आम लोग।

सर्वस्व • पुं. सब कुछ।

सर्वांगीण • वि. सब अंगों से संबंध रखनेवाला, संपूर्ण।

सर्वाधिक • वि. सबसे अधिक।

सर्वेक्षण • पुं. व्यापक और गहरी जाँच-पड़ताल।

सर्वेसर्वा • वि. जिसे किसी मामले में सब कुछ करने का अधिकार हो, प्रधान कर्ता-धर्ता।

सर्वोच्च • वि. 1. सबसे ऊँचा। 2. सबसे बड़ा।

सर्वोत्तम • वि. सबसे अच्छा।

सर्वोदय • पुं. सबके कल्याण के लिए महात्मा गाँधी द्वारा चलाया गया एक आंदोलन।

सर्वोपरि • अ. सबसे ऊपर या बढ़कर।

सलज्ज • वि. लज्जाशील, विनम्र।

सलमा • पुं. सोने-चाँदी का गोल लपेटा हुआ तार, बादला।

सलवार • पुं. एक तरह का पाजामा।

सलाई • स्त्री. तीली, सींक।

सलाख • स्त्री. धातु की छड़।

सलाद • पुं. 1. कटे हुए प्याज़, मूली, खीरा आदि में नींबू का रस या सिरका डालकर बनाया हुआ खाद्य पदार्थ। 2. एक कंद के पत्ते जो सलाद के रूप में खाए जाते हैं।

सलाम • पुं. नमस्कार, बंदगी, आदाब।

सलामत • वि. सकुशल।

सलामी • स्त्री. 1. सैनिकों आदि की सलाम करने की रस्म। 2. तोपें या बंदूकें दागकर दी जानेवाली सलामी। 3. मकान मालिक आदि को किराया आदि के अतिरिक्त दी जानेवाली रकम, पगड़ी।

सलाह • स्त्री. राय, मशवरा।

सलाहकार • पुं. राय, मशवरा देनेवाला, परामर्शदाता।

सलिल • पुं. जल, पानी, वारि, उदक, नीर, अंबु।

सलीक़ामंद • वि. जिसमें सलीका हो, शऊरदार।

सलीक़ा • पुं. अच्छा ढंग, शऊर।

सलीब • स्त्री. 1. ईसा को सूली देने की टिकठी। अं. क्रॉस। 2. उस टिकठी का चिह्न जो ईसाइयों का धार्मिक चिह्न है। 3. टिकठी के आकार का यंत्र जिसे ईसाई, विशेषकर पादरी, गले में लटकाकर पहनते हैं।

सलोना • वि. सुंदर, लावण्ययुक्त।

सलोनी • स्त्री. सुंदरी, लावण्यमयी।

सलोनो • पुं. श्रावण की पूर्णिमा को होनेवाला एक त्योहार, रक्षाबंधन।

सल्तनत • स्त्री. राज्य, बादशाहत।

सवर्ण • पुं. हिंदुओं के प्रथम तीन वर्ण ब्राह्मण, क्षत्रिय और वैश्य।

सवा • वि. चौथाई से युक्त। *सवा रुपये (एक रुपया और रुपये की चौथाई पच्चीस पैसे)*

सवाक् • वि. बोलता हुआ।

सवाब • पुं. पुण्य।
सवाया • वि. 1. सवागुना—*आटे का सवाया बेसन लो।* 2. बढ़कर—अक्लमंदी में सोहन तुमसे सवाया है।
सवार • I. पुं. घोड़े आदि पर बैठा हुआ व्यक्ति, आरोही। 2. घुड़सवार, अश्वारोही। II. वि. 1. सवारी पर बैठा हुआ—*मोहन बस में सवार है।*
सवारी • स्त्री. 1. सवार होने की क्रिया। 2. सवार होने की चीज़—*घोड़ा, घोड़ागाड़ी, पालकी आदि।* 3. यात्री।
सवाल • पुं. 1. पूछने की क्रिया। 2. प्रश्न। 3. प्रार्थना, माँग। 4. निवेदन। 5. गणित का प्रश्न।
सवाल-जवाब • पुं. बहस, वादविवाद।
सविता • पुं. सूर्य, आदित्य, दिनमणि, मार्तंड, रवि।
सविनय • वि. विनययुक्त, विनम्र।
सविस्मय • अ. विस्मय के साथ।
सवेरा • पुं. प्रातःकाल, सुबह।
सशंक • वि. शंकित, भयभीत।
सशस्त्र • वि. जिसमें शस्त्रों का प्रयोग हुआ हो।
ससुर • पुं. पति या पत्नी का पिता, श्वशुर।
ससुराल • स्त्री. ससुर का घर।
सस्ता • वि. 1. कम दाम का। 2. घटिया।
सस्नेह • अ. स्नेहपूर्वक
सह • 1. वि. सहन करना। 2. अ. सहित, समेत।
सहकारी-समिति • स्त्री. उपभोक्ताओं की अपनी संस्था। अं. को-ऑपरेटिव सोसाइटी।
सहचर • पुं. साथी, सेवक।
सहज • वि. 1. आसान, सरल। 2. प्राकृतिक, सामान्य।
सहन • पुं. 1. सहने की क्रिया, सहिष्णुता। 2. आँगन।
सहनशील • वि. बरदाश्त करनेवाला, सहिष्णु, धैर्यवान।
सहना • स.क्रि. बरदाश्त करना, झेलना।
सहपाठी • पुं. साथ पढ़नेवाला, सहाध्यायी।
सहभोज • पुं. एक साथ बैठकर भोजन करना।
सहमत • वि. एक राय का, सम्मत, राज़ी।
सहमति • स्त्री. सम्मति, स्वीकृति।
सहमना • अ.क्रि. डरना, भयभीत होना।
सहयोग • पुं. मिलकर काम करना, सहायता।
सहयोगी • पुं. सहायक, मददगार।
सहल • वि. सहज, सरल, आसान।
सहलाना • I. स.क्रि. हाथ फेरना, सहराना। II. अ.क्रि. गुदगुदी होना।
सहसा • अ. अचानक, एकाएक।
सहस्र • वि. दस सौ, हजार।

सहानुभूति • स्त्री. 1. किसी के दुख से दुखी होना, हमदर्दी, संवेदना। 2. दया, अनुकंपा।

सहायक • पुं. सहायता करनेवाला, मददगार।

सहायता • स्त्री. सहयोग, मदद।

सहारा • पुं. सहायता, मदद। 2. आसरा, भरोसा। 3. आड़, टेक।

सहित • अ. संग, साथ।

सहिष्णु • वि. सहनेवाला, सहनशील।

सहिष्णुता • स्त्री. सहनशीलता।

सही • वि. 1. सत्य, सच। 2. यथार्थ, ठीक।

सही-सलामत • वि. नीरोग, निरापद।

सहूलियत • स्त्री. 1. सुविधा, आसानी, सुगमता। 2. सुभीता।

सहृदय • वि. जो दूसरे के सुख-दुख समझता हो, दयालु।

सहृदयता • स्त्री. दयालुता, करुणा।

सहेजना • स.क्रि. 1. सँभालना। 2. किसी को कोई काम कह-सुनकर सौंपना।

सहेली • स्त्री. संगिनी, सखी।

सहोदर • पुं. सगा भाई।

सहोदरा • स्त्री. सगी बहन।

साँकल • स्त्री. ज़ंजीर, सिकड़ी।

सांकेतिक • वि. जो संकेत रूप में हो।

सांघातिक • वि. गहरा, भारी।

साँचा • पुं. वह ढाँचा जिसमें गीली चीज़ भरकर खास शक्ल की चीज़ ढालते हैं।

साँझ • स्त्री. संध्या, शाम, सायंकाल।

साँठ-गाँठ • स्त्री. साजिश।

साँड़ • पुं. गो-जाति का नर, बैल, वृषभ।

सांत्वना • स्त्री. ढाढ़स, तसल्ली, दिलासा।

साँप • पुं. एक रेंगनेवाला लंबा प्राणी, सर्प।

साँवला • वि. कुछ कालापन लिए हुए रंग का।

साँवलापन • पुं. साँवला होने का भाव।

साँस • स्त्री. नाक या मुँह से अंदर खींची और बाहर निकाली जानेवाली हवा, श्वास, दम।

साँसत • स्त्री. 1. साँस रुकने की-सी तकलीफ़। 2. बखेड़ा, झंझट। 3. फज़ीहत।

सांसद • पुं. संसद का सदस्य।

सांस्कृतिक • वि. संस्कृति-संबंधी।

सा • अ. 1. समान, जैसा। 2. एक परिमाणसूचक शब्द— *थोड़ा-सा नमक दो।*

साइत • स्त्री. घड़ी, मुहूर्त, लग्न।

साईस • पुं. घोड़े की देखभाल करनेवाला नौकर।

साकार • वि. आकारयुक्त, मूर्तिमान।

साक्षर • वि. पढ़ा-लिखा, शिक्षित।

साक्षात् • I. अ. सामने, सम्मुख, प्रत्यक्ष। II. वि. साकार, मूर्तिमान। III. पुं. भेंट, मुलाकात।

साक्षात्कार • पुं. 1. मुलाकात, देखादेखी। 2. नौकरी के लिए मुलाकात। अं. इंटरव्यू।

साक्षी • I. पुं. देखनेवाला, गवाह। II. स्त्री. गवाही, गवाह का बयान।

साक्ष्य • पुं. गवाही, प्रमाण, शहादत।

साख़ • स्त्री. लेन-देन-संबंधी विश्वास या प्रतिष्ठा।

साख़ी • स्त्री. ज्ञान-संबंधी कविता—*कबीरदास की साखी।*

साखू • पुं. शाल का पेड़, सखुआ।

साग • पुं. पत्तियोंवाली सब्ज़ी, शाक, भाजी।

सागपात • पुं. रूखा-सूखा भोजन।

सागर • पुं. 1. समुद्र। 2. बड़ी झील। 3. बड़ा परिमाण, भंडार।

सागौन • पुं. सागवान, एक पेड़ जिसकी लकड़ी मेज़-कुरसी आदि बनाने में काम आती है।

साज़ • पुं. 1. सजावट का सामान। 2. बाजा, वाद्य।

साज़िश • स्त्री. गलत काम में सहयोग, साँठगाँठ, षड्यंत्र।

साझा • पुं. हिस्सा, हिस्सेदारी।

साझेदार • पुं. हिस्सेदार, साझी।

साटन • पुं. एक बढ़िया रेशमी कपड़ा। अं. सैटिन।

साड़ी • स्त्री. स्त्रियों का एक पहनावा, धोती।

साढ़े • वि. आधे के साथ। (कोई संख्या)—*साढ़े चार।*

साथ • I. पुं. संग, संगत। II. अ. सहित, के संग।

साथी • पुं. जो साथ रहता हो, संगी, मित्र।

सादगी • स्त्री. सादापन, सरलता।

सादर • अ. आदर के साथ।

सादा • वि. 1. जिसमें बनावट न हो, सादगी भरा। 2. जिस पर कुछ लिखा न हो, कोरा। 3. जिसमें छल-कपट न हो, सरल।

साध • स्त्री. इच्छा, कामना।

साधक • पुं. साधना करनेवाला, योगी, तपस्वी।

साधन • पुं. 1. औज़ार, उपकरण, सामान। 2. उपाय, ज़रिया।

साधना • I. स्त्री. सफलता के लिए किया गया परिश्रम, तपस्या। II. स.क्रि. 1. सिद्ध करना, पूरा करना। 2. अभ्यास करना। 3. वश में करना। 4. निशाना लगाना।

साधारण • वि. मामूली, सामान्य।

साधारणतः • अ. आमतौर पर, प्रायः।

साधारणतया • अ. साधारणतः।

साधु • I. पुं. धार्मिक पुरुष, महात्मा, संत। II. वि. धार्मिक, नेक, भला।

साध्य • वि. सिद्ध होने योग्य, हो सकने लायक।

साध्वी • स्त्री. पतिव्रता स्त्री, धर्मपरायण स्त्री।

सानंद • अ. आनंदपूर्वक, खुशी के साथ।

सानना • स.क्रि. 1. गूँधना, माँड़ना। 2. लपेटना, शामिल करना।

सानी • I. स्त्री. पानी में साना हुआ चारा। II. वि. जोड़ का, बराबरी का।

सान्निध्य • पुं. समीपता, निकटता।

साप्ताहिक • वि. सप्ताह से संबंध रखनेवाला।

साफ़ • I. वि. 1. जिसमें मैल आदि न हो, स्वच्छ। 2. जो समझ में आए, स्पष्ट। 3. जो घुमावदार न हो। 4. जिसमें सफ़ाई हो। II. अ. 1. खुले तौर पर। 2. सफ़ाई से। III. स.क्रि. 1. सफाई करना। 2. धोना। 3. माँजना। 4. लिखावट ठीक करके लिखना। 5. सब खा-पी डालना।

साफ़ा • पुं. एक तरह की ऊँची पगड़ी।

साबित • वि. जिसका सबूत दिया गया हो, प्रमाणित, सिद्ध।

साबुन • पुं. सोडा, तेल आदि को मिलाकर जमाई हुई बट्टी जिससे कपड़े आदि साफ़ करते हैं।

साबुत • वि. पूरा, समूचा।

साभार • अ. आभार के साथ।

सामंजस्य • पुं. संगति, मेल।

सामंत • पुं. बड़ा ज़मींदार।

सामग्री • स्त्री. आवश्यक वस्तुएँ, सामान। हवन सामग्री।

सामना • पुं. 1. भेंट, मुलाकात। 2. मुकाबला, मुठभेड़। 3. आगे का हिस्सा।

सामने • अ. 1. समक्ष, सम्मुख। 2. सीधे, आगे। 3. मुकाबले में।

सामयिक • वि. 1. समय के अनुसार। 2. अस्थायी।

सामर्थ्य • स्त्री. क्षमता, शक्ति, बल।

सामाजिक • वि. समाज का।

सामान • पुं. आवश्यक वस्तुएँ, चीज़-वस्तु, सामग्री।

सामान्य • वि. 1. साधारण, मामूली। 2. सार्वजनिक।

सामान्य ज्ञान • पुं. साधारण बातों का ज्ञान। अं. जनरल नॉलेज।

सामान्यतः • अ. आमतौर से, सामान्यतया।

सामिष • वि. मांसयुक्त।

सामीप्य • पुं. निकटता, समीपता।

सामुदायिक • वि. समुदाय संबंधी, सामूहिक।

सामूहिक • वि. समूह से संबंध रखनेवाला, सामुदायिक।

साम्य • पुं. समानता, सादृश्य, मेल।

साम्यवाद • पुं. एक सामाजिक सिद्धान्त जो समाज में साम्य लाना चाहता है। अं. कम्युनिज़्म।

साम्राज्य • पुं. वह बड़ा राज्य जिसके अधीन कई देश हों।

सायंकाल • पुं. दिन का अंतिम भाग, संध्या, शाम।

सायक • पुं. तीर, बाण।

साया • पुं. छाया, छाँह।

सायास • अ. प्रयत्नपूर्वक।

सारंगी • स्त्री. तारवाला एक बाजा जिसे कमानी से बजाते हैं।

सार • पुं. 1. निष्कर्ष, निचोड़, सारांश। 2. मूल भाग, अर्क, सत।

सारगर्भित • वि. जिसमें सार या तत्त्व हो।

सारणी • स्त्री. तालिका, सूची। अं. टेबल।

सारथि, सारथी • पुं. रथ चलानेवाला, सूत।

सारभूत • वि. सारस्वरूप, सर्वोत्तम।

सारल्य • पुं. सरलता, सच्चाई, ईमानदारी।

सारस • पुं. एक बड़ा पक्षी जिसकी गरदन और पैर लंबे होते हैं।

सारांश • पुं. सार, संक्षेप, निचोड़।

सारा • वि. पूरा, संपूर्ण, समस्त।

सारिका • स्त्री. मीठे बोल के लिए प्रसिद्‌ध काले रंग का एक पक्षी, मैना। सारी।

सार्थक • वि. 1. अर्थपूर्ण। 2. सफ़ल। 3. लाभदायक।

सार्थकता • स्त्री. उपयोगिता, महत्त्व।

सार्वकालिक • वि. सब समयों के लिए उपयुक्त।

सार्वजनिक • वि. सबसे संबंध रखनेवाला।

सार्वजनीन • वि. सार्वजनिक— सार्वजनीन हित।

सार्वदेशिक • वि. सब देशों से संबंध रखनेवाला।

सार्वभौमिक • वि. समस्त भूमि का, सारी पृथ्वी का।

साल • पुं. बारह महीने का काल, बरस, वर्ष।

सालगिरह • स्त्री. बरसगाँठ, जन्मदिन।

सालन • पुं. मांस-मछली या साग-सब्ज़ी की शोरबेदार तरकारी।

सालना • स.क्रि. कष्ट देना।

साला • पुं. पत्नी का भाई, श्याल, श्यालक।

सालाना • वि. साल का, वार्षिक।

साली • स्त्री. पत्नी की बहन, श्याली।

सावधान • वि. सचेत, सतर्क, खबरदार।

सावधानी • स्त्री. सतर्कता, होशियारी।

साश्चर्य • अ. आश्चर्य के साथ।

साष्टांग प्रणाम • पुं. भूमि पर लेटकर सिर, हाथ, पैर आदि आठ अंगों के योग से प्रणाम।

साहचर्य • पुं. सहचर होने का भाव, संग, साथ।

साहब • पुं. 1. गोरी जाति का व्यक्ति। 2. मालिक, स्वामी। 3. एक आदर-सूचक शब्द। 4. अफ़सर।

साहबज़ादा • पुं. बेटा (बातचीत में)।

साहबी • वि. साहब जैसा, साहबाना।

साहस • पुं. हिम्मत, बहादुरी।

साहसिक • वि. हिम्मती, बहादुर, दिलेर।

साहित्य • पुं. गद्‌य-पद्‌य सब प्रकार की रचनाओं का समूह।

साहित्यकार • पुं. साहित्य की रचना करनेवाला।

साहित्यिक • वि. साहित्य-संबंधी।

साही • स्त्री. एक छोटा जानवर जिसके शरीर पर तेज़ लंबे काँटे होते हैं।

साहूकार • पुं. बड़ा व्यापारी, महाजन।

साहूकारी • स्त्री. साहूकार का काम, महाजनी।

सिंकना • अ.क्रि. आँच पर सेंका जाना।

सिंगार • पुं. शृंगार, सजावट, सजधज।

सिंघाड़ा • पुं. 1. पानी में पैदा होनेवाला एक तिकोना फल, पानीफल। 2. एक नमकीन पकवान, समोसा।

सिंचाई • स्त्री. 1. सींचने का काम। 2. सिंचाई का कर।

सिंचित • वि. सींचा हुआ।

सिंदूर • पुं. एक लाल चूर्ण जिससे विवाहित हिंदू स्त्रियाँ माँग भरती हैं, ईंगुर।

सिंदुरी • वि. सिंदूर के रंग का, सिंदूरिया।

सिंधु • पुं. सागर, समुद्र, अर्णव, उदधि।

सिंह • पुं. एक हिंसक जंगली जंतु, शेर।

सिंहद्वार • पुं. प्रधान द्वार, फाटक।

सिंहनाद • पुं. सिंह का गर्जन।

सिंहासन • पुं. राजा या देवता का आसन, राजगद्‌दी।

सिकड़ी • स्त्री. 1. साँकल, ज़ंजीर। 2. गले में पहनने का एक गहना।

सिकुड़ना • अ.क्रि. 1. सिमटना। 2. तंग होना, छोटा होना।

सिक्का • पुं. धातु की मुद्रा।

सिख • पुं. गुरु नानक के चलाए हुए संप्रदाय का अनुयायी, नानकपंथी।

सिखाना • स.क्रि. शिक्षा देना, सिखलाना।

सिटपिटाना • अ.क्रि. घबराकर सहमना, सकुचाना।

सितम • पुं. ज़ुल्म, अत्याचार।

सितार • पुं. एक बाजा जिसके तारों को उँगली से बजाया जाता है।

सितारा • पुं. 1 तारा, नक्षत्र। 2. भाग्य, तकदीर। 3. सोने-चाँदी के पत्तर की टिकली, चमकी।

सिद्ध • I. वि. 1. पूरा, सफल। 2. साबित, प्रमाणित। II. पुं. संत या योगी जिसे अपनी साधना में सिद्‌धि प्राप्त हो।

सिद्धांत • पुं. 1. मत, उसूल। 2. नियम, कायदा।

सिद्धार्थ • पुं. गौतम बुद्‌ध।

सिद्धि • स्त्री. 1. सफलता, कामयाबी। 2. अलौकिक शक्ति।

सिधाई • स्त्री. सीधापन, सरलता।

सिधारना • अ.क्रि. मरना, स्वर्गवास होना।

सिनेमा • पुं. 1. चलचित्र, फ़िल्म। 2. वह स्थान जहाँ सिनेमा दिखाया

जाता हो, सिनेमाघर।

सिपाही • पुं. 1. सैनिक, योद्धा, जवान। 2. पुलिस का जवान। अं. कांस्टेबिल।

सिफ़त • स्त्री. गुण, विशेषता।

सिफ़र • पुं. 1. बिंदु, बिंदी। 2. शून्य, अं. ज़ीरो। 3. खाली।

सिफ़ारिश • स्त्री. किसी का कोई काम करने के लिए दूसरे से कहना, संस्तुति।

सियार • पुं. गीदड़, शृगाल।

सियासत • स्त्री. राजनीति, राजकाज।

सिर • पुं. 1. मनुष्य में गरदन के ऊपर का तो पशु में गरदन के आगे का हिस्सा। 2. किसी चीज़ का ऊपरी हिस्सा।

सिरका • पु. फल आदि का धूप में पकाकर खट्टा किया हुआ रस, अंगूर का सिरका।

सिरताज • पुं. श्रेष्ठ व्यक्ति।

सिरदर्द • पुं. 1. माथे की पीड़ा। 2. परेशानी का कारण।

सिरफिरा • वि. उलटी बुद्धि का।

सिरमौर • पुं. सिरताज, श्रेष्ठ, शिरोमणि।

सिरहाना • पुं. खाट का वह हिस्सा जिधर सिर रहता है।

सिरा • पुं. छोर, टोंक।

सिर्फ़ • अ. केवल, मात्र।

सिल • स्त्री. पत्थर की चौकोर पटिया जिस पर बट्टे से मसाला आदि पीसते हैं।

सिलबट्टा • पुं. सिल और लोढ़ा।

सिलवट • स्त्री. सिकुड़न, शिकन।

सिलसिला • पुं. क्रम, ताँता, तरतीब।

सिलसिलेवार • वि. क्रम से, तरतीब से।

सिलाई • स्त्री. 1. सीने का काम। 2. सीने की मज़दूरी। 3. टाँका, सीवन।

सिल्क • पुं. रेशम।

सिवईं • स्त्री. मैदे के सुखाए हुए लच्छे जो घी में भूनने के बाद दूध और चीनी के साथ पकाकर खाते हैं, सिवैयाँ।

सिवा • अ. अलावा, छोड़कर।

सिवार • एक जलीय पौधा, सेवार, शैवाल।

सिसकना • अ.क्रि. भीतर ही भीतर रोना।

सिसकी • स्त्री. सिसकने की आवाज़।

सिहरना • अ.क्रि. 1. काँपना। 2. भयभीत होना।

सींक • स्त्री. पतली तीली।

सींकिया पहलवान • पुं. सींक-सा बहुत दुबला-पतला आदमी।

सींग • पुं. कुछ खुरवाले पशुओं के सिर के दोनों ओर निकली हुई कड़ी नुकीली चीज़ जिससे वे दूसरे प्राणियों पर आघात करते हैं।

सींचना • स.क्रि. सिंचाई करना, पानी देना।

सीख • स्त्री. शिक्षा, सिखावन, उपदेश।
सीखना • स.क्रि. ज्ञान प्राप्त करना।
सीटी • स्त्री. 1. होंठों को सिकोड़कर मुँह से निकाली गई सुरीली आवाज़। 2. इसी तरह भाप निकलने आदि से होनेवाली आवाज़। 3. सीटी जैसी आवाज़ निकालने का छोटा बाजा। अं. विह्सिल।
सीढ़ी • स्त्री. ऊँचे स्थान पर चढ़ने के लिए बना हुआ डंडों या पायों का सिलसिला, जीना।
सीध • स्त्री. 1. सामने की दिशा। 2. सीधापन।
सीधा • I. वि. 1. जो टेढ़ा न हो। 2. भोला-भाला। 3. आसान। II. अ. बिना मुड़े या रुके। III. पुं. भोजन की कच्ची सामग्री—*पंडितजी को सीधा दिया।*
सीधापन • पुं. सिधाई, भोलापन।
सीधासादा • वि. भोलाभाला, ईमानदार।
सीधे मुँह • अ. नरमी से।
सीना • I. पुं. छाती, वक्षस्थल। II. स. क्रि. सिलाई करना।
सीनाजोरी • स्त्री. ज़बर्दस्ती, अत्याचार।
सीप • पुं. 1. एक जलचर प्राणी जिसका शरीर किश्तीनुमा दोहरे खोल में छिपा रहता है, सीपी, सुतुही। 2. सीप का खोल।
सीमांत • पुं. सीमा, सरहद।
सीमा • स्त्री. हद, सरहद, सिवान।
सीमित • वि. कम, अल्प, बँधा हुआ।
सीवन • स्त्री. सिलाई, टाँका।
सीस • पुं. सिर, माथा, मस्तक, शीश, मुंड।
सीसा • पुं. एक वज़नी मुलायम धातु।
सुँघाना • स.क्रि. सूँघने का काम करना।
सुंदर • वि. जो आँखों को अच्छा लगे, खूबसूरत।
सुंदरता • पुं. खूबसूरती, सौंदर्य।
सुंदरी • स्त्री. सुंदर स्त्री।
सुकर्मी • वि. अच्छा काम करनेवाला, सदाचारी।
सुकुमार • वि. कोमल, नाजुक।
सुकुमारता • स्त्री. कोमलता, नज़ाकत।
सुकून • पुं. शांति, आराम।
सुख • पुं. आराम, चैन।
सुखकर • वि. सुख देनेवाला, सुखद, सुखदायी।
सुखाना • स.क्रि. गीलापन दूर करना।
सुखी • वि. जो सुख से हो, आनंदित, खुश।
सुख्याति • स्त्री. प्रसिद्धि, नामवरी।
सुगंध • स्त्री. अच्छी गंध, खुशबू।
सुगंधित • वि. सुगंधयुक्त, खुशबूदार।
सुगम • वि. आसान, सरल।
सुगमता • स्त्री. आसानी, सरलता।
सुग्गा • पुं. तोता, सूआ, शुक, कीर, चिमि, चिमिक।
सुघड़ • वि. 1. सुगठित, सुडौल। 2. कुशल, निपुण।

सुघड़पन • पुं. 1. सुघड़, सुडौल होने का भाव, सुघड़ता। 2. कुशलता, निपुणता।

सुचारु • वि. अच्छी तरह से—*यह कार्य सुचारु ढंग से हुआ।*

सुजान • वि. समझदार, जानकार।

सुझाना • स.क्रि. दूसरे के ध्यान में लाना, बताना।

सुझाव • पुं. बताया गया उपाय, सलाह।

सुड़कना • स.क्रि. 1. तरल पदार्थ को नाक से भीतर खींचना। 2. 'सुड़-सुड़' शब्द के साथ पीना।

सुडौल • वि. सुंदर डौल या आकार का, सुघड़।

सुत • बेटा, पुत्र, आत्मज, तनय।

सुतली • स्त्री. सन या पटसन के रेशों को बटकर बनाई गई डोरी।

सुतीक्ष्ण • वि. अति तीक्ष्ण।

सुथना • पुं. ढीला पाजामा, सुथनी।

सुथरा • वि. साफ़, स्वच्छ।

सुदर्शन • I. वि. देखने में सुंदर। II. पुं. विष्णु का चक्र।

सुदीर्घ • वि. बहुत लंबा।

सुदूर • वि. बहुत दूर।

सुदृढ़ • वि. बहुत मज़बूत।

सुध • स्त्री. 1. याद, ध्यान, खोज-खबर। 2. चेतना, होश।

सुध-बुध • स्त्री. होश-हवास।

सुधरना • अ.क्रि. बिगड़े हुए का बनना।

सुधांशु • पुं. चंद्रमा, चंद्र, चाँद, विधु, शशि, इंदु।

सुधा • स्त्री. वह कल्पित पेय जिसके पीने से जीव अमर होता है, अमृत, पीयूष।

सुधार • पुं. दोष दूर करने या होने का भाव।

सुधारक • पुं. समाज में सुधार करनेवाला।

सुधी • पुं. पंडित, विद्वान्, प्राज्ञ, ज्ञानी, विज्ञ।

सुनना • स.क्रि. 1. कानों से आवाज़ मालूम करना। 2. ध्यान देना। 3. फटकारा जाना—*राम को बहुत सुनाई।*

सुनवाई • स्त्री. 1. सुना जाना। 2. मुकदमे का सुना जाना।

सुनसान • I. वि. जहाँ कोई न हो, खाली, वीरान। II. पुं. सन्नाटा।

सुनहला • वि. सोने के रंग का, सुनहरा।

सुनाना • स.क्रि. 1. कानों से आवाज़ मालूम करना। 2. फटकारना।

सुनाम • पुं. नेकनामी, यश।

सुनार • पुं. सोने-चाँदी के गहने गढ़नेवाला, स्वर्णकार।

सुनिश्चित • वि. भली-भाँति निश्चित, पक्का।

सुन्न • वि. 1. अनुभूति-शून्य। 2. जड़वत, स्तब्ध।

सुन्नी • पुं. मुसलमानों का एक भेद।

सुपात्र • पुं. योग्य व्यक्ति।

सुपारी • स्त्री. एक छोटा कड़ा फल जिसके टुकड़े पान के साथ खाए जाते हैं, छाली।

सुपुत्र • पुं. लायक बेटा, सपूत।

सुप्त • वि. सोया हुआ, निद्रित।

सुप्रतिष्ठित • वि. उत्तम रूप से प्रतिष्ठित, विशेष माननीय।

सुप्रसिद्ध • वि. अति प्रसिद्ध, खूब मशहूर।

सुबह • स्त्री. सबेरा, भोर, प्रातःकाल, प्रत्यूष, विहान।

सुबह-सुबह • अ. बहुत सबेरे, तड़के।

सुबोध • वि. जो आसानी से समझ में आए, आसान।

सुभाषचंद्र बोस • 'नेताजी' के नाम से प्रसिद्ध सुभाष बाबू का जन्म 23 जनवरी, 1897 को हुआ। 1920 में वे आई.सी.एस. से इस्तीफ़ा देकर स्वतंत्रता-संग्राम में कूदे और 11 बार जेल गए। दूसरे महायुद्ध के समय वे वेश बदलकर भारत के बाहर चले गए। वहाँ उन्होंने 'आज़ाद हिंद फौज' बनाई। कहा जाता है कि जापान की हार के बाद 1945 में विमान दुर्घटना में उनकी मृत्यु हुई।

सुभाषित • पुं. सुंदर उक्ति, सूक्ति।

सुभीता • पुं. आसानी, सुविधा, फुर्सत, सुगमता।

सुमति • स्त्री. सुंदर मति, अच्छी बुद्धि, सुबुद्धि।

सुमधुर • वि. अति मधुर।

सुमन • पुं. फूल, पुष्प, कुसुम, प्रसून, पुहुप।

सुमरनी • स्त्री. नाम जपने की छोटी माला।

सुमार्ग • पुं. उत्तम मार्ग, अच्छा रास्ता।

सुयश • पुं. सुंदर यश, सुकीर्ति, सुनाम।

सुयोग • पुं. सुअवसर, अच्छा मौका।

सुयोग्य • वि. अति योग्य, बहुत लायक।

सुरंग • स्त्री. 1. ज़मीन के नीचे या पहाड़ के अंदर खोदकर बनाया हुआ रास्ता। अं. टनेल। 2. ज़मीन या समुद्र में रखा जानेवाला बारूद का गोला जिसके फटने से वाहन या जहाज़ नष्ट हो जाता है। अं. माइन।

सुर • पुं. 1. (गाने का) स्वर, आवाज़। 2. देवता।

सुरक्षा • स्त्री. समुचित रक्षा, हिफ़ाजत।

सुरक्षित • वि. भली-भाँति रक्षित।

सुरती • स्त्री. तंबाकू का सुखाया हुआ पत्ता।

सुरभि • स्त्री. सुगंध, खुशबू, सुवास।

सुरमई • वि. सुरमे के रंग का हल्का नीला।

सुरमा • पुं. नीले रंग का एक खनिज पदार्थ जिसका महीन चूरा आँखों

में लगाया जाता है।

सुरसुराना • अ.क्रि. 1 कीड़ों आदि का रेंगना। 2. खुजली होना।

सुरा • स्त्री. शराब, मद्य, मदिरा, वारुणी, दारू।

सुराग़ • पुं. टोह, पता।

सुरागाय • स्त्री. एक जंगली गाय जिसकी पूँछ के बाल से चँवर बनाया जाता है।

सुराही • स्त्री. लंबी गरदन और तंग मुँह का एक पानी रखने का बरतन।

सुरीला • वि. मधुर स्वरवाला।

सुरुचि • स्त्री. उत्तम रुचि।

सुर्ख़ • वि. लाल।

सुर्ख़ाब • पुं. जलाशयों के किनारे रहनेवाला एक पक्षी, चकवा।

सुर्ख़ी • स्त्री. 1. लाली, लालिमा। 2. ईंटों का चूरा।

सुलक्षण • वि. शुभ लक्षणोंवाला, भाग्यशाली।

सुलगना • अ.क्रि. 1. आग पकड़ना। 2. ईर्ष्या से जलना।

सुलझना • अ.क्रि. 1. गाँठ या गुत्थी का खुलना। 2. मसले या झगड़े का हल होना, निपटारा।

सुलतान • पुं. बादशाह।

सुलभ • वि. आसानी से मिलनेवाला।

सुलह • स्त्री. मेल, समझौता।

सुलाना • स.क्रि. सोने के लिए प्रेरित करना।

सुलूक • पुं. बरताव, व्यवहार, सलूक।

सुवर्ण • पुं. सोना, स्वर्ण, कनक, हेम, हिरण्य।

सुवास • पुं. सुगंध, अच्छी महक, खुशबू।

सुविख्यात • वि. बहुत प्रसिद्ध।

सुविज्ञ • वि. ज्ञानवान, अच्छा जानकार।

सुविदित • वि. अच्छी तरह विदित, भली-भाँति ज्ञात।

सुविधा • स्त्री. सुभीता, आसानी।

सुशिक्षित • वि. खूब पढ़ा-लिखा।

सुशील • वि. उत्तम स्वभाववाला।

सुश्री • स्त्री. एक आदरसूचक शब्द जो अविवाहित स्त्रियों के नाम के पहले लगता है।

सुषमा • स्त्री. अतिशय सुंदरता।

सुषुप्त • वि. गहरी नींद में सोया हुआ।

सुसंगति • स्त्री. अच्छी संगति।

सुसज्जित • वि. खूब सजाया हुआ।

सुस्त • वि. 1. ढीला, कमज़ोर। 2. धीमा, आलसी। 3. उदास, खिन्न।

सुस्ताना • अ.क्रि. थकावट दूर करना, आराम करना।

सुस्ती • स्त्री. ढिलाई, काहिली।

सुस्थिर • वि. अत्यंत स्थिर, अतिशय दृढ़।

सुस्वादु • वि. बहुत स्वादिष्ट।

सुहागा • पुं. एक क्षार जो सोना गलाने और दवा के काम आता है।

सुहागिन • स्त्री. वह स्त्री. जिसका पति

जीवित हो।

सुहाना • अ.क्रि. 1. शोभा देना, सुंदर लगना। 3. अच्छा लगना।

सुहावना • वि. सुंदर, भला लगनेवाला।

सुहृद • पुं. मित्र, सखा, दोस्त, बंधु, साथी।

सूँघना • स.क्रि. नाक से गंध लेना, वास लेना।

सूँड़ • स्त्री. 1. हाथी की लंबी नाक जो प्रायः ज़मीन तक लटकती है। 2. कीट-पतंग आदि का आगे निकला हुआ नुकीला अवयव।

सूअर • पुं. 1. एक स्तनपायी जंतु, शूकर। 2. एक गाली।

सूई • स्त्री. 1. लोहे की छोटी नुकीली बारीक कड़ी तीली जिसके एक सिरे पर छेद होता है। 2. शरीर में तरल दवा पहुँचाने का एक डॉक्टरी उपकरण। 3. सूई जैसा चिपटा काँटा, घड़ी की सूई।

सूक्ति • स्त्री. सुंदर उक्ति, सुभाषित।

सूक्ष्म • वि. बहुत बारीक।

सूखना • अ.क्रि. 1. जलहीन होना। 2. दुबला होना।

सूखा • I. वि. 1. सूखा हुआ। 2. उदास। 3. केवल। II. पुं. 1. पानी न बरसना, अनावृष्टि। 2. सूखारोग, सुखंडी।

सूचना • स्त्री. जानकारी, खबर। 2. लिखित जानकारी। अं. नोटिस।

सूची • स्त्री. 1. पुस्तक के पाठों, अध्यायों की तालिका, अनुक्रमणिका। अं. इंडेक्स। 2. वस्तुओं आदि की तालिका, फ़ेहरिस्त। अं. लिस्ट।

सूजन • स्त्री. शरीर के किसी अंग के फूल जाने की स्थिति।

सूजा • पुं. टाट आदि सीने की बड़ी सूई।

सूझना • अ.क्रि. 1. दिखाई देना। 2. ध्यान में आना।

सूझबूझ • स्त्री. सोचने-समझने की शक्ति, बुद्धि।

सूत • पुं. रुई, रेशम आदि का महीन धागा जिससे कपड़ा बुना जाता है, तागा।

सूती • वि. रुई के सूत का बना हुआ।

सूत्र • पुं. 1. सूत, तागा, डोरा—*यज्ञसूत्र*। 2. थोड़े शब्दों में कहा हुआ नियम आदि। 3. पता, सुराग।

सूद • पुं. ऋण में दिए गए धन पर मिलनेवाला लाभ, ब्याज।

सूदख़ोर • वि. बहुत सूद लेनेवाला।

सूना • वि. सुनसान, खाली।

सूनापन • पुं. सूना होने का भाव, सन्नाटा।

सूप • पुं. 1. अनाज पछोरने का सींक आदि का बना पात्र, छाज। 2. अं. सूप—पकी हुई दाल, साग-सब्ज़ी आदि का रसा।

सूफ़ी • पुं. मुसलमान साधुओं का एक भेद।

सूबा • पुं. देश का कोई भाग, प्रांत, प्रदेश।

सूबेदार • पुं. 1. सूबे का शासक। 2. फ़ौज का एक छोटा अफ़सर।

सूम • वि. कंजूस, कृपण, मक्खीचूस।

सूरज • पुं. सूर्य, दिवाकर, भानु, भास्कर, आदित्य।

सूरत • स्त्री. शक्ल, चेहरा।

सूरदास • ब्रजभाषा के महाकवि और 'सूरसागर' के रचयिता।

सूरमा • पुं. वीर, योद्धा, बहादुर, पराक्रमी, शूर।

सूराख़ • पुं. छेद, छिद्र।

सूर्य • पुं. सौरमंडल का प्रधान तारा। पृथ्वी एक वर्ष में जिसकी परिक्रमा करती है।

सूर्यग्रहण • पुं. सूर्य और पृथ्वी के बीच में चंद्रमा के आ जाने से सूर्य का पूरा या आंशिक रूप में छिप जाना।

सूर्यास्त • पुं. सूर्य का अस्त होना या डूबना।

सूर्योदय • पुं. सूर्य का उदय होना या उगना।

सूली • स्त्री. लोहे की नुकीली छड़ जिससे प्राचीन काल में अपराधी को प्राणदंड दिया जाता था।

सृष्टि • स्त्री. उत्पत्ति, निर्माण।

सेंकना • स.क्रि. 1. सीधे आग पर पकाना। 2. कपड़े आदि से पीड़ित अंग पर ताप पहुँचाना।

सेंटीमीटर • पुं. लंबाई की एक नाप जो मीटर के सौवें हिस्से के बराबर है।

सेंध • स्त्री. दीवार में बनाया गया छेद, नकब।

सेकंड • I. पुं. मिनट का साठवाँ भाग। II. (अं. सेकंड) वि. दूसरा, द्वितीय।

सेज • स्त्री. शय्या, बिस्तर, पलंग।

सेठ • पुं. साहूकार, मालदार आदमी।

सेतु • पुं. पुल। अं. ब्रिज।

सेना • I. स्त्री. फ़ौज, पलटन, वाहिनी। II. स.क्रि. मादा चिड़िया का गर्मी देने के लिए अंडों पर बैठना।

सेनापति • पुं. सेना का मुख्य अधिकारी, सेनाध्यक्ष।

सेब • पुं. एक गोल स्वादिष्ट फल।

सेम • स्त्री. एक फली जिसकी तरकारी बनती है।

सेमल • पुं. एक बड़ा पेड़ जिसके फलों से रुई निकलती है।

सेर • पुं. सोलह छटाँक की एक तौल जो पहले चलती थी (एक किलो से कुछ कम)।

सेवक • पुं. सेवा करनेवाला, नौकर।

सेवन • पुं. प्रयोग, उपयोग।

सेवा • स्त्री. 1. ख़िदमत, परिचर्या, टहल। 2. नौकरी, चाकरी। 3. जनता की सेवा का कोई काम।

सेवाटहल • स्त्री. सेवा-शुश्रूषा, खिदमत, परिचर्या।

सेवार • स्त्री. एक जलीय घास, सिवार, शैवाल।

सेहत • स्त्री. स्वास्थ्य, तंदुरुस्ती।

सेहरा • पुं. फूलों की वे लड़ियाँ जो दूल्हे और दुलहिन के सिर पर बाँधी जाती हैं।

सैकड़ा • पुं. सौ का समूह।

सैकड़े • अ. प्रतिशत, फ़ीसदी।

सैनिक • I. पुं. सिपाही, फ़ौजी। II. वि. सेना-संबंधी।

सैन्य • I. पुं. सेना, सैनिक। II. वि. सेना-संबंधी।

सैयद • पुं. मुसलमानों का एक वर्ग।

सैर • स्त्री. 1. भ्रमण, यात्रा। 2. मनबहलाव के लिए घूमना-फिरना। 3. किसी रमणीय स्थान में जाकर खाना-पीना। अं. पिकनिक।

सैरगाह • स्त्री. सैर की जगह, रमणीय स्थान।

सैलानी • वि. सैर का शौकीन।

सैलाब • पुं. बाढ़, जलप्लावन।

सैलून • पुं. नाई की दुकान, सेलून।

सोंटा • पुं. लाठी, डंडा।

सोंठ • स्त्री. सूखा अदरक, शुंठी।

सोंधा • वि. पहली वर्षा के बाद भूमि से उठनेवाली सुगंध वाला वातावरण, सोंधी महक।

सो • I. सर्व. वह—*जो बोओगे सो काटोगे*। II. अ. इसलिए, अतः।

सोखना • स.क्रि. चूस लेना, सुखा डालना।

सोख्ता • पुं. स्याही सोखनेवाला मोटा कागज़।

सोच • स्त्री. चिंता, फ़िक्र।

सोचना • स.क्रि. 1. विचार करना। 2. फ़िक्र करना।

सोचविचार • पुं. 1. समझबूझ। 2. अनिश्चय, दुविधा।

सोडा • पुं. सज्जी से बनाया हुआ एक क्षार।

सोता • पुं. जल के बराबर बहनेवाली छोटी धारा, झरना।

सोना • I. पुं. पीले रंग की एक बहुमूल्य धातु, स्वर्ण। II. अ.क्रि. नींद लेना।

सोपान • पुं. सीढ़ी, जीना।

सोयाबीन • पुं. एक फली का दाना, सेवदाना।

सोल्लास • अ. उल्लास के साथ।

सोहनपपड़ी • स्त्री. बेसन और चीनी से बनाई हुई एक रेशेदार मिठाई।

सोहनहलवा • पुं. मैदा, मेवे, घी, चीनी आदि के मेल से बनी एक मिठाई।

सोहबत • स्त्री. संग, साथ। अं. सोसायटी।

सौंदर्य • पुं. सुंदरता, खूबसूरती।

सौंपना • स.क्रि. 1. हवाले करना। 2. सहेजना।

सौंफ • स्त्री. एक बीज जो मसाले के काम आता है।

सौगंध • स्त्री. कसम, शपथ।

सौग़ात • स्त्री. भेंट, उपहार, तोहफ़ा।

सौत • स्त्री. पति की दूसरी पत्नी, सहपत्नी।

सौतेला • वि. 1. सौत-संबंधी। 2. सौत से उत्पन्न।

सौदा • पुं. 1. क्रय-विक्रय की वस्तु, माल। 2. खरीदी हुई चीज। 3. लेन-देन।

सौदागर • पुं. व्यापारी, व्यवसायी।

सौदेबाज़ी • पुं. मोल-भाव।

सौभाग्य • पुं. 1. अच्छा भाग्य, खुशकिस्मती। 2. सधवा रहने की अवस्था, सुहाग।

सौभाग्यवती • वि. सधवा, सुहागिन।

सौभाग्यवान • वि. भाग्यशाली, खुशकिस्मत।

सौमनस्य • पुं. प्रसन्नता, संतोष, सद्भाव।

सौम्य • वि. शांत, सुंदर, शुभ।

सौर • वि. सूर्य-संबंधी।

सौरभ • पुं. सुगंध, खुशबू, महक, सुवास।

सौष्ठव • पुं. सुडौलपन, सुघड़ता।

सौहार्द • पुं. सद्भाव, मित्रता।

स्कंध • पुं. कंधा, मोढ़ा।

स्क्रू • पुं. चूड़ीदार कील, पेंच।

स्तंभ • पुं. खंभा, थूनी, लाट।

स्तंभित • वि. स्तब्ध, सुन्न, हैरान।

स्तनपायी • वि. स्तन का दूध पीकर बड़ा होनेवाला प्राणी।

स्तब्ध • वि. स्तंभित, हक्का-बक्का।

स्तर • पुं. 1. दरजा, मान। अं. स्टैंडर्ड। 2. सतह, तल। 3. तह, परत।

स्तुति • स्त्री. स्तव, गुणगान।

स्तुत्य • वि. प्रशंसनीय, सराहनीय।

स्तूप • पुं. 1. ऊँचा ढेर, ढूह। 2. बौद्ध स्मारक।

स्तोत्र • पुं. देवी-देवता की वंदना।

स्त्री • स्त्री. 1. नारी, औरत। 2. पत्नी, जोरू।

स्थगित • वि. जो कुछ समय के लिए रुका या टला हो।

स्थल • पुं. 1. भूमि, जमीन। 2. स्थान, जगह।

स्थान • पुं. 1. जगह, ठाँव। 2. पद, ओहदा।

स्थानांतरण • पुं. तबादला। अं. ट्रांसफर।

स्थानीय • वि. किसी स्थान से संबंधित।

स्थापत्यकला • स्त्री. भवन-निर्माण की कला।

स्थापना • स्त्री. संस्था आदि खड़ा करने का काम।

स्थापित • वि. जिसकी स्थापना की गई हो।

स्थायी • वि. बना रहनेवाला, टिकाऊ।

स्थित • वि. टिका हुआ, बसा हुआ।

स्थिति • स्त्री. दशा, हालत।

स्थिर • वि. 1. दृढ़। 2. निश्चल। 3. निश्चित।

स्थूल • वि. मोटा।

स्नातक • पुं. वह जिसने विश्वविद्यालय

की प्रथम उपाधि प्राप्त की हो। अं. ग्रेजुएट।

स्नान • पुं. जल से सारे शरीर को धोना, नहाना।

स्नायु • स्त्री. शरीर की वे नसें जिनसे स्पर्श और वेदना आदि का बोध होता है।

स्नेह • पुं. 1. प्यार, मुहब्बत। 2. तेल आदि चिकनी चीज़ें।

स्नेही • वि. स्नेह करनेवाला।

स्पंज • पुं. असंख्य महीन छेदोंवाला एक मुलायम रेशेदार पदार्थ जो पानी को सोख लेता है।

स्पंदन • पुं. धड़कन, फड़कन।

स्पर्धा • स्त्री. किसी से आगे बढ़ने की इच्छा, होड़।

स्पर्श • पुं. छूना।

स्पष्ट • वि. साफ़।

स्पष्टतया • अ. साफ़-साफ़, स्पष्टतः।

स्पृहा • स्त्री. इच्छा, कामना।

स्फटिक • पुं. सफ़ेद काँच जैसा पारदर्शक एक कीमती पत्थर, बिल्लौर।

स्फीत • वि. फूला हुआ।

स्फूर्ति • स्त्री. फुरती, चुस्ती।

स्फोटक • पुं. फोड़ा, फुंसी।

स्मरण • पुं. याद।

स्मरणशक्ति • स्त्री. स्मृति, याददाश्त।

स्मरणीय • वि. याद करने लायक।

स्मारक • वि. किसी की याद में बनाया गया स्तंभ, भवन आदि।

स्मित • पुं. मुस्कान, स्मिति, मंद हास।

स्मृति • स्त्री. 1. स्मरण, याद। 2. हिंदू धर्मशास्त्र–*मनु स्मृति।*

स्याह • वि. काला।

स्याही • स्त्री. रोशनाई, मसि।

स्रष्टा • वि. सृष्टि करनेवाला, निर्माता, रचयिता।

स्रोत • पुं. 1. पानी का बहाव। 2. जरिया, साधन।

स्रोतस्विनी • स्त्री. नदी, सरिता, तरंगिणी, तटिनी।

स्वच्छंद • वि. स्वतंत्र, आज़ाद।

स्वच्छ • वि. निर्मल, साफ़।

स्वच्छता • स्त्री. सफ़ाई।

स्वजन • पुं. आत्मीय जन, रिश्तेदार।

स्वजातीय • वि. अपनी जाति का, अपने वर्ग का।

स्वतंत्र • वि. जो किसी के अधीन न हो, स्वाधीन, आज़ाद।

स्वतंत्रता • स्त्री. स्वाधीनता, आज़ादी।

स्वतः • अ. अपने से।

स्वदेश • पुं. अपना देश, मातृभूमि, वतन।

स्वधर्म • पुं. अपना धर्म।

स्वप्न • पुं. 1. सपना, ख्वाब। 2. कल्पना, विचार।

स्वभाव • पुं. प्रकृति, मिज़ाज, आदत।

स्वभावतः • अ. 1. स्वभाव से ही। 2. स्वाभाविक रूप से।

स्वयं • अ. 1. खुद, आप। 2. स्वतः, अपने आप।

स्वयंवर • पुं. कन्या द्वारा वर का चयन।

स्वयंसेवक • पुं. बिना पैसा लिए सेवा करनेवाला। अं. वालंटियर।

स्वर • पुं. 1. आवाज़, ध्वनि। 2. व्याकरण में वह वर्ण जिसका उच्चारण स्वतंत्र रूप से हो—*अ, आ, इ, ई आदि स्वर हैं।* 3. संगीत का सुर—*सा, रे, ग, म आदि संगीत के सात स्वर हैं।*

स्वराज्य • पुं. अपना राज्य, स्वराज।

स्वरूप • पुं. अपना रूप, स्वभाव।

स्वर्ग • पुं. 1. धर्मशास्त्र के अनुसार देवताओं के रहने का स्थान, देवलोक। 2. अति सुंदर सुखद स्थान।

स्वर्गवास • पुं. स्वर्ग में निवास, मृत्यु।

स्वर्गवासी • वि. स्वर्ग में रहनेवाला, मृत।

स्वर्गीय • वि. 1. स्वर्ग का, स्वर्गिक, अलौकिक। 2. स्वर्गवासी, मृत।

स्वर्ण • पुं. सोना, सुवर्ण, हेम, हिरण्य, कंचन, कनक।

स्वर्णकार • पुं. सोने के गहने बनानेवाला, सुनार।

स्वर्णपदक • पुं. सोने का पदक।

स्वर्णमुद्रा • स्त्री. सोने का सिक्का, अशरफ़ी।

स्वर्णयुग • पुं. परम सुख-समृद्धि का काल।

स्वर्णिम • वि. सोने के रंग का, सुनहला।

स्वल्प • वि. बहुत थोड़ा।

स्वस्तिक • पुं. एक मंगलसूचक चिह्न 卐, सतिया।

स्वस्थ • वि. नीरोग, तंदुरुस्त, चंगा।

स्वाँग • पुं. हँसी-मज़ाक के लिए बनाया हुआ भेस।

स्वागत • पुं. आदर-अभिनंदन, अगवानी।

स्वातंत्र्य • पुं. स्वतंत्रता, आज़ादी।

स्वाद • पुं. 1. खाने-पीने से जीभ को होनेवाला अनुभव, ज़ायका, लज़्ज़त। 2. कविता आदि के पढ़ने से होनेवाली अनुभूति। आनंद, मज़ा।

स्वादिष्ट • वि. जिसका स्वाद अच्छा हो, सुस्वादु, ज़ायकेदार।

स्वाधीन • वि. जो किसी के अधीन न हो, स्वतंत्र, आज़ाद।

स्वाधीनता • स्त्री. स्वतंत्रता, आज़ादी।

स्वाध्याय • पुं. अध्ययन, अनुशीलन, अभ्यास।

स्वाभाविक • वि. 1. जो अपने आप हो, सहज। 2. प्राकृतिक, कुदरती। अं. नेचुरल। 3. जन्मजात, पैदाइशी।

स्वाभिमान • पुं. अपनी प्रतिष्ठा का खयाल, आत्मसम्मान।

स्वाभिमानी • वि. अपनी प्रतिष्ठा का खयाल रखनेवाला।

स्वामित्व • पुं. स्वामी होने का भाव,

मालिकाना।

स्वामिभक्त • वि. स्वामी का भक्त, प्रभुभक्त। 2. आज्ञाकारी।

स्वामी • पुं. 1. मालिक। 2. पति। 3. संन्यासी।

स्वार्थ • पुं. अपनी गरज़, अपना मतलब।

स्वार्थत्याग • पुं. अपने हित का त्याग।

स्वार्थपरता • स्त्री. अपने हित की लालसा, खुदगर्जी।

स्वार्थसिद्धि • स्त्री. अपना काम निकालना।

स्वार्थी • वि. जो स्वार्थ ही देखे, खुदगर्ज, मतलबी।

स्वावलंबन • पुं. अपना भरोसा करना।

स्वावलंबी • वि. अपना भरोसा करनेवाला।

स्वास्थ्य • पुं. आरोग्य, तंदुरुस्ती, स्वस्थता।

स्वास्थ्यकर • वि. तंदुरुस्त करनेवाला।

स्वाहा • अ. हवन के समय उच्चारण करने का एक शब्द।

स्वीकार • पुं. 1. कबूल, मंज़ूर, अंगीकार। 2. ग्रहण।

स्वीकृत • वि. स्वीकार किया हुआ, मंजूर।

स्वीकृति • स्त्री. मंजूरी, सहमति।

स्वेच्छा • स्त्री. अपनी इच्छा।

स्वेच्छाचारी • वि. मनमाना काम करनेवाला, निरंकुश।

स्वेटर • पुं. ऊनी बनियाइन।

स्वेद • पुं. पसीना।

ह

हँकाना • स.क्रि. 1. हाँकने, भगाने का काम कराना।

हंगामा • पुं. 1. शोरगुल, हल्ला। 2. उपद्रव, लड़ाई-झगड़ा।

हंटर • पुं. बड़ा चाबुक, कोड़ा।

हंडा • पुं. 1. पानी आदि रखने का घड़े जैसा बड़ा बरतन। 2. एक बड़ी रोशनी जिसमें हंडे जैसी चिमनी लगती है।

हँड़िया • स्त्री. मिट्टी का बड़े मुँह का गोल बरतन, हाँड़ी।

हंता • वि. हत्यारा, संहारक।

हंस • पुं. बतख के आकार का एक सफ़ेद जलपक्षी।

हँसना • अ.क्रि. 1. खुले मुँह से हर्षध्वनि निकालना, खिलखिलाना। 2. खुशी मनाना। 3. प्रसन्न होना।

हँसमुख • वि. जिसके चेहरे से हँसी

झलकती हो, खुशमिज़ाज, हास्यप्रिय।

हँसली • स्त्री. गले के नीचे की हड्डी। 2. गले में पहनने का एक गहना।

हँसाई • स्त्री. 1. हँसी, ठट्ठा। 2. बदनामी। 3. उपहास, निंदा।

हँसाना • स.क्रि. कुछ ऐसा करना या कहना कि कोई हँसे, खुश करना।

हँसिया • स्त्री. लोहे का एक धनुषाकार औजार।

हँसी • स्त्री. 1. हँसने की क्रिया, हास। 2. मज़ाक, दिल्लगी। 3. बदनामी। 4. उपहास, निंदा।

हँसी-खुशी • स्त्री. प्रसन्नता।

हँसी-खेल • पुं. आसान काम।

हँसोड़ • वि. हँसने-हँसानेवाला, विनोदी, मज़ाकिया।

हक़ • पुं. 1. सत्य, न्याय। 2. अधिकार, दावा। 3. नेग, दस्तूरी।

हक़दार • पुं. अधिकारी।

हकबकाना • अ.क्रि. घबराना, हक्का-बक्का होना।

हकला • वि. रुक-रुककर बोलनेवाला।

हकलाना • अ.क्रि. रुक-रुककर बोलना।

हक़ीक़त • स्त्री. असलियत, यथार्थता।

हकीम • पुं. यूनानी चिकित्सक, वैद्य, तबीब।

हक्काबक्का • वि. घबराया हुआ, भौंचक।

हज • स्त्री. मुसलमानों का एक धार्मिक कृत्य जो मक्के में जाकर अदा करना पड़ता है।

हज़्म • पुं. 1. पेट में भोजन पचने की क्रिया, पाचन। 2. चोरी, गबन।

हज़रत • पुं. 1. नाम के पहले लगनेवाला सम्मानसचूक शब्द। 2. (व्यंग्य में) धूर्त, चालाक।

हजामत • स्त्री. बाल, दाढ़ी बनाने का काम।

हज़ार • I. 1. वि. दस सौ। II. अ. कितना ही।

हज़ारा • पुं. पानी छिड़कने का एक डोल जिसमें छेदोंवाला नल लगा होता है।

हज्जाम • पुं. हजामत बनानेवाला, नाई।

हटना • अ.क्रि. 1. एक स्थान से दूसरे स्थान पर होना। 2. तबादला या बरखास्त होना। 3. कायम न रहना। 4. जी चुराना। 4. टलना। 5. दृढ़ न रह पाना। 6. सामने से दूर हटना।

हट्टा-कट्टा • वि. मोटा-ताज़ा, तगड़ा।

हठ • पुं. किसी बात के लिए अड़ना, टेक, ज़िद।

हठीला • वि. जिद्दी, हठी।

हड़कंप • पुं. तहलका, आतंक़।

हड़ताल • स्त्री. अन्याय के विरोध में काम-काज की बंदी।

हड़ताली • वि. हड़ताल करनेवाला।

हड़पना • स.क्रि. 1. अनुचित ढंग से

लेना। 2. निगलना।

हड़बड़ाना • I. अ.क्रि. जल्दी मचाना। II. सं. क्रि. जल्दी मचाकर दूसरे को घबरा देना।

हड़बड़ी • स्त्री. जल्दबाजी, हड़बड़।

हड्डी • स्त्री. शरीर की वह कड़ी चीज़ जिससे उसका ढाँचा बनता है।

हड्डीतोड़ • वि. कठोर, कड़ा।

हतबुद्धि • वि. घबराया हुआ, बुद्धिशून्य।

हतभाग्य • वि. बदकिस्मत, भाग्यहीन।

हताश • वि. नाउम्मीद, निराश।

हताहत • वि. मारे गए और घायल।

हतोत्साह • वि. उत्साहरहित, निरुत्साह।

हत्था • किसी चीज़ का वह भाग जो हाथ से पकड़ा जाता है, दस्ता। मूठ। अं. हैंडिल।

हत्या • स्त्री. मार डालने की क्रिया, वध, खून।

हत्यारा • पुं. हत्या करनेवाला, खूनी।

हथकंडा • पुं. गुप्त चाल, चालाकी।

हथकड़ी • स्त्री. लोहे का वह कड़ा जो अपराधी को काबू में करने के लिए उसके हाथ में पहनाया जाता है।

हथगोला • पुं. हाथ से फेंका जानेवाला बारूद का गोला, बम।

हथियाना • स.क्रि. हाथ में करना, धोखा देकर लेना।

हथियार • पुं. 1. अस्त्र-शस्त्र। 2. औज़ार।

हथियारबंद • वि. हथियारों से लैस, सशस्त्र।

हथेली • स्त्री. कलाई के आगे का वह चिकना चौड़ा भाग जिस पर रेखाएँ होती हैं, करतल—*सीता की हथेलियों पर मेंहदी रचाई गई है।*

हथौड़ा • पुं. लकड़ी के हत्थेवाला भारी चीज़ को ठोंकने-पीटने का एक औज़ार।

हथौड़ी • स्त्री. छोटा हथौड़ा।

हद • स्त्री. 1. सीमा, सरहद। 2. अधिकता। 3. अंत।

हदबंदी • स्त्री. सीमा का निर्धारण, हद का बाँधना।

हनन • पुं. 1. हत्या, कत्ल। 2. कम या समाप्त किया जाना। 3. अधिकार का हनन।

हफ़्ता • पुं. सप्ताह।

हबड़-हबड़ • अ. जल्दी-जल्दी, हड़बड़ी में।

हबशी • पुं. अफ्रीका का काला निवासी।

हम • सर्व. 'मैं' का बहुवचन।

हमउम्र • वि. एक ही उम्र का, समवयस्क।

हमजोली • पुं. संगी, साथी।

हमदर्द • वि. दुख में सहानुभूति रखनेवाला।

हमदर्दी • स्त्री. सहानुभूति।

हमला • पुं. आक्रमण, चढ़ाई, धावा।

हमलावर • वि. हमला करनेवाला,

आक्रमणकारी।

हमारा • सर्व. 'हम' का संबंधकारक का रूप।

हमेशा • अ. सदा, सर्वदा, सदैव।

हया • स्त्री. लज्जा, शर्म।

हयादार • वि. लाज-शर्मवाला।

हर • वि. प्रत्येक।

हरकत • स्त्री. 1. गति, चाल। 2. शरारत।

हरगिज़ • अ. कभी, कदापि।

हरजाना • पुं. नुकसान के बदले में दी जानेवाली रकम, क्षतिपूर्ति।

हरण • पुं. लूटना, उठा ले जाना।

हरना • स.क्रि. 1. हरण करना। 2. दूर करना। 3. आकृष्ट करना।

हरसिंगार • पुं. एक सफ़ेद फूल जिसकी डाँड़ी नारंगी होती है।

हरा • वि. 1. घास या पत्ती के रंग का, सब्ज़। 2. जो पका न हो। 3. ताजा। 4. प्रसन्न।

हराना • स.क्रि. पराजित करना।

हराभरा • वि. 1. हरियाली से भरा हुआ। 2. प्रसन्न।

हराम • वि. धर्म के विरुद्ध, अनुचित।

हरिजन • पुं. उस जाति का व्यक्ति जो पहले अछूत समझी जाती थी।

हरिण • पुं. हिरन, मृग, कुरंग।

हरित • वि. हरा, सब्ज़।

हरियाली • स्त्री. हरे पेड़-पौधों का फैलाव।

हरी क्रांति • स्त्री. कृषि-उत्पादन में भारी वृद्धि।

हरी खाद • स्त्री. हरे घासपात जो हल जोतकर मिट्टी में मिलाए जाते हैं।

हरीतिमा • वि. हरियाली।

हर्ज • पुं. काम में रुकावट, हानि, हरज, हरजा।

हर्फ़ • पुं. अक्षर, वर्ण, हरफ़—*अ, आ, क, ख आदि हर्फ़ हैं।*

हर्र • स्त्री. एक फल जो दवा के काम में आता है, हर्रा, हड़, हरीतकी।

हर्ष • पुं. आनंद, खुशी, प्रफुल्लता।

हल • पुं. 1. खेत जोतने का एक उपकरण। 2. समाधान, सुलझाव। 3. हिसाब लगाने का काम। 4. उत्तर, जवाब।

हलक़ • पुं. गला, कंठ।

हलका • वि. 1. कम वज़नवाला। 2. थोड़ा, कम। 3. मामूली, सस्ता। 4. कम मेहनत का। 5. कम चटकीला। 6. कम खतरनाक। 7. जो ज़ोर का न हो—*हल्की बारिश।*

हलक़ा • पुं. इलाका, क्षेत्र।

हलचल • स्त्री. खलबली।

हलदी • स्त्री. एक पीली गाँठदार सूखी जड़ जो मसाले आदि के काम में आती है, हरिद्रा।

हलवा • पुं. एक मिष्टान्न जो सूजी आदि से बनता है, हलुआ, मोहनभोग।

हलवाई • पुं. मिठाई बनाने-बेचनेवाला।
हलाल • वि. उचित, विहित, जायज़।
हलाहल • पुं. विष, ज़हर, कालकूट, गरल।
हल्ला • पुं. 1. शोरगुल, कोलाहल। 2. हमला, धावा।
हवन • पुं. अग्नि में आहुति देना, होम।
हवलदार • पुं. फ़ौज का एक छोटा अफ़सर।
हवस • स्त्री. लोभ, लालच, लालसा।
हवा • स्त्री. ऑक्सीजन, नाइट्रोजन आदि गैसों से बना वह तत्त्व जो पृथ्वी को घेरे हुए है, वायु, पवन।
हवाई • वि. 1. हवा से संबंधित। 2. मनगढ़ंत, झूठ।
हवाई अड्डा • पुं. हवाई जहाज़ के उतरने का स्थान।
हवाई जहाज़ • पुं. हवा में उड़नेवाला जहाज़, विमान।
हवादार • वि. जहाँ खूब हवा आती हो।
हवाला • पुं. सुपुर्दगी, सौंपना।
हवालात • स्त्री. तुरंत गिरफ़्तार किए गए लोगों को रखने का स्थान, हिरासत।
हवेली • स्त्री. पक्का बड़ा मकान।
हसरत • स्त्री. चाह, अरमान, कामना।
हसीन • वि. सुंदर, खूबसूरत।
हस्त • पुं. हाथ, कर, भुज, भुजा।
हस्तक्षेप • पुं. दख़ल देना।
हस्तगत • वि. प्राप्त, हासिल।
हस्तरेखा • स्त्री. हथेली में पड़ी हुई लकीरें।
हस्तलिखित • वि. हाथ का लिखा हुआ।
हस्ताक्षर • पुं. अपने हाथ से लिखा अपना नाम, दस्तखत।
हस्ती • I. पुं. हाथी, गज, करि, कुंजर। II. स्त्री. अस्तित्व।
हाँ • I. अ. स्वीकृतिसूचक शब्द। II. स्त्री. स्वीकृति।
हाँक • स्त्री. ऊँची आवाज़ में पुकार।
हाँकना • स.क्रि. 1. पशुओं से खींचे जानेवाले वाहनों को चलाना। 2. जानवरों को हटाना। 3. झलना। 4. लंबी-चौड़ी बातें करना।
हाँड़ी • स्त्री. हँड़िया।
हाँफना • अ.क्रि. जल्दी-जल्दी साँस लेना, हाँपना।
हाकिम • पुं. शासक, बड़ा अफ़सर।
हॉकी • स्त्री. खुले मैदान में खेला जानेवाला एक खेल जिसमें टेढ़े डंडे के सहारे गेंद को आगे बढ़ाते हुए गोल किया जाता है।
हाज़मा • पुं. खाना पचाने की ताकत, पाचन-शक्ति।
हाज़िर • वि. उपस्थित, मौजूद, विद्यमान।
हाज़िरजवाब • वि. जो बात का तुरंत बढ़िया जवाब दे।
हाज़िरी • स्त्री. उपस्थिति, मौजूदगी,

विद्यमानता।

हाजी • पुं. वह मुसलमान जो हज कर चुका हो।

हाट • स्त्री. बाज़ार।

हाता • पुं. घेरा हुआ स्थान, अहाता।

हाथ • पुं. 1. कंधे से पंजे तक का भाग, विशेषकर कलाई से आगे का हिस्सा। 2. लंबाई की नाप जो कुहनी से लेकर बीच की उँगली के छोर तक है। 3. ताश आदि के खेल में खेलने की बारी।

हाथापाई • स्त्री. वह मारपीट जिसमें हाथ-पैर चलाए जाते हैं, धौल-धप्पड़, उठापटक।

हाथी • पुं. लंबी सूँड़वाला विशालकाय पशु।

हाथीदाँत • पुं. नर हाथी के गोल लंबे दाँत।

हादसा • पुं. दुर्घटना।

हानि • स्त्री. नुकसान, क्षति।

हानिकारक • वि. नुकसान करनेवाला।

हामी • स्त्री. स्वीकृति।

हाय • I. अ. पीड़ा होने पर मुँह से निकलनेवाला शब्द – *हाय!* II. स्त्री. तकलीफ़, पीड़ा।

हार • I. स्त्री. पराजय, विफलता। II. पुं. सोने, चाँदी आदि की माला।

हारना • अ.क्रि. 1. पराजित होना। 2. थकना।

हार्दिक • वि. आंतरिक, दिली।

हाल • I. पुं. 1. दशा, हालत। 2. समाचार, खबर। 3. ब्योरा, विवरण। II. अ. अभी, तुरंत।

हालत • स्त्री. दशा, अवस्था।

हालाँकि • अ. यद्यपि।

हावभाव • पुं. नाज़-नखरा, चोंचला।

हाशिया • पुं. किनारा।

हास • पुं. हँसी, हास्य।

हासिल • वि. पाया हुआ, प्राप्त।

हास्य • पुं. हँसी, हास।

हास्यास्पद • पुं. हँसी का विषय।

हाहा • पुं. हँसने का शब्द।

हाहाकार • पुं. रोना-चिल्लाना, कुहराम।

हिंडोला • पुं. झूला, चरखी।

हिंद • पुं. भारत, भारतवर्ष, हिंदुस्तान।

हिंदी • I. स्त्री. उत्तर भारत की प्रमुख भाषा। II. पुं. हिंद का रहनेवाला, भारतीय। III. वि. हिंद से संबंधित–*हिंदी चालढाल।*

हिंदुत्व • पुं. हिंदू होने का भाव, हिंदूपन।

हिंदुस्तान • पुं. भारत, भारतवर्ष।

हिंदुस्तानी • I. वि. हिंदुस्तान से संबंधित। II. पुं. हिंदुस्तान का रहनेवाला–*हम हिंदुस्तानी हैं।*

हिंदू • पुं. हिंदू धर्म को माननेवाला।

हिंसक • वि. हिंसा करनेवाला।

हिंसा • स्त्री. प्राण लेने, कष्ट देने की क्रिया।

हिंसात्मक • वि. जिसमें हिंसा हो।

हिकमत • स्त्री. बुद्धि, चतुराई।

हिचक • स्त्री. झिझक, हिचकिचाहट।

हिचकना • अ.क्रि. झिझकना, हिचकिचाना।

हिचकी • स्त्री. रुक-रुककर साँस लेने की क्रिया।

हिज्जे • पुं. शब्द के अक्षरों और मात्राओं को कहना, वर्तनी। अं. स्पेलिंग।

हित • पुं. लाभ, भलाई।

हितकारी • वि. लाभकारी, फ़ायदेमंद, हितकर।

हितचिंतक • वि. हित चाहनेवाला, शुभचिंतक।

हितैषी • वि. हितचिंतक, हितेच्छु।

हिदायत • स्त्री. आज्ञा, आदेश, निर्देश।

हिनहिनाना • अ.क्रि. घोड़े का बोलना।

हिफ़ाज़त • स्त्री. रक्षा, रखवाली।

हिम • पुं. बर्फ़, पाला, ठंड।

हिमपात • पुं. बर्फ़ का गिरना॥

हिमाक़त • स्त्री. मूर्खता, बेवकूफ़ी।

हिमाच्छादित • वि. बर्फ से ढका हुआ।

हिमायत • स्त्री. तरफ़दारी, मदद।

हिम्मत • स्त्री. साहस, वीरता।

हिया • पुं. हृदय, मन।

हिरण्य • पुं. सोना, स्वर्ण, सुवर्ण।

हिरन • पुं. हरिण, मृग।

हिरासत • स्त्री. कैद, गिरफ़्तारी।

हिलना • अ.क्रि. 1. स्थिर न रहना, डोलना। 2. परचना, अपना बनना।

हिलाना • स.क्रि. कँपाना, डुलाना।

हिलोर • स्त्री. तुरंग, लहर, हिलोरा।

हिसाब • पुं. 1. गणित। 2. आमदनी-खर्च आदि का ब्योरा। 3. ढंग, तरीका।

हिस्सा • पुं. 1. खंड, टुकड़ा। 2. अंश, भाग। 3. साझा, भागीदारी।

हिस्सेदार • पुं. जिसे हिस्सा मिलना हो, साझेदार।

हींग • स्त्री. एक पेड़ का तीव्र गंधवाला गोंद जो मसाले आदि के काम में आता है।

ही • अ. किसी बात पर ज़ोर देने के लिए प्रयोग में आनेवाला शब्द–*आपको जाना ही है।*

हीन • वि. 1. रहित, वंचित। 2. निकृष्ट, घटिया। 3. तुच्छ, नगण्य। 4. कम, थोड़ा।

हीरा • पुं. एक कीमती पत्थर, हीरक।

हीला-हवाला • पुं. बहाना, टालमटोल।

हुंकार • पुं. गर्जना, ललकार।

हुक • पुं. टेढ़ी कील, अँकुसी।

हुकूमत • स्त्री. शासन, राज्य।

हुक़्क़ा • पुं. तंबाकू पीने का विशेष उपकरण, गड़गड़ा, गुड़गुड़ी।

हुक्म • पुं. 1. आज्ञा-आदेश। 2. विधि-विधान।

हुजूम • पुं. भीड़, मजमा।

हुज़ूर • पुं. बड़े लोगों के संबोधन का शब्द–*हुज़ूर!*

हुज्जत • स्त्री. झगड़ा, तकरार।

हुड़दंग • पुं. ऊधम, हुल्लड़।

हुतात्मा • पुं. भले काम में प्राण देनेवाला, शहीद।

हुनर • पुं. कौशल, कारीगरी।

हुनरमंद • वि. कुशल, निपुण।
हुमकना • अ.क्रि. ठुमकना।
हुलसना • अ.क्रि. उल्लसित, आनंदित होना।
हुलास • पुं. उल्लास, आह्लाद।
हुलिया • पुं. शक्ल-सूरत का ब्योरा।
हुल्लड़ • पुं. 1. शोरगुल, हो-हल्ला, कोलाहल। 2. उपद्रव।
हुश् • अ. पशु-पक्षी आदि को भगाने का शब्द।
हुस्न • पुं. सुंदरता, लावण्य, शोभा।
हूँ • अ.क्रि. 'होना' क्रिया के वर्तमान काल में उत्तम पुरुष के एकवचन का रूप—*मैं पढ़ता हूँ।*
हूबहू • वि. बिलकुल समान, ज्यों का त्यों, जैसे का तैसा।
हृदयंगम • वि. मन में बैठा हुआ।
हृदय • पुं. 1. छाती के अंदर बाईं ओर का एक अवयव जिससे शरीर में रक्त का संचार होता है, दिल, कलेजा। 2. मन, अंतःकरण।
हृदयग्राही • वि. मनोहर।
हृदयविदारक • वि. अत्यंत शोक आदि उत्पन्न करनेवाला।
हृदयस्पर्शी • वि. दिल पर असर करनेवाला।
हृष्टपुष्ट • वि. मोटा-ताज़ा, तगड़ा।
हेंहें • पुं. हँसने, गिड़गिड़ाने का शब्द।
हे • अ. संबोधन का शब्द—*हे बालक!*
हेकड़ी • स्त्री. अकड़, ऐंठ।
हेठी • स्त्री. बेइज़्ज़ती, तौहीन, अपमान।
हेतु • पुं. कारण, वजह।
हेम • पुं. सोना, स्वर्ण, सुवर्ण, कंचन, कनक।
हेरफेर • पुं. परिवर्तन, रद्दोबदल।
हेराफेरी • स्त्री. इधर का उधर, चालाकी, चालबाज़ी।
हेलमेल • पुं. मेलजोल, घनिष्ठता।
हैं • I. अ.क्रि. 'है' का बहुवचन रूप। II. अ. आश्चर्यसूचक शब्द—*हैं! तुमने क्या कहा?*
है • अ.क्रि. 'होना' का वर्तमान काल में एकवचन का रूप।
हैजा • पुं. कै-दस्त की बीमारी, विषूचिका। अं. कॉलरा।
हैरत • स्त्री. आश्चर्य, अचंभा।
हैरान • वि. 1. चकित, भौचक्का। 2. परेशान, तंग।
हैरानी • स्त्री. 1. आश्चर्य। 2. परेशानी।
हैवान • पुं. पशु, जानवर।
हैसियत • स्त्री. योग्यता, औकात।
हों • अ.क्रि. 'होना' का संभावनासूचक बहुवचन रूप—*शायद वे गए हों।*
होंठ • पुं. मुखविवर के बाहर ऊपर-नीचे का मांसल किनारा।
हो • अ.क्रि. 'होना' का संभावनासूचक अन्य पुरुष एकवचन का रूप।
होड़ • स्त्री. एक-दूसरे से बढ़ जाने की कोशिश।
होनहार • I. वि. जिसके बढ़ने, उन्नति करने की आशा हो। II. पुं. अवश्य होनेवाली बात, होनी।

होना • अ.क्रि. 1. विद्यमान रहना। 2. परिणाम का सामने आना। 3. काम बनना। 4. जन्म लेना। 5. बीतना। 6. रोग लगना।

होनी • स्त्री. होनेवाली बात, भावी।

होम • पुं. हवन, यज्ञ।

होली • स्त्री. 1. हिंदुओं का एक त्योहार जो फाल्गुन की पूर्णिमा को मनाया जाता है, होलिका। 2. लकड़ी, घासफूस आदि का ढेर जो होली पर जलाया जाता है।

होश • पुं. 1. चेतना। 2. बुद्धि।

होशहवास • पुं. सुधबुध।

होशियार • वि. 1. सावधान, चौकन्ना। 2. बुद्धिमान। 3. अनुभवी, कुशल।

हो-हल्ला • पुं. शोरगुल, हुल्लड़।

हौआ • पुं. कल्पित डरावने जीव का नाम, हाऊ, भकाऊँ।

हौले-हौले • अ. धीरे-धीरे।

हौसला • पुं. साहस, हिम्मत।

ह्रस्व • वि. छोटा, नाटा, लघु।

ह्रास • पुं. कमी।

परिशिष्ट

संख्यासूचक शब्द

अँगरेज़ी अंक	हिंदी अंक	हिंदी संख्यासूचक शब्द	हिंदी क्रमसूचक शब्द
1.	१	एक	पहला
2.	२	दो	दूसरा
3.	३	तीन	तीसरा
4.	४	चार	चौथा
5.	५	पाँच	पाँचवाँ
6.	६	छह	छठा
7.	७	सात	सातवाँ
8.	८	आठ	आठवाँ
9.	९	नौ	नौवाँ
10.	१०	दस	दसवाँ
11.	११	ग्यारह	ग्यारहवाँ
12.	१२	बारह	बारहवाँ
13.	१३	तेरह	तेरहवाँ
14.	१४	चौदह	चौदहवाँ
15.	१५	पंद्रह	पंद्रहवाँ
16.	१६	सोलह	सोलहवाँ
17.	१७	सत्रह	सत्रहवाँ
18.	१८	अठारह	अठारहवाँ
19.	१९	उन्नीस	उन्नीसवाँ

अँगरेज़ी अंक	हिंदी अंक	हिंदी संख्यासूचक शब्द	हिंदी क्रमसूचक शब्द
20.	२०	बीस	बीसवाँ
21.	२१	इक्कीस	इक्कीसवाँ
22.	२२	बाईस	बाईसवाँ
23.	२३	तेईस	तेईसवाँ
24.	२४	चौबीस	चौबीसवाँ
25.	२५	पच्चीस	पच्चीसवाँ
26.	२६	छब्बीस	छब्बीसवाँ
27.	२७	सत्ताईस	सत्ताईसवाँ
28.	२८	अट्ठाईस	अट्ठाईसवाँ
29.	२९	उनतीस	उनतीसवाँ
30.	३०	तीस	तीसवाँ
31.	३१	इकतीस	इकतीसवाँ
32.	३२	बत्तीस	बत्तीसवाँ
33.	३३	तैंतीस	तैंतीसवाँ
34.	३४	चौंतीस	चौंतीसवाँ
35.	३५	पैंतीस	पैंतीसवाँ
36.	३६	छत्तीस	छत्तीसवाँ
37.	३७	सैंतीस	सैंतीसवाँ
38.	३८	अड़तीस	अड़तीसवाँ

संख्यासूचक शब्द

अँगरेज़ी अंक	हिंदी अंक	हिंदी संख्यासूचक शब्द	हिंदी क्रमसूचक शब्द
39.	३९	उनतालीस	उनतालीसवाँ
40	४०	चालीस	चालीसवाँ
41.	४१	इकतालीस	इकतालीसवाँ
42.	४२	बयालीस	बयालीसवाँ
43.	४३	तैंतालीस	तैंतालीसवाँ
44.	४४	चवालीस	चवालीस
45.	४५	पैंतालीस	पैंतालीसवाँ
46.	४६	छियालीस	छियालीसवाँ
47.	४७	सैंतालीस	सैंतालीसवाँ
48.	४८	अड़तालीस	अड़तालीसवाँ
49.	४९	उनचास	उनचासवाँ
50.	५०	पचास	पचासवाँ
51.	५१	इक्यावन	इक्यावनवाँ
52.	५२	बावन	बावनवाँ
53.	५३	तिरपन	तिरपनवाँ
54.	५४	चौवन	चौवनवाँ
55.	५५	पचपन	पचपनवाँ
56.	५६	छप्पन	छप्पनवाँ
57.	५७	सत्तावन	सत्तावनवाँ
58.	५८	अट्ठावन	अट्ठावनवाँ
59.	५९	उनसठ	उनसठवाँ
60.	६०	साठ	साठवाँ
61.	६१	इकसठ	इकसठवाँ
62.	६२	बासठ	बासठवाँ
63.	६३	तिरसठ	तिरसठवाँ
64.	६४	चौंसठ	चौंसठवाँ

अँगरेज़ी अंक	हिंदी अंक	हिंदी संख्यासूचक शब्द	हिंदी क्रमसूचक शब्द
65.	६५	पैंसठ	पैंसठवाँ
66.	६६	छियासठ	छियासठवाँ
67.	६७	सड़सठ	सड़सठवाँ
68.	६८	अड़सठ	अड़सठवाँ
69.	६९	उनहत्तर	उनहत्तरवाँ
70.	७०	सत्तर	सत्तरवाँ
71.	७१	एकहत्तर	एकहत्तरवाँ
72.	७२	बहत्तर	बहत्तरवाँ
73.	७३	तिहत्तर	तिहत्तरवाँ
74.	७४	चौहत्तर	चौहत्तरवाँ
75.	७५	पचहत्तर	पचहत्तरवाँ
76.	७६	छिहत्तर	छिहत्तरवाँ
77.	७७	सतहत्तर	सतहत्तरवाँ
78.	७८	अठहत्तर	अठहत्तरवाँ
79.	७९	उन्नासी	उन्नासीवाँ
80.	८०	अस्सी	अस्सीवाँ
81.	८१	इक्यासी	इक्यासीवाँ
82.	८२	बयासी	बयासीवाँ
83.	८३	तिरासी	तिरासीवाँ
84.	८४	चौरासी	चौरासीवाँ
85.	८५	पचासी	पचासीवाँ
86.	८६	छियासी	छियासीवाँ
87.	८७	सत्तासी	सत्तासीवाँ
88.	८८	अट्ठासी	अट्ठासीवाँ
89.	८९	नवासी	नवासीवाँ
90.	९०	नब्बे	नब्बेवाँ

अँगरेज़ी अंक	हिंदी अंक	हिंदी संख्यासूचक शब्द	हिंदी क्रमसूचक शब्द
91.	९१	एक्यानवे	एक्यानवेवाँ
92.	९२	बानवे	बानवेवाँ
93.	९३	तिरानवे	तिरानवेवाँ
94.	९४	चौरानवे	चौरानवेवाँ
95.	९५	पंचानवे	पंचानवेवाँ
96.	९६	छयानवे	छ्यानवेवाँ
97.	९७	सत्तानवे	सत्तानवेवाँ
98.	९८	अट्ठानवे	अट्ठानवेवाँ
99.	९९	निन्यानवे	निन्यानवेवाँ
100.	१००	सौ	सौवाँ

(संख्यासूचक शब्द विशेषण है तो संज्ञा पुल्लिग भी। 'तीन लड़के आए' में 'तीन' विशेषण है तो 'हाथ लगा तीन' में 'तीन' संज्ञा पुल्लिंग।)

तिथियाँ

तिथि वह समय है जिसमें चंद्रमा एक कला घटता या बढ़ता है। चंद्रमा के घटने का पूरा समय पंद्रह दिनों का है जो कृष्ण पक्ष (अँधेरा पाख) कहलाता है। इसमें अंतिम तिथि अमावस्या होती है। इसके विपरीत शुक्ल पक्ष (उजाला पाख) होता है। इसकी अंतिम तिथि पूर्णिमा है। अमावस्या और पूर्णिमा को छोड़कर दोनों पक्षों की शेष तिथियों के नाम समान हैं–

1.	प्रतिपदा	(पड़वा)	9.	नवमी	(नौमी)
2.	द्विवितीया	(दूज)	10.	दशमी	(दसमी)
3.	तृतीया	(तीज)	11.	एकादशी	
4.	चतुर्थी	(चौथ)	12.	द्वादशी	
5.	पंचमी	(पाँचें)	13.	त्रयोदशी	(तेरस)
6.	षष्ठी	(छठ)	14.	चतुर्दशी	(चौदस)
7.	सप्तमी	(सातें)	15.	अमावस्या	(अमावस)
8.	अष्टमी	(आठें)	या	पूणिमा	(पूर्णमासी)।

महीनों के नाम

	अँगरेज़ी महीना	हिंदी महीना	उर्दू महीना
1.	जनवरी	पूस / पौष	मुहर्रम
2.	फरवरी	माघ	सफ़र
3.	मार्च	फागुन / फाल्गुन	रबीउल अव्वल
4.	अप्रैल	चैत / चैत्र	रबीउल आखिर या रबीउस्सानी
5.	मई	बैसाख	जुमादलऊला
6.	जून	जेठ / ज्येष्ठ	जुमादलउरब्रा
7.	जुलाई	आसाढ़	रजब
8.	अगस्त	सावन / श्रावण	शा'बान
9.	सितंबर	भादौं / भाद्रपद	रमज़ान
10.	अक्टूबर	आश्विन / क्वार	शव्वाल
11.	नवंबर	कार्तिक	ज़िलका'दः
12.	दिसंबर	अगहन / मार्गशीर्ष	ज़िलहिज्जः

दिनों के नाम

हिंदी दिन	उर्दू दिन
रविवार या इतवार	यकशंबः या इतवार
सोमवार	दुशंबः या पीर
मंगलवार या भौमवार	सिहशंबः या मंगल
बुधवार	चहारशबः या बुध
बृहस्पतिवार या गुरुवार	पंचशबः या जुमेरात
शुक्रवार	जुमाः
शनिवार या शनीचर	शंबः या सनीचर

मुहावरे (वाग्धाराएँ)

अंगारे उगलना = जली-कटी सुनाना।
अंगूर खट्टे होना = किसी चीज़ का पहुँच के बाहर होना।
अंडे सेना = घर में बैठे रहना।
अंत पाना = भेद पाना।
अक्ल का दुश्मन = मूर्ख।
अक्ल का पुतला = बहुत बुद्धिमान।
अक्षर घोंटना = अक्षर लिखने का अभ्यास करना।
अपना-पराया = स्वजन-परजन।
अपना उल्लू सीधा करना = अपना मतलब निकालना।
अपना-सा मुँह लेकर रह जाना = लज्जित होना।
अपने पाँव कुल्हाड़ी मारना = अपना अहित करना।
अपने मुँह मियाँ मिट्ठू बनना = अपनी प्रशंसा करना।
अब-तब करना = टालमटोल करना।
आँख का अंधा गाँठ का पूरा = पैसेवाला पर मूर्ख।
आँख खुलना = भ्रम दूर होना।
आँख गड़ाना = टकटकी लगाकर देखना।
आँख चुराना = सामने न आना।
आँख झपकना = नींद आना।
आँख नीची करना = लज्जित होना।
आँख नीली-पीली करना = गुस्सा दिखाना।
आँख फाड़-फाड़कर देखना = आश्चर्य से देखना।
आँख मारना = आँखों से इशारा करना।
आँखें डबडबाना = आँखों में आँसू भर आना।
आँखों देखा हुआ = स्वयं देखा हुआ।
आ धमकना = अचानक आ जाना।
आईने में मुँह देखना = अपनी योग्यता समझ लेना।
आकाश-पाताल एक करना = भारी प्रयास करना।
आग बबूला होना = गुस्से से लाल होना।
आग में घी डालना = गुस्सा भड़काना।
आगे करना = अगुआ बनाना।
आज-कल करना = टालमटोल करना।
आटा कर देना = बहुत बारीक पीसना।

आत्मा ठंडी होना = संतोष होना।
आधा होना = दुबला होना।
आन रखना = अपनी बात रखना।
आना-जाना = मिलना-जुलना।
आप-आप करना = खुशामद करना।
आपे से बाहर होना = क्रोध आदि के कारण होश में न रहना।
आफ़त मोल लेना = झंझट अपने ऊपर लेना।
आराम करना = सोना।
आवाज उठाना = किसी बात के पक्ष में या विपक्ष में बोलना।
आस लगना = आशा उत्पन्न होना।
आसन जमाना = जमकर बैठना।
आसमान टूटना = भारी विपत्ति आ पड़ना।
आसमान से बातें करना = बहुत ऊँचा होना।
आस्तीन का साँप = दोस्तनुमा दुश्मन।
आस्तीन चढ़ाना = लड़ने को तैयार होना।
इधर-उधर की हाँकना = गप मारना।
ईंट चुनना = ईंटों को जोड़कर दीवार खड़ी करना।
ईद का चाँद = दुर्लभ व्यक्ति।
ईमान बिगड़ना = नीयत बिगड़ना।
उँगली उठाना = दोष लगाना।
उँगलियों पर नचाना = इच्छानुसार काम कराना।
उखड़ा-उखड़ा-सा रहना = उदास-सा रहना।
उठ खड़ा होना = चलने को तैयार होना।
उड़ चलना = बड़े वेग से जाना।
उलटना-पलटना = अस्त-व्यस्त करना।
उलटी गंगा बहाना = उलटी रीति चलाना।
उलटी-सीधी सुनाना = खरी-खोटी सुनाना।
उलटे पाँव लौटना = तुरंत लौटना।
उल्लू बनाना = मूर्ख बनाना।
ऊँचा-नीचा सुनाना = भला-बुरा कहना।
ऊँट के मुँह में जीरा = जिसे बहुत ज़्यादा की ज़रूरत हो उसे थोड़ा-सा देना।
ऋण उतारना = क़र्ज़ अदा करना।
एक थैली के चट्टे-बट्टे = एक जैसे लोग।
एक पंथ दो काज = एक उपाय से दो काम होना।
एड़ी-चोटी का पसीना एक करना = बहुत कोशिश करना।
एंरा गैरा नत्थू खैरा = बहुत मामूली लोग। सभी कोई।
ओंठ पपड़ाना = ओंठों पर के चमड़े का सूख जाना।
ओखली में सिर देना = कष्ट सहने को तैयार रहना।
ओढ़ना-बिछौना बना लेना = हर वक्त काम में लाना।
और का और = कुछ का कुछ। उलटा।

और तो और = दूसरों की बात जाने दो।
और ही कुछ = सबसे निराला।
कंधे से कंधा छिलना = भारी भीड़ होना।
कच्ची गोली न खेलना = अनुभवहीन न होना।
कटे पर नमक छिड़कना = दुखी को और दुख देना।
कड़वा घूँट पीना = अप्रिय बात को सह लेना।
कड़ा पड़ना = दृढ़ता दिखाना, न दबना।
क़दम बढ़ाना = चाल तेज़ करना।
कन्नी काटना = कतराना। बचना।
कफ़न सिर में बाँधना = मरने को तैयार होना।
कमर सीधी करना = थकावट मिटाना।
कलई खुलना = पोल खुलना।
कलेजा काँपना = दिल दहलना।
कलेजा खाना = बार-बार किसी चीज़ को माँगकर परेशान करना।
क़सर रखना = कमी रखना।
काँटा होना = दुबला होकर ठठरीभर रह जाना।
काटने दौड़ना = बहुत गुस्सा दिखाना।
काठ का उल्लू = निरा मूर्ख।
कान खड़े होना = चौकन्ना होना।
कान में तेल डालना = कान बहरे कर लेना। सुनने को तैयार न होना।
काफ़ूर होना = ग़ायब होना।
काम करना = असर करना।
क़िस्मत का धनी = भाग्यवान।
कुत्ते की मौत मरना = बड़ी दुर्दशा के साथ मरना।
कूट-कूटकर भरा होना = किसी में दोष या गुण की अधिकता होना।
कौड़ी-कौड़ी जोड़ना = एक-एक पैसा जोड़ना। कंजूसी का जीवन बिताना।
खयाली पुलाव पकाना = अनहोनी बातें सोचना।
खाक में मिलना = बरबाद होना।
खाली हाथ लौटना = विफल होकर लौटना।
गंगा नहाना = किसी कठिन कार्य को पूरा करना।
गड़े मुरदे उखाड़ना = अप्रिय बीती बातों की चर्चा करना।
गरदन फँसना = वश में होना।
गाल फुलाना = रूठना।
गिरगिट की तरह रंग बदलना = कभी कुछ कभी कुछ बनना या कहना।
गुरू घंटाल = धूर्तराज।
घड़ों पानी पड़ जाना = अत्यंत लज्जित होना।
घर का उजाला = घरभर का प्यारा बेटा।
घास काटना = निरर्थक काम करना।
घुटने टेकना = हार मान लेना।
चक्कर में आना = हैरान होना।
चार दिन की चाँदनी = दो-चार दिन

की खुशी।

चिराग़ लेकर ढूँढ़ना = बहुत अधिक खोजना।

चुल्लूभर पानी में डूब मरना = लज्जा से मुँह न दिखा सकना।

चैन की वंशी बजाना = बड़े आनंद से दिन बिताना।

छक्के छुड़ाना = परेशान कर देना।

छाती छलनी होना = अत्यंत कष्ट सहना। खरी-खोटी सुनना।

ज़मीन पर पाँव न पड़ना = बहुत गर्व होना।

जान पर खेलना = ऐसा काम करना जिसमें जान जाने का डर हो।

टका-सा जवाब देना = साफ़ इनकार करना।

टाँय-टाँय फिस होना = धूमधाम से काम शुरू करना पर अंत में कुछ न होना।

ठिकाना लगना = जीविका का उपाय होना।

डंके की चोट कहना = निडर होकर कहना।

डींग हाँकना = लंबी-चौड़ी बातें करना।

ढाई दिन की बादशाहत = चंद दिनों की मौज।

तलवे चाटना = बहुत अधिक खुशामद करना।

तिल का ताड़ करना = छोटी-बात को बड़ा रूप देना।

दाँत खट्टे करना = हरा देना।

दाल न गलना = मतलब न निकलना।

दुम दबाकर भागना = चुपके से खिसक जाना।

धूप दिखाना = धूप लगने के लिए बाहर रखना।

धोखा खाना = छला जाना।

नाक कटना = बेइज़्ज़ती होना।

निन्यानवे का चक्कर = धन बढ़ाने की धुन।

पट्टी पढ़ाना = बहकाना।

पत्ता न हिलना = ज़रा भी हवा न चलना। मालूम न पड़ना।

परदाफ़ाश करना = भेद खोलना।

पानी उतरना = बेइज़्ज़ती होना।

पीठ दिखाना = भाग खड़ा होना।

पेट में चूहे कूदना = ज़ोर की भूख लगना।

पौ फटना = तड़का होना। सुबह होना।

फूटी आँखों न भाना = अति अप्रिय होना।

फूले न समाना = खुशी में आपे से बाहर होना।

फेर में पड़ना = कठिनाई में पड़ना।

बखिया उधेड़ना = भंडाफोड़ करना।

बगलें झाँकना = निरुत्तर होना।

बच्चों का खेल = बहुत आसान काम।

बढ़-बढ़कर बोलना = डींग मारना।

बात का धनी = जो कहे वह करनेवाला।

बायें हाथ का खेल = बहुत आसान काम।

भँवर में पड़ना = चक्कर में पड़ना।

भरी थाली में लात मारना = लगी लगाई रोज़ी को छोड़ना। मिल रही वस्तु को स्वीकार न करना।

भाड़ झोंकना = निरर्थक काम करना।

भीगी बिल्ली = भय या स्वार्थ से नम्र बना हुआ।

मन कच्चा करना = हिम्मत हारना।

मन भरना = तृप्त होना।

मरकर जीना = मरते-मरते बचना।

यक़ीन जानना = एतबार करना।

यश गाना = प्रशंसा करना।

रंग जमाना = धाक बैठाना।

रग पहचानना = असलियत जानना।

रगड़ देना = तंग करना।

रफ़ू चक्कर होना = चंपत होना।

रोम-रोम से = तन-मन से।

लंबी-चौड़ी हाँकना = डींग मारना।

लकड़ी होना = बहुत दुबला और कमज़ोर होना।

लकीर का फ़कीर = पुरानी रीतियों पर आँख मूँदकर चलनेवाला।

लगती बात = चुटीली बात।

लगे हाथ = साथ ही।

लाल-पीला होना = क्रोध करना।

लोहे के चने चबाना = बहुत कठिन कार्य करना।

वक्त पड़ना = मुसीबत आना।

विपत्ति मोल लेना = जान-बूझकर संकट में पड़ना।

शक्ल दिखाना = सामने आना।

शर्त बदना = बाज़ी लगाना।

शाम-सुबह करना = टालमटोल करना।

सफ़ेदी आना = बुढ़ापा आना।

सबक सिखाना = शिक्षा देना।

सब्जबाग दिखाना = झूठी आशाएँ दिलाना।

समझ लेना = बदला लेना।

सिर खपाना = माथापच्ची करना।

सिर चढ़ाना = ढीठ बनाना।

सिर फिरना = अक्ल ठिकाने न रहना।

सोने में सुगंध होना = अच्छाई से दूसरी अच्छाई का मिल जाना।

सौ में एक = बहुत कम।

हँसी उड़ाना = भद्द करना।

हवा हो जाना = गायब होना।

हाँ में हाँ मिलाना = चापलूसी करना।

हाथ ऊँचा होना = दानी होना।

हाथ कट जाना = विवश होना।

हाथ का झूठा = लेन-देन में बेईमान।

हाथ खींचना = सहयोग न करना।

हाथ छोड़ना = मारना।

लोकोक्तियाँ (कहावतें)

अंडे सेवे कोई, बच्चे लेवे कोई = परिश्रम कोई करे और लाभ कोई उठाए।

अंधा बाँटे रेवड़ी फिर फिर अपनों को ही देय = स्वार्थीजन अपनों को ही लाभ पहुँचाता है।

अंधेर नगरी चौपट राजा, टका सेर भाजी टका सेर खाजा = मूर्ख के शासन में अन्याय होता है।

अंधों में काना राजा = मूर्खों के बीच अल्पज्ञानी भी महाज्ञानी जैसा मान्य होता है।

अकेला चना भाड़ नहीं फोड़ सकता = अकेला आदमी कोई बड़ा काम नहीं कर पाता।

अक्ल बड़ी कि भैंस = बुद्धिबल शारीरिक बल से बड़ा होता है।

अधजल गगरी छलकत जाय = थोड़ी विद्या एवं थोड़े धन से आदमी इतराता है।

अपनी-अपनी डफली, अपना-अपना राग = अलग-अलग विचार होने से मिलकर काम करना संभव नहीं होता।

अब पछताये होत क्या जब चिड़ियाँ चुग गयीं खेत = शुरू में लापरवाही बरतकर बाद में पछताना बेकार है।

अशरफियाँ लुटें और कोयलों पर मुहर = काम की बातों पर ध्यान नहीं, व्यर्थ की बातों पर ध्यान।

आँख का अंधा गाँठ का पूरा = धनी पर मूर्ख।

आँख का अंधा नाम नयनसुख = नाम के विपरीत गुण।

आगे नाथ न पीछे पगहा, सबसे भला कुम्हार का गदहा = हर तरह से स्वच्छंद जीवन बिताना।

आप भला तो जग भला = जो स्वयं अच्छा है, उसे सब अच्छे लगते हैं।

आम के आम गुठली के दाम = दोहरा लाभ।

आये थे हरि भजन को, ओटन लगे कपास = बड़े काम का इरादा लेकर छोटा काम करना।

इतनी-सी जान गज़-भर की ज़बान = छोटा मुँह बड़ी बात।

इधर जाऊँ तो खाई, उधर जाऊँ तो खंदक = असमंजस की स्थिति।

ईश्वर की माया, कहीं धूप कहीं छाया = ईश्वर की लीला विचित्र है।

ईंट की लेनी, पत्थर की देनी = बदला चुकाना।

उल्टा चोर कोतवाल को डाँटे = अपनी गलती न मानकर टोकनेवाले पर गुस्सा करना।

ऊँची दुकान फीका पकवान = दिखावा बहुत पर असलियत कुछ नहीं।

ऊधो का लेना न माधो का देना = किसी से कोई मतलब न रखना।

एक पंथ दो काज = एक उपाय से दो काम होना।

एक तंदुरुस्ती हज़ार नियामत = स्वास्थ्य सबसे बढ़कर है।

ऐब करने को भी हुनर चाहिए = कुछ भी करने के लिए गुण चाहिए।

ऐसे जीने से मर जाना अच्छा = निरंतर कष्ट भोगनेवाला मरना चाहता है।

ओखली में सिर दिया तो मूसल का क्या डर = जब किसी काम में हाथ डाला तब क्या डरना?

ओस चाटने से प्यास नहीं बुझती = ज़रूरत से बहुत कम मिलने से काम नहीं चलता।

कंगाली में आटा गीला = मुसीबत पर मुसीबत आना।

कभी नाव गाड़ी पर, कभी गाड़ी नाव पर = एक न एक दिन सबका समय आता है।

खिसियानी बिल्ली खंभा नोचे = लज्जित होकर क्रोध दिखाना।

खोदा पहाड़ निकली चुहिया = बड़ी मेहनत और फायदा कुछ नहीं।

गधा खेत खाय, जुलाहा मारा जाय = अपराध कोई करे और दंड कोई भोगे।

गया वक्त फिर हाथ नहीं आता = समय गँवाने पर दुबारा नहीं मिलता।

घर का जोगी जोगड़ा, आन गाँव का सिद्ध = गुणी का आदर घर में नहीं, बाहर होता है।

घर का भेदी लंका ढाहे = घर का आदमी दुश्मन बनने पर घर को बरबाद कर देता है।

चंदन की चुटकी भली, गाड़ी भरा न काठ = बढ़िया चीज़ थोड़ी सही, घटिया चीज़ ढेर सारी नहीं।

छछूँदर के सिर में चमेली का तेल = किसी को ऐसी चीज़ मिलना जिसके वह योग्य न हो।

छोटे मुँह बड़ी बात = मर्यादा का ध्यान न रखकर बात करना।

जब आवे संतोष धन, सब धन धूरि समान = संतोषरूपी धन सर्वोत्तम है।

जिन खोजा तिन पाइयाँ गहरे पानी पैठ = ज्ञान उसी को मिलता है जो

कठोर परिश्रम करता है।

झूठे का मुँह काला, सच्चे का बोलबाला = असत्य की पराजय और सत्य की विजय होती है।

झोंपड़ी में रहे, महलों का ख्वाब देखे = बड़ी-बड़ी आकांक्षाएँ करना।

टके का सब खेल है = धन से सब काम चलते हैं।

टेढ़ी उँगली से ही घी निकलता है = सिर्फ सिधाई से काम नहीं चलता।

ठाला बनिया क्या करे, इस कोठी का माल उस कोठी में धरे = बेकार आदमी व्यर्थ का काम करता है।

डरे लोमड़ी से नाम दिलावर खाँ = नाम के विपरीत गुण।

डायन भी अपने बच्चों को नहीं खाती = कोई माँ अपने बेटे का अहित नहीं करती।

ढोर मरे न कौआ खाये = व्यर्थ की आशा करना।

तुरंत दान महा कल्याण =,जो तुरंत मिले वह सबसे भला।

तू डाल-डाल मैं पात-पात = एक-दूसरे से बढ़कर धूर्त।

थोड़ा खाना इज़्ज़त से रहना = किफ़ायत से चलना ताकि कमी न हो।

थोथा चना बाजे घना = निकम्मा आदमी ज़्यादा बात करता है।

दमड़ी की घोड़ी, छह पसेरी दाना = कम दाम की चीज़ पर ज़्यादा पैसा खर्च करना।

दिन को सोवे रोजी खोवे = काम के वक्त आराम करना नुकसानदेह है।

धरम की जड़ सदा हरी = धर्म पर चलनेवाला सदा फलता-फूलता है।

धोबी का कुत्ता न घर का न घाट का = न इधर का न उधर का।

नक्कारखाने में तूती की आवाज़ = ज़बर्दस्त के आगे कमज़ोर की बात कोई नहीं सुनता।

न रहेगा बाँस न बजेगी बाँसुरी = झगड़े की जड़ को खत्म करना।

पराधीन सपनेहु सुख नाही = दूसरे के अधीन रहकर कोई सुखी नहीं होता।

पाँचों उँगलियाँ बराबर नहीं होतीं = सब एक समान नहीं होते।

फलेगा सो झड़ेगा = उन्नति के बाद अवनति निश्चित है।

बंदर क्या जाने अदरक का स्वाद = अनाड़ी आदमी अच्छी चीज़ की कद्र क्या जाने।

बिन माँगे मोती मिले, माँगे मिले न भीख = जो मिलना है, अनायास मिलता है।

भागते भूत की लँगोटी सही = जहाँ कुछ न मिलने की आशा हो, वहाँ जो कुछ मिल जाए वही बहुत है।

भूखा भजन न होई गुपाला = खाली पेट कोई काम नहीं होता।

मन चंगा तो कठौती में गंगा = मन की पवित्रता सबसे बड़ी पवित्रता है।

मान न मान मैं तेरा मेहमान = ज़बर्दस्ती किसी के गले पड़ना।

यह मुँह और मसूर की दाल = योग्यता से अधिक आशा करना।

रस्सी जल गयी, ऐंठन न गई = दुर्गति होने पर भी अकड़ नहीं गई।

रुपया परखे बार-बार, आदमी परखे एक बार = भले या बुरे आदमी की पहचान एक बार में होती है।

लंबा टीका मधुर बानी, दगाबाज की यही निशानी = दगाबाज़ पाखंडी भी होता है।

लातों के भूत बातों से नहीं मानते = दुष्ट लोग दंड पाए बिना ठीक से नहीं रहते।

वक्त पड़े पर जानिए को बैरी को मीत = शत्रु-मित्र की पहचान समय पर होती है।

विनाशकाले विपरीत बुद्धि = विनाश के समय बुद्धि भ्रष्ट हो जाती है।

शहर भर में ऊँट बदनाम = बदनाम आदमी अकारण भी बदनाम होता है।

शेर का एक ही भला = सपूत हो तो एक ही बहुत है।

सब धान बाईस पसेरी = भले-बुरे को समान मानना।

सस्ता रोये बार-बार, महँगा रोये एक बार = सस्ती चीज़ कभी अच्छी नहीं होती।

हाथ कंगन को आरसी क्या = प्रत्यक्ष वस्तु के लिए प्रमाण की आवश्यकता नहीं पड़ती।

होनहार बिरवान के होत चीकने पात = होनहार बच्चे के अच्छे लक्षण शुरू में ही दिखाई पड़ते हैं।

रामायण के प्रमुख पात्र और उसमें वर्णित स्थान

राम आदर्श पुरुष हैं। पुत्र, पति, पिता, शत्रु, मित्र और राजा के रूप में उनका हर कार्य सराहनीय है। पिता का वचन पूरा करने के लिए वे राज्य छोड़कर वन गए थे। उन्होंने दुष्ट राक्षसों का दमन किया था। वे त्रेतायुग में थे और विष्णु के सातवें अवतार माने जाते हैं। रामायण में उनकी कथा है। वाल्मीकि ने संस्कृत में रामायण की रचना की है तो गोस्वामी तुलसीदास ने अवधी (हिंदी) में रामचरितमानस की। देश-विदेश की अनेक भाषाओं में भी रामायण है।

अंगद • किष्किंधा के वानर राजा बालि का पुत्र।

अगस्त्य • एक ऋषि जिन्होंने समुद्र सोखा था। राम पंचवटी जाते समय इनके आश्रम में ठहरे थे।

अत्रि • एक ऋषि। राम दंडकारण्य जाते समय इनके आश्रम में ठहरे थे।

अनसूया • अत्रि ऋषि की पत्नी।

अहल्या • गौतम ऋषि की पत्नी जो शाप से पत्थर बन गई थीं। राम के छूने से ये शाप से मुक्त हुई थीं।

इंद्रजित • रावण का पुत्र मेघनाद जिसे लक्ष्मण ने मारा था।

उर्मिला • राजा जनक की पुत्री और लक्ष्मण की पत्नी।

ऋष्यमूक • महाराष्ट्र के पंपा सरोवर के पास का एक पर्वत। यहाँ राम और लक्ष्मण की सुग्रीव आदि से भेंट हुई थी।

ऋष्यशृंग • एक ऋषि, जिन्होंने दशरथ के लिए पुत्रेष्टि यज्ञ किया था जिससे राम आदि का जन्म हुआ था।

कबंध • एक राक्षस जिसे राम ने

दंडकारण्य में मारा था।

कालनेमि • रावण का मामा जिसे हनुमान ने मारा था।

कुंभकर्ण • एक विशालकाय राक्षस और रावण का भाई, जिसे राम ने मारा था।

कुश • राम का पुत्र।

कुशध्वज • राजा जनक के छोटे भाई तथा मांडवी और श्रुतकीर्ति के पिता।

कैकेयी • दशरथ की पत्नी तथा भरत की माता।

कोशल • एक प्राचीन राज्य। अवध। दशरथ यहाँ के राजा थे।

अयोध्या • कोशल की राजधानी जो सरयू (घाघरा) के तट पर है।

कौशल्या • राजा दशरथ की बड़ी रानी और राम की माता।

खर • रावण का भाई जिसे राम ने दंडकारण्य में मारा था।

गुह • श्रृंगवेरपुर के निषाद राजा जो राम के मित्र थे।

चित्रकूट • बाँदा ज़िले का एक स्थान जहाँ राम वनवास के समय ठहरे थे। राम को अयोध्या वापस ले जाने के लिए यहीं भरत उनसे मिले थे।

जटायु • एक पक्षी जो सीता को बचाने में रावण के हाथों घायल हुआ था। इसी ने राम को सीता के हरे जाने का समाचार दिया था। राम और लक्ष्मण ने इसका अंतिम संस्कार किया था।

जनक • मिथिला के राजा और सीता के पालक पिता।

जांबवान् • रीछों का राजा और सुग्रीव का मंत्री जामवंत। इसने रावण से युद्ध में राम की बड़ी सहायता की थी।

ताड़का • एक राक्षसी जिसे राम ने मिथिला जाते समय मारा था।

दंडकारण्य • विंध्य पर्वत से गोदावरी नदी तक फैला एक प्राचीन वन।

दशरथ • अयोध्या के सूर्यवंशी राजा और राम आदि के पिता।

दूषण • रावण का भाई जिसे राम ने दंडकारण्य में मारा था।

नंदिग्राम • वह गाँव जहाँ भरत राम के वन से लौटने तक थे।

नल • विश्वकर्मा का पुत्र एक वानर, जिसने राम की सेना को लंका जाने के लिए अपने भाई नील के साथ समुद्र पर पुल बनाया था।

पंचवटी • दंडकारण्य का एक स्थान, जहाँ से रावण ने सीता का हरण किया था। यह स्थान नासिक के पास है।

परशुराम • जमदग्नि ऋषि के पुत्र जो विष्णु के छठे अवतार माने जाते हैं। इन्होंने इक्कीस बार क्षत्रियों का संहार किया था। राम ने इनका गर्व चूर-चूर किया।

भरत • कैकेयी के गर्भ से दशरथ के तीसरे पुत्र।

भरद्वाज • एक ऋषि जिनका आश्रय गंगा-यमुना के संगम पर था। राम आदि यहीं से चित्रकूट गए थे।

मंथरा • कैकेयी की दासी। इसी के कहने में आकर कैकेयी ने दशरथ से कहकर राम को वन भिजवाया था।

मंदोदरी • मय दानव की पुत्री और रावण की पत्नी।

मांडवी • राजा जनक के छोटे भाई कुशध्वज की पुत्री और भरत की पत्नी।

मारीच • एक राक्षस जो ताड़का का पुत्र था। सीताहरण के समय यही सोने का हिरन बना था।

मिथिला • विदेह राज्य की राजधानी जो बिहार में है। जनक यहाँ के राजा थे।

राम • राजा दशरथ के बड़े पुत्र और सीता के पति।

रावण • विश्वश्रवा और कैकसी का पुत्र तथा लंका का राजा। राम ने इसका वध किया था।

लंका • भारत के दक्षिण का एक द्वीप; संभवतः वर्तमान श्रीलंका। रावण यहाँ का राजा था।

लक्ष्मण • सुमित्रा से उत्पन्न राजा दशरथ के दूसरे पुत्र। ये राम के साथ वन गए थे।

लव • राम का पुत्र। लव-कुश दोनों जुड़वाँ भाई थे।

वसिष्ठ • एक ऋषि और राजा दशरथ के पुरोहित थे।

वाल्मीकि • रामायण के रचयिता ऋषि जो आदिकवि माने जाते हैं। राम ने जब सीता का त्याग किया था, तब सीता इन्हीं के आश्रम में रहीं। यहीं सीता ने लव-कुश को जन्म दिया था।

विभीषण • रावण का भाई जिसे राम ने लंका का राजा बनाया था।

विराध • एक राक्षस, जिसका राम और लक्ष्मण ने दंडकारण्य में वध किया था।

विश्वामित्र • एक ऋषि जो पहले क्षत्रिय थे। ये राम को मिथिला ले गए थे।

शत्रुघ्न • सुमित्रा के गर्भ से राजा दशरथ के चौथे पुत्र।

शूर्पणखा • रावण की बहन। लक्ष्मण ने इसके नाक-कान काटे थे।

शृंगवेरपुर • निषादराज गुह की राजधानी, जो संभवतः इलाहाबाद ज़िले में गंगातट पर सिंगरौर है। राम यहीं से सुमंत्र सारथि को विदा कर पैदल वन गए थे।

श्रुतकीर्ति • राजा जनक के भाई कुशध्वज की पुत्री और शत्रुघ्न की पत्नी।

सीता • राजा जनक की पालित पुत्री और राम की पत्नी। ये राम के साथ वन गई थीं और रावण ने इनका हरण किया था। कहा जाता है कि ये जनक को हल की फाल से बने कूँड से मिली थीं। कूँड़ को सीता कहा जाता है।

सुग्रीव • किष्किंधा का वानर राजा और बालि का छोटा भाई। सुग्रीव ने रावण से लड़ने में राम की सहायता की थी।

सुमित्रा • राजा दशरथ की दूसरी पत्नी तथा लक्ष्मण और शत्रुघ्न की माता।

सुषेण • एक वानर जो वरुण का पुत्र और वैद्य था। रावण से युद्ध में जब भी राम और लक्ष्मण घायल हुए, इसने इनकी चिकित्सा की।

हनुमान • एक असाधारण बलशाली वानर जो पवन का पुत्र और परम रामभक्त था। इसी ने समुद्र लाँघकर लंका में सीता का पता लगाया था।

महाभारत के प्रमुख पात्र और उसमें वर्णित स्थान

हस्तिनापुर के चंद्रवंशी राजा विचित्रवीर्य के दो पुत्र थे–धृतराष्ट्र और पांडु। धृतराष्ट्र बड़े थे और पांडु छोटे। अंधे होने के कारण धृतराष्ट्र राजा नहीं बन सके। उनके छोटे भाई पांडु राजा बने। धृतराष्ट्र के दुर्योधन आदि सौ पुत्र थे तो पांडु के युधिष्ठिर आदि पाँच पुत्र। इन पुत्रों में युधिष्ठिर बड़े थे और पांडु के बाद उन्हीं को राजा बनना था। इससे धृतराष्ट्र दुखी थे। दुर्योधन ने युधिष्ठिर आदि के विनाश के लिए अनेक उपाय किए, लेकिन युधिष्ठिर आदि का कुछ न बिगड़ा। अंत में धृतराष्ट्र ने राज्य का बँटवारा किया। दुर्योधन हस्तिनापुर के राजा रहे और युधिष्ठिर को खांडवप्रस्थ का राज्य मिला। धृतराष्ट्र के पुत्र अपने कुरुवंश के नाम पर कौरव ही कहलाते रहे और पांडु के पुत्र युधिष्ठिर आदि कुरुवंशी होते हुए भी पांडव कहलाए। राज्य का बँटवारा होने पर भी दुर्योधन संतुष्ट न हुए। उन्होंने छल-कपट से पांडवों का राज्य छीना और उन्हें वन भेजा। पांडव जब लौटे तब भी उनका राज्य उन्हें नहीं दिया गया। तब कौरवों और पांडवों में भयानक युद्ध हुआ। यह युद्ध द्वापरयुग में हुआ था। इसमें कृष्ण पांडवों के साथ थे। इसी में उन्होंने अर्जुन को जो उपदेश दिया था, वही 'गीता' है। कृष्ण विष्णु के आठवें अवतार माने जाते हैं। कृष्ण द्वैपायन (वेदव्यास) ने महाभारत की रचना की है।

अभिमन्यु • अर्जुन और सुभद्रा के पुत्र जो कुरुक्षेत्र के युद्ध में चक्रव्यूह तोड़ने में जयद्रथ के हाथों मारे गए थे।

अर्जुन • पांडु के तीसरे पुत्र जो कौरवों से युद्ध में पांडवों के नायक थे। गांडीव इनका धनुष था।

अश्वत्थामा • द्रोणाचार्य और कृपी का पुत्र तथा कौरव-पक्ष का महारथी।

इंद्रप्रस्थ • पांडवों के राज्य खांडवप्रस्थ की राजधानी।

उत्तरा • राजा विराट की पुत्री जो अर्जुन के पुत्र अभिमन्यु से ब्याही गई थी।

कर्ण • कुंती के सबसे बड़े पुत्र जिनका पालन दुर्योधन के सारथि अधिरथ ने किया था। ये कौरव-पक्ष के सेनापति और बड़े दानी थे।

कुंती • राजा पांडु की पत्नी तथा कर्ण, युधिष्ठिर, भीम और अर्जुन की माता।

कुरुक्षेत्र • दिल्ली के पश्चिम में एक मैदान (संभवतः करनाल ज़िले में) जहाँ कौरवों-पांडवों में युद्ध हुआ था।

कृष्ण • यदुवंशी वसुदेव और देवकी के पुत्र तथा द्वारका के राजा। ये पांडवों के बड़े सहायक थे। कुरुक्षेत्र के युद्ध में अर्जुन के सारथि थे।

कृपाचार्य • कौरव-पक्ष के एक महारथी और अश्वत्थामा के मामा।

खांडवप्रस्थ • धृतराष्ट्र से पांडवों को मिला वह आधा राज्य जहाँ इंद्रप्रस्थ नगर बसाया गया था।

खांडववन • एक वन जिसे अग्नि ने अर्जुन की सहायता से जलाया था।

गांडीव • ब्रह्मा का वह धनुष जो अग्नि ने वरुण से लेकर अर्जुन को दिया था।

गांधारी • गांधार देश की राजकुमारी, धृतराष्ट्र की पत्नी और दुर्योधन आदि की माता।

घटोत्कच • भीम और हिडिंवा राक्षसी के पुत्र जो कुरुक्षेत्र के युद्ध में कर्ण के हाथों मारे गए थे।

चित्रसेन • गंधर्वों के राजा जिन्होंने एक बार दुर्योधन आदि को बंदी बनाया था और पांडवों ने उन्हें छुड़ाया था।

जयद्रथ • सिंधु-सौवीर के राजा और दुर्योधन की बहन दुःशला के पति जिन्होंने अभिमन्यु का वध किया था। इन्हें अर्जुन ने मारा था।

जरासंध • मगध के अत्याचारी राजा जिसे भीम ने मारा था।

दुःशासन • दुर्योधन का भाई जिन्होंने भरी सभा में द्रौपदी का अपमान किया था। इन्हें भीम ने मारा था।

दुर्योधन • धृतराष्ट्र के सौ पुत्रों में सबसे बड़े और हस्तिनापुर के राजा। ये भीम के हाथों मारे गए थे।

द्रुपद • पांचाल के राजा और द्रौपदी

के पिता।

द्रोणाचार्य • ऋषि भारद्वाज के पुत्र और अश्वत्थामा के पिता। इन्होंने कौरवों और पांडवों को युद्धविद्या सिखाई थी। ये कौरव-पक्ष के सेनापति थे और धृष्टद्युम्न के हाथों मारे गये थे।

द्रौपदी • राजा द्रुपद की पुत्री और पांडव-पत्नी।

द्वैपायन • एक ताल जिसमें दुर्योधन कुरुक्षेत्र के मैदान से भागकर छिपे थे।

धृतराष्ट्र • राजा पांडु के बड़े भाई और दुर्योधन आदि के पिता। ये जन्म से नेत्रहीन थे।

धृष्टद्युम्न • राजा द्रुपद के पुत्र जिन्होंने द्रोणाचार्य का वध किया था।

नकुल • माद्री के गर्भ से राजा पांडु के चौथे पुत्र।

परीक्षित • अभिमन्यु के पुत्र जो युधिष्ठिर के बाद हस्तिनापुर के राजा बने थे। इन्हीं के समय से कलियुग शुरू हुआ है।

पांडु • हस्तिनापुर के कुरुवंशी राजा और धृतराष्ट्र के छोटे भाई। इनके युधिष्ठिर आदि पाँचों पुत्र पांडव कहलाए।

बक • एक राक्षस जिसे भीम ने मारा था।

बभ्रुवाहन • अर्जुन और चित्रांगदा के पुत्र तथा मणिपुर के राजा। एक बार अर्जुन इनके हाथों मारे गए थे, लेकिन नागकन्या उलूपी ने उन्हें पुनर्जीवित किया था।

भीम • राजा पांडु के दूसरे पुत्र जो बहुत बलशाली थे।

भीष्म • शांतनु और गंगा के पुत्र देवव्रत। कभी विवाह न करने की भीषण प्रतिज्ञा के कारण 'भीष्म' कहलाए। ये धृतराष्ट्र और पांडु के पिता विचित्रवीर्य के बड़े भाई थे।

माद्री • राजा पांडु की दूसरी पत्नी तथा नकुल और सहदेव की माता।

युधिष्ठिर • राजा पांडु के बड़े पुत्र जो बहुत धार्मिक थे।

वारणावत • गंगातट का एक नगर जहाँ दुर्योधन ने पांडवों को जलाकर मारने का प्रयास किया था।

विदुर • धृतराष्ट्र और पांडु के भाई और कौरवों के मंत्री। इन्होंने कई बार पांडवों को संकट से बचाया था।

विराट • मत्स्य देश (संभवतः वर्तमान जयपुर) के राजा, जिनके यहाँ पांडवों ने अज्ञातवास किया था।

शकुनि • दुर्योधन के मामा। ये पांडवों के अहित के लिए दुर्योधन को उकसाते थे।

शल्य • कौरव-पक्ष के एक सेनापति

और पांडवों के मामा।

शिशुपाल • चेदि (संभवतः वर्तमान जयपुर) के राजा!, जिन्हें कृष्ण ने मारा था।

संजय • धृतराष्ट्र के सारथि जिन्होंने उन्हें कुरुक्षेत्र के युद्ध का हाल सुनाया।

सहदेव • माद्री के गर्भ से राजा पांडु के पाँचवें पुत्र।

हस्तिनापुर • वर्तमान दिल्ली से सौ मील दूर एक प्राचीन नगर जिसे राजा हस्ती ने बसाया था।

बुद्धचरित्र के प्रमुख पात्र

अंगीरस • ब्रह्मा के मानस पुत्र। एक सप्तऋषि। स्मृतियों के रचनाकार।

अंगुलिमाल • एक प्रसिद्ध डाकू जो बाद में बुद्ध का शिष्य बन गया।

अश्वजित • बुद्ध का शिष्य।

असित • सिद्धार्थ के बुद्ध बनने की भविष्यवाणी करनेवाले ऋषि।

आनंद • बुद्ध का प्रमुख शिष्य।

आम्रपाली • बुद्ध की शरण में आई वैशाली की नगरवधू।

इंद्र • देवताओं में श्रेष्ठ स्वर्ग के राजा।

उदायी • सिद्धार्थ का मित्र। राजपुरोहित का पुत्र।

कात्यायन • वाराणसी में रहनेवाला असित मुनि का भानजा।

काश्यप • एक अहंकारी मुनि।

गौतमी • सिद्धार्थ का पालन-पोषण करनेवाली मौसी।

चुंद • पापापुर का एक मल्ल जिसके यहाँ बुद्ध ने भोजन किया।

छंदक • घोड़ों की देखभाल करनेवाला। सिद्धार्थ को राजमहल से वन तक ले जाने वाला।

जनक • मिथिला के राजा और सीता के पिता।

दशरथ • कोशल देश के राजा। राम के पिता।

देवदत्त • बुद्ध से ईर्ष्या कर उन्हें मारने का प्रयास करनेवाला।

द्रोण • एक ब्राह्मण जिसने बुद्ध की अस्थियों का बँटवारा करवाया।

ध्रुव • एक तारा। राजा उत्तानपाद और रानी सुनीति का पुत्र।

नंदबाला • तपस्या के कारण कंकाल मात्र हो जाने पर सिद्धार्थ को खीर खिलानेवाली।

पुष्कर • बुद्ध का शिष्य गांधार नरेश।

प्रसेनजित • बुद्ध का शिष्य कोसल नरेश।

बलि • ध्रुव का छोटा भाई। पाताल लोक का राजा। वामन रूप धारे विष्णु को भिक्षा देने वाला।

बिंबसार • बौद्ध धर्म स्वीकार करनेवाला मगध का राजा।

बृहस्पति • देवताओं के गुरु। प्रकांड

पंडित।

भीष्म • शांतनु और गंगा के पुत्र। देवव्रत नाम से 'भीष्म' नाम रखनेवाले।

भृगु • ब्रह्मा के पुत्र। भार्गववंशीय। परशुराम के पूर्वज।

मांधाता • सूर्यवंशी युवनाश्व के पुत्र।

माया • शुद्धोदन के पत्नी। सिद्धार्थ की माता।

यशोधरा • सिद्धार्थ की पत्नी।

राम • विष्णु अवतार। राजा दशरथ के पुत्र।

राहुल • सिद्धार्थ का पुत्र।

वसिष्ठ • राजा दशरथ के राजपुरोहित।

वाल्मीकि • रामायण के रचनाकार।

व्यास • ऋषि पराशर और सत्यवती के पुत्र। महाभारत के रचनाकार।

शुक्र • प्रकांड विद्वान। दैत्यों के गुरु। एक तारा।

शुद्धोदन • इक्ष्वाकु वंश के शाक्य कुल में हुए राजा। सिद्धार्थ के पिता।

सुदत्त • श्रावस्ती के जेतवन में बौद्ध विहार बनवानेवाला बुद्ध का शिष्य।

सुभद्र • बुद्ध द्वारा दीक्षित उनका अंतिम शिष्य।

हमारा देश

भारत • दुष्यंत और शकुंतला के पुत्र राजा भरत के नाम पर इस देश का नाम 'भारतवर्ष' पड़ा। स्वतंत्रता के बाद इसका नाम 'भारत' हुआ। 'इंडिया' इसका अँगरेजी नाम है। यह विशाल देश उत्तर-दक्षिण में 3,219 किलोमीटर लंबा तो पूर्व-पश्चिम में 2,977 किलोमीटर चौड़ा है। इस भूभाग का क्षेत्रफल 32,68,090 वर्ग किलोमीटर है।

राज्य • अरुणाचल प्रदेश, असम, आंध्र प्रदेश, उड़ीसा, उत्तर प्रदेश, उत्तरांचल, कर्नाटक, केरल, गुजरात, गोआ, छत्तीसगढ़, जम्मू-कश्मीर, झारखंड, तमिलनाडु, त्रिपुरा, नागालैंड, पंजाब, पश्चिम बंगाल, बिहार, मणिपुर, मध्य प्रदेश, महाराष्ट्र, मिजोरम, मेघालय, राजस्थान, सिक्किम, हरियाणा, हिमाचल प्रदेश।

केंद्र-शासित प्रदेश • अंडमान और निकोबार द्वीपपुंज; दमन और द्यू; चंडीगढ़; दादरा और नगर हवेली; पांडिचेरी; लक्षद्वीप।

द्वीप • अंडमान और निकोबार द्वीपपुंज बंगाल की खाड़ी में तो लक्षद्वीप, मिनिकाय और आमिनदीवी द्वीपपुंज अरब सागर में हैं।

प्रमुख पर्वतमालाएँ

1. **हिमालय** • विश्व की सबसे ऊँची यह पर्वतमाला भारत की उत्तरी सीमा बनाती है। यह पूर्व-पश्चिम में 2,500 किलोमीटर लंबी है। संसार का सबसे ऊँचा पर्वतशिखर एवरेस्ट (29,002 फुट) इसी हिमालय में है।
2. **पटकाई** • यह पर्वतमाला पूर्व में भारत, बंगलादेश और म्याँमार की सीमा पर है।
3. **अरावली** • संसार की प्राचीनतम यह पर्वतमाला राजस्थान में है।
4. **विंध्य** • बीच-बीच में टूटी हुई यह पर्वतमाला मध्य भारत में पूर्व से पश्चिम तक 1,050 किलोमीटर में फैली हुई है।
5. **सतपुड़ा** • पश्चिम भारत की यह पर्वतमाला गुजरात और मध्य प्रदेश में 900 किलोमीटर तक फैली हुई है।
6. **पश्चिमी घाट** • यह पर्वतमाला दक्षिण भारत में पश्चिम किनारे उत्तर में ताप्ती नदी के मुहाने से दक्षिण में कन्याकुमारी तक 1,600 किलोमीटर में फैली हुई है।
7. **पूर्वी घाट** • यह पर्वतमाला दक्षिण भारत में पूर्वी किनारे उत्तर में महानदी से दक्षिण में पेन्नार नदी तक फैली हुई है।

मैकाल, **कैमूर**, **पंचमढ़ी** और **पारसनाथ** (उत्तर भारत), **गारो** और **खासी** (पूर्व भारत), **नल्लमलाई** और **नीलगिरि** (दक्षिण भारत) प्रमुख पहाड़ियाँ हैं।

प्रमुख नद-नदियाँ

सिंधु हिमालय के कैलास पर्वत से निकलकर पाकिस्तान के पंजाब और सिंध प्रांतों से होकर अरब सागर में गिरती है। (लंबाई 2,735 किलोमीटर)

झेलम, चनाब, राबी, व्यास और **सतलज** सिंधु की सहायक नदियाँ हैं।

गंगा हिमालय की गंगोत्तरी से निकलकर उत्तर प्रदेश, बिहार और पश्चिम बंगाल होते हुए बंगाल की खाड़ी में गिरती है। (लंबाई 2,247 किलोमीटर)

यमुना हिमालय की यमुनोत्तरी से निकलकर इलाहाबाद में गंगा से मिल जाती है।

चंबल, सिंध, बेतवा और **केन** विंध्य क्षेत्र से निकलकर यमुना से मिलती हैं।

सोन विंध्य क्षेत्र से निकलकर बिहार में दानापुर के पास गंगा से मिलती है।

ब्रह्मपुत्र हिमालय के पश्चिम तिब्बत क्षेत्र से निकलकर असम के पूर्वी छोर से भारत में प्रवेश करने के बाद आगे चलकर बंगलादेश में गंगा की शाखा पद्मा से मिलकर बंगाल की खाड़ी से जा मिलती है। (लंबाई 2,703 किलोमीटर)

सुर्मा, तिस्ता, तोरसा, जलढाका और **रंजित** ब्रह्मपुत्र की सहायक नदियाँ हैं।

दामोदर, रूपनारायण, मयूराक्षी और **कंसावती** गंगा की शाखा **भागीरथी** के सहायक नद-नदियाँ हैं।

नर्मदा और **ताप्ती** विंध्य क्षेत्र से निकलकर अरब सागर में कैंबे की खाड़ी में मिलती हैं।

महानदी, ब्राह्मणी और **सुवर्णरेखा** विंध्य क्षेत्र से निकलकर बंगाल की खाड़ी में जा मिलती हैं।

गोदावरी, कृष्णा, पेन्नार और **कावेरी** पश्चिमी घाट पर्वतमाला से निकलकर बंगाल की खाड़ी में गिरती हैं।

शरावती, नेत्रवती, भारतपूजा, पेरियर और **पंबा** पश्चिमी घाट पर्वतमाला से निकलकर अरब सागर में पहुँचती हैं।

इंदावती, वेनगंगा और **मंजरा** गोदावरी की सहायक नदियाँ हैं।

तुंगभद्रा कृष्णा की सहायक नदी है।

(संसार में सबसे अधिक वर्षा मेघालय के चेरापूंजी में होती है।)

पशु-पक्षियों की बोली

ऊँट **बलबलाता** है।
कबूतर **गुटरगूँ** करता है।
कुत्ता **भौंकता या भौं-भौं** करता है।
कोयल **कूकती** या **कुहू-कुहू** करती है।
कौआ **काँव-काँव** करता है।
गधा **रेंकता** है।
गाय **रँभाती** है।
गाय पीड़ा के कारण **हूँकती** है।
गीदड़ **हुआता** या **हुआँ-हुआँ** करता है।
घोड़ा **हिनहिनाता** है।
चिड़िया **चहकती** या **चहचहाती** है।
चिड़िया का बच्चा या छोटी चिड़िया **चीं-चीं** करती है।
छछूंदर **छुछुआता** या **छू-छू** करता है।
झींगुर **झनकारता** है।
तोता **टें-टें** करता है।
बंदर **किलकारता** या **किलकारी** भरता है।
बकरी **मिमियाती** या **में-में** करती है।
बाघ **गरजता** है।
बैल **डकराता** है।
भेड़ **मिमियाती** है।
भैंसा **डकराता** है।
भौंरा **भनभनाता** या **गुंजार** करता है।
मक्खी **भिनभिनाती** है।
मधुमक्खी **गूँजती** या **गुंजार** करती है।
मेढक **टर्र-टर्र** करता है।
मोर की बोली **केका** है।
साँड़ **डकराता** है।
साँप **फुफकारता** या **फुफकार** भरता है।
सिंह **दहाड़ता** है।
हाथी **चिंघाड़ता** है।

(सभी पशु-पक्षी बोलते हैं।)

हिंदुओं के प्रमुख देवी-देवता

इंद्र • स्वर्ग के राजा और वर्षा के देवता।

कार्तिक • शिव-पार्वती के पुत्र और देव-सेनापति।

काली • दुर्गा का एक रूप। चंडी। कालिका।

कुबेर • यक्षों के राजा और देवताओं के कोषाध्यक्ष।

कृष्ण • वसुदेव के पुत्र जो विष्णु के आठवें अवतार माने जाते हैं।

गणेश • शिव-पार्वती के पुत्र गणपति। शुभ कार्य में प्रथम पूज्य देवता।

दुर्गा • हिमालय और मेनका की कन्या पार्वती, शिव की पत्नी तथा कार्तिक और गणेश की माता आदि शक्ति।

यम • मृत्यु के देवता।

राधा • यदुवंशी वृषभानु की पुत्री जो कृष्ण में भक्ति रखती थीं।

राम • दशरथ के पुत्र जो विष्णु के सातवें अवतार माने जाते हैं।

लक्ष्मी • विष्णु की पत्नी और धन की देवी।

वरुण • जल के देवता।

ब्रह्मा • तीन प्रधान देवताओं में प्रथम और संसार के सृष्टिकर्ता।

विष्णु • तीन प्रधान देवताओं में द्वितीय और संसार के पालनकर्ता।

शिव/महेश • तीन प्रधान देवताओं में तृतीय और संसार के संहारकर्ता।

शेष • सहस्र फनवाले सर्पराज अनंत।

सत्यनारायण • विष्णु का एक रूप सत्यदेव।

सरस्वती • विद्या या वाणी की देवी।

हनुमान • पवन के पुत्र महावीर वानर और परम रामभक्त।

माप-तौल

लंबाई

10 मिलीमीटर	= 1 सेंटीमीटर
10 सेंटीमीटर	= 1 डेसीमीटर
10 डेसीमीटर	= 1 मीटर
10 मीटर	= 1 डेकामीटर
10 डेकामीटर	= 1 हेक्टोमीटर
10 हेक्टोमीटर	= 1 किलोमीटर
1000 मीटर	= 1 किलोमीटर

क्षेत्रफल

10 सेंटीयर	= 1 डेसीयर
10 डेसीयर	= 1 एयर
10 एयर	= 1 डेकेयर
10 डेकेयर	= 1 हेक्टेयर
1000 वर्ग मीटर	= 1 हेक्टेयर
0.405 हेक्टेयर	= 1 एकड़

वज़न

10 मिलीग्राम	= सेंटीग्राम
10 सेंटीग्राम	= 1 डेसीग्राम
10 डेसीग्राम	= 1 ग्राम
10 ग्राम	= 1 डेकाग्राम
10 डेकाग्राम	= 1 हेक्टोग्राम
10 हेक्टोग्राम	= 1 किलोग्राम
1000 ग्राम	= 1 किलोग्राम
1000 किलोग्राम	= 1 (मेट्रिक) टन

समय की माप

60 सेकंड	= 1 मिनट
60 मिनट	= 1 घंटा
24 घंटे	= 1 दिन
7 दिन	= 1 सप्ताह
4 सप्ताह	= 1 महीना
12 महीने	= 1 वर्ष
365 दिन	= 1 वर्ष
100 वर्ष	= 1 शती

तरल पदार्थ की माप		रोमन अंक	
10 मिलीलीटर	= 1 सेंटीलीटर	I	1
10 सेंटीलीटर	= 1 डेसीलीटर	II	2
10 डेसीलीटर	= 1 लीटर	III	3
10 लीटर	= 1 डेकालीटर	IV	4
10 डेकालीटर	= 1 हेक्टोलीटर	V	5
100 लीटर	= 1 हेक्टोलीटर	VI	6
		VII	7
		VIII	8
		IX	9
		X	10
		XI	11
		XII	12

तापमान

थर्मामीटर से ताप मापा जाता है। मुख्य रूप से दो प्रकार के थर्मामीटर हैं :

1. सेंटीग्रेड या सेल्सियस,
2. फैरेनहाइट।

1. सेंटीग्रेड या सेल्सियस थर्मामीटर में हिमांक (पानी जमकर बर्फ़ बनने का अंक) 0 है तो क्वथनांक (पानी उबलकर भाप बनने का अंक) 100। इस थर्मामीटर से शरीर का तापमान 36.8 डिग्री (अंश) है।
2. फैरेनहाइट थर्मामीटर में हिमांक 32 है तो क्वथनांक 212 है। इसमें शरीर का तापमान 98.4 डिग्री (अंश) है।

●●●